LIBER diurn. 84 p. 96,16 in nomine suo mitti a Patre sanctum spiritum manifestat *Filius* et -ando discipulis ... utpote de se procedentem adnuntiat *(spectat ad Vulg. Ioh. 20,22).* RUP. TUIT. vict. 13,18 p. 423,34 non ... otiose -vit *(sc. Christus)* dando spiritum sanctum discipulis in potestatem remittendi peccata, nec inaniter discipuli ... eius baptizando -ant, sicut habet consuetudo ecclesiastica. **3** *spectat ad sacramentum baptismatis:* CAPIT. reg. Franc. 125 p. 247,12 quid sit abrenuntiatio *(sc. satanae)* ...; cur -atur vel cur exorzizatur. *v. et l.6.* **4** *spectat ad miracula:* IONAS BOB. Columb. 1,27 p. 213,20 ⌞vas -at⌟ (vasi -at, vas sufflat *var. l.*), miroque modo vas cum fragore dissolvitur. WOLFHARD. Waldb. 3,10 p. 288,6 affuit ei *(mulierculae mutae)* quaedam ... puella, quae ei flatu placidissimo -vit in aures *(sc. in somnio).* OTTO SANBLAS. chron. 47 p. 76,20 allatis ... ad eum mutis ... ora eis aperiens -vit *(sc. Volco)* eisque, ut loquerentur, imperavit. CAES. HEIST. mirac. I 10,53 p. 254,11 statim circa caput et faciem tantum sensit pulverem, ac si follibus ei -retur. **B** *usu profano:* **1** *gener.:* **a** *in univ.:* **α** *de hominibus (daemone: l.33):* VITA Liutg. I 32 carbones detegit *(sc. unus ex clericis)* et -ans sopitos suscitat ignes. CHRON. Mich. 7 p. 26,32 partem ... candelae, quam ardentem manu tenebat, -ando extinguit *mater.* ALBERT. M. animal. 1,542 quando aliquis -uflat cannam mortui animalis ... inspiratus spiritus intrat loca profundissima pulmonis. *ibid. al. in imag.:* PETR. DAM. epist. 80 p. 416,17 istis *(flammis furentibus libidinis)* per effectum libidinis non -o. **β** *de animalibus:* PETR. DAM. epist. 86 p. 466,16 tertia die pater eius *(catuli)* adveniens in faciem eius -at (influat *var. l.*) sicque viventem celeriter excitat. ALBERT. M. animal. 8,170 quoniam venit *(sc. locustae quoddam genus)* ad [h]ostium apum et -uflat stridore quodam. **b** *(re)spirare – (aus)atmen: v. p.2084,71.* **c** *sibilare, fremere – zische(l)n, schnauben:* VITA Norb. I 15 p. 690,20 demon indignanter -vit in eum *(agricolam)* et evanuit. **2** *anat.:* ALBERT. M. animal. 19,43 motor vocis, qui est pulmo, aerem ad cannam -uflans multum movet aerem. **3** *medic.:* RECEPT. Sangall. II 35 absinthio sicco tundis et cernis, per canna in fauces -as. PAUL. AEGIN. cur. 33 p. 15,7 elacterii sucus cum lacte infusus, et siccum elacterium -tum *(3,5,1* ἐμφυσώμενον). TRACT. de aegr. cur. p. 104,7 evocetur sternutatio ... cum pulvere camphore naribus -ta. *al. v. et p.2084,55.*

II *?sibilando exsufflare – ?zischend ausstoßen, verhöhnen:* CHART. ord. Teut. 327 p. 295,21 (epist. papae a. 1221) qui *Saraceni* christianum nomen -ant *(an leg. insultant?)* et fidelium effundere sanguinem moliuntur.

***insugillabilis,** -e. (in- *et* sugillare) *non vituperabilis – untadelig:* THEOD. AMORB. Firman. prol. 24,26 cum plurima doctissimorum virorum opuscula stilo etiam -i et ad unguem usque desudata ... ab orthodoxis videantur patribus refutata.

adv. ***insugillabiliter.** *non vituperabiliter – auf untadelige Weise:* THEOD. TREV. transl. Celsi 2 omissis et quasi vilipensis tot vernulis domi militiaeque -r agentibus.

***insugillatio** (-ggi-), -onis *f.* (in *et* sugillatio) *sugillatio – Verhöhnung, Beschimpfung:* CHART. Westph. V 583 (epist. papae a. 1257) nonnulli magistri ... venenum aspidum gerentes sub labiis ad infamiam ... insugg-em et lesionem ... fratrum ... nequiter vomuerunt.

***insugillo,** -avi, -atum, -are. *c. dat.: l.60. partic. praes. usu adi.: l. 68. sugillare, maledicere – (be)schimpfen, schmähen, übel nachreden:* PETR. DAM. epist. 44 p. 33,9 ut ... me, qui tibi *(sc. Teuzoni)* audacter -are praesumpsi, a charitatis tuae dulcedine non repellas. 107 p. 186,3 epistolam, de qua me -astis *(sc. papa et archidiaconus),* ad vos mitto, ut videatis et, quid in ea adversum vos egerim, liquido comprobetis. *absol.:* PETR. DAM. epist. 38 p. 349,13 ille *(sc. Guido)* ... vir dignae humilitatis et patientiae ... -antem ... me patienter tulit. 114 p. 296,19 quicquid de castitatis iniuria ... scripsi, tibi *(sc. Adalaidi)* scribendum ante decreveram, nisi eorundem clericorum -antium calumpniam formidassem.

insula (-sola) *vel raro (fere in chartis Italiae septemtrionalis; cf. Wartburg, Frz. etym. Wb. IV. p. 728sqq.; Battisti-Alessio, Diz. etim. ital. III. p. 2111 s. v.* 2. ischia; *F. Giger et al., Dicziunari Rumantsch Grischun. X. p. 130sq. s. v.* 1. isla) **iscla** (ys-), -ae *f. script.:* yn-: *l.11.23.* ysol(a): *l.12.* ysla: *l. 19.* isch(a): CHART. Tirol. notar. I 198. *form. acc. sg.* -um: CHART. Neocell. Frising. 40 *(var. l.).*

terra aquis cincta, νῆσος *– (Halb-, Binnenhalb-, Binnen-)-Insel:* **I** *usu originario:* **A** *strictius:* **1** *in univ.:* WALAHFR. Wett. 24 illius *(Rheni)* in medio suspenditur in-a fluctu Augia nomen habens. ANNAL. Xant. a. 861 reges ... secretum colloquium in ... in-a habuerunt penes Confluentiam *(v. notam ed.).* WIDUK. gest. 1,18 p. 28,6 Gothi ... de in-a ... nomine Sulza egressi sunt. CONST. imp. II 215,5 tam nobillem nostram Sycilie yn-am noluimus amittere. ANNAL. Plac. a. 1268 p. 528,41 pars contraria ecclesie tenebat ... ysolam sancti Petri. *persaepe.* **2** *in nominibus:* **a** *hominum:* CHART. Mog. B 47 p. 51,22 (a. 1151) testes sunt ... Godefridus de Ameneburc, Theodericus de In-a. CHART. Hamb. 578 dominus Borchardus de In-a, dominus Vrowinus de In-a. *al.* **b** *locorum:* LEO III. epist. 6 p. 96,35 ingressi sunt *(sc. Mauri)* in in-am, quae dicitur Iscla maiore *('Ischia'; cf. ind. p. 657).* REGISTR. Prum. 25 p. 188,7 de Ysla *('Issel'; cf. ind. p. 276)* solvunt *villae* avena modios XXX *(ibid. iterum).* CHART. Turic. 475 p. 352,16 in ... loco, qui dicitur In-a *(cf. ind. p. 386).* CHART. Tirol. notar. II 107 carta Girardi de la Bella intintoris de yn-a Ver<one>. *al.* **B** *latius:* **1** *de terra in parte aquis cincta:* COD. Lauresh. 242 (a. 779) de in-a, quę iacet inter fluvios Wisscoz et Suarzaha. CHART. Ital. Ficker 14 p. 19,29 donamus *(sc. Ludowicus)* omnem comitatum ad cortem predicti monasterii, que est in-a Roncarioli. THIETM. chron. 7,8 in-a, quae Porei dicitur. OTTO FRISING. gest. 2,14 p. 117,18 Ticino et Adua ... sinum quendam fertilissimum in modum in-ae facientibus *(sim. 2,18 p. 120,22 in-am Mediolanensium ab occidentali latere cingit Ticinus). al.* **2** *de regione finibus naturalibus cincta:* CHART. Ital. Ficker 92 p. 136,42 (a. 1107) quod ... monasterium habet ... in in-a, que vocatur Agella. **3** *terra fluvio adhaerens, apposita – entlang eines Flusses gelegenes Land, Aue, Schwemmland:* COD. Wang. Trident. 91 (a. 1217) de pecia una terre cum vitibus iacente in teritorio Ripe ad inferiorem ysclam. DIPL. Frid. II. 797 p. 353,25 damus ... et confirmamus ecclesie ... ysclam. CHART. Tirol. notar. I 71^{a} p. 34,7 pro rehedificatione monasterii sancti Laurentii facienda in iscla Atesis in contrata de Molinario *(sim.* 136^{b} *p. 67,17. 192 p. 92,18). al.*

II *per contam. c. Isla (cf. [indo]germ. *(e)isla; de re v. J. Udolph, Die Stellung der Gewässernamen Polens. 1990. p. 349) pro nomine fluvii ('Ijssel'):* REGISTR. Xant. p. 63,40 a fluvio, qui dicitur In-a, usque ad Renum.

insulanus (-sol-), -a, -um. **1** *adi. i. q. in insula situs, ad insulam pertinens, insularis – auf einer Insel gelegen, zu einer Insel gehörig, Insel-:* **a** *in univ.:* VITA Find. praef. p. 504,13 loca -a coepit disquirere. ANNAL. Laus. a. 817 (MGScript. XXIV p. 779,16) in -olano flumine, quod dicitur Tela. **b** *spectat ad certas insulas fere pro nomine loci:* TRANSL. sang. Dom. in Aug. 24 -is habitatoribus omnino celebrandum. PASS. Kil. II 5 exultans semina divini eloquii ab -is ac longe positis doctoribus augeri. WALTH. TER. Karol. 42,22 Hugo ... -o castellano et burgensibus Burchardum se invenisse nunciavit. HUGO TRIMB. registr. 537 episcopus et martir Kilianus ..., vir quondam -us. *al.* **2** *subst. masc. i. q. incola insulae – Inselbewohner, 'Insulaner':* **a** *in univ.:* ERMENT. Philib. 1,1 (MG Script. XV p. 299,15; a. 838/63) coeperunt ... crebris Nortmannorum accessibus ... -i ... deterreri. NOTKER. BALB. gest. 2,8 p. 62,14 -i ... omnes ... ad obsequium vestrum ita prompti sunt et intenti, quasi *eqs.* THIOFR. Willibr. I 36 p. 481^{F} omnes utriusque sexus et diversę ętatis -i lęto complerant littora cętu. ANNAL. Erf. Praed. a. 1232 p. 83,15 super Stetingos -os plaga iudicii consummata est. *al.* **b** *spectat ad certas insulas fere pro nomine loci:* TRANSL. sang. Dom. in Aug. 32 omnibus -is per gyrum collectis. CHART. Turg. II 89 p. 306,20 clericus aliquis sacerdos ..., qui ... fuerit ... maxime -us. WALTH. TER. Karol. 43,1 -i ... cum magno protinus tumultu perrexerunt. *pro cognomine hominis:* TRANSL. Bav. 2 (MG Script. XV p. 598,3; c. 1010) confert se ad comitis Balduini, quem I-um vocat Flandria, presentiam. HERM. TORN. rest. 94

[Buckatz]

p. 156,1 Robertus ... Adelam ... Balduino I-o desponsavit. *al.*

insularis, -e. 1 *adi. i. q. insulanus – zur Insel gehörig, Insel-:* Chart. Anhalt. I 764 (a. 1201/07) nos *(sc. abbas)* ... factum ipsius *(sc. Heindenrici)* ratum habentes et ... opus misericordie ... -i salicto eodem consensu adauximus. Chart. Rhen. med. III 505 p. 393,9 (epist. Frid. II. imp.) inter alia, que nostrum in Alemanniam potuerunt distulisse regressum, subsecuta est in Sicilia discensio -is. Trad. Ebersb. 122 dentur ... iugera II prati -is in Tand<orf>. 2 *?subst. neutr. i. q. monasterium in insula situm – Inselkloster:* Dipl. Otton. II. 25 actum Augiae -i.

insularius, -a, -um. *insulanus – zur Insel gehörig, Insel-:* Dipl. Frid. I. 1009 p. 305,27 domum -am Suitberti et Nuwemagen perfici facias *(sc. Heinricus rex).* *Buckatz*

***insulcabilis,** -e. (in- *et* sulcabilis) *ineptus ad colendum – unbestellbar, unbebaubar (in imag.):* Petr. Dam. epist. 8 p. 119,25 quatinus, dum praeruptos saxorum scopulos *(sc. provinciae Urbinatae)* cernerem, rarioris segetis arvum non omnino despicabile ac per hoc -e (-em *var. l.*) deputarem.

insulco, -avi, -atum, -are. *partic. perf. usu adi.: l.23; subst.: l.25.* 1 *strictius i. q. sulcare, (ex)arare – furchen, pflügen (in imag.):* Paulin. Aquil. c. Fel. 3,13 l. 12 a priscis doctoribus ... stilo perspicuo exarato latissimae disputacionis -ta verborum serie legisse me recolo *eqs.* 3,27 l. 121 quemadmodum ... luculento aratri -tum stilo legentis oculus non defraudatur. Petr. Dam. epist. 94 p. 35,7 si ... novale novatur, super spinas non seritur, quia crebris confessionum atque correptionum vomeribus -ti horrentia cogitationum dumeta recidimus, ut *eqs.* 2 *latius i. q. incidere – einschneiden:* Lex Alam. 65 capit. p. 59 de eo, qui alium contra legem tunderit, et de diversis vulneribus -verit *(add. 4. 13;* sculcaverit *add. 9).* 3 *per confusionem c.* inculcare *i. q. infigere – einprägen (translate):* Ardo Bened. 19 p. 208,26 ne oblivione salubrem amitteret escam, verbis talibus, ut tenacius inhererent cordi, inculcare (-are *var. l.*) consueverat: *'eqs.'*

insulsus, -a, -um. *script.:* -sals-: *l.40. struct. c. praep.* de: *l.44.* 1 *proprie (in imag.: l.44) i. q. non salsus, non conditus – ungesalzen, ungewürzt (per compar.: l.43):* a *in univ.:* Hist. mart. Trev. 13 cibus ... erat panis ... cum aliquo genere herbarum aut crudarum non bene coctarum et -alsarum cum haustu etiam aquae. Ps. Odo Magd. herb. 379 caseus -us stomacho bonus esse probatur. Hildeg. scivias 1,4 l. 633 sicut esca sine sale -a est, sic *eqs.* *in imag.:* Rud. Trud. gest. 5,1,18 de liberali scientia -us *(sc. Herimannus).* b *insipidus, sapore carens – nicht schmackhaft, fade:* Berth. Zwif. chron. 45 p. 284,26 ordeaceo vel ex avena confecto pane et aqua victitabant *(sc. institutores coenobii)*; si quando vero sorbitiunculam eiusdem generis -am habebant *eqs.* c *de aqua i. q. dulcis, potabilis – süß, trinkbar (in formula pertinentiae q. d.: l. 54):* Willib. Bonif. 9 p. 57,5 quid incolae ... loci illius *(sc. ubi martyrum sanguis effusus est)* de -ae penuria limphae ... inter se invicem disputarent. Dipl. Otton. I. 232ª p. 318,25 urbem videlicet Giuiconsten cum salsugine eius ceterasque urbes cum ... a q u i s s a l s i s e t -is (Chart. archiep. Magd. 136 p. 194,13). 2 *translate i. q. insubtilis, infacetus, inconditus, ineptus, stultus, stupidus – nicht scharfsinnig, abgeschmackt, ungeschlacht, plump, albern, dumm(dreist):* a *de hominibus (in formula modestiae: l. 59):* α *in univ.:* Ekkeh. IV. bened. prol. 2,67 ille ego nesciolus, cui vix -ior (gloss.: insipientior) ullus, versu defendar, male si cecinisse reprendar. Chron. Pol. 1,10 p. 28,11 existimans rex *(sc. Ruthenorum)* -us se quasi feram in retibus eum *(Bolezlavum)* sua multitudine conclusisse. Vita Theog. 2,16 p. 474,30 cum ... nonnullos in agmine hasta ... impeteret, nec a sancto quidem homo -us abstinuit *eqs.* Otto Frising. gest. 1,32 p. 50,1 haut mirum, si moribus aut lingua agrestis manet et -a *(sc. Pannonia).* *usu subst. i. q. homo stolidus – Dummkopf, Trottel (in lusu verborum: l. 68):* Aethicus 88 si -us paulatim sal cognoverit ut salsum *eqs.* Liutpr. antap. 2,41 p. 56,6 putasne ..., -e, *eqs.* Unibos 58,3 presbiter maiori dicit duriter: -e, nescis vendere, quod praesentas hic publice. β *de paganis:* Thietm. chron. 7,72 p. 486,32 novam propaginem domino in infructuosa arbore, id est in populo nimis -o sanctae predicacionis plantacionem, eduxit *(sc. praesul).* b *de verbis sim.:* Godesc. Saxo theol. 21 p. 285,10 non immerito sic *(sc. Dardanus)* a me olim in scola vocabatur quidam, a quo factus est versus enormis, -us, informis. Maneg. c. Wolfh. 11 p. 65,15 sicut -a philosophorum confessio persuasit *eqs.* Chart. Aquens. 248 l. 9 ut verba -a stolidi et temerarii hominis tantum pondus in corde vestro *(sc. cancellarii)* non habeant *(item l. 10).*

adv. **insulse.** *insubtiliter, infacete, inepte – nicht scharfsinnig, unzutreffend, ungereimt, dumm:* Hincm. divort. 6 p. 158,27 quod *(sc. iudicium frigidae aquae)*, ut quidam -e dicunt, propterea fuerat vetitum, quoniam *eqs.* Vita Pirmin. II praef. p. 35ᴰ precor ergo, ut, si qua fuerint -e prolata, in melius fingas.

insultabundus, -a, -um. *contumeliosus, iniuriosus, insultans – beleidigend, verspottend, verhöhnend:* Rup. Tuit. vict. 5,19 p. 174,27 Emmanuhel ... -us dicit: *'eqs.' (Vulg. Is. 8,9).* dial. 1,597 multi ... memoraverunt haec *(sc. Vulg. Is. 6,10)* -i.

***insultarius,** -a, -um. *insultans, maledicens – beleidigend, Schimpf-:* Agob. 11,79 si fel inventum non fuerit, ... inmunda ... christianis vendantur et -o vocabulo christiana pecora appellentur.

insultatio (-cio), -onis *f.* 1 *(petulans) exsultatio – das (übermütige, ausgelassene) Hüpfen, Springen:* Anselm. Bis. rhet. 3,3 p. 169,1 incessus nimia -cione (exultatione *var. l.*) ... displiceas *(sc. Rotiland)*, ut *eqs.* 2 *assultus, ag-, congressio, impetus, incursio – Angriff, Attacke, Ansturm, Anfall, Andrang:* a *proprie (in imag.: l.31):* α *in univ.:* Anscar. pigm. p. 15 ut ... coram te *(sc. Deum)* deplorantes valeamus vincere -ciones adversancium vitiorum. Vita Burch. Worm. (ed. Boos) 6 p. 107,6 ferunt ..., quod lupi ... pecora ... devorassent, et homines hoc prohibere volentes assiduis -bus audacter terruissent. Annal. Ianuens. I p. 219,30 -es, homicidia, furta, rapine, incendia per plebeia ... sepissime fiebant. Aeg. Aur. gest. 3,101 p. 124,33 hec *(sc. ante dicta)* fuit congressionis dyabolice adversus sedem martyris -o repetita. β *de humoribus (usu medic.):* Iordan. Ruff. equ. p. 105,17 accidit ..., quod ungula laesa ... cadit propter furorem et -em multorum humorum ad ungulam concursorum. b *translate:* α *impugnatio, inquietatio, molestia – Anfechtung, Anfeindung, Belästigung (fere usu publ. et iur.; theol.: l. 48):* Dipl. Ludow. Pii 129 p. 329,3 ut nullus ... aliquam -em inferat. 400 p. 992,22 nulla ... subtractio aut -o eis *(sc. monachis)* a quoquam sucessorum nostrorum inferatur (*sim.* Chart. Wirt. 1214 p. 282,28 ut ... hec rata et tuta permaneant a calumpniancium -cionibus). *de fide christiana:* Marian. chron. a. chr. a. 349 p. 526,8 sine ulla hereticorum -e firma et immobilis omni tempore persistet sancta Romana ecclesia *(ex decretalibus pseudo-Isidorianis q. d. v. MG Concilia IV suppl. II. 2003. p. 378 n. 81; item* Mirac. Donat. [MGScript. XIV p. 179,34]*).* β *de-, irrisio, sugillatio, ignominia – Verhöhnung, -spottung, Beschimpfung, Beleidigung:* Epist. var. II 12 p. 316,42 ecclesia ... maledicorum -e fuschetur. Conc. Karol. A 50ᴰ,19 p. 625,28 dum praepositorum ... facta non conpassionis, sed -is ac livoris voto mordent *(sc. subditi) eqs.* 55 p. 697,29 ut ... sacerdotalis dignitas -em saecularium devitaret *eqs.* (*sim.* p. 699,19). Rud. Fuld. Leob. 4 p. 123,35 in solatium doloris sui amarissimis -bus mortuae exprobrarent *(sc. iuvenes). al.* c. *notione profanationis loci sancti:* Gesta Camer. 1,29 sciscitantibus ... privati causam luminis respondit *(sc. clericus)*, ex -e temeraria, quam tumulato intulerat, sibi ... hoc *(sc. se caecitate percussum esse)* accidisse.

***insultativus,** -a, -um. *insultans, maledicens – beleidigend, schmähend:* Oliv. hist. Dam. 27 p. 210,18 clamor ortus est insultantium (-us *var. l.*). Conr. Mur. summ. p. 163,3 sunt verba ... implicativa, insulta vel -a.

insultator, -oris *m.* *illusor, delusor, offensor – Spötter, Verspotter, Beleidiger:* Acta imp. Winkelm. II 1009 p. 676,33 (epist. papae a. 1210) -bus nostris *(sc. papae)* respondeat pro nobis altissimus, qui puritatem animi nostri plene cognoscit.

insultatorius, -a, -um. *script.* -ltori(us): *p.2089,3.* *insul-*

[Mache]

tans, maledicens – beleidigend, schmähend: GLOSS. psalt. Lunaelac. 34,24sq. hironiae -a laus euge euge. LIBER. revel. Rich. 41 p. 49,8 habent *(sc. fratres)* verba -a (-ltoria *var. l.*) ineptissima.

adv. **insultatorie.** *insultanter – beleidigend, schmähend:* LIBER. revel. Rich. 55 p. 69,6 ne dicam sicut demones, qui eam *(sc. cruciculam)* -e vocant, sicut vocatur baculus, quem claudus portat, teutonice 'crucke' per diminutivum.

insultatrix, -icis *f. quae illudit, deludit, offendit – eine, die verhöhnt, verspottet, beleidigt (usu attrib.):* CHART. Lamb. Leod. add. 28 p. 264,2 (a. 1277) Gallia garriens, aliarum -x improba nationum *eqs.*

insulto, -avi, -atum, -are. *partic. praes. usu adi.: l. 45. 48; subst.: l. 22. 24. incurrere, assultare – anstürmen, andrängen (gegen), angreifen:* **1** *proprie:* ROLAND. PATAV. chron. 1,7 p. 21,4 hostiliter iverunt *Vicentini* Marosticam et illic -verunt in Ecelinum ex improviso. 1,13 p. 25,21 Venetus quidam ... vultu torvo et iracundo -vit in Paduanos. *al.* **2** *translate:* **a** *gener.:* **α** *illudere – sich lustig machen, spotten (über), (jemandem) übel mitspielen:* LEG. Wisig. 12,2,4 p. 414,9 nullus huic *(sc. fidei christianae)* absconse, nullus palam -et. GLOSS. psalt. Lunaelac. 136,3 -antes cogunt nos *(sc. captivos)* cantica ... cantare. HRABAN. epist. 5 p. 389,15 detrahentium atque -antium non curans *(sc. ego)* vaniloquium. WALTH. SPIR. Christoph. I 24 quibus *(verbis)* ille *(rex)* -ans ait: *'eqs.'* EKKEH. IV. cas. 77 p. 160,32 ut Cralohi dampnis -ret *Victor frater.* EPIST. Hild. 74 qui *(sc. homines)* sinistro obliquitatis animo malis nostris -bant. HIST. de exp. Frid. imp. p. 49,3 quos *(equos)* ... illi *(Sarraceni)* ascendentes et hac illacque girantes super cervices eorum -ando reflectebant. *c. notione reprehendi:* HRABAN. epist. 4 scias *(sc. frater)* me ..., quȩ ex proprio inserui, ad dilucidandam ipsam veritatem laborasse magis quam aliorum imperitiȩ -asse. **β** *exprobrare – vorwerfen, einen Vorwurf machen:* HONOR. AUGUST. apost. 17 (MG Lib. Lit. III p. 61,25) mare, cum semper sit instabile ..., tamen urbi Sydoniorum instabilitatem -at. HONOR. III. registr. 338 p. 257,9 nobis ... ac fratribus nostris -atur a multis, eo quod *eqs.* **γ** *(in)surgere – sich erheben (gegen):* MAURUS progn. 30 p. 45^{a},4 'quasi furtiva materia ... invadit', id est, -at adversus naturam. **b** *publ. et iur. (c. notione impugnandi):* CHART. Rhen. med. I 65 p. 74,2 (a. 838) auri libram unam parti, cui -are temptavit, cogatur exsolvere. CHART. Brixin. 146 p. 156,15 (a. 1264) ne temeritas malignorum inposterum contra hec quicquam -are valeat *eqs. in formulis chartarum:* DIPL. Loth. I. 62 p. 171,32 absque cuiusquam -antis machinatione *(inde* DIPL. Karoli III. 77 p. 126,37).

adi. **insultans,** -antis. *protervus – dreist, unverschämt:* DIPL. Heinr. II. 319 p. 400,3 ut -antem comitum presumpcionem nostra dominacione coherceremus remque sue ecclesie nostra auctoritate denuo confirmaremus *(inde* DIPL. Heinr. III. 375 p. 516, 24. DIPL. Heinr. IV. 73).

adv. **insultanter.** *contumeliose – schmähend, spottend:* GESTA Trev. cont. I 10 p. 183,23 quasi regii honoris proditores contumeliis afficiebant *caesariani (sc. ecclesiasticos)* -r eos ecclesianos appellantes.

1. insultus, -us *m. assultus, aggressio, incursus, oppressio – Angriff, Ansturm, Andrang:* **1** *gener.:* **a** *de hominibus:* VITA Norb. I 19 p. 699,7 alii ad turrim -um faciant, alii sagittis pontificem ... impetunt. DIPL. Constantiae 47 p. 153,11 -um in vos *(sc. fratres)* et homines ... penitus prohibentes. *persaepe. decursio – Überfall:* ANNAL. Mell. Claustr. VI a. 1276 Wernhardus de Wolfkerstorf nocturno -u, quem fecit trans Danubium, a Bohemis est occisus. **b** *de daemonibus i. q. conflictatio, cruciatio, – Heimsuchung, Peinigung, Verfolgung:* HUGO RIPELIN compend. 6,11 p. 209^{b},22 animam et corpus armat *spiritus sanctus:* ... corpus vero per clypeum contra -us daemonum. HUGO TRIMB. sols. 1,41 p. 160,9 omnes ... candelas ... contra demonum -us expendere te *(sc. animam)* permittam *(sc. virgo).* **c** *de animalibus:* FRID. II. IMP. art. ven. 1 p. 117,33 tota agmina *(sc. avium)* in se ipsa densius se constringunt avibus rapacibus facientibus -um in ea. **2** *publ. et iur.:* **a** *spectat ad impugnationem:* CHRON. Gurc. 4 (MGScript. XIII p. 9,32; c. 1183) episcopatum ... tenuit *(sc. episcopus)* VIII annis contra omnes -us imperatoris. CHART. Heinr. Leon. 120 p. 178,3 paginam ... conscribi iussimus *(sc. dux)* eamque contra omnem malignantium -um sigilli nostri inpressione muniri fecimus. CHART. Port. 177 p. 193,28 ne igitur alicuius interpretatio cavillosa in tam racionabiliter tractatis ... ausu temerario vel -u maligno ... contradicioni et confirmationi in posterium valeat obviare. *persaepe.* **b** *spectat ad invasionem violentem:* DIPL. Constantiae 32 p. 104,26 excepto si per -um et violentiam adulterium ... committatur *(item* CONST. Melf. 3,83). **3** *medic. i. q. accessio – Attacke:* TRACT. de aegr. cur. p. 95,27 minori emitriteo omni die fit -us maior et rigor in extremis partibus. URSO anat. 30 dura mater *(i. e. pars cerebri)* ipsum *(sc. cerebrum)* ab -u humorum et fumositatum deffendit. PS. OTHO med. 184 asthmatis -us, peripleumonia *eqs. al.*

2. ?*insultus, -a, -um. (insultare; *ni subest* insultatorius) *insultans, maledicens – beleidigend, schmähend:* CONR. MUR. summ. p. 163,3 sunt verba ... implicativa, -a. *Mache*

insum, -fui, -esse. *imperf.* -errat: *l. 46. inf. pro subst.: l. 57. 59. 68. p. 2091,46. 47.* **I** *vi praeverbii vigente:* **A** *(intus, inditum) esse – darin, im Inneren sein, sich befinden (in):* **1** *in univ.:* **a** *usu communi:* **α** *corpor.:* WILLIB. Bonif. 8 p. 50,23 in quibus *(thecis)* multa -erant librorum volumina. EIGIL Sturm. 24 p. 160,30 martyris ... sepulcro, quo prius -erant, ossa humavimus *(sc. fratres).* ALBERT. M. animal. 1,336 unicuique *(digito)* -est unus *musculus;* pollici autem et auriculari -sunt duo *eqs.* 10,39 si ... illae qualitates *(sc. calidum et frigidum)* diu -fuerunt, resperguntur in sperma. *al.* **β** *incorpor.:* EIGIL Sturm. 14 p. 147,3 desiderium ... -erat fratribus ad omnia ... semetipsos ... aptare. HROTSV. lib. 2 praef. 2,4 non multi *(sc. fuerunt)*, qui ..., quid corrigendum -esset, enuclearent. VITA Liutw. I prol. 2 -est ... mihi animus de ... patris nostri ... vita ... quaedam ... excerpere insignia. OTTO FRISING. gest. 1 prol. p. 12,24 hi, quibus rerum gestarum audiendi seriem -est voluptas *eqs. saepius.* **b** *spectat ad statum servitutis ('stehen [in]'):* TRAD. Teg. 193^{a} (a. 1127) cuius *(sc. Wolftregili)* servituti -erant filiȩ predicti viri. **c** *habitare, insidere – wohnen, 'leben' (in):* WIDUK. gest. 2,37 melius arbitrati *(sc. pontifices)* paucos vita claros quam plures negligentes -esse (esse *var. l.*) monasteriis oportere. **d** *interesse, annumerari – ein Teil sein (von), zählen (zu):* CHART. Westph. IV 254 (a. 1237) tamquam unus fratrum ... totius consolationis portionem habebit *plebanus* et ipsorum -erit fraternitati. **2** *immanere, proprium esse – innewohnen, eigen sein:* **a** *gener.:* IONAS BOB. Ioh. 18 p. 340,13 -errat in eum ... omnium virtutum flagrantia. PAUL. DIAC. carm. 1,7 ver tibi *(sc. lacui Lario)* semper -est *eqs.* HRABAN. cruc. D praef. 16 obscura locutio minusque patens sensus videtur metro -esse. WALAHFR. hort. 294 quis *(sc. foliis alterius generis mentae)* odor alter -est pauloque immitior haustus. STATUT. ord. Teut. p. 54,4 debet -esse rectoribus ... misericordia et ... disciplina. *saepius.* **b** *log. et philos.:* ALFAN. premn. phys. 1,58 p. 16 proprium est homini risibile, quia ... soli huic -est (*PG 40,521^{B}* πρόσεστι). 13,5 p. 88 naturali ... ingenio adinventa dicimus, quae firmiter omnibus -sunt. ALBERT. M. animal. 8,232 compositio *(sc. imaginati)* ... est, quando unum confertur alii secundum -esse vel non-inesse. herm. 1,3,2 p. 402^{b},12 nihil potest praedicari de re ... per -fuisse vel -fore, sed *eqs.* metaph. 4,2,4 p. 179,78 quando accidens dicitur -esse accidenti. *al.* **c** *theol.:* GERHOH. haer. 1 p. 1164^{D} cum ... in Christo sit divinitas modis omnibus, quibus -esse potest, nulla creatura hunc -essendi omnem modum sortitur, sed *eqs.* *(sim.* p. 1165^{B}). glor. 13,6 p. 1121^{A} cum, quod in eo *(sc. Patre)* naturaliter secundum nativitatem -est *Christus,* nos quoque in eo naturaliter -essemus ipso in nobis naturaliter permanente. HUGO HONAUG. hom. 1,34$^{capit.}$ quod aliquando subsistere ponatur pro subesse in respectu -essendi. ALBERT. M. sent. 1,37,9 p. 241^{a},16 simpliciter -esse dicitur -esse per gratiam *eqs. al. v. et p. 2091,46. 47.* **3** *contineri, consistere (in) – enthalten sein, bestehen, liegen (in):* **a** *gener.:* EPIST. var. I 33 1 (vs.) quae *(sc. iura monachorum)* ... honesta censebat caesar ... et votum precibus iussit -esse piis. RADBERT. corp.

[Niederer]

Dom. 5,66 multum interest, quamvis eadem esca idemque potus ab apostolo praedicetur, quia idem necdum in re sed in spe ac figura, ubi promissio veritatis -erat. VITA Heinr. IV. 5 p. 21,20 qui *(fideles regis)* ... versantes inter se, quid agerent, quid periculi, quid contra premii ... -esset, si ... hostem regis ferirent. **b** *iur. i. q. comprehendi, pertinere (ad) – eingeschlossen sein (in), gehören (zu):* TRAD. Weihenst. 191 (a. 1148/56) Adilbertus ... predium ... et omnem, quę tunc -erat ei, substantiam ..., delegavit. 200 quicquid de ... rebus ... predio tunc temporis -esse contigerit. CHART. ord. Teut. (Thur.) 306 p. 252,21 cum omnibus utilitatibus ..., que eidem loco ... -sunt vel -esse poterunt. *al.* **B** *adesse, praesentem, praesto esse, venisse – da(bei), vorhanden, zugegen sein, sich eingefunden haben:* **1** *in univ.:* VITA Willeh. 7 p. 844^{D} vir Dei cognoscens nullam sibi tunc temporis praedicandi oportunitatem -esse. THIETM. chron. 4,18 tunc -erat XXIIII^{tus} ordinationis suae *(sc. praesulis)* annus. WALTH. MARCHT. hist. 26 cum presensisset *Ůdalricus* -esse sibi horam exitus sui. *al.* **2** *locum habere – stattfinden:* RUOTG. Brun. 43 p. 46,8 episcopus ... dignissime eum recepit ... et in festivitate ..., quę tunc -erat sancti Remigii, levius aliquantulum habuit. ANNAL. Rom. p. 469,3 in sancta ... Sutrina ecclesia mirabile sinodum -esse decrevit *caesar.* **3** *accidere, vigere – sich zutragen, 'herrschen':* GESTA Dagob. 50 eo tempore fames valida -erat. **4** *auxilio esse, subvenire – beistehen, helfen:* CHART. Burgenl. 499 p. 335,11 (dipl. Belae a. 1267) qui nulli deesse volumus, sed in sua iusticia cunctis desideramus -esse. **5** *occupatum esse, se dare – tätig, beschäftigt sein (mit), sich hingeben:* ERMOLD. Ludow. 2,571 nec deceat monachos civilibus -fore rebus. AMALAR. off. 3,27,8 ipsae *(feminae)* -erant (-erat, inenarrant *var. l.*) ... non minima executione in ministerio discipulatus Christi. ANSCAR. mirac. Willeh. 29 (28) quae *(ancilla)* cum ibidem *(sc. in domo)* posita dominico -esset servitio. LIBELL. de Willig. 2 studio lectionis studiosissimus -erat. *al.*

II *vi praeverbii evanescente i. q. esse – sein:* CARM. Cenom. 7,44 hinc *(sc. a baptismate)* castus, sobrius ... coepit *Aldricus* -esse satis. CARM. Cent. 13,2 hic *(sc. in mappa)* mundi species perituri picta videtur, partibus in ternis qui spatiatus -est. GESTA Aldr. 1 p. 309,30 eum seniorem sacerdotem suumque confessorem -esse instituit *Ludowicus.* VITA Landel. Laub. 222 urbem Romuleam proponit -esse petendam. DIPL. Otton. I. 86 p. 168,37 dicentes *episcopi* nos non minoris gratie -esse apud Deum illo, qui *eqs. al.*

subst. **inens,** -entis *n.* *immanens – das Innewohnende:* HUGO HONAUG. hom. 1,33,2 illi rerum generi, quo est, convenit tantum inesse et nunquam subesse; illi vero, quod est, semper subesse ideoque subsistere et nunquam inesse; quamobrem sicut ei, quo est, proprium est nomen proprietatis et -is, ita ei, quod est, proprie convenit nomen subiecti, suppositi, subentis, subsistentis. 1,34,1 quod subsistere sit alicui sibi -i subesse.

insumo, -sumpsi, -sumptum, -ere. *perf.* -ums(i): *l. 66.* **1** *consumere, absumere, impendere – auf-, verbrauchen, auf-, verzehren, auf-, durchbringen, aufwenden:* **a** *corpor.:* **α** *spectat ad cibos:* CAPIT. episc. II p. 87,1 non otiosi ... stipendia ecclesiastica -atis *(sc. presbyteri; v. notam ed.).* CHART. Argent. I 92 p. 73,13 ut nullus ministrorum ... vel quisquam hominum ... theloneum ... donent ... nec de vino neque de qualibet fruge ... nec aliquibus rebus ... in domesticis usibus -endis. CONR. EBERB. exord. 5,13 p. 311,21 cibos ... delicatiores fidei eius ob necessitatem infirmorum creditos ... -bat *(sc. infirmarius).* ALBERT. M. Iob 31,39 'si fructus eius', scilicet terrae meae, 'comedi', hoc est -psi *eqs. al.* **β** *spectat ad res, sumptus:* LAMB. HERSF. Lull. 14 p. 325,36 cum videret *episcopus* ... dementiae esse huic loco *(sc. monasterio Fuldensi)* tantas rerum impensas sine fructu -ere *eqs.* DIPL. Heinr. IV. 311 si quas ecclesię suae res ... largius -pserat (-mserat *a. corr.*) et attriverat *episcopus (inde* CONO LAUS. gest. 10 p. 799,32). CONR. SCHIR. chron. 22 rex filiam suam huic *(Ottoni)* matrimonio copulaverat et post multos sumptus, quos idem Otto cum filia ... regis -psit, filiam suam huic indigne abstulit. *al. v. et l. 59.* **γ** *spectat ad aedificia i. q. delere – zerstören:* BERTH. chron. B a. 1078 p. 330,10 ignis ... ecclesiam, claustrum et cuncta ... edificia ... penitus combusta -pserat. **b** *incorpor.:* **α** *spectat ad laborem, operam:* ARNULF. HALB. ad Heinr. p. 477,3 illi *(patres praedecessores)* totam operam suam pro animabus lucrandis -bant. BERTH. chron. B a. 1077 p. 305,14 quid ... sibi laboris -pserit *(sc. imperatrix),* ipse solus testis ... est, cum quo *eqs.* VISIO Godesc. A 1,5 ne ... dispendium sibi laboris -rent *(sc. amici). al.* **β** *spectat ad tempus i. q. agere, ducere – ver-, zubringen:* LAMB. HERSF. annal. a. 1074 p. 198,29 dispositum habens *rex* id, quod reliquum erat, temporis usque ad natalem Domini in ... Baioariae ... civitatibus -ere. a. 1075 p. 214,35 noctes ... ac dies precibus -unt *(sc. Saxones).* VITA Annon. I 1,29 p. 478^{a},54 in ... cordis conflictu die -pto adest hora, in qua *eqs.* **2** *(as)sumere, capere, accipere – an, zu sich nehmen, an-, auf-, übernehmen:* **a** *corpor. (c. notione carpendi, colligendi: l. 17):* OLBERT. Veron. 18 p. 849^{C} quae *(holera)* ... manui suae ... inhaesisse stupet *puella* acsi ei insultantes, quas illicite -bat, herbae *eqs.* PETR. DAM. epist. 50 p. 114,7 si ... vires -endis alimentis expectas *(sc. Stephanus),* numquam modum temperatae sobrietatis excedas. HERM. IUD. conv. 8 p. 95,15 carnis defectus paululum me aque circa meridiem coegit -ere (vi sumere *var. l.*). MIRAC. Annon. 2,53 per os infantis aqua male -pta elicitur. *al.* *adde:* VITA Bard. 19 p. 337,26 ut ... credatur talis *(sc. invisibilis)* comestio potius aliqua dispensatione consumpta esse, quam spiritalem levitatem aliquam corpoream gravitatem -psisse *(spectat ad Vulg. Tob. 12,19).* **b** *incorpor.:* **α** *in univ.:* HEIRIC. Germ. I 1,288 'ut fremit ... equus ... pugnaeque' -it (assumit *Ov.*) 'amorem' *(ex Ov. met. 3,705).* ARNULF. delic. 93 annorum gravidos monitus -e *(sc. natus)* paternos *(spectat ad Vulg. prov. 6,20).* **β** *incohare, suscipere – anfangen, angehen, unternehmen:* CHRON. Mich. 9 cuius *(sc. abbatis)* ... causa hoc o p u s -psimus (NICOL. LEOD. Lamb. prol. [MGMer. VI p. 407,22] quod ... o. non ... levitatis motu ... me -psisse. *sim.* p. 408,1). GESTA Lob. 25 p. 329,34 ut cum multitudine ... militari rex Alemanniae ... et rex Francie ... eandem *(sc. Hierosolimae)* -pserit (assumpserit *var. l.*) profectionem. METELL. Quir. 3^{a},48 panthere, tygrides ... campos innumeri sanguine Martios ... inbuunt; -unt hominum prelia bestie. **γ** *?excipere, subire – ?auf sich nehmen, erleiden:* GALB. Karol. 81,38 proiectus est *(sc. a turri)* iuvenis ... et in terram decidens suae mortis periculum -psit et statim exspiravit.

insumptio, -onis *f.* *actio (as)sumendi – das Zu-Sich-Nehmen, Aufnehmen:* ALBERT. M. eth. II 10,1,4 p. 609^{a},22 delectationem ... dicunt *Platonici* esse repletionem et -em eorum, quae naturam constituunt et restituunt. p. 609^{a},45 quando ... aliqui fiunt indigentes ... evacuatis vasis naturae ..., hos contingit delectari repletione et -e repletivi.

***insumptivus,** -a, -um. *t. t. medic. i. q. consumens, comedens – aus-, verzehrend:* DYASC. p. 74^{a} virtus est illi *(chrysocollae)* incisoria et constrictiva et -a *(ci.,* -uptiva *ed.)*; detergit namque lacescendo et attenuando cicatrices *eqs. (cf. Diosc. gr. 5,89,3).*

insuo, -sutum, -ere. **1** *suendo indere – einnähen (in; fere de mortuis, ossibus sim.; de vivo: l. 57):* EINH. Marc. et Petr. I 1,9 sacros cineres ... sericis ac novis pulvinis -ere feci. WANDALB. Goar. 2,6 quidam homo ... cum ... spiritu daemonico ageretur, -tus (insitus *var. l.*) corio ad venerabilem tumulum est deportatus. ISINGR. annal. I a. 1167 ossibus ... utribus -tis ... ad propria sunt reportata. HEINR. BREIT. Thiem. 4 (MG Script. XV p. 1238,17) singulos artus *(sc. magistri mortui)* singulis locis suis restituunt et ... mollissimo pergameno sericis filis -unt *discipuli. al.* **2** *assuere – auf-, annähen, 'applizieren':* HEIRIC. Germ. I 2,154 quid memorem ... in Tyrios cocta indumenta rubores, crassius his aurum super -tasque (gloss.: inplicitas) zmaragdos? **3** *consuere, colligare – zusammenheften, -binden:* SIGEB. GEMBL. Luc. I 235,1 (EditHeidelb. XXXIV. 2008. p. 62) plicando funes funibus -unt, his omne corpus virginis induunt *(sc. plebs vana).*

insuper *adv. et praep.* **I** *adv.:* **A** *proprie:* **1** *super, supra – darauf, darüber:* LEX Baiuv. 19,8 cum cadaver humo inmissus fuerit et lignum -r (super, desuper *var. l.*) positum *eqs.* *(sim.* GERH. AUGUST. Udalr. 1,14 l. 30 arcam aptam compo-

[Niederer]

nere ad cooperiendum corpus in sepulchro et -r lignum tabulatum densum . . . superponi decrevit). MIRAC. Genes. Hier. 2 p. 171,10 (ed. Waitz) reliquias e sanctis corporibus pater . . . sumpsit . . . largaque benedictione -r data *eqs.* **2** *sursum, ultra – aufwärts, weiter:* DIPL. Heinr. IV. 59 p. 77,3 wiltbannum . . . infra hos terminos situm, id est . . . ad rivolum quendam Rotaha et hinc -r usque ad Bruscham . . . dedimus. **B** *translate i. q. ultro, atque etiam, praeterea – darüber hinaus, überdies, obendrein, dazu, außerdem:* **1** *praevalente notione gradatim (ac)cumulandi:* **a** *usu vario:* LEX Alam. 34,1 quicquid . . . tultum fuit, . . . tripliciter restituat et -r wirigildum suum duci conponat *(sc. qui res ducis talaverit).* POETA SAXO 1,5 evolvit septingentos rota temporis annos et decies septem, sed et unus pene peractus -r annus erat, cum *eqs.* FROUM. carm. 18,11 pulcher *(sc. dux)* . . . vultu, sic moribus, -r actu. PS. BOETH. geom. 692 aliam -r . . . normam huius trigoni obiciendo proponere curamus. CHART. Sil. D I 115 p. 81,44 -r in Budissov, quicquid de iure perdiderat ecclesia sancte Marię, reddidi *(sc. dux)* . . . abbati. *persaepe. v. et p.2094,60. adde:* TRACT. de divis. phil. p. 39,25 non sola natura, non sola ratio sufficit ad perfectam habendam scientiam *(sc. revelationis)*, nisi Deus -r addat *(ci.,* insuperaddat *ed.)* sibi *(sc. homini).* **b** *in formula poenali (de re v. U. Nonn, ArchDipl. 18. 1972. p. 100sqq.):* FORM. Marculfi 2,1 l. 113 si quis . . . convulsor . . . exteterit, anathema sit . . .; -r etiam inferat . . . fisco . . . auri libras C *eqs. (sim.* CHART. Rhen. med. I 8 p. 11,33 inprimitus iram Dei incurrat . . . et -r . . . inferat . . . auri libras *eqs.* TRAD. Frising. 2 p. 28,41. CHART. Fuld. B 11. *al.).* **c** *coniungitur c. aliis particulis (plus minusve abund.):* TRAD. Patav. 10 (a. 764/81) ego Machelmus . . . conparavi . . . coloniam . . .; -r autem ego Machelm . . . coloniam tradidi ad ecclesiam. DIPL. Loth. I. 174 obtulit *abbas* clementiae nostrae obtutibus quasdam auctoritates . . . imperatorum Caroli, nec non Hludovici, nec non Hlotarii, -r quoque Hludovici, consobrini nostri. OTTO MOR. hist. p. 9,11 -r etiam super . . . Sicherium omnibus . . . irruentibus. *saepe.* **2** *praevalente notione enumerandi, narrando progrediendi:* RUOTG. Brun. 49 p. 52,22 (testam.) tapecia III, scamnalia totidem, mappas XXX, -r equarum, quicquid nobis fuerit *(sim.* p. 53,1). WALTHARIUS 271 inprimis galeam regis tunicamque . . . diripe *(sc. virgo)*, bina dehinc . . . scrinia tolle; . . . inde quater binum mihi fac de more coturnum . . .; -r a fabris hamos clam posce retortas. THIETM. chron. 2,18 Bernhardus antistes . . . obdormivit in Domino; -r Willehelmus . . . archipresul . . . moritur. *ibid. saepius.* **3** *praevalente notione abundantiae (satis superque – im Überfluß: l.49):* ARBEO Corb. 28 tanta aquarum habundantia desudabat, ut ad omnem utensiliam cellulae sufficeret ministerio, -r ut usque ad imam montis crepidinem deflueret. VITA Emm. 2 p. 28,29 ut . . ., que fidelium datione -r acceperat, . . . sibi non reservans indigentibus exhiberet. **4** *praevalente notione contrarii i. q. contra, autem – hingegen, aber:* EPIST. Teg. I 82 p. 89,8 multa et innumera dedistis *(sc. senior)* mihi *(sc. servo)* manu largissima; -r despoliavi loca, quę a vobis in beneficium habui. TRAD. Scheftl. 504 dedicata est . . . capella . . .; fundata est -r supradicta capella ab Ottone.

II *praep:* **A** *c. acc.:* **1** *super – auf:* DHUODA lib. man. 4,3,20 'super quem requiescam *(sc. Deus)*? -r *(Vet. lat. Is. 66,2 [pars codd.]* nisi super) humilem et quietum *eqs.*' **2** *supra, ad – über, zusätzlich zu:* LEX Alam. 76,1 si quis aliquem foco . . . miserit, ut domus incendat . . ., omnia, quid ibidem arserit, similem restituat et super (-r *var. l.*) haec XL solidos conponat. TRAD. Patav. 28c -r hec omnia *(sc. possessionem etc.)* tradidit *(sc. matrona)* iterum semetipsam. RHYTHM. 34,1,4 Christus . . . det nobis pacem et veram concordiam caritatemque -r haec omnia, quae *eqs.* **3** *?ultra, trans – ?über . . . hinaus, jenseits (von; ni spectat ad l.69):* LEX Baiuv. 2,8a (pars codd.) donatum dignitatis . . . ducati careat *dux rebellis* ⌞etiam et -r⌟ (etiam -r *var. l., om. G)* spem (spe *var. l.*) supernae contemplationis sciat se esse condemnatum. **B** *c. abl. i. q. de – bezüglich, hinsichtlich:* DIPL. Heinr. V. 138 (spur.; ed. M. Thiel, Die Urkunden Heinrichs V. und der Königin Mathilde. MG Dipl. reg. et imp. Germ. VII. *[ed. sub prelo])* infinitas, quas patiebantur *(sc. Wormatienses)* -r conubiis suis, calumnias . . . ita terminavi, ut *eqs.*

insuperabilis (in s-), -e. *qui superari non potest, inexsuperabilis, indomabilis, invincibilis, invictus – unbesiegbar, unbezwingbar, unüberwindbar, unbezähmbar, unerschütterlich:* **1** *de anim. eorumque virtutibus, actibus sim.:* **a** *de hominibus:* **α** *in univ. (spectat ad pugnam contra diabolum: l. 8):* NOTKER. BALB. gest. 2,15 p. 80,19 -is Pippinus. ANNAL. Alam. a. 907 (rec. B) bellum *(om. p. corr.)* Baugauriorum cum Ungaris -e. WIDUK. gest. 1,10 p. 17,23 quam duri et -es (in superabiles, superabiles *var. l.*) existerent Saxones. THIETM. chron. 4,49 exivit *(sc. imperator)* ab hoc seculo suis -em relinquens merorem. CHART. Lux. I 268 p. 386,29 homines . . . in exsolvendis reditibus . . . semper dure cervicis ac pertinaciter rebelles extitisse et ante hec tempora fere -es. *saepe. in titulo honorifico:* DIPL. Conr. II. 112 p. 156,18 (spur. s. XI.med.) Chuonradus . . ., -is Romanorum imperator augustus. **β** *de argumentatione i. q. irrefutabilis – unwiderlegbar:* WILH. HIRS. mus. 9,22 potenti et -i ratione probasti ea, quae promisisti. **b** *de Christo:* AMALAR. ord. antiph. 13,12 es *(sc. sapientia Christi)* aeterna et ubique regnans et -is *(sim.* HROTSV. Sap. 3,1 promittens *[sc. Christus]* . . . -is sapientiae dona). *al.* **2** *de rebus:* **a** *in univ.:* GERH. AUGUST. Udalr. 1,6 l. 33 ea . . ., quae difficilia et -ia ministris suis esse comperit, . . . finiri contendit. **b** *de igne Graeco i. q. inexstinguibilis – unauslöschlich:* ALBERT. AQUENS. hist. 2,36 p. 124,8 flamma -is magis ac magis invaluit *(sim.* 7,5 p. 492,32). **c** *de urbe, arce sim. i. q. inexpugnabilis – uneinnehmbar:* BRUNO MAGD. bell. 21 p. 26,15 castellum . . . forte et cunctis nisi soli fami -e *(sim.* 29). ALBERT. AQUENS. hist. 2,21 p. 94,6 que *(urbs)* menibus, muris, munitionibus turrium -is videbatur *(sim.* 2,35 p. 122,3. *ibid. saepius).*

adv. **insuperabiliter.** *modo invincibili – unüberwindlich:* PETR. DAM. epist. 129 p. 434,11 Deus det vobis *(sc. fratribus)* . . . in apostolicae fidei petra fundatos cunctis pravorum dogmatum erroribus -r resultare.

[insuperaddo *v.* insuper et addo.]

insuperatus, -a, -um. *invincibilis, insuperabilis – unbesiegbar, unbezwingbar:* **1** *adi.:* ABBO SANGERM. bell. 1,573 sic -a limphantes . . . voce tonavit *(sc. rex)* in aures: '*eqs.*' CARM. var. III A 5,10 p. 603 quis mulierem istam fortem sive -am inveniet? ALBERT. STAD. Troil. 5,966 mens . . . illorum, quibus est equus et pater et res, . . . -a manet. **2** *subst. neutr. i. q. res haud dubia – das Unbestreitbare, Unbestrittene:* YSENGRIMUS 5,148 credendi faciles capiunt audita repente, difficiles animos -a trahunt.

insupra (in supra) *adv. et praep.* **1** *adv.:* **a** *proprie i. q. sursum – nach oben, aufwärts:* CHART. Bund. 593 p. 105,1 (a. 1219) omnibus hominibus Curiensis episcopatus a Longaro in supra usque ad Remusi. 686 (ed. Meyer-Marthaler, Perret 1973) de alpis: . . . ex una parte de Aqua Calda et alla (*leg.* alia) parte de Falto *(cf. comm. ed. p. 598)* in supra et de Pianta Segnasca infra. CHART. Ticin. 194 p. 27,10 omnia prata . . . de Oro de Segnis in supra debent ledari per dictam carraliçiam *eqs.* **b** *translate i. q. ultro, praeterea – darüber hinaus, außerdem:* CHART. ord. Teut. 34 p. 28,14 (dipl. interp. s. XIII., *ut vid. [cf. H. E. Mayer, Marseilles Levantehandel und ein akkonensisches Fälscheratelier des 13. Jahrhunderts. 1972. p. 161sqq.])* dono -a ista elemosinam et veterem francisiam *(cf.* 8 p. 9,21 dono insuper istam helemosinam, franchisiam scilicet intrandi et exeundi). **2** *praep. c. abl. i. q. supra – zusätzlich zu:* CHART. ord. Teut. 34 p. 28,5 (a. 1198) dono -a hoc casali supradicto de alio casali meo, . . . de quolibet laborando in masario rotulam unam zucari.

[insuptivus *v.* *insumptivus.]

insurdo, -avi, -are. *ob-, exsurdare – taub, schwerhörig machen:* ARNULF. SAG. invect. 8 p. 107,1 cecus aures arrige *(sc. Girardus episcopus)*, nisi . . . easdem -erit obstinatio cordis. ALBERT. M. animal. 22,116 timpana de coriis luporum pulsata -ant audientes.

insurgo, -surrexi, -surrectum, -ere. *perf.* -rgerunt: *p.2095, 29. partic. praes. usu adi.: p. 2095, 14. 33. 2096, 9; subst.:*

[Niederer]

l.72.

ex-, consurgere – sich erheben, aufsteigen (zu): **I** *strictius:* **A** *de anim.:* **1** *spectat ad actionem hostilem, militarem:* **a** *procedere, proficisci – sich aufmachen, aufbrechen:* LEG. Wisig. 9,2,9 p. 374,10 quando hi ... terram salvaturi credendi sunt, qui etiam admoniti pro liberatione patrie non -unt? WALTHARIUS 1120 campos ubi calcet apertos, -amus et attonitum post terga sequamur *(sc. rex et Hagano).* HIST. peregr. p. 146,17 omnibus ... extra ... undique ad inpugnandum *(sc. oppidum)* -entibus *eqs.* **b** *incurrere, impetum facere, bellum parare – angreifen, losgehen, losstürmen (auf), sich zum Krieg rüsten (gegen):* **α** *spectat ad incursionem exercitus:* THIETM. chron. 2,7 cum signis militaribus obviam pergit *rex* inimicis -entibus. BERTH. chron. B a. 1079 p. 346,10 postquam Ruodolfus rex post ... victoriam adeptam denuo sibi -turum cum ... exercitu hostem suum ... comperit. ARNULF. MEDIOL. gest. 1,16 Ardoinus ... non tantum defendere, quantum super eum *(Heinricum)* paratus -ere, occurrit illi Veronae. CONST. imp. II 428,9,4 si ... aliqua civitatum hoc *(sc. statuta)* infregerit, ... contra illam et ad eius perpetuam destructionem totis viribus -amus (-emus *var. l.*). *saepius.* **β** *spectat ad impetum singulorum hominum, vulgi (animalium: l.23):* FRID. II. IMP. art. ven. 1 p. 23,3 omnes *(aves)* ... -unt in eas *(sc. aves noctu praedantes)* et verberant ipsas *(item* p. 30,22). ALBERT. M. animal. quaest. 2,2 p. 110,27 homo ... cholericus audet -ere contra tres vel quatuor, etsi sint fortiores eo *(sim.* eth. I 201 p. 181,41. 295 p. 253,73. *ibid. al.).* ALBERT. MIL. temp. 295 p. 554,21 fratres Predicatores omnes, qui erant in civitate Parmae, recesserunt et venerunt Regium, quia Parmenses contra eos -gerunt. *in imag. de diabolo:* HEINR. AUGUST. planct. 2253 hac -xit temptator in hunc *(sc. Christum),* ubi dixit: *'eqs.' (ibid. iterum).* **c** *irruere, invadere – herfallen (über), über-, einfallen:* THIETM. chron. 1,15 rex ... Avares sepenumero -entes expulit *(sim.* 2,2. 7,36 p. 442,25). CHART. archiep. Magd. 193 p. 250,16 -erunt in nos et prevaluerunt ... gentiles. **2** *assurgere, prodire – aufstehen, vortreten:* DIPL. Constantiae 11 p. 39,11 congregatis omnibus ex utrisque partibus ... prosiluerunt foresterii Grumi iussu ... comitis, ut assignarent divisas, et econtra foresterii Bitecti -bant, ut et ipsi divisas ostenderent. **3** *ascendere – aufrücken, emporklettern (in imag.):* THIETM. chron. 7,25 p. 428,17 in divinis gregibus lucrandis alcius -ens pro possibilitate sua apostolicam imitatus est *(sc. Eid antistes)* vitam. **B** *de rebus:* **1** *attolli – emporsteigen, emporwachsen:* **a** *de igne:* PAUL. DIAC. carm. 6,55 cernitur ignis edax falsis -ere flammis. **b** *de planctu, lamento sim.:* AGIUS vita Hath. 26 si quando aliquantulum cohibitus videretur *(sc. planctus),* maior deinde -bat a turbis ... renovatus. THIETM. chron. 4,25 p. 162,4 merore inaudito -ente. **2** *exoriri – aufgehen:* ANNAL. Fuld. Ratisb. a. 894 p. 123,15 aurora -ente. **3** *inferri, affluere – zu-, einströmen (in; usu natur.):* URSO gloss. 24 p. 54,17 dum ... titillatio iucunda et delectabilis membris -it.

II *latius:* **A** *de anim. (de actu animi: p.2096,22.23.24):* **1** *exsistere, provenire – hervor-, auftreten, 'daherkommen':* FUND. Werd. p. 166,8 vobis *(sc. episcopis)* remote predicantibus in deteriorando cottidie istud presens seculum senescit et -ent alii rectores *eqs.* *(sim.* p. 166,25 dicentes *[sc. discipuli]* se timere ... aliquam obpositam -ere personam). DIPL. Heinr. II. 3 p. 4,8 ne ... in postmodum aliquis invidus -at, qui ... ecclesiae ... nocere veniat *eqs.* *(sim.* CHART. archiep. Magd. 375 p. 492,9 post mortem ... matrone quidam heredes eius -erunt, qui ... conati sunt eiusdem matrone factum adnullare). **2** *rebellare, seditionem facere – rebellieren, sich empören (gegen), einen Aufstand machen:* CONC. Karol. A 26 homines mali adversus me *(sc. Leonem pontificem)* -erunt. THEGAN. Ludow. 22 p. 212,7 qui *(Reginharius)* iamdudum -ere (consurgere *var. l.*) in domnum Karolum voluit. RUOTG. Brun. 15 quos *(cives seditiosos)* inflammavit spiritus satanę -ere in christum Domini. *al.* **3** *adversari, obviam ire, resistere, intervenire – entgegenwirken, sich widersetzen, wehren (gegen), vorgehen, einschreiten (gegen):* **a** *iur.:* **α** *usu vario:* CHART. Rhen. 329 l. 45 (a. 1021/36) ego Richeza alicuius cupida, cuius essem patrocinio ab -entibus in me secura, archiepiscopum ... advocatum mihi feci. DIPL. Heinr. IV. 92 p. 120,31 diversis diversa illi *(sc. comiti)* obicientibus et de incendiis aliisque iniuriis adversum illum -entibus. CHART. Brixin. 130 p. 137,28 si quis eorum *(sc. duarum partium)* hoc statutum rennuerit, dominus episcopus cum altero contra ipsum -at. **β** *in formulis sanctionis q. d.:* DIPL. Karlom. (II.) 9 p. 298,32 contra ... preceptum -ere vel irrumpere. CHART. Rhen. med. 180 p. 242,40 contra ... precariam -ere ex adverso. DIPL. Otton. III. 278 p. 703,18 si ... cum ea *(cartula)* per qualemcumque -entem personam ... ad predictum monasterium litigare vel calumnias inferre temptaverint *(sc. presbyteri).* DIPL. Loth. I. 119 p. 274,5 (interp.) quodsi quelibet persona ... contra hoc factum -ere voluerit. *saepe.* *in formulis contam. fort. trans. i. q. excitare, movere, machinari – viell.: erregen, bewerkstelligen, 'anzetteln':* FORM. Sal. Merk. 33 p. 254,21 si fuerit ullus quislibet, qui contra parem suum hoc emutare aut aliqua altercatione exinde -ere presumpserit. Flav. add. 1 qui contra presente epistola donacione ... venire aut eam infrangere temptaverit, aut aliqua calumnia aut repeticione vel refragacione -ere aut opponere conatus fuerit aut presumpserit. **b** *philos.:* **α** *in univ.:* ALBERT. M. bon. 209 p. 128,1 videtur ..., quod debeat *temperantia* habere duos actus, scilicet -ere et sustinere *(sim.* p. 128,5sq. habet -ere contra illas *[passiones nocivas];* et ita actus temperantiae non est temperare sed potius -ere in quaedam et sustinere quaedam). **β** *?contra argumentari, dissentire – ?dagegen argumentieren, widersprechen:* ALBERT. M. Matth. 1,18 p. 30,15 -it hic Helvidius haereticus dicens: *'eqs.' (sim.* 1,25 p. 42,79. *ibid. al.).* **B** *de rebus:* **1** *nasci, oriri – entstehen, aufkommen:* DIPL. Ludow. II. 26 p. 115,25 si ... aliqua querimonia adversus eos *(sc. fratres)* -erit. CHRON. Worm. p. 182,8 nova partialitas -xit in Wormatia, eo quod quidam coeperant Friderico imperatori, quidam vero sacerdotibus adherere. **2** *accedere, incipere – schreiten (zu), beginnen (usu natur.):* URSO element. 5,3 p. 137,22 percipitur, unde natura ... a suis vacans actionibus post subsequenti tempore ... ad suos motus perficiendos gratanter -at.

subst. **insurgentia**, -ium *n. vel* -ae *f.* *tumultus, seditio – Unruhen, Aufruhr:* VITA Ludow. Pii 47 p. 468,12 nuntiatum est imperatori quosdam excitatos motus in Baioaria; ad quorum compressionem festinus abiit, ad Hausburg usque venit, -a (-am *var. l.*) sedavit, continuo rediit.

insurrectio, -onis *f.* **1** *seditio, eversio – Aufstand, Umsturz:* ALBERT. M. pol. $5,2^i$ p. 442^a,33 'in Rhodo' ... 'populus' habebat democraticum principatum 'ante -em' *(p.* 1302^b*,33* ἐπαναστάσεως) tyrannorum scilicet, qui democratiam et regnum corruperunt in tyrannidem. **2** *commotio, excandescentia – Erregung, das Aufbrausen:* ALBERT. M. bon. 376 p. 206,58 ira non dicit *(sc. Boethius)* passionem simplicem sed potius ex passione -em a p p e t i t u s in vindictam (summ. theol. II 5,25,2,1,2 p. 280^b,31 'irascibilis' dicitur omnis -o a. contra malum). **3** *actus resistendi, impugnatio – das Aufbegehren, Widerstand:* ALBERT. M. sent. 4,14,8 p. 421^b,6 odium *(sc. vitii)* est ... cum indignatione et -e contra ipsum. div. nom. 4,192 p. 275,15 habent *daemones* ferventem et praecipitem -em contra apparens malum *(sim.* summ. theol. II 5,25,2,1,2 p. 280^b,37 proprie ... dicta ... 'irascibilis' est -o contra apparens nocivum cum ebullitione sanguinis et caloris).

insursum *v.* in *et* sursum.

[**insus** *v.* in *et* sursum: DIPL. Merov. I 108 p. 279,24 *(sed cf. notam ed.).*] *Niederer*

insusceptibilis, -e. *qui suscipere non potest – einer der nicht aufnehmen kann:* ALBERT. M. sent. 4,20,18 p. 855^a, 9sqq. -es sunt *(sc. existentes in inferno)* boni sicut et daemones. Matth. 7,2 p. 244,48 cum ... aliquis cum finali impaenitentia in peccato moritur, ... in aeternum ... gratiae -is efficitur. metaph. 5,6,11 p. 292,49sqq. est ens susceptibile motus vel ens non-susceptibile motus sive -e motus. *ibid. al.*

***insusceptibilitas**, -atis *f.* *impossibilitas suscipiendi – Unfähigkeit aufzunehmen:* ALBERT. M. cael. 2,1,1 p. 105,22 -s contrariorum causatur ex hoc, quod *eqs.* Is. 34,10 p. 368,23 quod ... dicit 'desolabitur', notat gratiae -em.

insuspectus, -a, -um. **1** *inopinatus, inexspectatus – unver-*

[Weber]

mutet, unerwartet: Paulin. Aquil. c. Fel. 1,4 l. 32 -o subito irruente latrone. 2 *non suspiciosus – frei von Argwohn, Verdacht:* Odilo Suess. Seb. 18 quidquid illud est, quod certi investigare potestis *(sc. Quirinus et Theophylactus)*, precamur *(sc. Rodoinus)*, ut vestris fidelibus absque dissimulatione ... manifestetis et -os reddatis.

adv. **insuspecte.** *inopinate – unvermutet:* Odilo Suess. Seb. 15 p. 281^{a},63 quod tam impraecognite et -e devenissent *Quirinus et Theophylactus* percunctatur *Ingoaldus.*

insuspicabilis, -e. 1 *inconsideratus, improvidus – unbedacht, nicht vorausschauend:* Dipl. Loth. II. 9 p. 396,34 ut ea, quae a patribus ... nostris ... -i et improvisa ordinatione ... inordinata ... reperimus *eqs.* 2 *qui prospiciendus non est – unvorhersehbar:* Chart. Livon. A add. 2753 p. 43,35 (a. 1278) Dominus -i hora venturus.

adv. ***insuspicabiliter.** *modo non exspectabili – unerwarteterweise:* Libri Karol. 4,18 p. 533,4 ne ... subigat ... civilis belli -r dolosa inlusio, quos subigere externi hostis aperta nequivit inpulsio.

insustentabilis, -e. *qui sustentari non potest, intolerabilis – nicht zu ertragen(d), unerträglich:* Epist. pont. Rom. sel. II C 1 p. 613,9 homicidia et innumera adulteria ... ac depraedationes inlicitas et -es perpetrare non cesset *Hucbertus.*

adv. ***insustentabiliter.** *modo non sustentabili – auf unerträgliche Weise:* Chart. Austr. sup. II 526 p. 484,6 (a. 1278) cum ad onuste sarcine gravitatem, qua Ratisponensis ecclesia ... premebatur -r onerata, iuste considerationis intuitum verteremus *(sc. episcopus) eqs.*

[**insusum** *v.* in *et* sursum.]

insusurro, -avi, -are. *struct. c. praep.* in *c. acc.: l. 36.* 1 *susurrando insinuare – ein-, zuflüstern:* Regino syn. caus. 1,193 si haec *(sc. verba missae)* muris et parietibus -verit *presbyter missam solus cantans*, ridiculosum erit. Humb. Sim. 2,19 p. 162,15 similes sibi ... vestigant *symoniaci* eisque repertis talia -ant: *'eqs.'* Petr. Dam. epist. 142 p. 518,12 grave ... peccatum confitens -vit (insurravit *var. l.*) *Maurus frater* in aurem. Rup. Tuit. Herib. 24,9 provisorem pauperum clam advocans clamque -ans auri: *'eqs.'* Ludus de Antichr. p. 20,9 Ypocrisis -et ypocritis annuntians eis adventum antichristi. Epist. Hildeg. 230 ipsa *(caritas)* in celebratione divini officii memoriam vestri cordi meo *(sc. praelati)* semper -at. 2 *vi praep. (paene) evanida i. q. susurrare, voce summissa loqui – flüstern:* **a** *in bonam vel neutram partem:* Chron. Mich. 36 p. 38,1 quae vidi et audivi utcumque -ando auribus vestris infudi *(sc. auctor)*, ne *eqs.* Petr. Dam. epist. 102 p. 131,16 tune ... ille es *(sc. frater Iohannes)*, qui sub cotto cotidie completorium -as? **b** *in malam partem i. q. sibilare – zischeln:* Acta imp. Winkelm. II 1035 p. 701,13 (epist. papae a. 1245) hec ... in scola fidelium ... non didicit *Fridericus*, que in latebris suis ille cavernose vulpecule -ant.

insygnio *v.* insignio.

***insyllogizatus,** -a, -um. *non per syllogismum pertractatus, alogus – nicht durch Vernunftschluss hergeleitet, unlogisch:* Albert. M. elench. 1,3,18 p. 592^{b},19sqq. huiusmodi rationes non simpliciter ... sunt -ae, quia prima conclusio falsi vere syllogizata est ex praemissis falsis, sed, quantum ad propositum, sunt -ae. 1,3,19 p. 594^{b},23sqq. quod quidam quaerunt de orationibus istis, quas dicit Aristoteles non simpliciter esse -as, si sunt quantum ad primam conclusionem vel quantum ad secundam; et dicunt, quod orationes istae simpliciter -ae sint *(sim.* p. 595^{a},49sqq.*)*.

insynuo *v.* 1. insinuo.

intabesco, -ere. *languescere – erschlaffen:* Heiric. Germ. I 1,79 neu tenera in pueris nevo -ret (schol.: i. e. pigra efficeretur et fierent desides pueri ad studium) aetas.

***intabulo,** -atum, -are. *tabulis inscribere – in ein Register eintragen:* Chart. civ. Spir. 118 p. 88,27 (a. 1271) paupercule pro ... bonis et pro censu duorum denariorum ... tabule porte eorum *(sc. decani et capituli)* sunt -te. 130 Elbewinus Niger quarte parti molendini ... cedet et capitulum Spirense ad eandem quartam partem statim faciet et procurabit -ari.

***intacibilis,** -e. *non tacens, facundus – nicht schweigsam, beredt:* Widr. (?) Gerh. I 18 Deum ... in suis famulis praedicabilem -i ore glorificat. Hecel. Clem. 2,4 (MGScript. XXX p. 905,21) sedulitatem meritorum Clementis ... -i ore repetere et docere adorsus est *Bochardus sanatus.*

intactus, -a, -um. *non tactus – unberührt, nicht angefasst:* **I** *in univ.:* **A** *proprie:* 1 *usu communi:* Walahfr. imag. Tetr. 139 quae *(organa)* ... inceptos servent si -a canores *eqs.* Decret. Bern. 28 domum eius *(rei fugacis)* destruant *Burgenses* funditus, sed edificia -a diem et annum super area relinquant, et post revolutionem anni heredes ipsius domum reedificent *(v. notam ed.)*. 2 *de sede i. q. vacuus – leer, 'vakant':* Leo Mars. chron. 2,98 ut ... usque ad illius *(subdiaconi)* reditum apostolica sedes -a vacaret. **B** *translate:* 1 *intentatus, inexpertus – nicht angefangen, unternommen, unversucht:* Remig. Altiss. mus. 479,11 'quaedam suavitas intemptata', id est inaudita et -a. Chron. Mich. 12 p. 16,8 ut nescius itineris a se ante -i erudiatur *clericus quidam* a superveniente socio. Carm. de bello Saxon. 3,20 -um nullum liquere furorem. Epist. Camer. (MG Lib. Lit. III p. 574,31) ut nihil iam -um, nihil relinquat *Romanorum importunitas* intemptatum. Lamb. Hersf. annal. a. 1075 p. 208,18 ne quid pro amico suo -um intemptatumque relinqueret *archiepiscopus.* 2 *omissus, praetermissus – unerwähnt, unbeachtet:* Aethicus 84^{b},21 nonnulla, quod de eius *(Alexandri)* artibus et inventionibus -a et dubia ... obmisimus. Christ. Stab. Matth. epist. dedic. 48 quod ille *(Augustinus)*, quasi omnibus notum, relinquat -um. Regino chron. praef. p. 1,25 non passus sum tempora patrum nostrorum et nostra per omnia -a preterire. Sigeb. Gembl. catal. 597 Hieronimus et Beda ... quamplures Kalendarum dies -os reliquerant. Walth. Ter. Karol. 53,4 quem *(Willelmum coniuratorem)* ... -um fere reliqueram. *saepius.*

II *c. notione violationis, corruptionis, minutionis i. q. non violatus, illaesus, illibatus, integer – unangetastet, unversehrt, unverletzt, unbeschadet, unbeeinträchtigt, ganz, 'intakt':* **A** *proprie:* 1 *de rebus:* **a** *in univ.:* Edict. Roth. 358 nulli sit licentia iterantibus erba negare excepto prato -o (-um, intanto *var. l.*) tempore suo. Paul. Diac. Lang. 2,4 p. 74,19 sata transgressa metendi tempus -a expectabant messorem. Bened. Andr. chron. p. 134,2 ut vix ulla[m] pars totius regni Francorum ab hac peste immunis adque -a posset inveniri. Petr. Dam. Rom. 52 p. 95,18 -um (in tantum *var. l.; sc. cibum*) ad cellarium remittebat. Albert. Aquens. hist. 5,34 p. 382,17 Gibel *(sc. civitatem)* ... necesse est, ut hoc tempore -am relinquamus *(sc. Christiani)*. Hugo Trimb. sols. 4,20 inferior pars illius *(altaris)* igne cremabatur, pars autem superior -a remanebat. *persaepe.* **b** *impollutus – unbefleckt:* Abbo Sangerm. bell. 1,255 sanguine nulla via urbis adest -a virorum. 2 *de hominibus eorumque partibus corporis:* **a** *in univ.:* Paul. Diac. Lang. 1,9 certum ... est Langobardos ab -ae ferro barbae longitudine ... appellatos. Walth. Spir. Christoph. I 25 ne vel tenuem sanguinis guttam cutis -a monstraret. Marb. Red. lap. 450 cuius *(hieracitis)* sic virtus perhibetur posse probari: muscis expositum corpus ... -um cupido miraberis agmine linqui *(sim.* Arnold. Saxo flor. 3 p. 72,38. Albert. M. miner. 2,2,7 p. 38^{a},24*)*. Carm. de Frid. I. imp. 3140 ut -os permittat abire Cremenses. *al.* **b** *spectat ad virginitatem (per enallagen: l. 65):* Vita Eucher. 10 (MGMer. VII p. 51,10) sexto ... exilii sui anno ... corpus (corpore *var. l.*) integrae conversationis -us ... intravit in caelum. Agob. 5,3 l. 13 virginitas carnis corpus -um est. Hrotsv. Agn. 155 si vere cupias -a manere virgo *eqs.* Albert. Aquens. hist. 4,45 puelle adhuc -e ... ad nos *(Turcos)* accessum habeant. *saepius.* *Mariae virginis:* Hraban. carm. 34,7 tu, virgo Dei genetrix -a tonantis. Milo Amand. II 1,3 virginis intravit *arbiter omnipotens* thalamum -umque paravit hospitium sibimet. Dipl. Otton. I. 337 p. 455,4 abbas monasterii sanctę et -ę semperque virginis Mariae *(inde* Dipl. Otton. II. 244 p. 275,38. *al.)*. Hrotsv. Mar.$^{tit.}$ historia ... -ae Dei genitricis. *al.* **B** *translate:* 1 *ignotus – unbekannt:* Wolfhard. Waldb. 3,9 p. 284,9 invisum antea et -um aspexit *famulus* et sustulit piscem. 2 *immutatus – unverändert:* Cand. Fuld. Eigil. II 20,8 quatenus in libro hoc memori narranda relatu inlaesa -aque simul

[Weber]

serventur *(sc. dicta Hrabani)* in aevum. CAES. HEIST. Elis. I epist. p. 345,10 quedam capitula ... sententiis melioravi, quedam -a reliqui. ACTA imp. Winkelm. I 843 p. 650,41 (dipl. Frid. II.) prioris mandati ... per omnia -o in ceteris remanente tenore. 3 *inoffensus, non inquietatus – unbehelligt, unangefochten, ungestört:* DIPL. Merov. I 84 p. 215,33 (spur s. IX.$^{in.}$) -a vel intemerata valeat *auctoritas* perenniter durare. WALAHFR. hort. 420 o mater virgo, ... virgo fide -a. DIPL. Otton. III. 235 p. 652,14 ut huius monasterii status ab adversariorum omnium incursione maneat -us. DIPL. Heinr. IV. 87 -o Saxonię limite. HILDEG. carm. 63,8,4 qua *(invidia sua)* nullum opus Dei -um dimisit *diabolus. al.* 4 *expers, liber – frei (von):* RHYTHM. 9,11,1 lapsus *(sc. monachus)* -us (inactus *var. l.*) criminum laudare debet Dominum. HILDEG. carm. 29,10 quam gloriosa gaudia illa vestra *(sc. angelorum)* habet forma, que in vobis est -a ab omni pravo opere. VITA Berth. Garst. I 5 p. 233,2 ab omni avaritie contagione quam -a semper precordia habuerit.

***intaediabiliter** (-ted-). *sine taedio, infatigabiliter – ohne Verdruss, unermüdlich:* RICHER. SENON. gest. 1,14 te *(sc. Spinulum)* in illa obediencia, quam ... nobis *(sc. monachis)* inte-r exibere solebas, amonemus et exortamur ..., ut *eqs.*

***intalo,** -are. (in *et* tal[i]are, *cf. ital.* tagliare, *francog.* tailler) *delere, devastare – zerstören, verwüsten:* LEX Alam. 34,1 (rec. B) si quis praesumpserit ... res ducis invadere et ipsas talare (-are, tollere *var. l.*).

intaminatus, -a, -um. 1 *strictius i. q. non maculatus, non pollutus – unbefleckt, nicht unrein:* VITA Annon. III 6,4,2 -a sacrificat manu. 2 *latius i. q. immutatus – unverändert:* CHART. Rhen. med. I 198 p. 259,10 (a. 955) ut hec nostre *(sc. archiepiscopi)* devotionis et actionis pagina firma rata et -a permaneat.

***intangibilis,** -e. *qui tangi non potest – unberührbar:* BEDA temp. rat. 34,81 ubi ignis ipse quasi media zona et proxima quaeque illi prorsus -ia sunt ob ardorem. ALBERT. M. div. nom. 1,15 p. 8,44 'informitas' ... 'incorporalium -is (*PG 3,588^{B}* ἀναφῆς) et infigurabilis'. anim. 2,3,19 p. 127,36 cum ... soni inundatio et reflexio fiat in aëre invisibili et -i *eqs. usu subst.:* ALBERT. M. summ. creat. II p. 249,26sq. forte aliquis vellet dicere, quod obiecta tactus reducuntur ad duo, quae sunt in genere uno, scilicet ad tangibile et -e, sed hoc nihil est, tangibile enim et -e se habent sicut privatio et habitus.

intantum *v.* in *et* tantus.

***intarta,** -ae *m.* (ἀνταρτής) *rebellis – Aufständischer:* GESTA Font. 3,1 p. 23,11 actum est bellum ... inter Karolum exarchum et Ragenfridum -am. *ibid. al.*

intaticus *v.* entaticus. **intecritas** *v.* integritas.

intecrum *v.* integer.

intectus, -a, -um. 1 *de rebus i. q. discoopertus, apertus – unbedeckt, offen:* THEOPH. sched. 3,74 p. 134,19 confectione cooperies omne argentum ... ut album remaneat, et quod deaurandum est, maneat -um (intinctum *var. l.*). 2 *de hominibus i. q. nudus – unbekleidet, nackt:* TRIUMPH. Remacli 1,17 -us nudisque pedibus vili iumento impositus sic ad sua redire praecipitur.

***intediabiliter** *v.* *intaediabiliter.

1. integer, -gra, -grum. *script.:* en-: *p. 2101,45.* -tae-: FORM. Marculfi 2,17 l. 72 *(var. l.).* -ec(er): *p. 2101,45. 66.* -tig(er): CONC. Merov. p. 37,2. *form. abl. sg.:* -ru: *p. 2101, 45.* -ri: DIPL. Karlom. I. 49 p. 69,2. *nom. pl.* -us: DIPL. Merov. I 185 p. 460,30. *per metathesin acc. sg.* -tregum: CHART. Ticin. 234 p. 16,11 *(v. notam ed.), nom. pl.* -treg(h)i *(cf. Stotz, Handb. 3,VII § 294.1): p. 2100,65. usu subst.: l. 70. p. 2100,1sqq. 2101,39sqq. 2102,16sqq. persaepe.*

intactus, totus – unangetastet, 'intakt':

I *in univ.:* A *usu vario:* 1 *usu communi:* STATUT. ord. Teut. p. 42,13 fragmenta ... mensarum distribuantur pauperibus panibus -is reservatis. 2 *usu subst. i. q. pristinum – ursprünglicher Zustand:* THIETM. chron. 5,44 de Misni atque de Citici episcopatibus decrevit *rex* ... ad -um redire. B ex, ab, de -o *i. q. denuo, iterum – von Neuem, wieder(um), nochmals:* RIMB. Anscar. 35 p. 69,11 licet antea decimata fuerint *animalia,* ad elemosinarum dationem iterum ex -o decimationem faciebat. WIDUK. gest. 3,64 quasi cum rege Danorum Haraldo bellum ab -o machinaturus *(sc. Wichmannus).* 3,76 ab -o ab omni populo electus in principem transtulit *Otto* corpus patris in civitatem. RUOTG. Brun. 35 p. 36,5 pax ... ex -o condicta. *al.*

II *inviolatus, illaesus, incolumis – unversehrt, unverletzt, unzerstört, unbeeinträchtigt, unbeschadet, heil:* A *de hominibus eorumque sanitate, affectibus, moribus sim.:* 1 *strictius:* a *spectat ad sanitatem:* LEG. Wisig. 2,5,11 salutem videntur *(sc. dementes)* recipere et -a ... m e n t e persistere, de suis rebus ferre iudicium proiberi non poterunt (DIPL. Karoli III. 5. *al.*). HUGEB. Wynneb. 13 p. 116,34 c o r p o r e -o (THIETM. chron. 3,17. *al.; sim.* HRABAN. epist. 47 p. 502,23 qui ... fortes sunt et sensu atque corpore -i. *al.*). THIETM. chron. 4,26 brachium absque IIII digitis solo cum pollice -um. METELL. buc. 8,48 quam dura cutis, plagis manet -a cunctis. *al. de sanitate ipsa:* RUD. FULD. mirac. 12 p. 338,17 puellae -a mentis ac manus s a n i t a s restituta est (CONST. Constant. 157 beneficiis ... beati Petri -e me sanitati comperi restitutum. *al.*). b *spectat ad virginitatem ('unberührt'):* HINCM. divort. 12 p. 182,10 non est auditum ..., ut ... inaperta vulva seu -a carne vivum vel abortivum pepererit *femina eqs.* p. 182,17 virgines, quae carne -ae sunt. *de Maria virgine:* GREG. CAT. chron. I p. 112,1 Christo domino adiuvante, eius optentu -rrimę genitricis *(sim.* p. 133,19). 2 *latius:* a *purus, incorruptus, probus, honestus – rein, unverdorben, anständig, ehrlich, 'integer':* WALAHFR. Otm. 5 vir venerabilis castitate -r, vitae ac morum maturitate grandevus. RUOTG. Brun. 36 p. 37,28 repente flos ille -rrimus ... *(i. Liudolfus)* e medio excessit. 41 p. 43,9 erat imperatori filius ... delicatissime indolis et -rrime voluptatis. EPITAPH. var. II 42,4 -a vitae hostia grata *(sc. abbatissa)* Deo. ALBERT. M. bon. 191 p. 117,71 -um et incorruptum se conservare a delectationibus, quae corrumpunt. 195 p. 120,82 incorruptum et -um dicunt idem. *usu subst.:* EPIST. Hann. 56 -orum ... corruptio est peccatum. *fort. huc spectat:* CONST. imp. II 196,15 cum duobus viris bone opinionis et -i s t a t u s, synodalibus hominibus (196,20 sit omnis testis liber, -i s. et bone fame). b *verus, sincerus – wahr, echt:* CONST. Constant. 30 nos ... ad -am christianorum fidem ... pervenisse. WALAHFR. Mamm. hymn. 8,2 mansit fides in pectore, spes mente felix -a. CHART. Heinr. Leon. 16 de -rrimę dilectionis affectu ex nostri parte sitis indubii. *al.* c *liber – frei:* COD. Laursh. 20 l. 7 per quod *(testamentum)* spontanea et -a voluntate donamus, quod *eqs.* B *de Christo i. q. immaculatus – unbefleckt (loci spectant ad Vulg. lev. 23,12):* HYMN. Hraban. 14,14,4 qui *(Agnus)* frequenter immolatur permanetque -r. THEOD. AMORB. Mart. 8 p. 426,39 est mirum ..., quomodo agnus Dei ... quotide in sacrosancta altaris mensa crucifigitur, moritur, a fidelibus comeditur ..., vivus et -r manet. *al.* C *de rebus:* 1 *strictius:* a *non discissus, non diruptus – nicht zerrissen, nicht geborsten:* LEG. Wisig. 8,4,21 vestis pretium, quantum -a illa, que rupta ... est, valere potuit, dare conpellatur *(sc. qui vestem rupit).* WETT. Gall. 38 p. 278,38 invenerunt *fratres* ... pallam -am, quam ante dolebant igne consumptam. THIETM. chron. 7,66 catena de pedibus divina maiestate constrictis leniter cadente -aque permanente. *al.* b *non perforatus, solidus – nicht durchlöchert, dicht:* THEOPH. sched. 3,21 sub quibus *(sc. dolii)* foraminibus pone aliud vas -um, in quo colligas urinam eius *(hirci).* c *non dissecatus – nicht zerschnitten:* OTTO FRISING. gest. 1,58 p. 82,22 quas *(orthodoxorum patrum auctoritates)* non in scedulis decisas sed in corpore librorum -as attulerat *episcopus.* d *non fucatus – unverfälscht:* CHART. Bund. 726 p. 197,9 (a. 1234) ambos brevia ipsi emtores retenerunt in se sani et intreghi pro defensione ipsarum terrarum. e *immutatus – unverändert:* GODESC. SAXO gramm. 1 p. 358,19 nullatenus ipsa praepositio *(sc. con)* corrumpitur, sed -a regulariter manere dinoscitur. 2 *latius:* a *inconcussus, constans – unangefochten, unumstößlich:* DIPL. Loth. I. 139 p. 311,22 pro -a firmitate. DIPL. Otton. II. 12 ut hęc nostrę traditionis auctoritas firma -aque permaneat. VITA Mahum. 313 quę lex apud illos *(Agarenos)* hac-

[Weber]

tenus -rrima servatur. Chart. Raitenh. 232 p. 190,33 ut ... res ista maneat stabilis et semper -a. *al.* **b** *non offensus, non inquietatus – unbehelligt, ungestört:* Dipl. Loth. I. 15 p. 83,34 liceat eum *(sc. monasterium)* cum omnibus suis rebus ... -um manere. Dipl. Karoli III. 7 p. 11,28 ancillarum Christi congregatio per eam *(precariam)* diutius inconcussa consistat et -a. **c** *consequens, rectus, aptus – (folge)richtig, korrekt, stimmig:* **α** *gramm.:* Otfr. ad Liutb. 121 ut qualicumque modo, sive corrupta seu lingua -ae artis, humanum genus auctorem omnium laudent. **β** *mus.:* Aribo mus. p. 53,5 posset ... prior per ditonum appositus scandere per semiditonum proportionaliter ..., sed -ae non est euphoniae (*inde* Comm. microl. 51 p. 168). **γ** *log.:* Alfan. premn. phys. 18,16 p. 100 non erit -a diffinitio (*PG 40,681C* ὑγιής), quae dicit *eqs.*

III *cunctus, plenus, non minutus, indivisus – ganz, gesamt, vollständig, unvermindert, ungeteilt:* **A** *gener.:* **1** *in univ.:* **a** *usu vario:* Dipl. Heinr. IV. 476 p. 649,42 -um ... servitium erit modius unus tritici, situlę vini duę ..., dimidium ... servitium erit *eqs.* Gerhoh. Sim. p. 253,42 cum domui neque tectum neque parietes neque fundamenta desunt, -a domus dicitur. Metell. Quir. 63,35 reddidit -a, quę tulisset *fur.* Chart. Aquens. 257,10 in qua *(domo)* panni -i venduntur. *saepe.* *de imagine totius corporis:* Theoph. sched. 3,61 p. 116,17 facies ... singulas imagines angelorum -as. **b** *de manicis i. q. longus – lang:* Chart. Wirt. 1638 p. 31,36 (c. 1262) habeant *(sc. sorores)* ... manicas camisearum -as. **c** *non fissus, continuus – ungeteilt, -gespalten, durchgehend:* Theoph. sched. 3,7 forcipes, qui dicuntur carbonarii ..., qui sint in una summitate -i et plicati. *anat.:* Alfan. premn. phys. 24,30 p. 140 multis *(animalibus)* ... ad defensionem simul et sustentaculum gressus *(sc. ungulae sunt)* ut equis et omni animali ⌊-am ungulam habenti⌋ (*PG 40,717A* μονώνυχι). Albert. M. animal. 3,71 homo habet os sincipitis, quod coronale vocatur, -um, et hoc multa aliorum animalium habent fissum. 13,49 -a et indivisa voco *(sc. membra interiora)*, quae subiecto eadem sunt, ... sicut cor et pulmo. **d** *locut. adv. i. q. omnino, plene, plane – zur Gänze, ganz und gar, völlig:* **α** ex, in, de, ab, sub -o: Willib. Bonif. 9 p. 57,2 cum ... colliculi opus iam ex -o aedificarent *Fresones eqs.* Vita Rimb. 12 p. 90,33 vestem ... promissionis ex -o suscepit. Thangm. Bernw. 26 de -o brachium sancti martiris abstulit. Consuet. Marb. 286 potus ... in usus pauperum ab -o recipitur. Idung. Pruf. dial. 2,267 cui *(novitio)* ... ter regula ex -o lecta est. *saepius.* *in formulis chartarum sim.:* Lex Alam. 1,2 res illas ex -o reddat. Chart. Sangall. B 12 omnia ex omnibus ex entecru. C 9 ex entegru. C 134 omnia ex -cro. Trad. Frising. 200b omnia in -o in eodem loco nobis pertinentes. Dipl. Otton. I. 322 concambium ... non partim, sed ex toto et -o fieri decrevimus. Dipl. Loth. II. 17 p. 412,20 ut villa ... ad dominium eorum *(sc. monachorum)* sub -o revertatur. Chart. Aquens. 24,23 terra de -o in pristinum ... usum canonicorum ... restituetur. *persaepe.* **β** ad, in, per -um (-o, -a): Form. Andec. 50a hoc *(sc. homicidium)* ad -a fortiter denecabat *(sc. accusatus)*. Hraban. epist. 28 p. 443,9 Hieronimi explanationes in hunc prophetam *(sc. Jeremiam)* nusquam ad -um repperire potui. Dipl. Heinr. IV. 235 sicut dictum est in -um. Marian. chron. a. Chr. 247 qui *(diaconi)* ... gesta martirum veraciter in -igro colligerent. Dipl. Loth. III. 78 quia ... militaribus negociis intenti Deo ad -um vacare non possumus. *al.* *in formulis chartarum sim.:* Trad. Weiss. 1 l. 105 (a. 742) quicquid ... visus sum habere, ... trado ... ad -um. Dipl. Otton. I. 392 p. 534,31 quod ... abbas ... silvaticum ... velit ... per -um vendicare (*inde* Dipl. Heinr. II. 247 p. 284,24). Chart. Tirol. notar. I 61 p. 29,6 cum omni iure et racione in -um. *persaepe.* **γ** *abund.* totum (et) (ad, in) -um *sim.:* Chart. Sangall. C 18 (a. 752) tres locus et curtis totum et -um dono; ... iste omnia totum -crum ... trado. Chart. Fuld. B 22 p. 44,31 totum et -um ... dictam rem habeatis *(sc. monasterium)*. Dipl. Loth. I. 66 p. 178,20 XXV mansos ... totum et ad -um ... transfundimus. Dipl. Ludow. II. 64 p. 193,12 donamus ... curtem ... totum in -um. *cf. l. 45.46. 48.* **2** *de possessionibus sim.:* **a** *usu communi:* Leg. Burgund. const. I 24,3 ad matrem iubemus hereditatem mariti ... -am pertinere. Notit. Arnon. 5,5 tradidit ... dux ... unum putiatorium -um. Chart. Rhen. inf. I 7 tradidi *(sc. Theganbaldus)* ... illam h o u a m -am (Cod. Laursh. 3678,1 hubę lidorum XX -ę. *al.*). Einh. Karol. 33 p. 38,18 (testam.) partes *(sc. substantiae suae)* subdividendo de duabus partibus XX et unam partem fecit, tertiam -am reservavit. Dipl. Heinr. III. 123 p. 154,34 predium ... habens XL mansos cum -a ecclesia. 144 p. 183,6 locus -r. Chart. Ital. Ficker 201 p. 255,13 comitatum sive episcopatum Aretinum et Perusinum ... non tollemus -os *(ci. Staub,* internos *ed.)* nec minuemus. *persaepe.* *usu abund.:* Cod. Laursh. 496 (a. 774) cum omni -a re. Trad. Ratisb. 11 p. 9,36 cum omnibus -is. Cod. Odalb. 5 ut ... ad sanctum Petrum ... tota et -a loca praescripta consisterent. Dipl. Constantiae 16 p. 56,6 restitutionem -am et plenariam facientes. *al.* **b** *usu subst. i. q. omne – alles:* Trad. Frising. 226 p. 209,27sqq. (a. 806) ut ... cum -o, quod supramemoravimus, ad redimendum cum alia pecunia ... cum -o pretiatum licentiam habuissent *(sc. filii comitis)*. Dipl. Ludow. Inf. 64 p. 194,39 curtem ... transfudimus totam cum -o, cum curtilibus omnibusque edificiis, campis *eqs.* **3** *de pretio, valore sim.:* Leg. Burgund. const. 46,2 -um pretium ... occisi ... conpellatur *(sc. necator)* exsolvere. Desid. Cad. epist. 1,5 l. 15 -a mercede. Lex Baiuv. 10,4 ducalis ... disciplina -r (-a *var. l.*) permaneat. 14,17 aequalitatem -am ille reddat, cuius *eqs.* **4** *de mensura:* Ruotg. Brun. 47 numquam minus quam libra denariorum -a. Dipl. Otton. II. 203 si in ... predictis locis -a ... trium regalium hobarum inveniri non possit mensura. Gerb. geom. 3,5 dictus dodrans, quod ab -o pede dempto quadrante constet. Trad. Salisb. I 295 Wolframnus ... tradidit ... vineas ... duas, quarum una -ę est dimensionis, altera dimidię. **5** *de tempore:* Lex Sal. Merov. 73,7 anno -o (Lex Alam. 67,1 usque ad annum -um. *al.*). Wandalb. martyr. compr. 13 ebdomas ... septem complectitur -a soles. Widuk. gest. 3,28 agens tres -os menses ... rex in illis regionibus ... revertitur in Saxoniam. 3,38 dum mense -o (-a *var. l.*) et dimidio obsideretur *urbs.* Thietm. chron. 7,71 p. 484,28 ab uno pavimenti foramine per -um diem ... oleum emanavit. **6** -a aetas *i. q. aetas pubes – Volljährigkeit:* Chart. Sangall. A II 571 (a. 873) post obitum ... illius *(matris)* ad filias redeat *(sc. duae partes hereditatis)* ..., usque dum ad -am aetatem perveniant. **7** *de textu (cf. p. 2100,63):* Hraban. epist. 24 p. 430,32 nisi eorum *(patrum)* dicta ... -a ponerem, ne *eqs.* (*sim.* 34 p. 467,34). **8** *de versu:* Godesc. Saxo gramm. 2 p. 421,20 versus -r unam habet figuram. **9** *de luce diei:* Ruotg. Brun. 45 p. 48,33 luce adhuc -a vespertinę laudis officium ... consummavit. **10** *de cucurbita ad sanguinem imminuendum usitata necessariisque instructa:* Aurelius 4 p. 497,25 debemus adhibere cucurbitas vacuas aut -as (intingeris *cod. Augiens. cxx*). **B** *mus. de tono, pede:* Remig. Altiss. mus. 511,15 'una *(sc. divisio)* mollis', scilicet propter -um t o n u m (Berno ton. prol. 2,22. *al.*) Anon. IV mus. 1 p. 34,22 pes -r intelligitur in qualibet longa quinti modi perfecti vel imperfecti. *ibid. al.* **C** *math. de numeris:* Anon. geom. I 3,26 p. 335,26 tetragonale latus interdum in -is numeris nequit inveniri. Franco Leod. circ. 6,227 quod omnis proportio, quae in minutiis constat, possit etiam ad -os numeros transferri. Dixit Algorizmi 863 hec *(sc. dicta)* sunt ... universa, que necessaria sunt hominibus ex divisione et multiplicatione in -o numero. *al.* **D** *natur. et philos.:* Otto Frising. gest. 1,5 p. 17,20 in nativis ... omnem naturam seu formam, quae -um esse substistentis sit *eqs.* p. 18,14 humanitas, quae est -um esse hominis. p. 20,36. Urso element. 2 p. 48,11sqq. que elementa *(sc. ignis, aqua, terra, aer)* -a sine ulla delibatione ... ad mundi continentiam sumpta sunt propterea, ut perfectum animal esset, idest mundus, utpote ex -is corporibus perfectisque conflatum. *ibid. al.* **E** *publ. et iur.:* Leg. Burgund. Rom. 41 si ingenuus redierit *(sc. manumissus)*, i u r a libertatis -a se noverit recepisse (Chart. Aquens. 29,11. *al.*). Lex Baiuv. 16,17 quod tibi donavi cum lege -a et verbis testificatione firmare volo. Form. Marculfin. 22 sub integremunitate (*leg.* -a emunitate; *v. notam ed.; item* 23; *sim.* 26. 30). Capit. reg. Franc. 112,22 in libertate -a persistendum *(sc. manumissus)* omnibus diebus.

[Weber]

adv. **integre** *vel* **integriter.**
omnino, plane, plene – ganz und gar, völlig, vollständig: 1 *in univ.:* a *usu communi:* LIBER diurn. 77 p. 83,18 omnes, qui se Deo -rrime conferunt. VITA Fidoli 5 (MGMer. III p. 429,28) tanta fuit in sua refectione calicis largitas, ut cenae Domini tempore panis -r (integer tercius omnimodo *suprascr. B*) vino mero superaret. VITA Burch. Wirz. 7 ne ... inertem custodem et se non -e diligentem contemnerent *sancti.* CHART. Naumb. I 176 si ... -e vel ex parte excolentur *(sc. inculta).* OTTO FRISING. gest. 1,5 p. 18,17 sunt aliae formae subiectum -e (integrum *var. l.*) informantes, quae naturam tantum conformem habent. *persaepe.* b *in formulis chartarum sim.:* DIPL. Merov. I 91 p. 237,3 cum omnibus appenditiis ... totum liberrime et -rrime. TRAD. Patav. 46 p. 41,4 ut ... ad ipso loco -r deservire valeant *(sc. res).* DIPL. Ludow. II. 46 p. 158,14 cum universis rebus ..., tam mobilibus -r quamque et immobilibus. COD. Lauresh. 77 locum tradidi *(sc. Adalhoch)* -e et inconvulse. ACTA reg. Burgund. 99 dono *(sc. Rudolfus)* ei *(sponsae)* abbatiam ... -r (integrum *var. l.*). CHART. Tirol. notar. I 43 nisi -e solverit *Henricus* dictum debitum. *persaepe.* *locut.* ad -e: TRAD. Frising. 646 (a. 842) ut post obitum meum ipsum beneficium ... infantulus meus ... omnia ad -e accipiat. 2 *incorrupte, pure – unverdorben, rein:* EPIST. Hann. 56 si ... peccatum non esset, nos -e essemus, nunc vero, quia peccatum in nobis est, -e non sumus *(sed cf. notam ed.).* *Weber*

[**2. integer** *v.* iterum.]

***integralis**, -e. *script.* -ril-: ANNAL. Plac. a. 1260 p. 511,9 (chart.). *integer, completus, plenus, non minutus – vollständig, ganz, gesamt, unvermindert:* 1 *in univ.:* a *gener. (in imag.):* HERM. ALTAH. inst. (MGScript. XVII p. 371,29) quod ex ea promotione *(sc. abbatis Godehardi ad episcopatum)* suo sancto corpore careat *(sc. monasterium)* -i. CARM. Bur. 122,1^{b},3 cuius *(regis)* morte Mors regale decus privat apice, qua virtutis -e robur mutat Anglice. b *publ. et iur.* α *de tributo sim.:* CHART. Naumb. I 405 (a. 1199) ut de quolibet manso ... duo modii solvantur, unus frumenti et alter avene; hii vero duo unam facient mensuram -em. CHART. Altenburg. 122 p. 98,3 de septem mansis omnium agrorum aratro cultorum d e c i m a m -em (CHART. Osn. III 163 p. 120,5. *al.*). ACTA civ. Wism. A 342 domina Greta ... resignavit hereditatem suam ... temporibus vite sue dimidiam et post mortem eiusdem Grete -em. *al.* β *de iure:* CHART. eccl. Werd. 14 p. 23,8 (a. 1158) filii ab ecclesia alieni patrum suorum ecclesiae attinentium heredidatem ... iure -i obtinere non possunt. γ *de plebiscito:* CHART. ord. Teut. (Thur.) 236 p. 185,47 (a. 1272) quod -i plebiscito sentencia nobilium ... fuerit diffinitum. 2 *spectat ad rationem totius ad partem (usu philos.):* a *de parte i. q. totum (cum aliis partibus) constituens, efficiens – (mit anderen Teilen) ein Ganzes ausmachend, bildend:* PS. BEDA mund. const. app. 1,477 sine sectione est *atomus* -ium partium *eqs.* HERM. CARINTH. essent. 1 p. 98,2 astrologi ... ita mundi elementa sentiunt ut partes -es totius. ALBERT. M. bon. 180 p. 112,19 omnis pars aut est -is aut subiectiva. sent. 3,22,3 p. 390^{b},37 totus ... semper quaerit compositionem partium -ium. CONR. MUR. summ. p. 31,6sqq. sicut in domo sunt tres partes -es, scilicet fundamentum, paries, tectum, sic et in epistola sunt tres partes -es, scilicet exordium, narratio et petitio. *saepe.* b *de toto i. q. pluribus partibus compositis constans – aus mehreren Teilen zusammengesetzt, bestehend:* α *def.:* ALBERT. M. metaph. 5,6,3 p. 283,57 est sic unum continens multa, 'sicut unumquodque' singulare designatum est 'unum' multitudinem in se claudens partium, et hoc est, quod totum -e vocatur. β *exempla:* ALBERT. M. sent. 4,14,4 p. 413^{a},40 intelligo Chrysostomum loquentem de iustitia legali, quae generalis est per dictum modum, tamen non est ut totum -e ad virtutem. veget. 1,127 officialia ... tam in animalibus quam in plantis -is totius divisione dividuntur etiam per dissimilia. *al.* *de compositione ipsa:* HERM. CARINTH. essent. 1 p. 104^{b},19 ex ... corporibus primis mundanum corpus compositione -i.

adv. ***integraliter.** 1 *integre, complete, plene – vollständig, zur Gänze, ganz, in vollem Umfang:* a *gener.:* α *in univ.:* TRANSL. Godeh. 3 p. 648,14 omnia membra illius *(puellae)* ... in naturalem statum sunt restituta et ipsa -r est sanata. GESTA Vird. cont. II 8 p. 520,33 elemosinariam ... novam -r cum capella construxit *(sc. abbas).* SUMMA dict. Saxon. 7,10 p. 240,11 ut ordo rei ieste seriatim et -r inscribatur. CHART. Aquens. 198 l. 8 canonicus ... in plena sanitate sui corporis et sui compos -r existens. ALBERT. M. meteor. 3,2,5 p. 132,53 aqua non est -r nec quantum ad radicem primam in terra. ACTA civ. Kil. 259 quod domus et molendinum -r ruinam patietur. *saepius.* β *comprehendendo, complectendo – um-, zusammenfassend:* CHART. Sanblas. 346 l. 32 (a. 1251) ut ... actio super ... iniuriis ... illatis competat abbati et conventui -r suprafatis. ACTA imp. Winkelm. I 995 p. 749,10 ut finaliter et -r discuterent *magistri rationales* raciones ... sic summarie receptas. *al.* γ *continenter – die ganze Zeit über:* STATUT ord. Teut. p. 120,28 dum matutine incipiuntur, tunc debent *fratres* veniam facere ad 'gloria patri' ...; et ad laudes ad 'gloria patri' venia, et ad primam collectam -r *(item* p. 121,8). b *publ. et iur.:* DIPL. Otton. II. 276 p. 321,21 confirmamus eis *(canonicis),* ... quicquid Zenobius episcopus eisdem concessit, -r. CHART. archiep. Magd. 326 p. 425,41 decimam et omnem iusticiam, quam in ... mansis habuimus, ecclesie ... -r dedimus *(sc. archiepiscopus).* CHART. Turic. 355 nobiles ius suum in ... ęcclesia ... -r et irrevocabiliter transtulerunt. CHART. episc. Wirz. I 358 p. 413,5 quibus *(sc. subscriptis)* ipsa Gysela ... ducentas marcas argenti dederit vel legaverit -r aut particulariter. *persaepe.* *spectat ad servitium:* CHART. episc. Hild. II 145 (a. 1225/27) R. Cecus recepit villicacionem in Ekkelsem et in sequenti anno debet servire -r. 2 *de compositione plurium partium totum efficientium i. q. modo integrali q. d. – auf 'integrale' Art, auf Art 'integraler', vervollständigender Teile, auf Art eines 'integralen', (aus Teilen) vervollständigten Ganzen (usu philos.):* ALBERT. M. sent. 4,14,4 p. 413^{a},32 generalis virtus est colligens alias virtutes -r vel quasi -r. praedicam. 3,7 p. 64,9 quod linea constet ex punctis -r componentibus lineam. div. 2,1 p. 86,43 'quotiens unumquodque' materialiter et -r 'compositum resolvimus in ea, ex quibus compositum est'. *al.*

***integralitas**, -atis *f.* *integritas – Vollständigkeit:* CHART. Otterb. 190 (a. 1275) partem me contingentem ex feodo regali ... sculteto et scabinis in parte me contingente pro dicta quantitate pecunie mihi -e assignata vendidi *(sc. Reinhardus).*

integrasco, -ere. *renovari – sich erneuern:* RUP. TUIT. off. 2,8 l. 326 miraculum tantae novitatis -it *(inde* GERHOH. psalm. 33 p. 181,8).

integratio (-cio), -onis *f.* *expletio, adunatio in integrum effecta – Vervollständigung, das Vollmachen:* INNOC. III. registr. 1,205 p. 295,18 donec ... magistro super -e dimidie fuerit satisfactum. CHART. eccl. Erf. 295 p. 174,25 assigno Gerhardo servo meo dimidiam marcam vel maldrum cum -e precii sui *eqs.* CHART. Eichst. 66 p. 110,13 quod collecionem de mediis prebendis in ecclesia Herridensi factam personis adhuc -cione carentibus integrare ... non obmittat *episcopus.*

***integrativus**, -a, -um. *integralis q. d., totum pluribus partibus efficiens – ein Ganzes (aus Teilen) bildend:* HUGO HONAUG. div. 21,2 'unitas' copulabilis est, quae ex unione vel similitudinis vel -ae compositionis vel adunationis ..., qualiter vel ex forma et materia dicitur.

integre *v.* integer.

[**integremunitas** *v.* integer *et* immunitas.]

***integriliter** *v.* *integralis.

integritas, -atis *f.* *script. et form.:* intig-: *p. 2105,50.* -gret-: FORM. Andec. 54 p. 23,30. CHRON. Fred. 4,76. *al.* *abl.* -ta: *p. 2106,19.*

status integer – Ganzheit: I *status intactus, incorruptus, illibatus, incolumitas – Unversehrtheit, Unverletztheit, Makellosigkeit, Intaktheit:* A *de hominibus:* 1 *in univ.:* a *spectat ad sanitatem:* EINH. epist. 49 ut indulta membrorum -e verberumque pena liceat illi *(sc. homicidae)* solutione pecuniae conponere ..., quod *eqs.* IOH. IAMAT. chirurg. 1,6 si certi fuerimus super cranei -e. *al.* *de sanitate recuperata:* MEGINH. FULD. Alex. 6 p. 430,34 ut membrorum -em recipere mereretur *claudicans.* TRACT. de chirurg. 213 quicunque *(sc.*

[Leithe-Jasper]

sauciatus) ad -em *(sc. carnis)* pervenerit . . ., tali indiget cura: *eqs. al.* **b** *spectat ad virginitatem (cf. l. 28):* Syll. Sangall. 4,66 turba puellarum -e nitens. Notker. Balb. carm. p. 150 quae *(sc. ecclesia)* ducis natam . . . regis abstraxit thalamis amore -is. *al.* *de hymene:* Hincm. divort. 12 p. 182,6 quae *(vulva)* servare clausurae -em non potuit etiam in primo . . . coitu. **c** *spectat ad cadaver putredine non tactum:* Hugeb. Wynneb. 11 ipso die post annis curriculo, quo prius sanctum Christi confessoris corpus levatum -e honoratum repperiebant *(sc. clerici).* 13 p. 115,43 sancti Wynnebaldi . . . -is ostensio. **d** *spectat ad pulchritudinem:* Lamb. Hersf. annal. a. 1065 p. 99,15 statura et formae elegantia ac tocius corporis -e ita caeteris eminens *(sc. episcopus)* mortalibus, ut *eqs.* **e** *spectat ad mores, virtutes sim.:* Dipl. Heinr. II. 34 p. 38,4 nostrae fidelitatis -s. Otto Frising. gest. 2,28 p. 134,11 animorum fortitudinis ordine et -e. Chart. Mog. A II 520 testibus . . . fame sue probatis -e. Dipl. Constantiae 5 p. 19,30 nos attendentes religionis et honestatis -em. *al.* **2** *probitas, sinceritas – Rechtschaffenheit, 'Integrität':* Leg. Burgund. const. I praef. 2 ut -s et aequitas iudicandi a se omnia praemia vel corruptiones excludat. Capit. reg. Franc. 8,1 quibus *(populis subiectis)* quantum plus fuerit iustitiae adque -is inpensum, tantum *eqs.* Liber diurn. 73 p. 70,3 promitto *(sc. episcopus)* . . . devota mentis -e et pura conscientia. *al.* **B** *de Deo i. q. absolutio – Vollkommenheit, Vollendetheit:* Godesc. Saxo theol. 22 p. 298,11 unaquaeque persona *(sc. trinitatis)* per se est -s, perfectio, plenitudo *eqs.* **C** *de plantis:* Walahfr. hort. 414 si gloria pessum -is *(sc. lilii)* eat, foetor mutabit odorem *(cf. l. 2).* **D** *de rebus:* **1** *in univ.:* **a** *corpor.:* Thietm. chron. 3,2 huius *(crucifixi)* caput dum fissum videret *Gero,* hoc . . . sic curavit: . . . prostratus nomen Domini . . . invocavit et surgens . . . -em promeruit. Otto Frising. gest. 2,32 p. 140,21 videres militem tam armorum splendore fulgentem, tam ordinis -e decenter incedentem. **b** *spirit. (in formulis corroborationis contam., ut vid.):* Dipl. Conr. II. 151 ut hęc nostrę tradicionis -s stabilis et inconvulsa omni permaneat ęvo *(sim.* 195 p. 260,6. *cf.* 42 nostrę traditionis auctoritas). **2** *status legitimus, inconcussus, rectus, rectitudo – Korrektheit, Stimmigkeit, Richtigkeit, Unanfechtbarkeit:* **a** *in univ.:* Godesc. Saxo gramm. 2 p. 440,2 propter . . . unam syllabam non debemus interpolare, corrumpere, violare, detruncare sive mutilare sensus -em. Otto Frising. gest. 2,13 p. 116,37 vix aut numquam . . . ea, quae secundum legum -em sancciverit *princeps,* oboedienter excipiunt *Langobardes.* Albert. M. caus. univ. 2,4,9 p. 163,23 -s . . . diffinitionis et quiditatis intelligentiae ab eo, quod est scire, sumitur et non ab eo, quod *eqs. al.* *meton. de approbatione rectitudinis:* Adalbold. sphaer. 1 p. 303,15 ut tanti viri *(sc. Silvestri II. papae)* auctoritas praeceptionis meae fiat aut correctio aut -s. Marian. chron. 1,1 (DtArch. 17. 1961. p. 218,24) quod . . . fiet post biduum, id est completionem et -em (inti-em *var. l.)* duorum testamentorum, Pascha et transcensus ad regnum Dei *eqs.* **b** *de lingua, sermone i. q. puritas – Reinheit:* Libri Karol. 2,18 cum pene nullum habeat Latinę -is vigorem sensuque sit tepidus . . . et quadam ex parte ratione nudatus *textus.* **3** *veritas – Unverfälschtheit, Wahrheit:* Libri Karol. 3,1 p. 340,10 haec est catholicae traditionis fidei vera -s, quam sincero corde credimus *(sim.* Ruotg. Brun. 26. *al.).*

II *status non divisus, unitas – Ungeteiltheit, Einheit:* **A** *gener.:* Const. Melf. III 59 ut, quicumque novam militiam . . . arripuerit contra regni beatitudinem, pacem atque -em, militiae nomine et professione penitus decidat. Berth. Ratisb. serm. exc. p. 15,30sq. fides debet habere septem ornamenta . . .; primum est -s; -s omnino requiritur, quia nulla est heresis, que non habet aliquid de fide. p. 16,13 est . . . -s fidei, ut quedam celestis cathena et tunica inconsutilis *(spectat ad Vulg. Ioh. 19,23).* **B** *math. et mus.:* Anon. minut. praef. p. 228,20 suae -is dissolutionem nesciens *unitas.* Otloh. quaest. 44 p. 122A tonorum -s licet comparationem nullam teneat ad semitonium, absque *(ci.,* atque *ed.)* ipso . . . nullum sonum . . . efficit. *meton. de numeris integris ipsis:* Ps. Odo Clun. abac. p. 299a ad divisiones -um, id est minutias, veniamus.

III *quantitas plena, totum, universitas – Vollständigkeit, Gesamtheit, das Ganze:* **A** *strictius:* **1** *gener.:* Lup. Ferr. epist. 68 horum *(sagorum)* si fuerit vobis *(sc. abbati)* -s ardua, nequaquam videbitur nobis ipsa medietas contempnenda. Berno epist. 13 p. 45,34 concedimus adventum Domini anticipare, ut dominica, quae vacat, cum -e ebdomadae possit vigiliam natalis Domini hoc anno praeire. *al.* **2** *publ., eccl., iur. de possessionibus, iuribus sim.:* **a** *in univ.:* Trad. Frising. 11 p. 39,2 (a. 758) cum omni -e hereditatis. Chart. Turic. 132 p. 55,1 accepimus ab . . . Gozperto . . . rem ęcclesiasticam et decimationis -em. Dipl. Heinr. II. 369 p. 472,25 monasterio . . . concedimus . . . omnem -em terre. Chart. Rhen. med. II 16 vineas libere venditionis -e monasterio . . . vendidit *Henricus.* Chart. Wirt. 2756 ut . . . de vino Alsatie unius same -s persolvatur. *saepe.* **b** *locut. adv.* cum (omni) -e, sub -e *sim. i. q. integre, plene – vollständig, ganz, zur Gänze:* Chart. Arnstad. 1 p. 1,22 (a. 707) curtem . . . c u m o m n i -e sua, id est casis, curticulis . . . totum ad integrum in tuam *(sc. episcopi)* potestatem . . . transfundo *(sc. dux;* Chart. Rhen. med. I 8 p. 11,11 c. o. -a. Trad. Frising. 110. *persaepe).* Trad. Frising. 131 quae de hereditate parentorum meorum obvenit, . . . cum -e habere . . . debeam *(sc. Chuno).* Dipl. Karlom. (II.) 14 p. 305,5 quatinus haec omnia c u m o m n i b u s -bus suis ad prefatos sanctos Dei . . . pertineant (20. *al.*). Cod. Lauresh. 3504 hec omnia s u b -e cum appendiciis et terminis suis dono (Dipl. Karoli III. 153 p. 248,4. *al.*). *al.* **3** *philos. de toto integrali q. d. partibus constituto:* Herm. Carinth. essent. 1 p. 106,19 numerus *(sc. est)* quidem in singularibus, perfectio autem et -s in universalibus. Hugo Honaug. hom. 2,7,1 unitas -is est, qua omne totum partium constitutione conpactum dicitur unum aliquid. Albert. M. div. 2,5 p. 92,46 pereunte tota domo secundum totalitatis et -is suae quantitatem et coniunctionem non prohibetur, quin adhuc partes et fundamenta remaneant. **4** *math.:* **a** *summa – Summe:* Anon. geom. I 4,25 p. 349,24 si sumpseris medietatem et quatuor decimas quartas eiusdem quantitatis, cuius fuerint superiores ab -e sumptae, addideris. **b** *denominatio, quantitas integra – ganzer (Zahlen-)Wert:* Abbo Flor. calc. 3,89 post assem sextula ipsius assis est pars LXXII; deduc eam septuagies bis et invenies -em assis, quae constat XII unciis. Anon. geom. I 4,25 p. 349,17 ex . . . summae -e ad circuli aream inveniendam tres quartas decimas subducas. **B** *latius de numero i. q. completio, numerus plenus – Vollzähligkeit:* Statut. ord. Teut. p. 41,12 ut in omnibus domibus, ubi numerus fratrum ad -em conventus est completus . . ., leccio continue ad mensam habeatur.

integriter *v.* integer.

integritudo, -dinis *f.* *integritas, perfectio – Ungeschmälertheit, Vollkommenheit:* Chart. episc. Hild. II 43 (a. 1222) episcopis . . . Coloniensis ecclesie archiepiscopus salutem et dilectionis -em.

integro, -avi, -atum, -are. *partic. praes. usu adi.: p. 2107,17; subst.: p. 2107,19. partic. perf. usu adi.: p. 2107,22.*

1 *redintegrare, renovare, instaurare – wiederherstellen, wiederaufnehmen, erneuern:* **a** *in univ.:* Carm. de Aquil. 2,3 (MGPoet. II p. 151) benignitatis expers factam *(sc. Aquilegiam),* augustalis gloria, vestram precamur submissi pietatis gratiam, ut eam non -etis, augustales principes. Hincm. epist. 169 p. 157,4 erit . . . tempus et persona in Remorum ecclesia, quando et in qua ab apostolica auctoritate privilegium -tum sibi ex antiqua consuetudine collatum et conservatum habebitur. **b** *de pugna sim.:* Walahfr. carm. 21,18,1 instaurat reus -atque caedem. Annal. Fuld. II a. 885 p. 103,1 -tum *(ed.,* ingratum *cod.)* . . . est proelium ex utraque parte contra Nordmannos. **c** *de mente i. q. reficere, recreare – erfrischen, neu beleben:* Helm. chron. 73 p. 141,19 in moriente vivebat caritas, quae in exhausto corpore -bat affectum. **2** *supplere, complere – vervollständigen, komplettieren, voll machen:* **a** *gener.:* **α** *in univ.:* Hraban. hom. II 95 p. 326C ut perfectius summa ovium -retur in coelo, homo perditus quaerebatur in terra. Vita Bard. 6 p. 325,35 dilatans . . . trigonum, dico tres ecclesias in latus triangulum . . ., ad ripam aquae Fuldae tetragrammum -vit quadrangulum. Helm. chron. 71 p. 137,5 defectum . . . vectigalium -verunt *indigenae* cum cumulo. Chart.

[Leithe-Jasper]

Lub. I 373 p. 346,29 ad -andum ... redditus. *al. v. et p.2104,52.* **β** *con-, perficere – fertig stellen, vollenden:* ADEMAR. hist. 3,21 l. 36 Ebo Bituricus cepit edificare cenobium Dolense ..., quod postea -vit Radulfus filius eius. ANON. princ. magistr. 41 qui *(Pater omnium)* ... suevit ... linguas ... infancium verbis fecundare, hic sic potest debito fine consummare ... res et -are. **γ** *coadunare, unire – zusammenführen, vereinen:* LIBER de unit. eccl. 2,21 p. 238,19 qualis *(pontifex)* catholicum corpus ecclesiae non dividit, sed -are illud et unire intendit. CONST. imp. II 6,5 regis electio si in se scissa fuerit, non est superior iudex, cuius ipsa sententia -anda, sed eligentium voluntate spontanea consuenda. **b** *philos. et natur. i. q. (totum) componere, constituere – (ein Ganzes) zusammenfügen, machen:* ALBERT. M. animal. 1,10 quod membrum animalis est, in quod dividitur et ex quo -atur et componitur corpus. div. 2,5 p. 92,38 totum ... perit et destruitur, si una pars totius principalis et -ans totum pereat vel destruatur. metaph. 5,4,1 p. 271,60 'uno ... modo dicitur perfectum, extra quod non est accipere' aliquam 'particulam' de -antibus et ad esse pertinentibus. *ibid. saepius.* **c** *eccl. i. q. membrum (plenum) accipere – aufnehmen (als Vollmitglied):* CHART. episc. Misn. 247 p. 190,41 (a. 1278) in communes usus ... fratrum capituli -torum *(cf.* 138 ut canonicus in minori praebenda constitutus, postquam -tus fuerit, ... conferat *eqs.).* **3** *incolumen, integrum (con)servare – unversehrt, ganz erhalten, bewahren:* DIPL. Ludow. II. 27 p. 120,43 liceat illis *(sc. hominibus monasterii)* propriam monasterii terram omni tempore defendere atque -are *(inde* DIPL. Otton. I. 337 p. 459,41).

adi. **integratus,** -a, -um. *(partibus) constitutus, integralis q. d. – (aus Teilen) bestehend, zu einem Ganzen zusammengefügt:* HUGO HONAUG. div. 21,3 cum ... Pater et Filius sic sint unus Deus, quod nec similitudinis unione conformis nec partium compositione -us.

integumentum, -i *n. tegumentum, operimentum, velamentum – Decke, Verhüllung, Hülle, Schleier:* **1** *proprie:* MIRAC. Otton. Bamb. II 1 quibusdam ... fratribus, a quibus aliquando ... -a acceperat, ... gratias egit *mutus.* **2** *translate de fabulis sim.:* **a** *in univ.:* OTTO FRISING. chron. 8,2 p. 395,22 apostolum haec *(sc. antea dicta)* sub -o (tegumento *var. l.*) verborumque involucro posuisse. ROB. TOR. chron. a. 1152 p. 502,58 mulier ... misit litteras capitulo Cisterciensi valde obscuras et quasi per -um loquentes. ALBERT. M. animal. 25,46 p. 1577,18 per -a methaforarum. summ. theol. II 12,72,4,3 p. 51^{a},25 ad dicta Macrobii dicendum, quod fabulosa sunt et -a eorum, quae dixerunt gentiles idololatrae. **b** *allegoria – 'Allegorie':* ALBERT. M. pol. 2,7^{e} p. 163^{a},14 est *(sc. coniunctio Martis ad Venerem)* -um signatum in fabula. metaph. 11,1,9 p. 473,21 quae *(poetica)* coniecturare docent ex -is. *Leithe-Jasper*

intellectibilis, -e. *usu subst.: l.59. al. (solo) intellectu perceptibilis – (nur) mit dem Intellekt erfass-, begreifbar (de re v. R. Eisler, Wb. d. philos. Begriffe. I ^{4}1927. p. 760 s. v. 'Intellektuelle Welt' et p. 761sq. s. v. 'Intelligibel', 'Intelligible Welt'):* RICHER. REM. hist. 3,50 quę *(ratio astronomiae)* cum pene -is sit, tamen *eqs.* WOLBERO cant. 1 p. 1070^{B} contemplatio alia naturalis, alia intelligibilis, tertia -is *(cf. Boeth. in Porph. comm. pr. p. 11^{B}).* HUGO HONAUG. (?) ignor. 11 -e ... est, quod intellectu integre et perfecte cognosci potest. ALBERT. M. div. nom. 7,14 p. 347,65 quod Deus non cognoscat sensibilia et -ia. *al. v. et p.2114,9.66.*

intellectio, -onis *f.* **1** *philos.:* **a** *actus (penitus) intellegendi, intellectu percipiendi – das (vollumfängliche) Verstehen, Begreifen mit dem Intellekt, Erfassungsakt:* HUGO HONAUG. (?) ignor. 12 investigat *homo* et sequitur eam *(rem)* ut intelligens, id est, intelligendo inquirens, quod est ut intelligere incipiens et cupiens, sed non ad -is consummationem perveniens. TRACT. de divis. phil. p. 43,39 que *(anagoge)* est de superiorum ductu et -e; ducit enim intellectum hominis ad superiora. ALBERT. M. anim. 3,3,1 p. 209,22 hanc ... unicam intellectus actionem quidam vocant 'indivisibilem animam', eo quod in tali ... -e anima per diversos actus non dividitur. *al.* **b** *notio, forma universalis – Idee, Begriff, Vorstellung:* ALBERT. M. eth. I 526 p. 451,86 quod -es nostrae sint quaedam resonantiae simpliciter existentis intellectus. p. 452,25sq. -es nostrae dupliciter deficiunt ab -bus intelligentiarum, quia quantum ad id, quod intelligit, et quantum ad id, quod intelligitur. **2** *t. t. rhet. i. q. synecdoche – Synekdoche (de re v. L. Arbusow, Colores rhetorici. ^{2}1963. p. 84):* CONR. MUR. summ. p. 95,268 (vs.) -o vult ... totum pro parte, pro toto ponere partem.

intellectivus, -a, -um. **1** *adi.:* **a** *ad intellectum pertinens, – zum Intellekt gehörig, Intellekt-:* RAHEW. flosc. 1,15,2 tria sunt in anima una substantiva, scilicet memoria, vis -a (intelligentiam *Petr. Lomb. sent. 1,3,22*) et voluntas tercia *(sim.* CONR. SAXO spec. 10 p. 357,2 duae vires animae, videlicet -a, quae praecedit per cognitionem, et affectiva, quae *eqs.). al. v. et p.2110,28.* **b** *intellectu praeditus – mit Verstand begabt:* GERHOH. novit. 21,9 nichil ... eorum, que in nostra a principio plantavit *Deus* natura nos componens, reliquit, sed omnia accepit: corpus, a n i m a m -am et r a t i o n a l e m *(ex Iohanne Damasceno [PG 94,1005^{C}* ψυχὴν νοερὰν καὶ λογικήν]; *sim.* ARNO REICHERSB. apol. p. 131,34). ALBERT. M. phys. 7,1,9 p. 533,58 'neque in -a *(p. 247^{b},1* νοητικοῦ) parte animae' secundum virtutem intellectualem 'est alteratio'. **c** *in intellectu positus, (solo) intellectu perceptibilis, intellegibilis – auf Erkenntnis beruhend, (nur) mit dem Intellekt erfassbar:* HUGO RIPELIN compend. 7,25 p. 254^{b},1 sensitiva non possunt intellegi, quia Deus non est obiectum potentiae sensitivae, sed -ae. ALBERT. M. anal. post. 1,1,3 p. 8^{a},9 cum scientia demonstrativa simpliciter -a sit et non imaginabilis vel sensibilis. animal. 11,37 'intellectus philosophi' primi 'quaerit scientiam eorum, quae' vere '-a sunt'. *al.* *de caelo:* ARNO REICHERSB. apol. p. 202,33 nec tamen satis diffinivit *Augustinus,* de quo caelo id sentiret, materiali videlicet an -o. **2** *subst. fem. vel neutr. i. q. vis intellegendi, intellectus – Erkenntnisvermögen, Intellekt:* PS. GALEN. anat. 3 p. 171^{D} regalia *(sc. organa corporis)* ..., quibus servitium fit, sunt ... minerae virtutum spiritualium animae et spiritus ⌞et intellectus⌟ (-e *cod. Vindob.; cf.* 42 p. 213^{D} intelligentiae). caus. univ. 2,3,13 p. 150,90 quamvis in substantia et subiecto -um et ratiocinativum, opinativum et aestimativum idem sint *eqs.* animal. quaest. 4,5 p. 140,68 tota virtus -ae inest cuilibet participanti ipsam ...; quaelibet pars sensitivae inest cuilibet participanti ipsam *(sim.* 8,3 p. 189,15). *ibid. al.*

adv. ***intellective.** *intellectu – mit dem Intellekt:* ALBERT. M. caus. univ. 2,4,10 p. 163,72 sciens ... -e intelligentia est.

?***intellecto,** -are. *(penitus) intellegere – (gründlich) verstehen, beherrschen:* BEDA temp. rat. 6 l. 89 a quibus *(Chaldaeis)* Abraham ... edoctus ... ipsam ... disciplinam *(sc. astrologiam)* veracius intellectam (-ans *H*) Aegyptiorum genti advexit.

intellector, -oris *m.* **1** *qui intellegit – einer der versteht:* **a** *in univ.:* GODESC. SAXO conf. p. 77,12 quisquis huius fidei et confessionis meae dignaris esse pius lector et peritus -r *eqs.* HUGO HONAUG. (?) ignor. 12 non habent *caelestia divinitatis occulta* ... aliquem neque etiam in archangelis -em, sed in intelligendo admittunt scrutatorem et investigandi amatorem. *al.* **b** *explanator, interpres – Erklärer, Deuter, Ausleger:* HINCM. epist. 37^{b} p. 22,14 ne locum adhaerendi perversi quique sacrorum verborum -es invenirent *eqs.* EPIST. Hann. 98 p. 166,2 probatissimi canonicarum scripturarum -es atque retractatores. **2** *lector – Leser:* EKKEB. SCHON. opusc. 7 p. 313,6 erudiat parabola *(sc. Dalilae et Samsonis)* -em. **3** *intercessor – Vermittler (usu publ. et iur.):* CHART. Burgenl. I 343 (a. 1250/54) quod magister Dionisius non fuerit ordinarius iudex eorum *(sc. partium adversarum),* set fuit arbiter inter eos et -r.

intellectualis, -e.

I *adi. i. q. ad intellectum pertinens, vim intellectus habens – zum Intellekt gehörig, mit der Kraft des Intellekts ausgestattet, Intellekt-:* **A** *sensu act.:* **1** *in univ.:* ALFAN. premn. phys. 1,9 p. 7 coniungitur *anima* ... per rationabilitatem ... incorporeis et -bus *(PG 40,508^{A}* νοεραῖς) naturis. ALBERT. M. princ. 8,2 p. 74,35sqq. unum ... analogia ad unum *(sc. comparatur)* sicut -e; unum enim -ius est quam reliquum,

[Mandrin]

sicut intelligentia per essentiam est -ior quam intelligentia, quae per adeptionem intelligentiae est -is. animal. 1,499 in quo *(capite)* sunt virtutes -es et animales. *saepe. v. et p. 2108,21. 2110, 12.13. 2112,59.* **2** *intellectu praeditus – mit Verstand begabt, verständig:* Godesc. Saxo theol. 7 p. 185,17 non ... rationali et -i creaturae sufficit aliud, nisi Deus. Constant. Afric. theor. 1,7 p. $2b^{r}$ rationalis est *homo* et -is. Herm. Iud. conv. 10 p. 102,10 aures ... cordis, aures -es non habebam. Albert. M. intellect. 1,1,5 p. 483^{b},11 multa sunt genera animarum, vegetabile scilicet et sensibile et -e. *al. v. et p. 2110,27.* **B** *sensu pass.:* **1** *strictius i. q. (solo) intellectu perceptibilis, incorporalis, spiritualis, imaginatus, cogitatus – (nur) mit dem Intellekt erfass-, begreifbar, immateriell, geistig, übersinnlich, imaginär, gedacht:* **a** *gener.:* Gesta Bereng. 1,17 quem *(Karolum Magnum)* tellus axi (gloss.: axis dicitur proprie -is linea a polo usque ad polum) tremuit subiecta rigenti. Epist. Hann. 36 p. 76,19 ut ... geminam mihi fecerim solennitatem, unam ... crassam palpabilem et corporalem festivitatem, aliam ... unicam festivam et -em celebritatem. Conr. Mur. summ. p. 63,25 in quaternis scribendis ... non debent apparere *lineae*, set ipse linee -es ... in utroque latere ... ductum observent linealem. *in imag.:* Chart. Mog. A II 676 p. 1107,16 quia -es fere ... insidiantur caulis vestris *(sc. archiepiscopi) eqs.* **b** *spec.:* **α** *philos. et theol.:* Honor. August. eluc. 1,10 ubi habitat Deus? :: quamvis ubique potentialiter, tamen in -i c a e l o substantialiter (Rup. Tuit. off. 7,19 l. 866 in -bus caelis). David compos. 3,53,4 tertia *(sc. attentio in canendis psalmis)* est -is, quando ex verbis litterae exsugitur dulcedo spiritualis intelligentiae. *al.* **β** *math. de minutiis:* Gerb. geom. 3,24 quod si pluribus in mensurando partibus indiget, diligens quisque unamquamque mensurarum praedictarum ... seu per minutias usitatas sive -es multimodis habere poterit *(v. notam ed.).* Ragimb. epist. 2 p. 518,24 dividendus ... a divisore superatus remanens fiat vel -em divisionem accipiat. **γ** *mus.:* Anon. IV mus. 2 p. 53,16 duae ligatae cum proprietate et perfectione materiali, sed imperfectione -i. p. 53,20. p. 55,4 sive fuerit notitia materialis vel -is vel ambo. *ibid. al.* **2** *latius de loquela i. q. intelligibilis, clarus – verständlich, artikuliert:* Mirac. Bav. 2,10 huic *(matronae)* erat novem annorum puerulus, sed toto -i affamine mutus. Mirac. Annon. 3,29 linguam ... tumore turgidam habens vix -e aliquid sonare poterat *puella.*

II *subst.:* **A** *masc. i. qui intellegit, intellectu praeditus est – mit Verstand Begabter, Verständiger:* Rup. Tuit. vict. 1,30 p. 45,13 isti *(sc. angeli)* -es cęli eius *(Dei)* in ipso sunt firmati. **B** *neutr.:* **1** *quod intellectus proprium, (solo) intellectu perceptibilis, incorporale, spirituale est – das dem Intellekt Zugehörige, nur mit dem Intellekt Erfass-, Begreifbare, Geistige, Übersinnliche, Immaterielle, Spirituelle:* Meginh. Bleid. Ferr. 11 p. 541^{F} humani tarditas ingenii quia vix ad -ium perceptionem potest adduci *eqs.* Maneg. c. Wolfh. 5 p. 52,23 sicut in his, quę sensibus subiecta sunt, ita quoque in -bus, presertim in scienciis, tam multę et varię species sunt, ut *eqs.* Albert. M. eth. I 542 p. 466,30 eos *(sc. Anaxagoram et Thalem)* scire ... '-ia (*p. 1141^{b},7* δαιμόνια)', quia tantum intellectu comprehenduntur. metaph. 4,4,1 p. 201,57 omne '-e (*p. 1012^{a},2* τὸ ... νοητόν)'. *al.* Ps. Plato quart. 3 p. 129,24 per -e est, quod scitur animale. *v. et p. 2108,72.* **2** *intellectus – Intellekt:* Gerhoh. epist. 23 p. 595^{C} nolens *(sc. primus homo)* ... intelligere, ut bene ageret, suum caput nimis deturpavit, quia -e ac rationale suum depravavit. *v. et p. 2110,4.*

adv. **intellectualiter.** **1** *strictius:* **a** *modo intellectuali, (per) intellectu(m) per-, concepto, incorporaliter – auf geistige, durch den Intellekt bestimmte, immaterielle Weise:* Epist. Teg. I 120 p. 137,26 ut animam ... beate matris vestrę vobis dignam -r dalmaticam induatis *(sc. Heinricus rex).* Alfan. premn. phys. 2,92 p. 46 dicit *Plato* totius ... animam distendi a centro terrae usque ad terminos caeli, non localiter eam distendi dicens, sed -r (*PG 40,580^{A}* νοητῶς). Constant. Afric. theor. 1,7 p. $2b^{r}$ corpus nullum sensualiter vel -r invenitur equaliter temperatum in omnibus extremitatibus. Albert. M. eccl. hier. 1 p. 7,10 '-ius' (*PTS 36. 1991. p. 64,3* νοερώτερον), quia simpliciter, 'illucet *Iesus animus* essentiis beatis et melioribus nostrum'. *ibid. al.* **b** *intellectu operante – mittels Intellekt, geistig:* Albert. M. cael. 2,1,7 p. 121,65 intelligere sive -r vivere *(sc. est)* actus intellectualium. intellect. 1,1,3 p. 480^{b},38 probatissimi determinaverunt omnem cognitionem intelligibilem et sensibilem animalium effluere ab intellectuali natura perfecte et -r cognitiva. caus. univ. 1,4,5 p. 48,66 cum ... omnis intellectus sit per lumen suum forma constituens id, quod intelligitur, ... non -r, hoc est, ad formam intelligentis, sed intelligibiliter, hoc est, ad formam intellecti tantum, constat *eqs.* 2,2,13 p. 106,59 'causae' formales 'rerum', prout sunt 'in intelligentia, sunt' in ea 'intellectuales', hoc est, -r et secundum esse intellectuale. *al.* **2** *latius:* **a** *acute, subtiliter – scharfsinnig, geistreich:* Dicuil. epist. cens. app. (Cod. Paris. N. A. 1645 f. 13^{v}; c. 818) si quisquis ingeniosus praecedentia ... huius speciei nomina *(sc. homonyma)* -r intimaverit, alia suptilia in aliquibus ex ipsis inveniet. Notker. Leod. Remacl. (MGMer. V p. 110,20) qui ... maxima e minimis efficere, ... vulgata decenter, decentia -r ... valeat delibare. **b** *secundum notionem – sinngemäß:* Hincm. ord. pal. 114 nomen ... regis -r hoc retinet, ut subiectis omnibus rectoris officium procuret.

intellectualitas, -atis *f.* *intellectus, facultas intellegendi – Intellekt, Denk-, Erkenntnisvermögen:* Albert. M. phys. 1,3,11 p. 58,58 materia distincta per f o r m a m incorporeae naturae, q u a e e s t -s vel sensibilitas vel vegetatio, supra omne corpus est (metaph. 11,2,15 p. 502,58). caus. univ. 2,3,12 p. 149,38 'omnia', quae 'intelligunt' et intellectualis naturae sunt, -em et 'scientiam' intellectivam non 'habent', nisi ab 'intelligentia prima'. *ibid. saepius.*

***intellectuose** *adv.* *perite – mit Sachverstand:* Capit. episc. I p. 192,24 in ... tenore sacramentorum et graduum edoctos *(sc. alumnos)* exhibeant *presbyteri,* quatinus et memoriter ea tenere et -e sciant explanare.

intellectus, -us *m.* *form. abl. sing.* -o: Chron. Fred. cont. 5.

I *actus vel facultas intellegendi, cognitio, mens – das Verstehen, Erkenntnis(-), Denk-, Urteilsvermögen, Verstand:* **A** *proprie:* **1** *gener.:* **a** *strictius:* **α** *in univ. (fere in neutram partem; in bonam partem i. q. prudentia – Klugheit: l. 41):* Vita Pirmin. I praef. p. 56,8 si largitor bonorum omnium -um mihi *(sc. auctori)* sensumque dare dignatur. Vita Rimb. 25 quod *(miraculum)* in quantum ex relatione narrantium vel m e m o r i a vel -u retinemus, ita gestum esse constat *eqs.* (Chart. archiep. Magd. 45 p. 64,22. Chart. Port. 182 p. 196,11 [*item 229* p. 237,11]). Hildeg. caus. 147 p. 109,19 intelligibilem -um habent *(sc. viri abstinentes).* Albert. M. animal. 1,51 inter omnia ... animalia discretivum -um habet solus homo. 8,52 in parvis *(animalibus)* ... multum astutiae, quae ... aliquid simile -ui esse videtur. *saepe.* **β** *spectat ad mentis sanitatem:* Chart. Frising. 211 (a. 1261) sano corpore et -u. Albert. M. animal. 12,121 accidunt ex hoc *(sc. refrigeratione capitis et corporis)* infirmitates et amentiae sive amissio -us. Theod. Cerv. chirurg. 1,22 p. 143^{D} signa, quando sagitta cadit in cerebro, sunt haec: ... spasmus et permistio -us, cholerę vomitus. **γ** *spectat ad aetatem maturitatis:* Albert. M. animal. 12,217 hii ideo vocantur dentes sapientiae vel -us, eo quod ut frequentius nascuntur in aetate -us, quae est XXX annorum. **b** *latius:* **α** *comprehensio (recta) – (richtiges, korrektes) Verständnis:* Idung. Pruf. argum. 64 per litteralem -um stultus finis incurritur. *al.* David expos. reg. prol. p. 205,8 ex hiis *(dictis sancti evangelii)* docuit *Deus* eum *(Franciscum)* conficere regulam paucis quidem sermonibus, sed profundo sententiarum -u contextam. Albert. M. animal. 1,470 ad -um ... eorum, quae nunc diximus, oportet *eqs.* *(sim.* 13,88). 10,49 oportet aliquid adiungere dictis propter faciliorm dictorum -um *(sim.* 15,133 ad faciliorem -um dicimus, quod *eqs.*). *v. et p. 2112,34.* *c. sensu perspicuitatis:* Statut. ord. Teut. p. 26,26 regulam eorum *(fratrum)* ante confusam et obscuram ad ordinem et -um redegimus. **β** *cogitatio, imaginatio – Vorstellung, Theorie (iunctura solo -u sim. i. q. sola mente – nur in Gedanken):* Ragimb. epist. 2 p. 518,29 ponetur a me nudo -u pars eius *(sc. siliquae dividendae)* secunda, vel tercia *eqs.*

[Mandrin]

ANON. IV mus. 1,1 p. 27,26 alia tria *(sc. puncta)* coniunctim se habent semper aut actu vel -u penes materialem coniunctionem. 2 p. 47,12 ex ipsis *(sc. punctis)* non fit ligatura materialis, sed per reductionem longarum et brevium solo -u iuxta aequipollentiam bene ligantur. **2** *philos. et theol.:* **a** *in univ. (usu plur. de facultatibus intellegendi: l. 11):* ALFAN. premn. phys. 1,2 p. 5 dubitationem habent *(sc. prudentes viri)*, utrum superveniens -us (*PG 40,504^A* ὁ νοῦς) animae, ut alius aliam, intellegibilem eam fecerit, an -um (*PG 40,504^A* τὸ νοερόν) anima a se ipsa naturaliter possederit. ALBERT. M. myst. theol. 1 p. 464,22sqq. cum in nobis concurrant plura in naturalibus -bus, scilicet abstractio speciei a phantasmatibus et unitio ad -um possibilem et illustratio -us agentis *eqs.* intellect. 1,3,3 p. 501^a,11sqq. formalis -us, quando scilicet forma sciti vel operandi per lucem -us est apud animam. *persaepe. v. et p. 2112,3. 2115,32.* **b** *spectat ad -um spiritualem ('Erleuchtung'):* RUP. TUIT. trin. 37,76 quid ... est -us sive intelligentia ..., nisi facultas gratiae, qua sine magisterio humano intus audiuntur et vero sensu percipiuntur verba divina? HERM. IUD. conv. 11 p. 104,3 ad ipsum, qui fidei merito comparatur, -um nullatenus valebam pervenire. **c** *spectat ad substantias (superiores sive summas) -u praeditas:* **α** *usu communi:* ALBERT. M. probl. det. 2 p. 48,60 intelligentia ... secundum philosophos ... uno modo et immobilis est, et ponunt eam -um universaliter agentem ea, quae <sunt> sui orbis. 34 p. 61,46sqq. dicitur 'totum opus naturae opus intelligentiae', et spiritus sic operans dicitur '-us', eo quod in virtute et forma activi -us ista perficit: iste est verus -us Aristotelis. *persaepe.* **β** *de angelis:* ALBERT. M. cael. hier. 11 p. 169,36 non est dicendum, quod 'omnes ˌdivini -usˌ (*PG 3,284^C* θεῖοι νόες)', idest angeli deiformes ..., 'nominantur caelestes virtutes'. p. 177,5sqq. 'quoniam omnes divini -us', idest angeli, ... prout sunt -us, 'supermundana ratione', quia ad hoc humana ratio non sufficit ..., 'dividuntur in' haec 'tria': *eqs.* **B** *meton.:* **1** *opinio, consilium, sententia – Auffassung, Meinung, Einsicht:* HINCM. divort. 6 p. 159,35 parati sumus, si quis convenientius nobis ostenderit, ... sano -ui cedere et libentissime non modo consentire, quin etiam discere. DIPL. Otton. I. 235 p. 326,22 ut omnis clerus et universi populi Romani nobilitas ... sacramento se obliget, quatinus futura pontificum electio, quantum uniuscuiusque -us fuerit, canonice et iuste fiat. EPIST. Ratisb. 13 p. 332,17 Socrates ... ab hoc *(sc. inhoneste se gerentes morbo animi laborare)* non dissensit -u. CHART. Ital. Ficker 196^B,4 habuit *comes* -um faciendi iurare homines sue terre ad terminum ..., quem ... rectores societatis ... ei dederint. *al.* **2** *conventio, pactum – Übereinkunft, Verständigung, Vereinbarung (usu publ. et iur.):* CONST. imp. I 362 p. 512,17 (a. 1194) imperialis aule legatus talem -um et intendimentum dedit ... consulibus comunis Cremone ... : *eqs. ibid. al.*

II *significatio, sensus – Bedeutung, Sinn(gehalt):* **A** *gener.:* GODESC. SAXO gramm. 1 p. 402,4 omnis pars in nominis transit saepe ... vim simul et -um. IDUNG. PRUF. argum. 59 in mentibus auditorum ... perversum generant *(sc. verba)* -um. DIPL. Constantiae 54 litteras ... recepimus et earum bene novimus -um, quod *eqs.* OTTO SANBLAS. chron. 4 p. 6,1 verbis tantum transpositis sanus est -us. CHART. Argent. I 349 p. 266,1 (epist. papae) earum *(sc. priorissae et sororum)* privilegia temere contempnentes *(sc. quidam clerici)* et contendentes malitiose ipsorum pervertere -um *eqs. al.* **B** *theol. de interpretationibus spiritualibus:* AMALAR. off. 4,30,2 tertium -um addimus. GUNZO epist. 5 p. 30,7 divinarum scripturarum m i s t i c i -us ceu supervacui contempnentur (HERM. IUD. conv. 11 p. 104,19. CAES. HEIST. comm. 130). HONOR. AUGUST. sacram. 12 p. 748^D quatuor pedes *(sc. mensae tabernaculi)* sunt hi: historicus -us, allegoricus, tropologicus, id est, moralis, anagogicus, id est, superior. ALEX. MIN. apoc. 20 p. 437,18 alii dabunt aurum exponendo fidem per typicum -um, alii mirram mores exponendo per moralem. *al.* **C** *philos. i. q. notio mente concepta – Begriff, Denkinhalt, Idee:* ANNAL. Quedl. a. 999 p. 502,8 quanta ... industria patriam conservaverit *(sc. Mechtild)* ..., nec n o t i s -uum nec etiam vocum cuiquam edicibile reor (EPIST. Worm. I 61 p. 103,11). ALBERT. M. myst. theol. 1 p. 460,7 quod est *Deus* 'irrationabilis', quia de eo ratiocinari non possumus, 'sicut neque habens rationem', idest diffinitionem, 'neque -um (*PG 3,1000^C* νόησιν)', idest -us comprehensionem passive. *v. et p. 2113,29.*

intellegentia (-lig-), -ae *f.* -cia: EPIST. Hild. 134,27.

I *actus vel facultas intellegendi, cognitio, mens – das Verstehen, Erkenntnis(-), Denk-, Urteilsvermögen, Verstand, 'Intelligenz':* **A** *proprie:* **1** *gener.:* **a** *praevalente notione actus investigandi, intellegendi:* AESCULAPIUS 26 ex quibus catalepticum appraehendimus: ex febre atque vocis emissione cum mentis tarda -igentia. IDUNG. PRUF. argum. 890 quae hucusque dicta sunt, si diligenti -igentia perpendantur *eqs. al.* **b** *praevalente notione facultatis intellegendi:* **α** *strictius (fere in neutram partem; in bonam partem i. q. prudentia – Klugheit: l. 16. 18):* GERB. epist. 60 omnino conandum, ne bene coepta male abutamur; nam quidem -ia haec est. THANGM. Bernw. 1 p. 758,19 inveni in illo decuplum in omni -igentia super coaevos eius. OTLOH. prov. M 44 magna pars -ae scire, quod nescias. IDUNG. PRUF. argum. 397 secundum tenuem -igentiae meae facultatem *eqs. al.* **β** *latius i. q. comprehensio (recta) – (richtiges, korrektes) Verständnis (c. sensu perspicuitatis: l. 28):* ALCUIN. epist. 74 p. 117,11 non confidant *fratres* in linguae notitia, sed in veritatis -a (-igentia *var. l.*). HRABAN. epist. 20 p. 426,14 quatenus aliquantam -am (-igentiam *RB*) in mysteriis predicti libri avido lectori darem. ALBERT. M. animal. 1,53 ad faciliorem ... -am eorum, quae *eqs.* CONR. MUR. summ. p. 44,12 ut expositor ... facilius possit intelligere et etiam ad -igentiam exponere intentionem mittentis *(sc. litteras). al.* *de interpretatione (signorum):* PS. HIPPOCR. progn. A tit. p. 80,14 pronostica Yppogratis de signis egritudinis, id est, -a signis vitae seu mortis. **2** *philos. et theol.:* **a** *in univ.:* HUGO HONAUG. (?) ignor. 12 qui ... incipit rem scrutari ..., sed ... nec potest pertingere ad consummationem investigationis, quae est rei cognitio perfecta, non est in intellectu rei, sed in -igentia. ALBERT. M. epist. Dion. 5 p. 497,28 -igentia tripliciter sumitur: quandoque enim dicitur ipse actus intellectus ..., quandoque vero dicitur natura intellectualis separata ..., quandoque vero dicitur suprema virtus nostrae animae et distinguitur a ratione et intellectu. mot. proc. 2,1 p. 57,20 animae vires sive potentiae, quae movent animal, sunt -igentia (*p. 700^b* διάνοιαν) et phantasia et prohaeresis et voluntas et desiderium. *saepe. v. et p. 2108,36. 2109,1. 2111,17.* **b** *spectat ad intellectum spiritualem ('Erleuchtung'):* HRABAN. univ. 18,5 p. 502^D lippus oculis est, qui ingenium quidem -igentiae habet, sed hunc sollicitudo saeculi superna contemplari non sinit. TRANSL. Pus. 10 sapientia Deus est, a quo -igentia rationabilibus infunditur cunctis. TRACT. de divis. phil. p. 38,24sqq. ut ad illam altissimam speciem, que est -igentia, perveniremus; ipsa enim est, per quam imago sui creatoris in ipsa anima reparatur; sapientia enim ad -igentiam pervenitur, per -igentiam vero anima ad verum fontem sue originis reducitur. **c** *spectat ad substantias (superiores sive summas) intellectu praeditas:* ALBERT. M. phys. 8,1,11 p. 570,21 per motum caeli prima causa fecit movere deos sive -igentias materiam, ut praeparetur ad recipiendum formam, cuius semen est apud aliquem motorem orbis, quem aliquem deorum vel -igentiam vocaverunt *Stoici.* caus. univ. 2,1,2 p. 62,21 -igentia ... est substantia, quae ex se et non ex acquisitione vel possessione intellectus est, sive substantia intellectualis, cuius lumen intellectuale ab omnibus ... desideratum est. 2,2,25 p. 119,40 -igentiae ... agentis constitutio intellectorum est et processus formae agentis in formatum. *ibid. persaepe. v. et p. 2110,28. 2111,23.* *de angelis:* ALBERT. M. summ. creat. II p. 459,48 substantiae ... separatae, quas vocamus angelos, dicuntur -igentiae ab Isaac et in libro de causis. sent. 2,3^A,3 p. 64^b,28sqq. utrum nos vocemus angelos substantias illas separatas, quas philosophi -igentias vocant ...; ita dicit Avicenna, quod -igentiae sunt, quas populus et loquentes in lege angelos vocant ...; Philosophi -igentias ponunt substantias separatas, et nos dicimus angelos substantias spirituales separatas; ergo idem intendimus dicere per angelos quod illi per -igentias, ut videtur. *ibid. al.* **B** *meton.:* **1** *notitia, scientia – Kenntnis, Wissen:* TRAD. Ratisb. 47 (c. 863/85) omnium nove-

[Mandrin]

rit industria fidelium, quibuscumque per huius kartulę assertionem manifestetur -a, qualiter presens ... peracta sit. HUCBALD. mus. 1 ad musicae initiamenta quemlibet ingredi cupientem, qui aliquam scilicet interim cantilenarum percipere -am quaerit, qualitatem sive positionem quarumcumque vocum diligenter advertere oportebit. CHART. Mar. Magd. 129 ad -igentiam ... veram cupimus pervenire, quod *eqs.* CHART. Turic. 1378 ut rei acte noticia ad futurorum -igentiam scripture testimonio transferatur. **2** *opinio, sententia – Auffassung, Meinung, Überzeugung:* GLOSS. psalt. Lunaelac. 103,1 ad nostram -am dicitur Deus magnificatus, ex quibus fecit et facit. *iterum.* IDUNG. PRUF. dial. 3,707 -igentia tua *(sc. Cluniacensis)* rectam tenet viam. CHART. Livon. A 139 p. 178,14 terram ... per viros, quibus situs ... eiusdem terrae notus fuit, dividi fecimus *(sc. episcopus)* et partes aequa proportione secundum eorum distributionem ac -igentiam coaequari, ut *eqs. al.* **3** *de hominibus:* **a** *in allocutione honorifica:* RADBERT. corp. Dom. prol. ad Karol. l. 67 ut haec diligentius vestra perlegat sagax -a, licet humilia videantur, ... imploro. GUNZO epist. 1 p. 19,22 ne mora prefatiunculę -a (-igentia *V*) vestra suspendatur *eqs.* EPIST. Gerb. 67 quamvis -igentiam vestram *(sc. Rainardi abbatis)* non lateat 'artem artium esse regimen animarum' *eqs.* **b** *in promulgatione q. d.:* CHART. Rhen. med. I 187 p. 249,8 (c. 948) noverit rationalis -igentia omnium s. Dei ęcclesię filiorum *eqs.* (*sim.* DIPL. Otton. II. 175 p. 199,28; *inde* DIPL. Otton. III. 191 p. 599,28). DIPL. Frid. I. 95 -igentiam vestram *(sc. lectorum)* scire volumus, quod *eqs.*

II *significatio, sensus – Bedeutung, Sinn(gehalt):* **A** *gener.:* WALAHFR. exord. 7 p. 481,17 ut rerum intellectus alii ab aliis addiscentes *(sc. gentes externae)* nomina ... earum vel integre vel corrupte cum nova -a in suam proprietatem trahant. CONR. MUR. summ. p. 44,13 expositor ... litterarum attendere debet, quod -igentia dictorum ex causis est assumenda dicendi. p. 49,18 verba ... respondentia sint credibilia, ... communem -igentiam non transcendentia. *saepe.* **B** *theol. de interpretationibus spiritualibus:* WILLIB. Bonif. 2 p. 9,18 historiae simplici expositione et s p i r i t a l i s tripertita -ae interpretatione inbutus *eqs.* (HRABAN. epist. 8 p. 394,16. *al.* GODESC. SAXO gramm. 2 p. 426,7. *sim.* HERM. IUD. conv. 2 p. 74,8 spirituali -igentia). LIBRI Karol. 2,1 p. 240,9 quod *(sc. antea dictum)* ... si quis secundum misticam -igentiam subtilius scrutetur *eqs.* OTLOH. tempt. p. 258,20 in divinis codicibus ... reperiuntur sententiae aliam in litera, aliam in -a rationem retinentes. *al. v. et p.2109,29.*

intellegentialis (-lig-), -e. *ad intellegentiam, intellecti inferiorem partem pertinens – zur Intelligenz, zum untergeordneten Teil des Verstandes gehörig:* ALBERT. M. eth. I 461 p. 393,43 magis deberent dici *virtutes* -igentiales *(C,* intelligibiles *SVW)* quam intellectuales.

***intellegentiuncula**, -ae *f. facultas (parva, modica) intellegendi, ratiuncula – (kleines, bescheidenes) Denk-, Erkenntnisvermögen, (kleiner, bescheidener) Verstand:* HINCM. epist. 135 p. 82,8 occupatum ad alia cor meum me dereliquerat et lumen -ae serenum mihi vel mecum non erat. 136 p. 90,15 pusillitas -ae meae, quid ... sentiret, iussa synodo suggerere studuit *eqs.*

intellegibilis (-lig-), -e. te-: *p.2114,44.* -llibil-: *p.2114,58.*

I *adi.:* **A** *sensu pass.:* **1** *gener.:* **a** *comprehensibilis – verständlich:* ALFAN. premn. phys. 2,116 p. 51 illae *(sc. ostensiones immortalitatis sunt)* ... obscurae et ⸤ad intellegendum difficiles⸥ (*PG 40,589^{B}* δυσκατανόητοι) vixque -es (*PG 40,589^{B}* γνώριμοι) illis disciplinis insudantibus. ALBERT. M. phys. 1,1,1 p. 1,49 nostra intentio est omnes dictas partes *(sc. philosophiae)* facere Latinis -igibiles. *al.* *de loquela i. q. clarus – verständlich, artikuliert:* BERTH. chron. B praef. p. 164,25 quamvis ... labiis ... dissolutis fractos et vix -igibiles verborum sonos quomodocumque tractim formaverit *alumnus eqs.* **b** *cogitabilis, probabilis – denkbar, einleuchtend, überzeugend:* ALEX. MIN. apoc. 5 p. 86,2 quae *(sc. septem sigillorum)* expositio non est valde -igibilis, quia sigillum primum postea non exponunt *quidam* de incarnatione Domini. ALBERT. M. sent. 3,32,2 p. 601^{a},42 quamdam viam -igibiliorem dat *(sc. determinatio)*, quam quae supra est determinata. cael. 4,1,3 p. 250,76 quae *(sc. explanatio)* quidem est -igibilis, licet sit falsa. anim. 2,1,7 p. 75,79 haec opinio magis -is est et veritati magis assimilatur inter dictas opiniones. *saepe.* **2** *philos. et theol.:* **a** *intellectu (solo) comprehensibilis – (nur) mit dem Intellekt, potentiell erfassbar, erkennbar, 'intelligibel' (cf. Hist. Wb. Philos. IV. p. 463sqq. s. v. 'Intelligibel' eqs.):* **α** *in univ.:* HUGO HONAUG. (?) ignor. 13 non sunt *caelestia divinitatis occulta* intellectibilia, sed utcumque dici possunt -igibilia, id est intelligentibilia. ALBERT. M. intellect. 1,3,2 p. 500^{a},11 secundum ... quod sunt *(sc. intellegibilia)* magis secundum naturam priora et universaliora et simpliciora, sicut sunt -igibiliora et lucem intelligibilitatis aliis conferentia. *persaepe. v. et p.2115,23.29.* *?adde de diabolo:* CAND. FULD. Eigil. I 10 p. 228,46 timeo *(sc. imperator)*, ne, sicut serpens seduxit Evam astutia sua in deliciis paradisi Dei commanentem, ita per adulatores et accusatores, vasa scilicet -is serpentis, corrumpatur sensus tuus *(sc. Aegil).* **β** *spectat fort. ad interpretationes spirituales (structura subest contaminata, ut vid.):* THEGAN. Ludow. 8 p. 265,27 (rec. B[2]) sensum ... in omnibus scripturis spiritualem et -igibilem habebat (rec. A 18 p. 200,15sq. sensum ... in omnibus scripturis spiritalem et moralem necnon et anagogen optime noverat). **b** *mente sola, immateriali modo cognoscibilis – nur in Gedanken, immateriell existent, gedacht:* REMIG. ALTISS. mus. 516,8 sunt ... numeri -igibiles et incorporales, cum nullo sensu corporeo discernuntur. ALBERT. M. phys. 3,2,10 p. 187,47 quod ... quidam dicunt magnitudinis stare divisionem, eo quod componatur ex indivisibilibus et -igibilibus lineis *eqs.* **c** *incorporalis – nicht-körperhaft, unkörperlich:* ALFAN. premn. phys. 2,4 p. 24 Plato ... inquit eam *(animam)* esse substantiam -em (*PG 40,537^{A}* νοητήν [νοερᾶν *var. l.*]) a se ipsa mobilem secundum numerum convenientem. **B** *sensu act.:* **1** *intellectu praeditus – vernunftbegabt:* **a** *in univ.:* AMALAR. off. 1,24,14 quam *(fidem)* homo profert ex -i animo. MEGINH. BLEID. Ferr. 1 p. 539^{B} Deum laudat creatura rationalis et -igibilis. ALFAN. premn. phys. 1,1 p. 5 a multis et prudentibus viris confirmatum est hominem ex anima -i (*PG 40,504^{A}* νοερᾶς) et corpore tam bene compositum, ut *eqs.* HILDEG. phys. 1,47,29 -igibilis erit, qui prius unverstentlich ist. *v. et p.2110,45.2111,8.* **b** *spectat ad aetatem maturitatis:* CONC. Karol. A 50^{D},6 antequam a d -igibilem a e t a t e m veniant *parvuli eqs.* (50^{D},9 p. 616,26. CHART. Sangall. A C 234. TRAD. Ratisb. 736. COD. Falk. 1 [telligibilem *var. l.*]. SIGEBOTO Paulin. 3 p. 912,29). THEOD. TREV. Liutr. 37,2 pontifex videns puellas, etsi adhuc teneras, tamen ad annos venisse iam -igibiles *eqs.* **c** *facultate loquendi praeditus – sprachbegabt:* FRUTOLF. chron. p. 71,54 tibi *(Alexandro)* ... dirigo *(sc. Candacis regina)* ... -igibiles aves psythacos ducentos. **2** *sapiens, prudens – verständig, einsichtig:* ALBERT. M. eth. I 953 p. 794,29sqq. '-igibiliores' (*p. 1181^{b},11* εὐσυνετώτεροι): ne videatur omnino inutilis talis congregatio legum sine experimento, dicit, quod per ipsas 'fiunt' *homines* magis '-igibiles' ad civilia et paratiores quam alii.

II *subst.:* **A** *masc. i. q. homo sapiens, prudens – verständiger, einsichtiger Mensch:* VITA Liutg. II 1,41 p. 109,14 duplici suis modo consulebat: durioribus et simplicioribus vita, -igibilioribus (-libilioribus *J*) lingua. **B** *neutr. i. quod (solo) intellectu comprehenditur, substantia incorporalis – das (nur) mit dem Verstand Erkennbare, nicht-materielle Substanz:* RADBERT. corp. Dom. 2,51 si quinque sensus corporis intus ad -igibilia spiritaliter convertantur *eqs.* ALFAN. premn. phys. 2,72 p. 41 anima ... numerus non est, etsi per plurima et numerum in -bus (*PG 40,569^{B}* τοῖς νοητοῖς) substantiam esse velint *(sc. quidam philosophi).* HUGO HONAUG. (?) ignor. 2 quae differentia sit inter ... intellectibilia et -igibilia. ALBERT. M. summ. creat. II p. 549,68 omne -igibile, quod est in intellectu possibili, recipit lumen intelligentiae agentis ad complementum intellectus, qui est de ipso. *persaepe. v. et p.2116,58.* *de Deo:* ALBERT. M. myst. theol. 3 p. 471,35 'magis non est *Deus* crapula et' magis 'non' est 'insania', idest haec magis removentur ab ipso, 'quam non dicitur nec intelligitur', idest

[Mandrin]

quam removeantur ab eo dicibile vel -igibile, quae magis sunt sibi propinqua, et ideo illa prius sunt neganda.

adv. **intelligibiliter.** 1 *gener.:* a *modo comprehensibili, perspicue – verständlich, leicht erfassbar:* Ioh. Plan. hist. 2,5 pilleola habent *Tartari* alia quam alie nationes, quorum formam -r describere non valemus. Albert. M. anim. 3,3,13 p. 226,92 hunc ordinem essentiarum *(sc. quomodo anima immortalis se habet ad corpus)* non possumus exponere -r, nisi in scientia divina. Conr. Mur. summ. p. 142,21 quandoque per paucas litteras notatur *nomen mittentis*, tamen -r. *evidenter – einleuchtend, nachvollziehbar:* Radbert. corp. Dom. app. l. 269 ut ... ex ipso *(exposito)* considerare quaeas *(sc. Fredugardus)*, quid -ius credendum sit vel quid in me cum caritate reprehendendum. b *in imaginatione, imaginarie – in der Vorstellung, 'imaginär':* Albert. M. caus. element. 1,1,5 p. 57,57 haec *(linea perpendicularis)* ... vocatur casus lapidis, eo quod lapis ... cadit inferius perpendiculariter, ac si duos angulos rectos describat super superficiem per centrum terrae -r ductam. 2 *philos. et theol.:* a *modo intellectuali, (per) intellectu(m) per-, concepto – auf (nur) mit dem Verstand, Intellekt erfassbare Weise:* Maneg. c. Wolfh. 8 p. 61,3 ut tria sibi principia ponerent *philosophi*, artificem, formas et materiam, intelligibilem etiam mundum in mente divina collocantes, qui 'exemplum' huius 'sensilis' secundum numerorum rationem cuncta, que sub sensibus casura erant, in se -r contineret *(v. comm. R. Ziomkowski, Manegold auf Lauterbach. 2002. p. 78 n. 97)*. Albert. M. caus. univ. 2,2,13 p. 106,49 'res corporeae sensibiles' inferiores, prout 'in intelligentia' sunt, non 'sunt' in ea sensibiliter et corporaliter, sed 'intelligibiles' et -r. summ. theol. I 8,35,3,1 p. 269,68 triplex dicit *Anselmus* esse verbum, scilicet ..., quo loquendo -r, antequam imagines vocis volvamus in intellectu, utimur. *saepe. v. et p. 2110,10.* b *modo incorporali, notione (sola) – 'immateriell', (nur) als Idee:* Albert. M. Is. 6,1 p. 86,37 in lignis est materialiter, quod in mente artificis fuit -r.

intellego (-lig-), -lexi, -lectum, -ere. *perf.* -ixit: Acta imp. Winkelm. I 955. *ibid. saepius. usu refl.: p.2116,22. usu absol. vel ellipt.: l.45.p.2110,27.2116,16. pendet* de: *p.2116,16. pendet* ut: *p.2109,60.*

comprehendere, cognoscere – erfassen, begreifen, verstehen: 1 *strictius:* a *praevalente notione intellectu percipiendi:* α *gener.:* Einh. Karol. 25 Grecam *(linguam)* ... melius -ere (-igere *var. l.*) quam pronuntiare poterat *(sim.* Thegan. Ludow. 19 p. 200,13). Agius vita Hath. 12 non statim, ne ita eum *(sc. colloquentem)* -xisse sentiret, sed post modicum eam pro quibusdam ... admonendam putavit. Widuk. gest. 3,44 p. 125,15 rex ... cum -xisset bellum ex adverso esse *eqs. persaepe. v. et p.2108,48.2113,60.* β *philos. et theol.:* Alfan. premn. phys. 3,20 p. 55 quae *(anima)* modo est in se ipsa, quando ratiocinatur, modo vero in intellectu, quando -it *(PG 40,600^{A}* νοῇ). Albert. M. intellect. 1,2,1 p. 490^{a},10 universale est *(sc. quodlibet)*, dum -igitur, singulare autem, dum sentitur. mot. proc. 2,2 p. 60,6 sicut essentialis actus hominis est -igere finitum ad intelligibile necessarium et aeternum *eqs.* probl. 11 p. 42,56sq. sequitur, quod Deus illo lumine, quod ipse est, omnia cognoscat, et nisi ita cognosceret, sequeretur, quod Deus alium diviniorem se intellectum in -igendo haberet, per quem suus intellectus in -igendo perficeretur ad actum. *al. v. et p. 2107,64. 2110,27.* b *praevalente notione sensibus percipiendi:* Thietm. chron. 1,12 p. 16,30 lucernas candelabris superpositas videre *(sc. custodes ecclesiae)* ... matutinasque laudes ... omnes persolvere pariter audiere; accedentes autem nihil omnino -xere. c *praevalente notione comperiendi, accipiendi:* Trad. Teg. 7 (a. 1003/13) -at universa christianitas ..., quoniam *eqs.* Thietm. chron. 5,38 p. 264,7 ut precepta -xit *Eila* regalia *eqs.* Chart. Heinr. Leon. 70^{b} noverint ... presentes ac posteri nos a quibusdam senioribus ... veraciter -xisse, quod *eqs.* Chart. Livon. A 164 p. 213,15 post mortem eiusdem *(sc. Mergardis viduae)* forte non -tam *eqs.* Chart. Mog. A II 544 -to, quod *eqs. al.* d *praevalente notione interpretandi (fere de notionibus sim.):* Hraban. epist. 14 p. 402,31 ibi *(sc. in libro)* ... inveniet *(sc. lector)* ..., quid ... Gregorius quidve Isidorus ... ac ceteri patres ... rite -xerunt. Const. Constant. 63 ita verum hominem et verum Deum ... -mus (-igimus *var. l.*), ut verum Deum verum hominem fuisse nullo modo ambigamus *eqs.* Otto Frising. chron. 8,27 p. 437,11 intueamur ex subsequentibus, quid per animale, quid per spiritale -xerit *apostolus (spectat ad Vulg. I Cor. 15,44). saepe.* 2 *latius:* a *observare – beachten:* Conc. Karol. A 37,1 canones ... -ant *episcopi* et librum beati Gregorii papae de regula pastorali ... et secundum formam ibidem constitutam vivant. Thegan. Ludow. 44 p. 232,12 cur non -xisti *(sc. Ebo)* praecepta dominica: *'eqs.'*? Chart. Turic. 728 volentes *(sc. comes)* ... eadem *(sc. constituta)* -igi sine fraude ... istam paginam sigillo ... roborandam decrevimus. *al.* b *eruditum, prudentem, peritum esse – kundig, verständig, erfahren sein:* Lex Sal. Pipp. 58 si ... dominus servitutem servi *(sc. homicidae)* noluerit, aut si -xerit de lege, se obmallare poterit, ut ... leude non solvat *(cf.* Capit. reg. Franc. 142,7 si legem -xerit). Ermenr. Sval. 8 haec vulgus et qui minus -unt ... pro maximis laudibus tenent, quod *eqs. al. refl. ('sich auskennen'):* Chart. Ital. Ficker 179 (a. 1192) ille, qui iudex est examinandus, examinatur prius a cardinalibus, qualiter se in legum doctrina -igat. c *(ratum) censere, probare – (als zutreffend, gültig) anerkennen, bestätigen (usu publ. et iur.):* Const. imp. II 153,6 testes -xerunt omne hoc, quod presentatum est, ad omne, quod diximus *(sc. legatus imperatoris)*. 163,2 renuntietur iuramentis, si qua facta sunt in preiudicium honoris et iuris ... imperatoris, ita quod non -igantur sacramenta ... inter civitatem et civitatem facta. *saepius.* Statut. ord. Teut. p. 103,9 haec omnia sub districcione commendationum seu promissionum, que fient ab eo, qui sigillum commendat, vel a magistro, qui recipit, sive comprehendi debent vel -igi comprehensa. *al. iudicare – (be)urteilen, 'befinden':* Chart. Aquens. 78 l. 25 (dipl. Heinr. VII.) si ipse *(Tiricus)* vel successores sui contravenirent *(sc. pacto)*, non solum a feodo dictorum IIII^{or} iurnalium, verum etiam a totali causa ipso iure -igeretur cecidisse. d *audire – anhören (usu iur.):* Chart. Tirol. notar. II 298 (a. 1242) ad aperiendum et -igendum testes ex utraque parte productos. *iunctura* causam -ere *i. q. causam cognoscere, litem ordinare – untersuchen, schlichten (usu iur.):* Chart. Tirol. notar. I 566^{b} (a. 1236) ut debeat *Iohannes* procedere et -igere causam ..., et quod sit in crastina ante terciam in dicto palatio ad -igendam dictam causam.

adi. **intelligens,** -entis. 1 *eruditus, peritus – kundig, verständig, erfahren:* Liutg. Greg. 2 p. 68,35 o l e c t o r prudens et -s *eqs.* (6 -s et diligens). 2 *philos. i. q. intellectu praeditus – mit Verstand begabt:* Albert. M. animal. 14,33 homo non est -s, quia habet manus, sed quia est -s, habet manus.

subst. **1. intelligens,** -entis *m. homo eruditus, prudens, peritus – kundiger, verständiger, erfahrener Mensch:* Anon. mus. Sowa 1,2 p. 146,21 si imperfecta *(sc. forma)* usu et arte poni debeat ascendendo, similiter descendendo poni vel protrahi tenebitur imperfecta, licet usus non sane -ium (intellective *Sowa*) perfectam protrahat descendendo.

2. intelligens, -entis *n. quod intellectu praeditum est – das mit Vernunft Begabte:* Albert. M. caus. univ. 2,3,12 p. 149,70 hoc *(sc. lumen intellectus primi)* agit diversimode, secundum quod diversimode est in intelligibilibus et -bus. *v. et p. 2110,9.*

3. intellectum, -i *n. quod (intellectu) percipitur – das (mit dem Verstand) Begriffene, Verstandene:* 1 *in univ.:* Maneg. c. Wolfh. 5 p. 53,12 cum aliquid menti nostre occurrit, quod ipsa sui sublimitate atque probabilitate delectat, habemus quadraturam christianę doctrinę, quam -is et cognitis iuxta ponere debemus. 2 *spectat ad influentiam per substantias superiores sive summas effectam: p.2110,10.2112,61.*

adv. **intellegenter.** *ratione, diligenter – mit Verstand, aufmerksam:* Hincm. epist. 136 p. 101,21 qui -r l e g e r i t *(sc. opus Augustini)*, nescire non poterit Godesc. Saxo theol. 6 p. 179,14 diligenter et -r. 19 p. 279,1). Godesc. Saxo theol. 6 p. 157,9 gaudenter et ... -r audite *(sc. lector;* Gerhoh. tract. p. 130,22). Gerhoh. aedif. 158 (ed. Sackur) utinam ... ab epi-

[Mandrin]

scopis et clericis -igenter et obedienter servata in usum verterentur *(sc. verba Leonis).*

***intelligentibilis,** -e. (intellegere *et* intellegibilis) *(intellegentia) perceptibilis, comprehensibilis – (mit dem Verstand) erfass-, begreifbar: v. p.2114,10.*

***intelligibilitas,** -atis *f.* 1 *sensu pass. i. q. possibilitas (intellectu) percipiendi, comprehendi – Begreif-, Erfassbarkeit:* ALBERT. M. summ. creat. II p. 418,31 quaedam *(sc. intellegibilium)* sunt intelligibilia per se et quaedam per aliud; ista igitur diversitas -igibilitatis necesse est, quod sit ab intellectu agente. anim. 3,3,11 p. 221,84 haec omnia *(sc. speculata)* fiunt intellectu agente influente eis -igibilitatem. caus. univ. 2,1,3 p. 63,83 forma est, in quantum primae causae est expressio, et lumen est rationem et -igibilitatem praestans ei, cuius forma est. *ibid. al. v. et p.2114,13. meton. de ipso intellegibili:* ALBERT. M. sent. 1,2 p. 58,45 est *Deus* verbum non dicibile et irrationabilitas et non-igibilitas. 2 *sensu act. i. q. facultas intellectu comprehendendi, intellegendi – Erkenntnisfähigkeit:* HILDEG. phys. 6 praef. 5 in humano corpore cum sensibilitate, -igibilitate et scibilitate versatur *(sc. anima).* ALBERT. M. summ. creat. II p. 38,20 cuius *(sc. animae caelum moventis)* comparatio ad caelum est sicut comparatio animae nostrae animalis ad nos, cui est, ut intelligat aliquo modo, -igibilitate (intelligentem O) scilicet commixta materiae. *Mandrin*

intemerabilis, -e. *inviolabilis, incorruptibilis – unverletzlich, unantastbar:* 1 *gener.:* MIRAC. Richar. 1,11 (MGScript. XV p. 917,20; s. IX.) non solum facultates aecclesiae, verum etiam ... -em thesaurum corporis sancti Richarii contigit fugam inire *(inde* HARIULF. chron. 3,8 p. 112,8). THEOD. TREV. transl. Celsi 16 p. 405^{A} cum ... secundum tanti pastoris -e statutum ... fratres ... divinum frequentarent officium. 2 *iur. i. q. indisputabilis, non impugnandus – unbestreitbar, unanfechtbar:* CHRON. Bened. II 7 qui *(viri)* iuraverunt ... pro ... silve sancti Benedicti limite -i. CHART. Old. IV 28 p. 21,27 presens scriptum ... in rei geste -e testimonium nostri sigilli munimine duximus *(sc. Ludolfus comes)* roborandum *(sim.* CHART. Osn. III 481 in ... rei evidentiam et firmitatem -em).

intemerandus, -a, -um. *inviolandus, inviolabilis – nicht zu verletzen(d), unverletzlich:* BENZO ad Heinr. IV. 7,2 p. 584,24 infringere sacrę constitutionis -a iura. DIPL. Frid. I. 546 p. 6,2 contra ... nostra -a decreta veniens *(sc. ecclesiastica secularisve persona; sim.* 550 p. 12,14. 552 p. 14,26).

intemeratus, -a, -um. *non temeratus, inviolatus, integer, intactus, purus – unverletzt, unversehrt, unbeschädigt, unberührt, unbefleckt (usu subst.: l.49):* 1 *de hominibus:* **a** *spectat ad virginitatem:* **α** *in univ.:* EPITAPH. var. app. (ed. B. Bischoff, Anecdota. 1984. p. 152; c. 660) membra ... beatae Theodlechildis -ae virginis. EUGEN. VULG. calend. 64 idibus et quartis Soter favet -a. CARM. Bur. 60^{a},10,1 -a virginum, serena respice. **β** *de Maria virgine:* TRAD. Frising. 46^{a} p. 75,1 (a. 772) ad beatę et -ę v i r g i n i s et Dei genitricis ecclesiam Mariae (THIETM. chron. 6,1 post salutiferum -ae v. partum. CHART. Heinr. Leon. 80 p. 117,27. *al. sim.* DIPL. Karoli III. 83 p. 134,29 pro ... -e genitricis ipsius *[Dei]* veneratione). **b** *spectat ad incolumitatem:* FLOD. hist. 2,10 p. 156,9 omni conatu gladio percussus nihilominus mansit -us *(sc. Hucboldus monachus).* 2 *de rebus:* **a** *gener.:* **α** *corpor.:* AETHICUS 38^{b},19 (vs.) locusta, bruchus et tinea ... eradicaverunt -a saxa. WILLIB. Bonif. 8 p. 51,22 inlesi et -i magno ... dilapso temporis spatio reperti sunt *codices.* METELL. Quir. 28,24 neque vestibus est speciei facies violata per ignem; licet ardeat intolerande, manet -a colore. **β** *spirit.:* IONAS BOB. Columb. 1,27 p. 215,1 manebat -a atque inconcussa f i d e s (WILLIB. Bonif. 6 p. 31,2 -ae fidei documenta ... percipere. *sim.* 6 p. 28,31 ut ... -am fidei munitionem conservaret). CONSUET. Marb. 62 ut ... unanimitas inter fratres maneat -a. *al.* **b** *iur.:* BONIF. epist. 73 p. 152,19 privilegia ęcclesiarum ... -a et inviolata permanserunt. FORM. Augiens. A 15 traditio ... vigore perenni -a perseveret *(sim.* CHART. Sangall. A 550 traditionis cartula -a ac firma ... perduret). DIPL. Otton. III. 236 p. 653,1 dotes -as cons<ervare>. CHART. Bern. I 4,148 p. 362,33 libero et -o iure. *al.*

adv. **intemerate.** *inviolabiliter, inviolate – unverletzlich, unverletzt:* DIPL. Otton. III. 79^{b} p. 487,31 (interp.) ut -e omnis mortalis ... ea, que apostolicus pater ... asscribi iudicavit, conservet. 222 p. 635,21 contra ... veneranda inconvulse et -e permansura precepta.

intemo *v.* intimo.

***intemperabilis,** -e. *qui temperari, molliri non potest – einer der nicht gemäßigt, (ab)gemildert werden kann (usu subst.: l.12):* GESTA Rom. eccl. VIII 3 p. 411,25 cum necessitas rigorem canonum in his, quae temperabilia sunt, temperari exigat, ... discretionem canonicam ... subvertisti *(sc. Turbanus),* dum -ia temperando symoniacos sine numero confirmasti *(sim.* p. 411,32. IX p. 417,5). p. 411,38 ubi eius *(sc. Petri)* auctoritas -is conculcatur. IX p. 416,28 quaedam precepta temperabilia sunt, quaedam vero -ia. p. 417,5 sententia Pauli.

***intemperamentum,** -i *n.* 1 *natura intemperata, nimietas – Unausgewogenheit, Unausgeglichenheit, Übermaß:* ALBERT. M. nat. loc. 1,11^capit. de diversitate temperamenti climatum et diversitate excessus secundum -um. p. 19,44 ubi est -um frigoris, non est clima temperatum sicut nec id, quod habet aequaliter frigoris et caloris, sed potius id, quod habet plus caloris quam frigoris et non excedit in calore. 2 *usu plur. i. q. intemperies – (Wetter-)Unbilden:* ALBERT. M. sent. $4{,}49^{a}$,1 p. 667^{a},1 in inferioribus dicitur 'mansio' locus praeparatus habitationi hominum, in quo ab infestantibus et -is aeris defendatur *(sim.* p. 667^{b},8 licet ibi *[sc. in caelo]* non sint -a *eqs.).*

intemperans, -antis. *immoderatus – unmäßig, zügellos:* OTTO FRISING. chron. 3,28 Caricalla ... libidine ... -issimus fuit, utpote qui et novercam suam in uxorem duxerit.

adv. **intemperanter.** *modo non temperato, immoderate, immodice, ultra modum – auf unausgewogene, unausgeglichene Weise, maßlos, un-, übermäßig:* 1 *in univ.:* ALBERT. M. veget. 7,171 vinea ... in frigidis regionibus et temperatis situanda est ad meridiem et orientem ...; in calidissimis ˌautem -rˌ *(sed cf. Conr. de Megenberg oecon. 1,3,39 p. 207,17* aut in distemperatis) regionibus valet, si convertitur ad aquilonem. 2 *de moribus hominum i. q. inconsiderate, impetuose – unbesonnen, ungestüm:* WIPO gest. 7 p. 30,3 cognito ... obitu imperatoris ..., ut mos est hominum semper in novis rebus -r se habere, statim Papienses inconsulto ad ... aulam ruentes ... fregerunt moenia regis. TUTO opusc. 2,4 p. 74,26 faciebat *(sc. matrona)* hoc *(sc. laborare)* non ... inconsulte nec -r, ut quibusdam moris est, qui modo nimis praecipites modo remissi sunt in opere suo *(spectat ad Vulg. prov. 31,13).* 3 *incontinenter – zügellos:* ANSELM. HAV. dial. 1,3 p. 50,11 quibus *(ancillis)* usi sunt *(sc. homines non pauci)* ita obtemperanter sicut et propriis uxoribus, non -r *(v. notam ed.).*

intemperantia, -ae *f.* *natura in-, distemperata, temperamentum turbatum, immoderatio, nimietas – Unausgewogenheit, Unausgeglichenheit, mangelndes Gleichgewicht, Maßlosigkeit, Un-, Übermaß:* 1 *gener.:* **a** *in univ.:* **α** *spectat ad morbos:* DEFENS. med. I p. 50,21 tribus ... ex causis infirmitates accidunt corpori, id est ex peccato, ex temptatione, ex -a passionum, sed huic tantum novissimae humana potest medicina succurrere *(sim.* p. 50,28). BERTH. chron. B a. 1077 p. 307,15 quarum *(febrium)* -am ipsa *(sc. Agnes)* medicinalis artis non imperita ... mitigare consueverat. *v. et l.59.* **β** *spectat ad intemperies ('[Wetter-]Unbilden'):* WALTH. SPIR. Christoph. I 27 non ... grandinis aut subita morborum -a seviat. HIST. Welf. 27 qui *(exercitus)* totus pene ... vel aeris -a (temperantia *var. l.*) vel ciborum insolentia ... interierunt. **γ** *spectat ad gradum caloris:* AURELIUS 6 p. 691,16 oleum calidum adhiberi ... nec satis calidum nec satis frigidum, quia -a laedit. GESTA Trud. cont. II 4,10 p. 354,50 edificium ... perfecit, quod etiam propter lapidum nativam -am, quia in hyeme pre frigore, in estate pre calore fratribus incommodo erat, ... celatum est, ut leni temperamento frigus in hyeme et calorem in estate muniret quiescentibus in eadem domo. **b** *de affectibus, moribus hominum i. q. incontinentia, immodestia – Zügellosigkeit, Unbeherrschtheit, Unbeschneidenheit, Übermüt:* CONC. Karol. A 56^{A},47 ne forte quisquam sacerdotum ... propriae -ae assensum praebens tanti ordinis viros *(sc. episco-*

[Clementi]

pos) sine causa ... vituperare praesumat. WANDALB. Goar. 1 p. 12,4 quae *(sc. praedicare et cum peregrinis pauperibusque prandere)* ... ille studio caritatis ..., non alicuius -ae vitio faciebat. EPIST. Ratisb. 21 p. 346,36 si ... senatum virtutum -a ingreditur, una lesa omnes lesionem sufferre videntur. 24 p. 354,17 ut ... minime sequamur -am Achab, quem ... possidendę vineę estus incendit *(ex Ambr. off. 2,5,17)*. *de luxuria:* ALBERT. M. top. 6,7,1 p. 473^{b},20 temperantia et fortitudo, ... opposita illorum timiditas et -a sive luxuria *(sim.* p. 474^{a},16. *ibid. al.)*. 2 *natur. spectat ad dyscrasiam:* ALBERT. M. veget. 7,72 quas *(naturales operationes)* sol ... dissolveret propter nimiam sui -am et siccitatem.

intemperatus, -a, -um. 1 *distemperatus, male temperatus, aequo modo carens, immoderatus, nimius – unausgewogen, unausgeglichen, vom richtigen Maß abweichend, un-, übermäßig, maßlos, übertrieben:* **a** *gener.:* **α** *in univ.:* ADAM gest. 4,31 p. 263,17 Nortmannia ... propter frigus -um (tempestuosum *var. l.*) sterilissima est omnium regionum (*sim.* ALBERT. M. meteor. 2,1,11 p. 51,8 cui *[vapori]* in aere 'non occurrit frigus' -um, sed potius temperatum resolvens 'ipsum' et non 'congelans'). CHART. Gelr. 968 p. 936,22 si ... aliqua bona in vel extra naves veherentur et per ventum magnum et impetuosum aut auram turbulentam et -am in fluctibus et undis iactarentur *eqs.* *spectat ad gradum caloris:* ALBERT. M. veget. 4,71 asper locus propter umbras et reflexiones diversas -um facit locum. **β** *intemperans, incontinens, immodestus – ungezügelt, unenthaltsam, unbescheiden, übermütig, -heblich:* IDUNG. PRUF. dial. 1,77 ut d u r a e t -a v e r b a tua *(sc. Cluniacensis)*, quibus me *(sc. Cisterciensem)* dicis impudentem et magnum presumptorem, cum ... mansuetudine ... audiam (*sim.* 1,793 d. ... et -a v. si fiant in caritate, ipsa caritas facit ea mollia et temperata). 3,1081 magisterium indiscretum et -um poteritne cum sua indiscretione ... caritati militare? ALBERT. M. animal. 22,103 'furioz ... animal est arabice sic vocatum et est -issimae comestionis, ita ut *eqs.*' *(cf. Thom. Cantimpr. 4,43)*. pol. $2,11^{b}$ p. 196^{b},1 'oligarchiam ...', scilicet quae fuit Athenis in potestate paucorum et divitum, 'dissolvisse *(sc. Solonem)* valde -am (*p.* 1273^{b}*,37* ἄκρατον) existentem' (*sim.* $4,9^{n}$ p. 373^{a},36). *usu subst.:* ALBERT. M. eth. II 3,3,7 p. 265^{a},7sqq. -us ... octo modis est; aut enim -us est ad omnia delectabilia sensus aut ad quaedam specialia secundum tactum et, siquidem ad omnia est -us, graece 'theuces' vocatur. 7,1,2 p. 469^{a},41 sequitur, quod -us, qui in toto corruptus est, melior sit incontinente, qui in parte corruptus est et in parte sanus. *ibid. al.* **b** *natur. spectat ad dyscrasiam:* ALBERT. M. veget. 7,69 luna ... regit omnia terrea ad pullulationem, ... propter hoc, quod ipsa movet lumine solis temperato, quod in ... sole aliquantulum -um est. animal. 10,40 'si forte spermata amborum *(sc. coniugum)* sint -a secundum unam et eamdem qualitatem vel plures'. 12,116 cerebrum ... erat -um, 'eo quod vincebat in ipso natura terrae et aquae', quae sunt elementa frigida valde. *al.* *usu subst.:* ALBERT. M. animal. 12,24 'cum materia ... humoris dicitur -um duobus modis: aut enim illa materia', quae facit distemperantiam, 'penetrat in membra aut continetur in venis et nervis'; inter -a ... 'calidius in corpore est cor *eqs.*'. 2 *non mixtus, purus – unvermischt, rein:* PS. GALEN. puls. 354 spleneticorum urina rufa et -a aut nigra et tenera periculum venturum dicit (*v. comm ed. p. 216; cf.* urin. p. 17,25 urina -a, id est rubro colore). *fort. add.:* HILDEG. phys. 1,186,5 quoniam debilibus visceribus hominis ita nociva sunt *ova* velut -a farina et non cocta.

adv. **intemperate.** *non temperate, sine temperamento – unausgewogen, ohne Ausgewogenheit (usu natur. de dyscrasia):* ALBERT. M. gener. 2,3,5 p. 206,39sq. in luna est frigidum et umidum -e (temperate *var. l.*), in Saturno frigidum et siccum -e, in Iove calidum et umidum temperate (-e *var. l.*) *eqs.* (*sim.* meteor. 1,1,12 p. 17,18 quia in sole est *[calidum et siccum]* cum temperamento, in Marte autem -e). animal. 20,12 p. 1279,2 spiritum oportet esse clarum et perspicuum ... et non -e calidum, quoniam *eqs. al.*

intemperies, -ei *f.* *natura intemperata, aequalitate carens, distemperantia – ungemäßigte, vom richtigen Maß abweichende Beschaffenheit, Unausgewogenheit, Unausgeglichenheit:* 1 *strictius:* **a** *spectat ad caelum, aerem (insalubrem):* **α** *in univ.:* REGINO chron. a. 867 p. 93,30 exercitus ... gravi peste fatigatur; ex insueto quippe calore et -e a e r i s dissolutus dissinteriae ... morbo corripitur (HIST. de exp. Frid. imp. p. 68,40 ne in deserta Romanię asperitate hiemis incidentes tum -e a. tum penuria victualium homines et iumenta defecissent. CHRON. Erf. mod. II a. 1275 p. 273,13. *al.*). OTTO FRISING. gest. 2,33 p. 142,5 -es caeli. *al.* **β** *expressius i. q. tempestas (adversa) – schlechte Witterung, Unwetter:* GERH. AUGUST. Udalr. 1,13 l. 33 tugurium glossibus tectum altaria ab imbribus et -bus (temperiebus *var. l.*) defendebat. BERTH. chron. B a. 1079 p. 372,8 estas ... ipsius anni nimis pluviosa preteribat, sed tamen non magnam frugum penuriam -es talis effecerat. *al.* **b** *spectat ad morbos:* LAMB. TUIT. Herib. 1,10 p. 181,15 vir Dei ... ingreditur ad principem coram conquerens passionis suę morosam -em. 2 *latius:* **a** *contrarietas, diversitas – Widersprüchlichkeit, Gegensätzlichkeit:* ALBERT. M. animal. 6,110 quia -es significatorum anni calorem complexionalem incendit et consumit humidum (*antea:* temperate se habentibus significatoribus ... anni). **b** *immoderatio – Maßlosigkeit, Zügellosigkeit:* PRIMORD. Windb. 3 p. 562,37 quo *(Eberhardo praeposito)* propter -em morum suorum amoto successit Gebehardus.

***intempestas**, -atis *f.* *tempestas, intemperies – stürmisches Wetter, Unwetter:* ANNAL. Fuld. Ratisb. a. 896 p. 127,10 propter nimiam -em *(cod. 3 [v. S. Hellmann, NArch. 33. 1908. p. 703 adn.]*; tempestatem *cett. codd., ed.)* aeris et immoderatam effusionem imbrium.

intempestivitas, -atis *f.* *condicio praematura – Vorzeitigkeit:* RATHER. phren. 4,95 cuius *(Ratherii)* non appropians -s, sed proximans evi afferre ceperat ... maturitas canos *(cf. Boeth. cons. 1 carm. 1,9sqq.)*.

intempestivus, -a, -um. *script.* -ine: *l. 61.* *?form.* -tativus *(fort. per contam. c.* tempestas): *l. 51.*

immaturus, importunus, incommodus, malus – unzeitig, (zeitlich) ungelegen, unpassend, ungünstig, schädlich: 1 *in univ.:* **a** *spectat ad actus hominum:* ERMENT. Philib. 1,1 (MGScript. XV p. 299,35; a. 838/63) cum repentini atque -i ... Nortmannorum minime cessarent occursus *eqs.* (*antea:* subitanei atque improvisi occursus). CHRON. Mont. Ser. a. 1219 p. 194,35 illis *(sc. Tiderici fautoribus)* ... de exitu *(sc. a claustro)* ... -o satisfaccionem promittentibus. **b** *spectat ad res naturales:* CONSUET. Trev. 13 nisi forte aliqua mundum constringat pestilentia, pluvia -a *(p. corr.)* seu siccitas nimia. CHART. Traiect. 557 p. 22,34 ut tres aqueductus ... preparentur et ut aqua -a in terram comitis ire non permittatur; quam si prohibere non potuerunt homines ... tempestive *eqs.* 2 *praematurus – vorzeitig:* AGIUS epic. Hath. 32 iuvenili flore virentem -a ... obisse die. ANNAL. Hild. a. 1038 p. 43,15 cuius *(reginae)* -us *(ci.,* -ativus *ed.)* obitus quam plurimos ... contristavit. TRACT. de aegr. cur. p. 265,4 memoriam conservant *(sc. pillulae laxativae)* et canos -os fieri non sinunt. 3 *nimis parvulus, non satis adultus – zu jung, noch nicht erwachsen genug:* VISIO Godesc. A 26,5 maior *(sc. puer)*, licet ad tantum flagicium perpetrandum -us, homicidii scelus ... perpetrare moliebatur.

adv. **intempestive.** *malo tempore, non tempestive – zur Unzeit, unpünktlich:* 1 *in univ.:* CONSUET. Trev. 8 p. 271,5 'plus manducavimus et bibimus *(sc. infirmi)*, quam necessitas exegerit, ac dormivimus totumque -e (-ne *var. l.*) fecimus'. CONSUET. Rod. 179 cavendum est, ne quis, nisi pro necessitate inevitabili, hac die *(sc. IX kalendas Aprilis)* ad capitulum -e veniat. 2 *ante tempus, praemature – vor der Zeit, zu früh:* UNIBOS 154,3 -e reddere equam me *(sacerdotem)* cogis *(sc. praepositus)* hodie.

intempestus, -a, -um. 1 *de nocte i. q. serus, multus – spät, tief (cf. ThLL. VII/1. p. 2110,29sqq.):* **a** *in univ.:* IONAS BOB. Columb. 1,2 p. 154,7 genetrix ... subito per -am noctem sopore depressa (*sim.* 2,10 p. 253,26). Ioh. 9 -a nocte stratui obvolutus (*sc. Agrestius; sim.* 16 p. 339,10. NADDA Cyriac. I 19). THIETM. chron. 4,10 apparuit ... -ae (in tempestate *B*) noctis

[Clementi]

silentio ... sanctus ... Laurencius. *al. v. et l.6.12.* *adde fort. per enallagen:* Alcuin. Willibr. 1,2 (MGMer. VII p. 117,12) mater ... beati Willibrordi ... -a noctis quiete caeleste in somnis vidit oroma (Vita Cond. 2 [MGMer. V p. 647,8] mulier fidelis -a n. q. interrumpens torporem somni *eqs.*). Chron. reg. a. 1159 p. 103,11 -o (-e *var. l.*) noctis silentio ignis furtim immissus. *al.* **b** *usu subst. vel ellipt. pro subst. i. q. multa, media nox, serum (noctis) – tiefe Nacht, Mitternacht, späte Zeit (der Nacht):* **α** *fem.:* Vita Galli I 11 -a noctis intravit *(sc. homo pauperculus)* in atrium presidis *(v. notam ed.)*. Vita Pard. 10 (MGMer. VII p. 31,16) cum ... claudus *(sc. Marcellus)* ⌞-a (-ae *var. l. [p. corr.]*) noctis⌟ (-a nocte *var. l.*) vigilaret. Berth. chron. B a. 1077 p. 312,8 tertia ... nocte in ipsa eius -a lux celitus emissa ... clarissima ... resplenduit. *al.* **β** *neutr.:* Honor. August. imag. 2,30 -um media nox, cum non est tempus operandi. Albert. M. Matth. 14,25 p. 433,57 -um ..., quando tempestate congrua profundissimus est somnus. *al.* *abl. sg. pro adv.:* Hraban. cruc. C 7,11 quattuor quadrantes naturalis diei, id est quater senae horae, quae tamen his initiis dignoscuntur, mane videlicet et meridie, vespere et -o. **2** *intempestivus, importunus – (zeitlich) ungelegen, ungünstig:* Lamb. Tuit. Herib. 2,18 p. 240,6 alio ... tempore incanduit nimius fervor et intolerabilis ȩstus, ut fȩcunditatem frugum auferre crederetur calor -us.

intemporalis, -e. *temporis expers, aeternus, sempiternus – zeitlos, ewig:* Petr. Dam. epist. 49 p. 69,27sq. ipse *(Deus)* ... nobis et -e tempus et inlocalis est locus; inlocalis scilicet, quia non circumscribitur, -is, quia numquam finitur (*sim.* Gerhoh. epist. 28 p. 618^{B} indivisibilis, inlocalis, -is ... in tua *[sc. Dei]* divinitate). Albert. M. sent. 1,35,5 p. 187^{b},14 scitum a Deo omnino -e est, nec differentia temporis ponitur circa scitum. praedicab. 5,3 p. 88,22 essentia secundum se incorruptibilis est et ingenerabilis, ... et sic esse immobile est et -e. *al.* *usu subst.:* Albert. M. resurr. 6 p. 241,17 ipse *(ens)* per unum modum se habet ad multa ut multa, et ad unum ut unum ..., et ad temporale ut temporale, et ad -e ut -e (*sim.* summ. creat. I 1,1,1 p. 310^{a},8).

adv. **intemporaliter.** *extra tempus, sine tempore, aeterne, sempiterne – ohne Zeit, ewig:* Conc. Karol. A 21 p. 187,32sqq. Pater ... genuit ex se ... -r et sine initio ... Filium, ... Filius ... ante omnia saecula genitus est de Patre -r et absque ullo initio. Rather. quadrag. II 35,652 Dominus ... uno ... momento et in celo et in Virginis utero, sed in celo -r, in matre ex tempore. Albert. M. phys. 2,2,21 p. 129,80 quae sunt in ipsa *(praescientia)* -r et simpliciter et immobiliter, secundum quod descendunt ex ipsa, sic fiunt plus et plus temporalia et multiplicia et mobilia et contingentia. *saepius.*

***intemporive** *adv.* *intempestive, post tempus – zur Unzeit, zu spät:* Ekkeh. IV. cas. 92 p. 190,19 vide, ... pater prudentissime, ne me *(sc. Ruodmannum)* equivoci tui artibus circumventum dehonestari sinas et te postea -e peniteat!

intemptabilis, -e. *de conatu i. qui temptari, effici non potest – einer der nicht versucht, bewerkstelligt werden kann:* Leo Mars. chron. 3,26 p. 394,6 ad veterem diruendam ecclesiam et novam pulchrius ... edificandam ... animum appulit *(sc. abbas)*, quamvis plerisque ... de ... prioribus grave nimium id et -e videretur.

***intemptamentum**, -i *n.* *temptamentum, intentio – Versuch, Absicht:* Chron. reg. a. 1151 p. 89,26 (rec. II) obiectionis malum archiepiscopus ... mitigavit, regem ab -is excusans et episcopi molimen anullans.

intemptatus, -a, -um. *non temptatus – unversucht:* **1** *in univ.:* Ruotg. Brun. 19 p. 18,19 neque dies neque noctes requiescere, ... nichil -um relinquere (24 p. 25,19. 33 p. 34,6). Lamb. Tuit. Herib. 2,19 p. 242,29 desperatis rebus diffidebat *(sc. paralyticus inops)* inire iter prius -um, ne, si sumptus in via deficeret, dum pro salute laborat, sui detrimentum incurreret. Theoph. sched. 1 praef. p. 3,3 iure debitum et ex patre Deo hereditarium -um negligere ... ignaviae ascribitur. **2** *de locis i. q. nondum transitus – noch nicht durchquert:* Chron. Pol. 3,21 p. 146,2 Bolezlauus per locum horribilem, -um prius, Bohemiam invasurus penetravit. **3** *de iuribus i. q. nondum attemptatus – noch nicht in Frage gestellt, attackiert:* Const. imp. I 316,2 (a. 1186) imperator ... in sollemni curia ... querimoniam ... proposuit adversus intolerabiles iniurias, quas dominum papam contra sacri iura imperii conqueritur sibi irrogasse usque ad tempus suum -a.

intemptio *v.* intentio. **intempto** *v.* 1. intento.

***intendimentum**, -i *n.* *(cf. ital.* intendimento, *v. Battaglia, Dizionario. VIII. p. 203^{b})* *consensio, consensus, conventio, pactum – Zustimmung, Einverständnis, Übereinkunft, Vereinbarung:* Const. imp. I 362 p. 512,33sqq. (a. 1194) intellectum et -um datum ... domino Iacobo ... confirmavit *(sc. dominus Drushardus)*, sicut in instrumento ipsius intellectus et -i facto a ... notario continetur. *ibid. al.* Annal. Plac. a. 1270 p. 549,50 ecclesia Romana cuilibet dabat -um, set non plenum. *Clementi*

1. intendo, -tendi, -tentum *vel* -tensum, -ere. *script.:* -tent-: *p.2125,17.* -dibant: *p.2124,29.60.* intant(us): Waltharius 925 *(var. l.)*. *struct.:* *c. gen.:* *p. 2125,60.* *c. praep.:* circa: *p.2125,32.35.* de: *p.2125,40.* pro: *p.2125,27.* *partic. praes. usu subst.:* *p.2124,69.* *confunditur c.:* attendere: *p.2123,42.* *adde:* Albert. M. veget. 3,5 *(var. l.)*. incendere: *p.2128,10.* *partic. perf. c.* intus: *p.2126,54.* contemptus (contentus): *p.2126,54.*

I *trans.:* **A** *(dis)tendere, (ex)pandere – (an-, aus-, auf)spannen, ausbreiten, -dehnen:* **1** *proprie:* **a** *strictius:* **α** *usu vario:* Chron. Sigeb. cont. a. 1141 (MGScript. VI p. 452,24) venationi insistens, dum arcum vehementius -it, toxicata sagitta ... vulneratus ... obiit *imperator*. Constant. Afric. coit. 2,14 nec virga valet -i (tendi, extendi *var. l.*) nec semen emitti. Heraclius II 53 tegulae in ... fornace -antur, super tegulas ardentes resina mittatur, ut *eqs.* Albert. M. animal. 1,435 videbis ... quosdam *(sc. hominum)*, qui ex studio -unt et roborant cervicem. *fort. huc spectat:* Aurelius 5 p. 498,24 oculos quoque non tensos habent *(sc. aegri)*, sed et sic -tos (-te *cod. Augiens. CXX*) ut non palpebrantes attendunt *eqs.* **β** *de chordis (usu mus.):* Schol. enchir. 3,534 sit ... corda *(sc. monochordi)* -sa (-ta, tensum *var. l.*) veluti ab A in Z; tollam huius dimidium spacii ... et pulsa medietas diapason resonat. **γ** *de velo i. q. tumidum reddere – schwellen lassen (per compar.):* Meginfr. Emm. 14 p. 983^{C} tanta celeritate res immobilis *(i. navis)* contra mobilem *(sc. fluvium)* meritis martyris propellitur, ac si velum ventus post flumen -ret. **δ** *de animalibus i. q. diducere, hiare – aufsperren:* Egbert. fec. rat. 1,1341 porcellum sequitur vehemens formido *(i. lupus)* ferarum dentibus invisis flagrans -ere rictum. **b** *latius i. q. extendere – ausweiten (mediopass. i. q. extendi – sich erstrecken):* Lex Sal. Merov. 113 si in XL et duas noctes legibus sunnia nuntiaverit, in octuaginta et quatuor noct<e>s postea placitum -atur. Amalar. off. 1,36,10 si quis voluerit quadraginta tantummodo diebus -ere *(sc. tempus pentecostes)*, -at, quando dies dominicus paschae occurrerit. **2** *translate i. q. ampliare, augere – vergrößern, steigern, 'intensivieren':* **a** *philos. et theol.:* Albert. M. sent. 2,3,9$^{capit.}$ utrum in quatuor attributis angelicae naturae angeli suscipiant magis et minus et -antur et remittantur. div. nom. 4,138 p. 227,54 multiplicatio materialis non cadit in arte, sed tantum formalis; ... in materia est amor secundum ... intentionem formalem, scilicet sicut in non-intendere actu. *ibid. persape.* **b** *anat.:* Albert. M. animal. 3,58 est *cor* principium sanguinis, non ... secundum rationem caloris rubei, quia ille iam incipit in miseraicis et -itur in epate, sed *eqs.* **c** *mus. i. q. extollere – an-, erheben, erhöhen (usu refl.: l.71; mediopass.: l.71; de re v. LexMusLat. II. s. v.; cf. p. 2126,7sqq.):* Mus. Enchir. app. D l. 215 vel quantum in acumine -atur *pthongus*, vel quantum in remissione gravetur, ... annotemus. *al.* Modorum Ordo (VeröffMusHistKommBAdW. III. 1981. p. 183) omnes species diapente vel diatesseron continue vel disgregatim -sae (inter se *var. l.*) vel remissae modulantur. Odo Aret. ton. B p. 58,6 solis authentis licet -ere fines principiave distinctionum. Guido Aret. microl. 18,40 cum plus diatessaron seiungi non liceat, opus est, ut, cum plus se cantor -erit (-itur *var. l.*; gloss.: id est elevaverit), subsecutor ascendat. Ps. Berno mens. monoch. 7,8 sexta *(sc. spe-*

[Fiedler]

cies diapason) ab F. ad Q. -itur (tenditur *var. l.*). *persaepe. v. et p. 2126,13.* *per compar.:* ALFAN. premn. phys. 2,52 p. 36 usus animae est ex congruitate corporis, ut componat illud organum sibi congruum; hoc ... facit ratione et moribus haec quidem -endo (*PG 40,560*[B] ἐπιτείνουσα), illa vero remittendo, velut in harmonia *eqs.*

B *e-, dirigere, convertere – (auf-, aus)richten, (hin)wenden (zu, gegen):* **1** *usu vario:* **a** *in univ.:* RIMB. Anscar. 25 p. 55,13 ille *(Adalhardus abbas)* ... confestim pronuncians -tus in eum dicere coepit: *'eqs.'* RUOTG. Brun. 10 p. 10,19 cum de virtute in virtutem ... iret, ... quocumque pedem -it *eqs.* GUIDO ARET. microl. 3,13 ut, cum de multis *(sc. divisionibus monochordi)* ad unam -retur (-etur *var. l.*), sine scrupulo caperetur. THANGM. Bernw. 5 p. 760,21 cunctis ad lectionem honestissima disciplina -tis. *al.* **b** *porrigere – hinstrecken:* WILH. HIRS. const. 1,14 p. 290,5 quod si ... ille, qui absconsam circumfert, ... putans eum *(fratrem)* dormire lumen contra faciem -erit *eqs.* **c** *directum esse (in) – ausgerichtet sein (auf), 'blicken (nach)':* CAND. FULD. Eigil. I 14 in ... ecclesia duas cryptas ... conlocavit, unam, quae respicit solis ortum, alteram, quae solis occasum -it (*sim.* II 15,13 quarum *[cryptarum]* prima ... spectans -it Eoum). **2** *de visu:* **a** *in univ.:* RIMB. Anscar. 41 p. 76,36 oculis in caelum -tis. *v. et l. 38.* **b** *expressius i. q. spectare, aspicere – (an)schauen, betrachten, ins Auge fassen (in imag.: l. 26. 28):* TRAD. Frising. 63 p. 90,18 (a. 773) qui *(Christus)* minime scrutatur initium, sed semper -it finem. EPIST. Teg. I 33 oculo dilectionis ... vultum tuum iugiter -o. VITA Mathild. II 16 p. 177,1 cum dyalogum accepisset in manum et studiose -isset legendum, Richburch ... intravit *eqs.* TRANSL. Dion. Ratisb. revel. p. 456,6 ut orationem complevit, surgens gnomonem redę horologi -it *(cf. notam ed.)*. VITA Norb. I 11 p. 681,40 lignum crucis. *al.* *observare – beobachten (absol.: l. 34):* WETT. Gall. 11 p. 263,12 cum ... vir ... Dei ... in precibus se ... exercuisset, conviator eius occulte -bat. HROTSV. Dulc. 4,4 -amus, quid ... agant milites pro foribus expectantes. **3** *de auditu:* **a** *in univ.:* EIGIL. Sturm. 8 stans silenter -tis auribus auscultabat. HRABAN. carm. 2,2,8 oculis atque auribus est fas -tis, fratres, discere verba Dei. HROTSV. Bas. 149 auribus -tis ut sensit *mulier* verba loquentis (*item* 223). VITA Heinr. IV. 6 p. 23,29 erectis et -tis auribus. *c. enunt.:* CONST. Constant. 150 advertite, potentes, et aurem cordis -ite (adtendite *var. l.*), quid ... Dominus suo discipulo adiunxit inquiens: *'eqs.' (Vulg. Matth. 16,19).* **b** *expressius i. q. audire, auscultare – (zu-, an)hören (absol.: l. 46. 47):* HROTSV. Pafn. 1,3 non sapimus *(sc. discipuli)*. :: non obvium est perpluribus. :: expone! :: -ite! :: ac prompta mente. *al.* VITA Burch. Worm. prol. p. 831,32 -is *(sc. praesul)*? quidni? nam ... die noctuque me instigans petisti *eqs.* CONSUET. Marb. 50 omnes ... sedeant et, quod legitur, -ant. **4** *de animo, mente sim.:* **a** *in univ.:* BERTH. chron. B a. 1075 p. 221,13 tanto suas facilius ultum ire posse sperans iniurias, quanto adversariis suis inopinatius iam totus ex toto animum -erat *rex.* VITA Heinr. IV. 9 p. 29,17 movendis ... bellis animum -bant *(sc. principes)*. 11 p. 36,16 ad comprehensionem eius *(patris)* ... animum -it *(sc. filius regis)*. HELM. chron. 38 p. 74,2 pater ... omnem animum -it ad rependendam talionem. *al.* **b** *expressius:* **α** *respicere, animadvertere, animo proponere – beachten, auf-, bemerken, seine Aufmerksamkeit richten (auf):* AMALAR. cod. expos. I 10 p. 263,9 -e, dilecte frater, qualibus verbis cantores ... ostia oris et cordis pulsent *eqs.* off. 1,19,2 hic oro, -atis, quam congruentiam habeant lectiones quattuor *eqs.* 4,7,10 -endum est, quae sit antiphona animae. ACTA imp. Winkelm. I 261 p. 238,38 predicatores, qui predicant verbum crucis, in tantum vilipenduntur ab omnibus ..., quod non est, qui eos audiat vel -at. *saepe. v. et p. 2122,50.* **β** *intellegere – verstehen:* RADBERT. corp. Dom. prol. ad Karol. 57 'de hoc *(sc. libri)* exiguo lectionis' eloquio placeat diligenter -ere, 'quanta sit virtus' in ... misticis sacramentis *eqs.* ERMENR. ad Grim. 1,5,305 quia multa sunt in genere locutionis latinę linguę per singulas partes, quę a raris quibusque recte -untur, dicam ... aliquanta ex his. DIPL. Otton. II. 22[a] p. 30,35 quoniam officium nostrum hoc esse -imus, quod ... ecclesię rectoribus ... petentibus ... aures accommodare debemus *eqs.* *de cane:* FRID. II. IMP. art. ven. 3 p. 59,3 sit *canis* sagax ad -endum id, quod docetur. *al.* **γ** *cognoscere, considerare – zur Kenntnis nehmen, berücksichtigen:* DIPL. Karoli III. 33 p. 56,31 eius *(episcopi)* ... erga nos devotissimam fidelitatem -entes iussimus *eqs.* COD. Frid. 24 eandem *(complacitationem)* necesse est vobis *(fidelibus)* -ere, quia dedit *Willa* talem proprietatem. DIPL. Otton. III. (NArch. 49. 1932. p. 104,28) omnes fideles nostri ... sagaciter -ant (-amus *var. l.*), qualiter *eqs.* DIPL. Heinr. II. 6 qualiter nos piam Godehardi abbatis -entes petitionem ... quandam ... aream ... contulimus. **δ** *indicare, notare – andeuten, bezeichnen:* WETT. Gall. 28 p. 272,5 in qua *(epistola)* cum legationis ... ordo -retur. THEOD. PALID. annal. a. 1146 p. 81,37 ut ipsius, qui -itur, epitaphium pro se loquatur *eqs.* **5** *de studio, cura, consilio sim. i. q. studere, curare, agere – streben (nach), pflegen, sorgen (für), betreiben:* **a** *gener.:* **α** *in univ.:* WILLIB. Bonif. 6 p. 31,7 alii *(sc. Hessorum)* ... aruspicia et divinationes ... exercebant; alii ... auguria et auspicia -bant (*sim.* LEG. Wisig. 6,2,2 p. 258,7 execrabiles divinorum pronuntiationes -unt [interdum *var. l.; sc. iudices*]). AMALAR. ord. antiph. 59,4 ut -at *animus audiens* cogitare, quod maior sit gloria sub tempore gratiae novi testamenti. WALTHARIUS 153 cultum ... -ere ruris. OTTO FRISING. gest. 2,11 p. 113,23 ut ... rectorem ... omnium ... placandum ... -ret *rex.* VITA Vicel. 136 cesar ut hec fecit, vires pater inde recepit, in Sigebergenses -ere cepit honores. *al.* **β** *in animo habere, moliri – beabsichtigen, im Sinn haben, planen:* DIPL. Merov. I 93 p. 241,12 ipsas *(sc. scripta)* in presenti ostendedirunt *agentes basilicae* recensendas et -ibant, quod *eqs.* AGIUS vita Hath. 15 si quando quisquam hoc, quod loqui -erat, intercepisset. THANGM. Bernw. 2 p. 759,22 ut uterque *(sc. episcopus et comes)* pro morum gratia illum *(iuvenem)* sibi adoptare -ret. THIETM. chron. 5,41 scimus *(sc. Walterdus et confratres)* ..., quid ... senior -at. BERTH. chron. B a. 1078 p. 323,7 domnus ... apostolicus id maxime in ... decretis -erat, ut *eqs.* CHART. Brixin. 132 quicumque canonicorum ... eligatur in scolasticum, ... senioribus sibi super extolli ... nullatenus -at. *persaepe. v. et l. 63.* **γ** *intentare, ciere – spinnen, ins Werk setzen:* CHRON. Fred. 2,50 p. 72,13 cum insidias aecclesiarum -erit *Gundericus.* **b** *natur. et philos.:* ALBERT. M. veget. 3,2 secundum ... intentionem naturae semen vocatur, in quo natura -it conservare et multiplicare speciem (*sim.* 3,5). metaph. 5,4,1 p. 272,63 finis est ultimum, 'cuius causa' fit omne, quod fit, mors autem ultimum est non -tum, sed corruptio eius, quod -tum erat. **c** *publ., iur., canon.:* **α** *usu vario:* LEG. Wisig. 2,2,10 p. 87,15 tam diu cepti negotii propositionem -at *(sc. pars causantium)*, donec regalis clementia ... partibus iudicium promat. **β** *iuncturae notabiliores:* actionem -ere *i. q. actionem instituere – eine Klage anstellen:* CARM. Bur. 41,10,5 iste probat se legistam, ille vero decretistam inducens Gelasium; ad probandum questionem hic -it (-unt, incendunt, attendit, inducit *var. l.*) actionem regundorum finium. bannum -ere *i. q. bannum imponere – (Bann-)Strafe auferlegen:* EPIST. Hann. 16 p. 36,10sq. domno episcopo nec bannum umquam -i nec -ere sum umquam minatus. crimen -ere *i. q. accusare – anklagen:* CAPIT. Angilr. 11bis (MG Stud. XXXIX. 2006. p. 158) qui crimen -it, agnoscendum est, si ipse antea non fuit criminosus. ADAM gest. 3,30 cui *(episcopo)* crimen adulterii -batur. **γ** *asseverare, contestari – behaupten, beschwören:* DIPL. Merov. I 156 p. 390,12 -ibant econtra agentes ..., quasi hoc Gairinus ... comis p<er> forcia ... consuetudinem ibydem *(sc. in pago Parisiaco)* misisset et ... medietate de ipso teleneu ... tullisset *eqs.* FORM. Senon. II 3 servitio ... effugibat *servus* vel -bat; ... servus ... fortiter denegavit; ... ipse abba vel suus avocatus contra predicto servo -bant et ... dixerunt, quod *eqs.* *exprobrare – vorwerfen (usu impers.: l. 68):* ORD. iud. Dei B VIII 1[1] si ... criminis ..., quod tibi -itur, reus sis *eqs.* 2[a] cum ... ad locum pervenerint, ubi probandi sunt, quibus -itur, aspergat sacerdos locum aqua benedicta. CONSUET. Marb. 60 si -entis et intentionem depellentis ęquanimiter audiuntur compugnantes sententię. *al.*

II *intrans.:* **A** *gener. i. q. (ob)verti, incedere – sich (hin)-*

[Fiedler]

wenden (zu, gegen), zuwenden, vorgehen (gegen): 1 *proprie:* a *in univ.:* LEG. Wisig. 4,5,6 p. 203,22 ut pro ablatis rebus -ere contra preminentis personam nec audeant nec presumant *(sc. pontifices)*. 9,2,8 p. 371,27 quisquis ... formidulosus ... ad ... vindicationem gentis et patrie exire vel -ere contra inimicos nostre gentis tota virium intentione distulerit *eqs.* b *de visu i. q. conspicere – blicken, schauen (in, auf):* RIMB. Anscar. 4 p. 24,32 in faciem eius *(Christi)* -ere. AGIUS vita Hath. 24 oculis in illud *(lignum crucis)* -bat. VITA Liutb. 12 -it *comes* in eam dicens eis, qui astabant ei: *'eqs.'* VITA Norb. I 11 p. 681,36 puer ... -ens in sacerdotem. CHART. eccl. Halb. I 17 p. 15,42 prepositus ... omnibus huic pagine -entibus ... salutem. 2 *translate:* a *curam gerere, sollicitum esse – achtgeben (auf), sich kümmern (um), Sorge tragen (für):* α *in univ.:* EPIST. Wisig. 12 p. 679,10 deposco *(sc. comes)*, ut, quantum ... diligis *(sc. episcopus)* Iesum ..., huius confirmatione pro pacis tantum -tere (-ere *M2*) digneris delectabiliter *(in struct. contam.)*. CHART. Aquens. 29 l. 7 (epist. papae) Deo ... disponente personis et locis ... -ere salubriter ac providere debemus *(sc. episcopus)*. CONST. imp. II 116,7 receperat *comes* in mandatis ..., ut legato ... usque ad ... adventum nostrum -ret et pareret *(sim.* 118 p. 158,15). *persaepe.* β *c. enunt.:* WALAHFR. Wett. 166 -it *filius*, qua se sententia docti ... senioris agat. AMALAR. off. 4,7,19 -at summus sacerdos ..., quis debeat incensum offerre Domino super altare. γ *c. praep.:* LEG. Wisig. 4,3,3 p. 192,6 si tutor pro pupillorum lucris vel eorum rebus -ere vel causare voluerit *eqs.* RADBERT. corp. Dom. prol. ad Karol. 29 super 'hanc' *(sc. libri)* -at prudentia vestra 'mensulam'. RIMB. Anscar. 7 p. 29,17 non multa super eos *(viros Dei)* cura -bant *(sc. comites Herioldi)*. DIPL. Otton. I. 276 p. 392,21 si circa loca dicata Domino pro aecclesiasticae facultatis augmento -imus, divina *(sic)* nobis ... remunerationis premium profuturum credimus *(inde* DIPL. Otton. II. 121 p. 136,13. DIPL. Heinr. II. 77 p. 97,38). DIPL. Constantiae 62 p. 194,38 circa status ecclesiarum propensiori cura -ere. *al.* b *se dedere, dedicare, incumbere – sich widmen, engagieren (für), sinnen (auf):* α *in univ.:* LEG. Wisig. 6,2,2$^{\text{tit.}}$ de personis iudicum ..., qui ... auguriis -unt. BRUNO QUERF. ad Heinr. II. p. 100,11 si ... senior Ruzorum fide titubaverit, debemus *(sc. inimici eius)* tantum -ere bello, non de christianitate. THANGM. Bernw. 5 p. 760,4 lectioni interdum circa galli cantum -bat. GERH. STED. annal. p. 214,24 cum ... imperator et principes non nisi propulsioni ducis -rent. STATUT. ord. Teut. p. 66,2 quilibet *(sc. fratrum)* ... commissis sibi rebus, negociis et officiis sic -at, ut *eqs.* CARM. Bur. 30,4,4 volo resipiscere, linquere, corrigere, quod commisi temere; deinceps -am seriis, pro vitiis virtutes rependam. β *c. praep.* in: LEG. Wisig. 2,1,8 p. 55,2sq. quicumque ... in necem ... nostram sive subsequentium regum -ere vel -isse proditus videtur esse vel fuerit: horum ... scelerum ... sententiam mortis excipiat. 2,4,6 qui *(auctor sceleris)* in interitum -it alterius. γ *devotum esse – treu ergeben sein:* RIMB. Anscar. 1 p. 18,28 cui *(Domino)* ... semper animo -bat *verus Dei cultor.* c *cupidum esse, anniti – begierig sein, trachten (nach):* ANNAL. Fuld. Ratisb. a. 896 p. 127,23 ne aliquo modo ad regis fidelitatem -ret *Adalpertus.* CHART. Mog. A I 451 p. 358,38 (dipl. Heinr. V.) in ipsum imperii nomen -ere non formidat *archiepiscopus.* OTTO FRISING. chron. 8,19 testis ad convincendum -it. HIST. duc. Ven. 9 (MGScript. XIV p. 81,36) facta cum eo *(duce)* amicicia phedus contraxit *imperator*, ut cum Venetis Anconitanos -entes imperii expugnaret. d *se referre – sich beziehen (auf):* AMALAR. off. 1,37,8 caute praevidit ... ecclesia Deum rogare, ut ... destruat consilia eorum, qui volunt irruere super pacem eius; -it ad hoc, quod dicit epistola: *'eqs.'* ALBERT. M. animal. 11,16 omnes ... dantes sermones diffinitivos in physicis -unt ad ultimum finem per sermonem suum diffinitivum sicut et in carpentaria et medicina. e *oboedire, obsequi – gehorchen, (be)folgen:* HELM. chron. 19 p. 41,15 non -erunt *seniores Saxonum* reputantes dolum insidiis oportunum. DIPL. Constantiae 4 p. 15,7 precipimus fidelitati vestre *(sc. abbatum et praelatorum)*, quatinus ... <arc>himandrite ... ⸤-atis et obediatis⸥ (p. 16,12 ὑπακούσητε καὶ ὑπείξητε) in his, que *eqs.* CHART. Tirol. notar. I 315 p. 148,1 mandamus *(sc. imperator)*, quatinus ... Wibotoni ... -atis *(sc. cives Tridentini)* et respondeatis ... ad ... fidelitatem nostram *(sim.* ACTA imp. Winkelm. I 849. RYCCARD. chron. a. 1229 p. 164,9. *al.)*. INNOC. IV. registr. A 301,1 p. 225,10 quatinus ... eidem *(diacono cardinali)* tanquam apostolice sedis legato -atis *(sc. archiepiscopi et alii)* ... devote. *al.*

B *mus. i. q. elevari, ascendere – sich nach oben bewegen, aufsteigen (de re v. LexMusLat. II. s. v.; cf. p. 2122,61sqq.):* MUS. ENCHIR. 1,9 eorum *(pthongorum)* ... et -endo et remittendo naturaliter continuatur ordo, ut *eqs.* GUIDO ARET. microl. 4,13 in nullo ... cantu aliis modis vox voci coniungitur vel -endo vel remittendo. 13,15 plagae ... deuteri vel tetrardi ad quartas -unt (-untur *var. l.*). ALFAN. premn. phys. 2,36 p. 32 harmonia ab harmonia magis et minus est harmonia in remittendo et -endo *(PG 40,553^{A}* τῷ ... ἐπιτείνεσθαι), non ratione harmoniae.

III *per confusionem c.* contendere *i. q. litigare – streiten:* FORM. Andec. 10^{a} ut hoc inter se -rent *(sc. homo quidam et abbas)*, ut *eqs.* *(sim.* FORM. Marculfi 1,38). DIPL. Merov. I 167 p. 416,6 relicta ... vindicion<e>, sed dum inter se -erint *(Friulfus et Martinus praepositus)*, sic a procerebus nostris fuit inventum, ut *eqs. al.*

adi. **intentus** *vel* **intensus**, -a, -um. 1 *attentus, strenuus, sollicitus – eifrig (bedacht [auf]), aufmerksam (beschäftigt [mit]), besorgt (um):* a *usu vario:* α *de hominibus eorumve actionibus sim.:* ARBEO Emm. 7 p. 37,14 instantissime curae -tus aliis fidei semina plantabat in pectore, aliis *eqs.* LIUTG. Greg. 12 p. 76,25 o virum ... caelestibus semper -tum *(sim.* 15 p. 79,26). HRABAN. epist. 5 p. 389,27 lectioni -tus (RUOTG. Brun. 29 -tus religioni ... et l.). RUOTG. Brun. 8 p. 8,22 lucubrationibus -tissimus inveniendis ... fuit. HROTSV. Cal. 9,20 criminosis ... vitiis. BERTH. chron. B praef. p. 165,12 iuste necessitatis sese exercitiis -tissimus semper occupavit *Herimannus.* CHART. Rhen. med. III 305 L ... iurnales nemoris ..., ut -sam mei memoriam habeant, benevola manu ... contradidi *(sc. Hermannus)*. *persaepe.* *usu subst.:* WIDUK. gest. 3 praef. p. 100,16 publicis ac privatis rebus -tis (inrentis *C2*) imperiale decus ... unum iustitiae moderamen est normaque rectitudinis. OTLOH. prov. S 65 saecularibus litteris -tus sacrae scripturae arcana capere nequit. β *de animalibus:* WALAHFR. Mamm. 4,20 verbum faciente magistro -tae stupuere ferae. b *struct. notabiliores:* α *c. gen.:* VITA Lupi Trec. 7 (MGMer. VII p. 299,13) fletibus ora futurorum -tus indefesse rigabat. β *c. abl.:* MEGINH. FULD. Alex. 4 p. 427,26 erant *cives* ... gentili errore magis impliciti quam christiana religione -ti. RUOTG. Brun. 43 p. 45,24 eo *(sc. concordiae restituendae)* -tus negotio infirmari cepit. BERTH. chron. B a. 1075 p. 225,7 ea ... -ti *(Saxones et Thuringi)* pactione, ut *eqs.* γ *c. praep.:* RIMB. Anscar. 35 p. 67,8 cum ... pro ... re precibus esset sollicitius -tus. RUOTG. Brun. 25 p. 25,32 inter quę *(pericula)* ... ipse interritus aut secum -tus legit. DIPL. Ludow. II. 61 p. 186,37 (interp.) ut circa ... munimen *(sc. ecclesiarum)* ... semper simus pervigiles et -ti. CARM. Cantabr. A 42,11,2 facto mane recipitur *Iohannes* satisque verbis uritur, sed -tus (intus *E*, contemptus *C*) ad crustula fert patienter omnia. CONSUET. Marb. 172 inclinati esse debent ministri et ad orationem -ti. *al.* δ *c. inf. i. q. studiosus – bestrebt:* EIGIL Sturm. 6 p. 138,7 erat ... pontifex ... animo -tus ... monachicam in solitudine instituere conversationem. WIPO gest. 8 p. 31,26 Chuonradus ... rex magis augere quam minuere regnum -tus. 2 *deditus – beflissen:* TRAD. Frising. 336 p. 287,10 (a. 815) querens ... pontifex, quomodo ... oratorium hereditare voluisset et ... Situli devotus vel -tus adfuisset *eqs.* 3 *vehemens, gravis, acer – heftig, 'intensiv':* a *in univ.:* HERM. CARINTH. essent. 2 p. 212,10 ut duo *(sc. partes temporis)* ... sint temperata, atque alterum conceptui, alterum partui; duo ... -sa, atque alterum concepti nutrimento, alterum geniti maturitati. MAURUS urin. I p. 18,31 febris valde acuta et -sa. FRID. II. IMP. art. ven. 1 p. 47,22 nec ... calor estivus est tam -sus, quod *eqs.* (2 p. 225,10. 4 p. 70,25. p. 72,4 -sior). ALBERT. M. sent. 2,13,2 p. 247^{b},28 unum lumen est in aere a duabus candelis, sed magis -sum quam quando est una tantum. pol. 2,9^{e} p. 182^{a},18 -sam delectationem natura ordina-

[Fiedler]

vit circa coitum mulierum. *al.* **b** *de sono:* **α** *fortis – laut:* Hrotsv. Gong. 224 dux pius insomnem coepit transducere noctem, -ta Dominum voce precando suum. **β** *altus – hoch:* Carm. Cantabr. A 21,1 diapente et diatesseron simphonia et -sa et remissa pariter consonantia diapason modulatione consona reddunt. **c** *de odore:* Ps. Arist. magist. p. 641^{a},9 quatuor odores sunt: suavis, foetidus, -sus, remissus, id est non multum acutus. **d** *de colore:* Tract. de aegr. cur. p. 82,31 -sa ... solet *(sc. urina in febre cottidiana)* esse ... propter febrilem calorem. Maurus urin. I p. 24,45 urina ... subcitrina -sa et tenuis melancholiam ... habundare significat. Albert. M. veget. 6,470 habet *ungula caballina* folium -sae viriditatis. animal. 7,39 quae avis *(sc.* σκαλίδρις, *v. notam ed.)* est multorum colorum, sed -sior in ea color est cinereus. Geber. summ. 57 p. 471 necesse est ... auri citrinitatem diversitatem habere ...; et est quoddam magis, quoddam vero minus in citrinitate -sum. *al.* **e** *de oratione sim. i. q. ardens, pertinax – inständig, inbrünstig, innig:* Hugeb. Willib. 1 p. 88,37 -tissimis ... precibus se vicem reddere spopondebant *parentes* Domino. Bened. Frising. 31 terrena ... dispiciant *ancillae Dei*, aeterna et invisibilia -ta meditatione diligant. Hrotsv. Gall. I 9,4 quanto magis valet -ta precatio quam *eqs.* Gerh. August. Udalr. 1,26 l. 18 orationibus -tis insistere non desistebat (*sim.* Wipo gest. 39 p. 59,17 in confessione pura et oratione -ta ... ex hac vita migravit). Thangm. Bernw. 38 omnes ... fratrum ac sororum catervas ... -ta supplicatione ... advigilare monebat. *al.*

subst. **intentum,** -i *n.* *finis, intentio – Ziel, Zweck, Absicht (usu philos.):* Albert. M. animal. 11,16 ultimum ... -um 'et melius est causa, propter quam' sive finalis 'in operationibus naturae et artificii'. metaph. 8,2,3 p. 403,26 'cuius ... causa' sicut finis, si quaeratur in eclipsi, dicemus, quod 'forsan' nulla 'est', quia in talibus ista contingunt per motus et conversionis necessitatem et non propter aliquid -tum extra. *v. et p. 2124,44.*

adv. **intente** (-ae: *l. 52) vel* ***intense** *vel (semel: l. 41)* ***intento.** **1** *attente, studiose, diligenter – aufmerksam, gewissenhaft, geflissentlich, genau:* Liutg. Greg. 4 p. 71,5 religionis officia -tius quaerere. Capit. episc. III p. 11,2 ut ... capitula ... -tius audiatis *(sc. fratres).* p. 238,20 officium divinum sedulo et -te exercere. Anscar. pigm. p. 25,32 multiplica, Domine, veritatem tuam ..., ut te iugiter -to adoremus in conspectu tuo. Ruotg. Brun. 21 p. 22,32 ut divinis ministeriis omnes, quorum id intererat, -tissime ... viverent. Visio Godesc. A 36,2 -tissime sciscitabatur ab angelo, quisnam esset *vir*, qui *eqs.* Frid. II. Imp. art. ven. 3 p. 11,9 qui tenet falconem, quando videbit, quod -te respiciat loyrum, sinat falconem ire. *persaepe. v. et p. 2122,35.* *abund.:* Berth. chron. B a. 1077 p. 256,20 post ... dispensatoriam ... allocutionem toto nisu simul cum ipsis *(episcopis)* industrius -tissime elaboraret *rex*, quomodo *eqs.* **2** *vehementer, enixe, graviter, acriter – heftig, leidenschaftlich, 'intensiv', stark:* **a** *in univ.:* Gerh. August. Udalr. 1,9 l. 88 -tae ... et subnixe omnium in commune benivolentiam postulavit, si qui essent, qui *eqs.* Herbord. Ott. 3,14 episcopus cum suis ... ieiuniis et orationibus ... -sius (-tius *var. l.*) operam dabat. Albert. M. mot. proc. 2,4 p. 63,45 memoriae ... et spes, quae utuntur calefacientibus et infrigidantibus tamquam ex idolis moventibus, quae movent secundum virtutem rerum quandoque minus et remissius et quandoque plus et -sius, sunt causae huiusmodi calefactionum et infrigidationum. caus. univ. 2,1,5 p. 66,24 ex omnibus ... his patet 'causam primariam plus influere super causatum quam secundariam'; -sius enim influit ... et potentius quam secundaria. *al.* *usu medic.:* Visio Godesc. A 60,1 pleuresi ... licet modo -sius, modo remissius agatur, incessanter tamen affligitur. **b** *expresse, instanter – aus-, nachdrücklich:* Berth. chron. B a. 1077 p. 310,10 Deo ... est *praefectus urbis* ab omnibus -tissime commendatus. a. 1080 p. 374,4 prudenti cum suis *(sc. regis)* ... -tissime consilio communicato. Metell. exp. Hieros. 1,558 mens nostra Deum moderatorem sibi rerum eligat -te confisa sub omnipotente, cuius *eqs. al.* **c** *ardenter – inbrünstig:* Hugo Flav. chron. 2 p. 407,4 evigilans grates ... animo et corpore persolvit *vir* -e. Dipl. Arnulfi 50 p. 72,39 (interp.) ut -tius pro se et alacrius pro nobis Deum exorare valeant *(abbas eiusque successores).* **3** *copiose – reichlich:* Albert. M. cael. hier. 2 p. 31,25 'tu *(sc. dives)* recepisti bona in vita tua, et Lazarus similiter mala', quia ... uterque -se recepit, licet opposita *(spectat ad Vulg. Luc. 16,25).*

[**2. intendo** *v.* incendo. *adde ad p. 1526,62sqq.:* Notae Hild. (MGScript. XXX p. 763,36; s. XIII.¹) II talenta *(sc. cerae)* in dedicatione cripte super candelabra suspensa ad vesperas, matutinas, horas, missam -antur *(cod. Guelf. Aug. 83,30 p. 179^{v}; intendantur ed.).*]

intenebro, -avi, -atum, -are. *obscurare – verdunkeln (in imag.):* Columb. epist. 6 p. 179,26 ut ... carnes ... agni ... -tis cordibus spiritu sancto noctem illuminante comedamus. Epist. Hann. 87 p. 151,8 qui *(perversissimus oriens)* non illuminasse nostras tenebras, sed potius -asse ..., quantum fuit in te, lumen nostrum liquido cognosceris *(sc. Hildebrandus).*

***intensibilis,** -e. *script.* -endi-: *l. 34.* **1** *mus. i. qui (tono) elevari potest – (in der Tonhöhe) nach oben ansteigend, veränderbar:* Aribo mus. p. $43,20^{tit.}$ Aribunculina fistularum mensura, nec in toto remissibilis nec in toto -is sesquitercia et sesqualtera proportione. **2** *philos. et theol. i. qui augeri potest – vergrößerbar, erweiterbar:* Albert. M. sent. $2,35,6^{capit.}$ an malitia sit diminuibilis et -is. praedicab. 8,10 p. 137,52 est differentia inter differentiam et accidens, quod differentia ... non est -is et remissibilis, sicut patet ex supradictis. summ. theol. I 6,26,1,3 p. 187,45 bonum in creatura dicitur, vel quia est ad bonum summum et primum, vel quia est a bono summo et primo; sed haec cum sint ratio et causa boni in creatura, nec -ia sunt nec remissibilia nec corruptibilia sunt in creatura. *usu subst.:* Urso element. 4 p. 102,16 cum ... uniuscuiusque subiecti qualitas alterius qualitatem similem in fixam metam sui excessus nitatur conducere vel tantundem intendendo remissam vel remittendo intensam, unde ea virtute aliquid est alterans et alterabile, intendens et -e (-dibile *var. l.*), remittens vel remissibile.

intensio, -onis *f.* *script.* -tie-: *l. 44.* *c. gen. explicativo: l. 44.* *confunditur c.* intentio: *l. 48. p. 2129,11. al.*

1 *actio vel actus intendendi – (An)Spannung:* **a** *in univ.:* Paul. Aegin. cur. 220 gonorria seminis est non voluntarius fluxus ... ⌞sine pudendi -e⌟ *(3,55* χωρὶς τῆς κατὰ τὸ αἰδοῖον ἐντάσεως*).* Otloh. prov. A 61 arcum nimia frangit -o. **2** *vis, gravitas – Stärke, 'Intensität':* **a** *in univ.:* **α** *gener.:* Form. Salisb. II 3,2,16 quis ... latronibus resistet et furibus, si specolatorem amor ab inti-e quetis *(sic)* abducat? Turba phil. 72 p. 169,23 oportet ... ignis quantitatem demonstrare ... ac ignis ... diversitatem -is (*sim.* Geber. summ. 49 p. 440 non ... hec *[corpora]* cum fugitiva sint, possunt illud *[argentum vivum]* in ignis pugna tenere, ... sed fugiunt secum per ignis -em [intencionem *var. l.*]). Chart. Mog. A II 208 p. 377,31 qui *(fluvius)* interdum -e caloris exsiccatur (*sim.* Albert. M. veget. 4,78). Heinr. Lett. chron. 19,9 pre nimia frigoris -e castrum ... expugnare non attemptantes *(sc. exercitus;* Chart. Argent. I 385 [epist. papae] -em f. ... sustinere. *al.). al. v. et p. 2129,39.* **β** *natur.:* Albert. M. animal. 15,137 -o eius *(sc. delectationis in fine coitus)* est solum in membris, quae sunt vasa spermatis. *al.* **b** *incrementum, augmentatio – Steigerung, Vergrößerung:* **α** *natur.:* Alfan. premn. phys. 2,43 p. 34 secundum alias ... inaequales *(sc. crases)* alia animalia secundum speciem cum -e (intentionem *p. corr.* C^{2}, contensionem *A; p.* 556^{B} ἐπιτάσεως) et remissione secundum magis et minus *(sc. constare dicit Hippocrates).* Maurus progn. 19 p. 35^{a},11 sompnus est quies animalium virtutum cum -e naturalium. Frid. II. Imp. art. ven. 1 p. 15,15 anticipant *aves aquaticae* ... horas exeundi et redeundi et postponunt secundum -em et remissionem caloris in die. Albert. M. veget. 2,145 rubeus *(sc. color rosarum)* ... habet differentias secundum -em et remissionem ... substantiae humidae fumosae supernatantis. *saepe.* **β** *mus. i. q. elevatio – das Aufsteigen, Veränderung nach oben, Erhöhung (de re v. LexMusLat. II. s. v.):* Comm. microl. 2 p. 99 quomodo ipsae *(voces)* modulationem cantus conficiant per consonantias, scilicet sibi invicem concordantes -e vel remissione *eqs.* Ps. Berno mens. monoch. 10,2

[Fiedler]

-is . . . antiqua regula et remissionis. *ibid. al.* γ *philos.:* Urso element. 4 p. 98,23 virtute qualitatum remissarum fit -o, intensarum remissio, ut -e vel remissione earum facilius fiat a subiecto disiunctio vel earundem perfectius servetur unio. Albert. M. eth. I 850 p. 713,77sqq. quod dicitur aliquid fieri maius bonum, non intelligitur per additionem quantitatis, sed per -em qualitatis; qualitas autem intenditur dupliciter: aut per -em causae suae, sicut album per -em coloris *eqs. al.* δ *theol.:* Albert. M. sacram. 120 p. 83,31 contritionis. sent. 1,8,7 p. 228^{b},1 quaecumque . . . dicuntur secundum magis et minus, recipiunt -em et remissionem. div. nom. 1,15 p. 8,19 secundum -em (intentionem *var. l.*) virtutis circa idem intelligibile per modum quantitatis continuae non est *intellectus* infinitus. *persaepe.* ε *medic.:* Tract. de aegr. cur. p. 166,2 si simul -o, calor et pulsus est et dolor *(sc. aurium)*, scias inflammationem factam esse ex ventositate sanguinis calefacti. p. 265,41 si materia *(sc. apostematis)* . . . contendat ad saniem, quod cognoscitur per sinthoma et febrilis caliditas *(sic)* -em. *al.* c *abundantia, redundatio – Übermaß:* Tract. de aegr. cur. p. 252,37 si . . . fuerit *vomitus* ex calore, quod cognoscitur -e urine et salsedine sputi. *ibid. al.* 3 *voluntas – Willenskraft:* Visio Godesc. A 22,6 -e conatus . . . laxata.

***intensivus,** -a, -um. 1 *ad intensionem pertinens – die Größe, Stärke, ‘Intensität’ betreffend:* Albert. M. Iob 13,23 quanta dicitur iniquitas quantitate -a ex circumstantiis aggravata. summ. theol. I 20,80,2,4,2 p. 887^{b},38 punit *(sc. Deus)* eos *(sc. parvulos non baptizatos)* carentia visionis Dei nihil relaxans de ea, nec quantum ad quantitatem -am, nec quantum ad durationem, quia in aeternum punit. 2 *vehemens, gravis – heftig, intensiv:* Albert. M. caus. element. 2,2,1 p. 95,10 ignis non recipit corruptionem aliquam, eo quod caliditate -a omnem in se consumit corruptionem.

adv. ***intensive.** 1 *modo, respectu intensionis – nach Art und Weise, hinsichtlich der Stärke:* Albert. M. div. nom. 1,26 p. 13,25 si aliqua lux esset simplex in modum puncti, quae excederet lucem solis sine proportione -e, et oculus esset proportionatus ad accipiendam lucem illam, attingeret quidem substantiam lucis secundum totum, non tamen clauderet in seipsam secundum totam intensionem lucis. princ. 8,1 p. 72,18 si -e diceretur equus maior lapide, oporteret, quod *eqs.* Matth. 8,10 p. 282,79 fides dicitur magna dupliciter, -e scilicet et facilitate credendi. animal. quaest. 5,4 p. 155,82 -e maior est delectatio *(sc. in coitu)* in viris quam in mulieribus, extensive tamen forte est maior in muliere quam in viro. *ibid. al.* 2 *vehementer, graviter – heftig, intensiv:* Albert. M. animal. quaest. 4,10 p. 145,37 cum aliquis -e imaginatur, non percipit ea, quae sensui offeruntur. 3 *respectu incrementi – hinsichtlich der Steigerung:* a *gener.:* Hier. Mor. mus. 24,76 qui *(gradus tonorum)* . . . sicut pulcrum et turpe gradus conparacionis recipiunt, -e scilicet et remissive. b *mus. i. q. tonis ascendendo – (in der Tonhöhe) aufsteigend:* Hier. Mor. mus. 24,93 est . . . pulcher tonorum gradus uniuscuiusque toni sive mixti sive comunis, qui . . . ex semitonio, tono, semiditono et ditono indifferenter contexitur, ex diatesseron raro remissive, rarius -e, sed indifferenter post unamquamque pausam resumitur. *ibid. iterum.*

intensus *v.* intendo.

intentatio (-cio), -onis *f.* 1 *actio vel actus (com)minandi – Drohung, das (An)Drohen:* Ioh. Neap. Ian. 7 p. 875^{E} cum nulla fatigatione itineris, nulla terroris -e retraherentur *sancti*, quin vicariam sibi non exhiberent affectionem, accidit . . ., ut *eqs.* Flod. hist. 3,27 p. 351,3 repetens *praesul* maledictionis -cionem (intentionem *M*), quam domnus . . . Gregorius contra presumptorem . . . monasterii iaculatus sit. Chart. Rhen. inf. I 409 ne . . . quisquam huic . . . traditioni . . . contraire presumat, omnimodis prohibemus et sub anathematis -e interdicimus *(sc. episcopus; inde* 493). 2 *incursio – Angriff:* Const. imp. III 75 p. 63,17 cum nequivisset *rex Bohemorum* in publico nostris celebribus obviare progressibus tamque proficuis et festivis sollempniis -e nepharia contraire. 3 *petitio, postulatio – Forderung, Anspruch:* Chart. Livon. A I 108 p. 144,9 (epist. papae a. 1231) licet praefatus cardinalis . . . -em Bremensis ecclesiae . . . satis invenerit esse fundatam *eqs.*

intentatus *v.* intemptatus. **intente** *v.* intendo.

intentio (-cio), -onis *f.* *script.* -empt-: *l. 58. p. 2132,57.* *struct.:* *c. gen. inhaerentiae e. g.: l.34.35.* *c. gen. explicativo: p.2131,12.* *pendet* de: *l.48.* *confunditur c.:* contentio: *p. 2132,57.* *adde* Dipl. Karoli M. 180 p. 243,20. 196 p. 264,19. em(p)tio: *p.2132,69.* intensio: *p.2128,49.59.* inventio: Einh. Karol. 33 p. 38,13 *(var. l.).* institutio: *p.2131,21.* temptatio: *p.2132,69.* *al.*

I *proprie i. q. actio vel actus intendendi – das (An)Spannen, ‘Spannung’:* Aurel. Reom. mus. 5,2 ad omnem sonum, qui materies cantilenarum est, triformem constat esse naturam; . . . tertia *(sc. est)* rithmica, que cordarum amministratur -e *(cf. Isid. orig. 3,19,1* quae pulsu digitorum numeros recipit). *ibid. iterum.* Remig. Altiss. mus. 501,11 in chorda fit actus in -e et remissione. Albert. M. animal. 1,158 si . . . tristes occuli et sicci sunt et accedat ad hoc frontis asperitas et aciei -o, . . . designant nocentem.

II *translate:* A *strictius:* 1 *studium – Anstrengung, Bemühung (um), das Trachten:* a *in univ.:* Ionas Bob. Columb. 1,20 p. 194,22 aucto furore miserae -is. Liber diurn. 46 p. 36,17 tota m e n t i s -e persiste, quatenus *eqs.* (Dipl. Otton. II. 250^{a} p. 284,8 si pura m. -cione ecclesiarum curam sublevare . . . studuerimus. Thietm. chron. 4,10 quomodo haec *[ecclesia]* renovaretur, sedula m. -e volvebat. *al.*). Willib. Bonif. 3 p. 12,11 in tantum . . . scripturarum exarsit desiderio, ut omni se -e (desiderio *in ras. 2c*) earum imitatione . . . coniungeret. Gerh. August. Udalr. 1,26 l. 117 sensus et animus et voluntas occupari non potuerunt, nisi piis insisterent -bus. *persaepe.* *spectat ad diabolum:* Rimb. Anscar. 1 p. 19,20 diabolus . . . adversa quaeque obicit, ut ea, quae sancta sunt, . . . pravis -bus auferat. b *cura, diligentia, devotio – Sorge, Hingabe:* α *in univ.:* Hraban. epist. 24 p. 430,22 semper vos *(sc. episcopum)* cordis -e amare studui. 39 p. 476,19 quantum vos *(sc. imperatorem)* animi mei -o diligat, Deus testis est. Idung. Pruf. dial. 1,722 tota cordis tui -o hoc intendit, ut *eqs.* Chart. archiep. Magd. 406 p. 535,14 future securitati ecclesiarum . . . desiderium et -em applicantes *(sc. archiepiscopus) eqs. al.* *ardor – Inbrunst:* Gerh. August. Udalr. 1,27 l. 172 omnes . . . ammonuit, ut pro illa sancta anima intima ⌞-e cordis⌟ (c. -e, intericione *var. l.*) devote exorarent. β *meton. in formulis modestiae:* Conc. Karol. A 50^{D},93 p. 679,36 credimus, quod ad perfectionis statum vestra -o nostraque devotio . . . pervenire poterit. Dipl. Otton. III. 407 omnium fidelium Christi et nostri imperii sollers sciat -o, quod *eqs.* Dipl. Constantiae 5 p. 19,24 quociens . . . ad ecclesiarum cultus -is nostre aciem vertimus *eqs.* *(inde* 10 p. 33,32). c *attentio – Aufmerksamkeit:* α *in univ.:* Hincm. divort. 6 p. 146,18 -o . . . feminae fuit de alio eiusdem nominis fratre *(inde* capit. p. 101,9. 8 p. 163,2). β *spectat ad animalia:* Frid. II. Imp. art. ven. 3 p. 31,31 cum perdiderit *falco* -em, quam habebat ad loyrum, per quam -em, quamvis voluntatem haberet capiendi alium *(sc. falconem) eqs.* p. 32,14 quando -em suam et intuitum suum fixerit *falco* in loyrum. *ibid. al.* 2 *habitus – Haltung, Einstellung, Gesinnung:* a *in univ.:* Amalar. ord. antiph. 3,4 ammonemur, ut nostra -o tendat ad perfectionem bonorum operum. Einh. Karol. 25 -e sagaci siderum cursum . . . rimabatur. Hraban. epist. 8 p. 349,9 obnixe deprecor, ut opus . . . pia -e (-mptione *var. l.*) relegas *(sc. Frechulfus).* Pontif. Rom.-Germ. 99,54 indicat ei *(paenitenti)* sacerdos abstinentiam . . . perpendens subtiliter personae qualitatem, modum culpae, -em animi *eqs.* Ruotg. Brun. 4 p. 5,15 sicut est . . . fide -eque catholicus. Alex. Min. apoc. 21 p. 396,17 Alexius imperator . . . -e (-o *var. l.*) terrena et corrupta maculavit postmodum sua facta. *saepius.* b *inclinatio – Neigung:* Frid. II. Imp. art. ven. 2 p. 163,30 si in domo fuerit *falconarius*, non obliviscatur avis sue habendo -em ad gulositatem. c *opinio, persuasio – Meinung, Ansicht, Überzeugung:* Albert. M. veget. 1,88 Aristoteles . . . in libro de animalibus suam . . . explanat -em dicens *eqs.* animal. 3,10 est summa -is eorum *(Graecorum)*, quod venae oriuntur ex stomacho *eqs.* animal. quaest. 3,3 p. 125,34 istud tamen est contra -em philosophi. 7,9-11 p. 176,73 secundum -em medicorum.

[Fiedler]

doctrina – Lehre: Conr. Mur. summ. p. 100,17 circa quas *(congruitates)* sex Oratius -em fundat in sua Poetria. **d** *respectus – Bezug, Belang:* Albert. M. metaph. 5,1,1 p. 208,53 quarto ... modo dicitur principium sub -e causae efficientis id, ‘unde’ ... res ‘fit ... primum’. **3** *amplificatio, augmentum – Steigerung, Zunahme:* Frid. II. Imp. art. ven. 2 p. 131,26 si fuerit *falco* de falvis, viriditas *(sc. pedum)* tendet plus ad albedinem, et in hoc quidam plus, quidam minus, secundum -em et remissionem coloris plumagii. *v. et p.2122,57.2129,11.*

III *meton.:* **A** *finis, consilium, propositum – Ziel, Absicht, Vorhaben:* **1** *gener.:* **a** *in univ.:* Pontif. Rom.-Germ. 35,39 per ... -em ... pie intercessionis. Berth. chron. B a. 1075 p. 221,9 artificiosa. Epist. Hild. 134,58 p. 229,7 malo actionem malam pro -cione bona quam bonam de mala. Frid. II. Imp. art. ven. 2 p. 161,23 quam -em debet *falconarius* habere ad mansuefaciendum ... falcones. Brunus Long. chirurg. praef. p. 105^{B} -o chirurgorum est operari circa tria, scilicet *eqs.* Chart. Hall. 353 p. 324,27 accepta -cione ... de Hallo burgensium regulata ... ordinamus *(sc. archiepiscopus)*, quod *eqs. persaepe. v. et l.37. fort. huc spectat:* Pontif. Rom.-Germ. 24,8 Deus, qui ... per apostolicam -em (institutionem C) sanctarum ... feminarum sexum ... adolescentulas ac iuniores instrui cum sancti chrismatis visitatione iussisti. Const. imp. III 232 cum ... possessiones ... ecclesie ... reperiantur ... adeo desolate, quod ... prefatus t<alis> *(i. praepositus)* in collecci one steure ... consequi ad plenum suam non poterit -cionem. **b** *per prosop. vel enallagen:* Pass. Petri et Pauli 235 exquisita Nero poenarum monstra recurrit, quo genere hos sanctos perderet ipse viros; ... itque reditque frequens -o dira virorum: quod statuit Christus, tortor iniquus agit. Pontif. Rom.-Germ. 247,22 tu *(sc. Deus)* clemens in hoc tuo iudicio ad invocationem sancti tui nominis, quod a te -o fidelium implorat, tua iustissima examinatione declara. **c** *per alleg.:* Amalar. off. 3,26,15 sudarium est ipsa -o, qua festinat omnes venientes motus temptationum pristinarum tergere, ante quam oculos sautiant. *saepe.* Pontif. Rom.-Germ. 83,1 rationale ... palmi mensuram habet, cum fortem -em tenetis *(sc. fratres)* in opere bono; nam sicut per manum operatio, ita per palmum perseverans -o boni operis designatur. **2** *publ., iur., canon.:* Leg. Wisig. 2,1,17 faciende pacis -e. Chart. Rhen. inf. I 8 si quis ... contra hanc traditionem venire temptaverit aut eam fixa et proposita -e infringere decreverit. Conc. Karol. A 56^{A},24 p. 710,28 si quispiam ... eius *(imperatoris)* contrariis malivola -e ... se copulaverit. Hincm. divort. praef. p. 109,6 si ... -o tenebrosa fuerit. Dipl. Otton. I. 195 p. 276,20 dedimus ... ad ecclesiam ... fiscalem ... terram ... ea ... -e et constitutione, ut *eqs. (sim.* Trad. Frising. 1487^{l}. Dipl. Conr. III. 282 p. 488,12 [spur.] Fuldense monasterium ... regię protectionis munimine solidamus ea -is interminatione, ut *eqs. al.). persaepe.* **3** *philos. et theol. (def.:* Albert. M. sent. 2,38^{F} -o ... interdum pro voluntate, interdum pro fine voluntatis accipitur. 2,38,5 p. 615^{b},8 -o est voluntas tendens in finem vel ... tentio voluntatis in finem): **a** *spectat ad homines:* Albert. M. bon. 66 p. 41,2 -o facit quantitatem operis in bono et in malo. p. 41,30sq. circumstantiam modi dividit Tullius in tria, scilicet in -em, prudentiam, imprudentiam; et -o videtur idem esse cum hac circumstantia ‘cur’. sacram. 56 p. 40,40 quaeritur de baptismo ..., utrum ultra potestatem exigitur -o et fides ecclesiae. *persaepe.* **b** *spectat ad res:* Herm. Carinth. essent. 2 p. 154,28 est ... causa primordialis et efficiens ..., que ipsa vi propria movet et explicat; secundaria vero per quam aliquid administratur; ... ultima est finis omnis -is. Albert. M. incarn. 47 p. 221,93 forma intelligibilis ... quodammodo est una et quodammodo non est una ...; secundum actum ... est una, secundum esse non una; ... et dicitur actus ibi forma ipsa, secundum quod una est in -e sui et in esse, quod habet in materia. *persaepe.* **4** *gramm. et rhet.:* Conr. Hirs. dial. 217 in libris explanandis VII antiqui requirebant: auctorem, titulum operis, carminis qualitatem, scribentis -em *eqs. (sim.* 219. Collect. Teg. 15 p. 492,4). 226 -o est, quid auctor intendat, quid, quantum, de quo scribere proponat. Otto Frising. gest. 1 prol. p. 9,20 omnium, qui ante nos res gestas scripserunt, haec ... fuit -o ... clara facinora ... extollere *eqs.* Epist. Hild. 17 scriptoris. Frid. II. Imp. art. ven. prol. p. 2,19 -o ... nostra est manifestare in hoc libro de venatione avium ea, quae *eqs. al.* **5** *medic.:* Brunus Long. chirurg. 1,1 p. 105^{H} unicam habet *solutio continuitatis simplex* -em curationis, scilicet iunctionem partium solutionis. 1,4 p. 107^{A} quorum *(vulnerum ventris)* ... curatio ... quadruplici eget -e: prima -o est, ut *eqs. ibid. persaepe.* **B** *imaginatio, conceptio, ratio – Vorstellung, Begriff, Eindruck (von; de re v. A. Schneider, Die Psychologie Alberts d. Gr. 1903/06. p. 161; usu philos. et theol.):* **1** *spectat ad homines:* Albert. M. bon. 21 p. 11,80sq. si ... consideretur -o boni et -o entis, in unoquoque ens erit creatum primum et causa primaria, et bonum erit per informationem in ente et secundum; -o enim entis est -o simplicissimi, quod non est resolvere ad aliquid, quod sit ante ipsum secundum rationem. 38 p. 20,44 secundum ... -es nominum ens est prius ad verum. 473 p. 247,65 memoria ... sensibilis animae non tantum conservat imagines, sed etiam -es acceptas ex imaginibus illis *(sim.* 480 p. 251,35). *persaepe. v. et p.2133,40.* **2** *spectat ad res:* Albert. M. veget. 3,2 nomen fructus plus convenit artis -i quam naturae. metaph. 1,1,1 p. 3,9 scientiae logicae non considerant ens ..., sed potius -es secundas circa res per sermonem positas. 3,2,6 p. 121,4sq. differentia ... est -o formae purae, et genus est -o materiae propriae, et species est -o compositi. animal. quaest. 1,8 p. 85,40 aestimativa est receptiva -um, quas sensus non recipit. 10,5 p. 217,49 deficiente ... spermate virili natura frustratur ... ab -e prima, et tunc intendit hoc facere, quod *eqs. persaepe.* **3** *spectat ad animalia:* Albert. M. animal. quaest. 8,39 p. 201,16 per aestimationem potest fieri discretio inter -es individuales, sicut avis discernit inter granum et lapidem et ovis inter lupum et agnum vel hominem. **C** *mens, usus, officium, destinatio – Sinn, Bedeutung, Bestimmung:* **1** *in univ.* Albert. veget. 2,91 finalis ... -o foliorum est ad fructuum cooperimentum. mot. proc. 2,11 p. 71,75 in hoc ... omnes istae *(potestates)* conveniunt, quod accipiunt formam, non prout est actus materiae, sed prout est totius rei -o. *saepe.* **2** *natura, effectus – Eigenschaft, Wirkungsweise:* Albert. M. veget. 6,101 aqua cineris eius *(ficus)* datur in potu ad coagulationem lactis in ventre, et in hac -e est propinqua aquae cineris quercus. Geber. summ. 30 p. 337 attulimus ... in generali capitulo summam de -bus metalli. **D** *similitudo, imago – Ähnlichkeit, Abbild:* Albert. M. incarn. 47 p. 221,57 potentia patiendi in anima non est ad receptionem formarum secundum esse et naturam formarum, sed secundum receptionem -is abstractae ab illis formis. animal. 8,233 tertium ..., quod praesuppositum est, <est> ... optima compositio ... formarum, a qua ipsae -es eliciuntur. *ibid. al.* **E** *signum distinctivum, indicium – Anzeichen, Hinweis:* Gloss. Roger. I A 3,1 p. 659,24sq. dicit Serapio, quod -o manie est terrefactio, et -o melancholie est profundatio.

IV *per contaminationem c. contentio (fere usu publ., iur., canon.):* **A** *lis – (Rechts-)Streit, Streitigkeit:* **1** *in univ.:* Conc. Merov. p. 90,2 si inter episcopos de rebus terrenis ... nascatur -o *(sim.* Leg. Lang. p. 85,1 si ... inter creditorem et debiturem ... surrexerit -o *eqs.* Greg. Cat. chron. I p. 253,31. *persaepe).* Agnell. lib. pont. 60 p. 226 l. 55 quia pastor advigilantia continere debet -mptiones (contentiones *var. l.*). Dipl. Heinr. II. 308 diffinire homnes lites et -es per pugnam et legale iuditium. Cod. Wang. Trident. 73 p. 679,21 ut non liceat ei *(Palmerae)* ... -cionem aliquam commovere contra ... episcopum *(sim.* Chart. Tirol. 531 p. 8,26). *persaepe.* **2** *de schismate:* Chron. Tiburt. a. 1242 (MGScript. XXXI. p. 238,34) Ursinus ..., qui cum eodem *(Damaso)* sub -e (incensione *var. l.*) ordinatus est, ... ab Urbe eiectus est *(sim.* p. 239,37. *ibid. al.).* **B** *actio, accusatio, causa – (An-)Klage(-schrift), Prozess:* **1** *in univ.:* Leg. Burgund. const. II 20 dum collegentes alumnos sibi eripi calumniantum -cionem formidant. Leg. Wisig. 10,2$^{tit.}$ de quinquagenarii ... temporis -e (emtione, temptatione, intemtione *var. l.*). Form. extrav. I 7 ego iudex has admonitorias tibi delego, quatenus ... -em ... actoris suscipias *eqs.* Dipl. Otton. II. 261 p. 302,35 ne qua in posterum definite litis oriretur -o *eqs. persaepe.* **2** *provocatio*

[Fiedler]

– *Berufung:* Leg. Lang. p. 214,14 si quis Langobardus habet comparatas terras in Liburia et cartulas emptionis ... ostenderit et pars Neapolitanorum -em ... miserit *eqs.* **3** *impugnatio – Anfechtung:* Dipl. Otton. I. 118 p. 201,18 ut nemo fidelium nostrorum de decimis ... congregationi aliquid contendere ... presumat nec ullam ... -em eis inferre temptet. **C** *postulatum, vindiciae – Anspruch:* Chart. civ. Erf. 126 (a. 1241) prefato H. respondente litem contestando capitulum iam dictum ad probandam suam -em se astrinxit (*ibid. iterum; sim.* 128 Gertrudis ... probavit suam -em ius hereditarium dicte domus obtinendo). Chart. episc. Halb. 999 l. 103 Ludolfus episcopus asserens -em suam super suo libello sufficienter esse fundatam, petiit *eqs.* **D** *perturbatio, commotio – Aufregung:* Agnell. lib. pont. 44 p. 203 l. 487 -o magna valde in populo accrevit. **E** *seditio – Aufruhr:* Chron. Ven. Alt. p. 126,6 Gradensis patriarchatus per integrum annum propter -em Veneticorum viduatus permansit.

[**2. intentio** *v.* inventio.]

***intentionalis**, -e. *ad effigiem, imaginationem spectans, velut speculo redditus, sola mente conceptus – abbildlich, abgespiegelt, nur im Geiste existierend, 'intentional' (t. t. log. et philos.; de re v. op. cit. p.2132,9):* **1** *spectat ad esse q. d.:* Albert. M. anim. 2,3,6 p. 105,86 esse ... -e et spirituale non una ratione est in sensibilibus. 2,4,4 p. 152,60 odor ... esse -e habet in remoto, et in propinquo aliquid habet de esse materiali. princ. 1,2 p. 5,49 in quantum est *natura universalis* universale, non habet esse nisi -e sive ... notionale. sens. 1,5 p. 28,40 Aristoteles ... opiniones destruit dicens visibile secundum esse ... -e primum effici in medio et postea in oculo. euch. 6,2,1,17 p. 385^b,12 si ... intelligeret Avicenna, quod intellectus accidentis secundum esse materiale, quod est in subiecto, esset absolutus, ipse falsum diceret ..., sed esse suum -e et sensibile est absolutum a subiecto. *persaepe.* **2** *spectat ad speciem q. d.:* Albert. M. unit. intellect. 3,2 p. 29,25 receptionem ... loci dico, quia ipse est, in quo esse habent species -es. summ. theol. II 4,14,3,1 p. 174^a,12 in possibili ... intellectu non est *forma cognoscibilis* nisi secundum speciem -em, et ideo illi non dat esse, sed cognitionem tantum. *al.* **3** *spectat ad medium q. d.:* Albert. M. summ. theol. I 3,13,4 p. 47,1 si dicatur sine medio -i, quod res visa non sit, sed intentio vel similitudo, tunc *eqs.*

adv. ***intentionaliter.** *sola intentione, conceptione in mente, imaginarie – (nur) im Geiste, abbildlich:* Albert. M. anim. 2,4,3 p. 151,49 'quaecumque' ... 'sentimus per media et non ipsi tangentes', illa tangimus -r per sensum. summ. theol. I 3,13,4 p. 47,54 facie ad faciem non videt nisi nudus intellectus nudam essentiam divinam, hoc est sine medio differente vel reflectente vel -r significante et sine medio coadiuvante visibile et sine medio prohibente, sed non sine medio coadiuvante videntem.

***intentiono** (-enci-), -atum, -are. **1** *litem agere – einen Prozess führen:* Dipl. Heinr. III. 339 p. 463,26 tercia porcio ... castelli ... propria est ... ecclesie ... et mihi (*sc. Gandulfo*) ... nichil pertinet ..., pro eo quod ... nullam ... firmitatem vel racionem habeo, per quas -cionare aut contendere possem. *ibid. iterum.* Chart. Ital. Ficker 74 p. 101,18 quatenus ... neque ego (*Sigizo*) ... neque meis (*sic*) heredes contra ... ecclesiam ... agere, causare, tollere, contendere vel minuare sive per placito fatigare aut -are presumserimus. **2** *imagine, conceptione exornare – mit einer Vorstellung versehen (usu philos.):* Albert. M. unit. intellect. 3,2 p. 29,31 lumen -tum intentione coloris est esse visibile. *ibid. iterum.*

intentiosus (-enci-), -a, -um. **1** *intentus, acer, studiosus, strenuus, sollicitus – eifrig (bedacht [auf]), aufmerksam (beschäftigt [mit]), besorgt (um):* Pirmin. scar. 27 p. 108,9 qui fuit in verbis otiosis et malis operibus -us (-ciosus, intentionis, intentus *var. l.*), sit eloqueis bonis et sanctis operibus intentus. Rahew. flosc. 1,56,4 si loquar prolixius, ero tediosus et dicar superfluus ac nimis verbosus; auditor hoc expetit nunc deliciosus, ut sim et breviloquus et -us. **2** *litigiosus – streitsüchtig:* Otto Frising. chron. 8,23 p. 429,1 si quis ... contentiosus (-us *A*) adeo est, ut *eqs.*

adv. **intentiose** (-enci-). *acriter, studiose – angelegentlich, nachdrücklich:* Vita Arnulfi 16 coepit -ciosissime (-issime, intentissime *var. l.*) a principe flagitare, ut *eqs.*

***intentivus**, -a, -um. *sollers, attentus – sorgfältig, aufmerksam:* Chart. Mekl. 612 (a. 1248) in plerisque gestis oritur oblivio nociva, que non recolit litteralis descriptio -a.

1. intento (-empt-), -avi, -atum, -are. **1** *praevalente notione directionis i. q. opponere, obicere – entgegensetzen, -strecken, -halten:* **a** *strictius:* **α** *in univ.:* Berth. chron. B a. 1075 p. 233,2 nec metuens (*sc. rex*) ... severitatis illius (*apostolici*) comminatorium gladium, quem ipsi ..., si in errore ... perduraret, ... -verat *apostolicus.* **β** *dirigere (versus, contra) – richten, zielen (auf, gegen):* Thangm. Bernw. 7 p. 761,7 furorem ... sui impetus pene Hildenesheim usque -bant *barbari.* p. 761,17 quocumque suae fraudis insidias -rent *barbari.* **b** *latius:* **α** *(com)minari, minas obicere – (an-, be)drohen, drohend richten (gegen; usu mediopass. i. q. imminere – drohend bevorstehen, 'dräuen'; abund.: l.30):* Hincm. epist. 37^b p. 16,23 sollicite attendatis (*sc. dulcissimi filii*) ..., quae -ando et quae resistendo ... vir catholicus dicit. Pass. Quir. Teg. 12,39 (vs.) omnia mortem -ant (intendant *var. l.*) misero terroribus undique imis (*sim.* Vita Heinr. IV. p. 41,11. *al.*). Berth. chron. B a. 1078 p. 326,9 id ipsum (*anathema*) ... canonicis Augustensibus et populo -vit *archiepiscopus*, si *eqs.* Helm. chron. 91 p. 178,22 cesar vehementer irritatus secessit a curia -ans Francigenis bellum. Albert. M. eth. I 141 p. 124,57 quae (*mala*) -mptat (attemptat *var. l.*) *tyrannus* contra rem publicam. *al.* *in imag.:* Petr. Dam. epist. 24 p. 227,16 cauterium postremo adustionis impressi, dum nitori vestium ignes tartareos minitans -vi (intricavi *var. l.*). **β** *c. notione respondendi i. q. indicare, referre – hinweisen (auf), andeuten:* Vita Willeh. 10 p. 846^A -ans *Egisrik* ... plebis commissae destitucionem admodum periculosam ... inquiens *eqs.* Walth. Spir. Christoph. II 6,163 cum ... sibi geminam proponeret alea sortem arbitrio cęcata suo, hęc quid senio dexter afferat -ans, damnosa canicula quantum raderet, hęc tabulę retulit responsa magistro: *'eqs.'* *reddere – entgegnen, erwidern:* Wolfher. Godeh. I praef. p. 168,43 cum ... me ... ad tanti laboris sarcinam sufferendam ... incongruum ... excusaverim ..., ipse (*abbas*) ..., ut eius voluntati, quae iusta esset, acquiescerem, mandabat ... illum ... -ans sepe versiculum, quia, qui potestati resistit, Dei ordinationi resistit. **2** *praevalente notione actionis i. q. temptare, moliri – versuchen, angehen, betreiben, ins Werk setzen:* **a** *gener.:* **α** *in univ.:* Thangm. Bernw. 27 p. 771,5 agenda quaeque commemorabat, ... mores omnium aequitatis lance pensare, ... ante omnia, ne quid nimium pertinaciter -et *imperator.* Const. imp. I 164,1 (epist. papae) facinus ... tempore nostro commissum, in Teutonicis partibus ... aliquando -mptatum. **β** *studere, intendere – trachten, beabsichtigen:* Amalar. ord. antiph. 1,14 ad quam patriam ... nos -et exhortari chorus sanctorum praedicatorum ..., numerus lectionum ..., qui celebratur in dominica nocte, evidenter manifestat. Dipl. Otton. II. 24 p. 33,40 cum totius studio religionis ... ad Dei culturam augmentandam nostrae serenitatis excellentiam semper -are aequum ... fore sciamus *eqs.* Otto Frising. chron. 5,35 p. 259,8 dum Lotharius reversus ab Italia regnare -at (parat *var. l.*). Acta imp. Winkelm. I 155 p. 131,10 quatinus ... honorem et alia ad comitatum ... spectantia ab omnibus tam forensibus quam vicinis, qui predictum honorem ... -mptarent ... ecclesie molestare, debeatis (*sc. cives*) defendere. **b** *publ., iur., canon.:* Innoc. III. registr. 1,283 p. 393,5 cum ... a tempore ... litis mote triennium sit elapsum, querela falsi non poterat ulterius -mptari. Chart. Rhen. med. III 262 terminatis omnibus questionibus, quas coheredes sui adversus dictum G. super ... domo, vinea et orto olim -mptaverant. Chart. Lips. III 1 ne ... aliquis successorum ... monialibus ... actionem ... valeat -are (*sim.* Chart. select. Keutgen 165,5 [dipl. Frid. II.]. Chart. Worm. 390). Const. Melf. 2,11 post crimen adulterii -tum (-mptatum *var. l.*). *al.*

subst. **intentatum**, -i *n.* *crimen, accusatio – Vorwurf, Anschuldigung:* Const. Melf. 1,21 p. 175,16 non leve periculum

[Fiedler]

accusantibus imminet, qui communibus probationibus vix aut nunquam probare poterunt -ta (-mptata *var. l.*), cum *eqs.* 2,14^{a} ut ... accusantes ... eadem pena condempnent *iudices*, quam accusatis imponi, si -ta (intenta *var. l.*) probassent, obiecti criminis qualitas requirebat (*item* 2,14^{b} p. 316,23).

2. intento *v.* intendo. **3. intento** *(adv.) v.* intendo.

intentor, -oris *m.* 1 *instigator – Anstifter, Förderer:* THEGAN. Ludow. 55 Matfridus, qui erat maximus incentor (-r *var. l.*) omnium ... malorum *(spectat ad Vulg. 2 Macch. 4,1).* TRANSL. Libor. II 21 Ercanradus ... episcopus, inspector sagacitatis ac -r exercitationis, amator caritatis operatorque felicitatis. *de diabolo:* CONR. MEND. Attal. p. 116,37 sathana auctore, totius mali seminarii patre, magistro et -e. 2 *temptator – Versucher (de diabolo): v. p. 2075,24.*

1. intentus, -us *m.* 1 *contentio, studium – Anstrengung, Bemühung, Bestreben:* IONAS BOB. Columb. 1,19 p. 188,17 cernens ... regios animos adversum se permotus ad eos properat, ut suis monitis misere pertinaciae -u (-um, in tantum, intentionem *var. l.*) frangat. 2,1 p. 231,25 qui *(subditi eius)* temeritatis hac arrogantiae inibi positi mox -u (in tantum, obtectu, obtecti, in obtentu, interitu, divinitus *var. l.*) damna sensere. 2,22 p. 278,4 bonae vitae -um (intentam hanc, intentam ac *var. l.*) ... aggressus *(sc. puella).* p. 279,22 omni -u (intentione *var. l.*) facinorum suorum coniecturam per confessionem pandit *puella.* 2,23 p. 282,9 omnes, quos potuit, suo -ui iungit *abbas.* 2 *attentio – Aufmerksamkeit:* HERACLIUS II 58 si vis bene scire naturas colorum ..., diligenter ... -um appone. 3 *intentio, propositum – Absicht, Ziel, Zweck:* GEBER. summ. 9 p. 271 alias nature causarum differentias agentium ignoras, sine quibus non posset natura -um perficere. 52 p. 456 principiorum ... huius magisterii discussione tradita necesse est ex promissione nostra -um huius nostre artis complete prosequi. *ibid. al.*

2. intentus *v.* intendo. *Fiedler*

intepeo, -ere. *tepere, satiari – lau, überdrüssig sein:* HUMB. Sim. 3,5 p. 204,21 o utinam ab hoc *(sc. defensionis)* suo officio sic frigerent *(sc. reges saeculi)* aut -rent, ut ad alienum praeripiendum non incalerent aut aestuarent.

intepesco, -ui, -ere. 1 *tepescere, (se) remittere – lau werden, abnehmen, nachlassen:* AURELIUS 1 p. 490,10 cum -it calor, et paulatim ... tactus blandior corporis redditur. RADOLF. epist. 5 quoniam hunc *(sc. litterarum et philosophiae)* dilectionis modum nobis prescripsimus, ne eam -ere sinatis *(sc. Ragimboldus).* CONR. EBERB. exord. 4,24 p. 252,21 ne forte ... fervor ordinis -at et pereat temporibus nostris. *al.* 2 *languescere – schwach, müde werden, ermatten:* HEIRIC. Germ. I 3,398 sensit rabies invisa procellae -uisse virum.

inter *adv. et praep.* ***hic non tractatur.***

***interadfinis,** -is *m.* (inter *et* affinis) *finis – Begrenzung:* DIPL. Karoli III. 80 p. 131,11 (spur. s. X.) cum omnibus ... rebus ... ad eandem *(sc. Mauriaticam)* curtem vel basilicam pertinentibus cum suis usibus et certis -bus.

***interalluo,** -ere. *interfluere – fließen (zwischen):* CHART. episc. Hild. I 40 p. 30,16 (s. X.) isti sunt termini: ... usque in illum rivum, qui -it Edinggahusun et Erdisteshusun.

interamen, -inis *n.* *interiora, medulla – das Innere, Mark:* ANTIDOT. Glasg. p. 130,7 catapucias catarticas atanasii: aloe II, ... coloquintide -is I, absenti sucum I *eqs.*

***interamnis,** -e. *script.:* -ann(is): *l. 72.* -amm(is): *l. 65.* *form. indecl.:* -is: *l. 64.* -es: *l. 68.*

interamnus – zwischen zwei Flüssen gelegen: 1 *in univ.:* SERMO de Marso 6 ad -em locum in territorio ... civitatis positum ... profectus *Peregrinus.* 2 *pro nomine loci (usu subst.):* URSIN. Leod. 42 (MGMer. V p. 351,10) pontifex ... velocem ministrum direxit, ⸤quae ex I-is⸥ (qui ex tramnis *B 1,* qui extra *[seq. lacuna c. 5 litterarum B 1^{a},* qui ex I-mmis *m.^{2}B 3^{b},* quia inter *B 3^{a}; 'Antran', v. notam ed.*) villam suam daret habundantiam vini. GREG. CAT. chron. II p. 7,20 confirmamus *(sc. Otto)* ... monasterio ... curtem Sanctę Marię I-es *('Teramo').* CHART. Walkenr. 73 p. 123,30 acta sunt hec apud I-em *('Terni')* in partibus Spoletinis *(sim.* 74 p. 125,19*). saepius. pro nomine monasterii:* HINCM. annal. a. 863 p. 96,16 Karolus rex ... usque ad monasterium, quod I-is (-annis *var. l.; 'Entrammes'*) dicitur, procedit. *al.*

interaneus (intra-, -nius), -a, -um. *script.:* it-: *l. 13. 23.* -erra-: *l. 15.* *form. plur.:* *gen.:* -rem *(per casus attractionem): l. 17.* *abl.* -remis *(ni leg.* intestinis*): l. 32.* *decl. I.: l. 15.* *adde* ANTIDOT. Bamb. 44.

I *adi. i. q. ad intestina, ventrem pertinens – Eingeweide-, Bauch-:* ANTIDOT. Augiens. p. 46,9 qui *(sc. antidotum)* facit ... ad omnes -os d o l o r e s (ANTIDOT. Glasg. p. 110,43 ad ... -o dolorem. MIRAC. Hucberti 2,11 p. 825^{B} -us [intr-us *var. l.*] dolor).

II *subst. neutr. plur.:* A *viscera, intestina – innere Organe, Eingeweide:* 1 *in univ.:* a *spectat ad corpus hominum:* PS. GALEN. puls. 111 si sanitas omnium -orum (it-orum, intestinorum *var. l.*) fuerit. LEX Sal. Merov. 17,6 ut usque ad intrania (-a, intr-, -rranea, intraniam *var. l.*) perveniat *vulnus.* AGOB. 11,76 si apertis intr-is (-is *var. l.*) iecur lesum apparuerit. BOTAN. Sangall. 9,3 ad intraniorum dolorum (61,4 ad intraniorem dolorem). PS. COPHO anat. 50 tunc debes omnia intr-a (intestina *var. l.*) extrahere *eqs. saepe.* b *spectat ad cibum ('Innereien'):* AESCULAPIUS 5 p. 10,6 accipiant *(sc. melancholici)* ... agrestes venationes, ungularum vel -orum ... et volatilium agrestium carnes. EPIST. Einh. 5 illa *(sc. bovis)* minutalia atque -a (it-nta *cod.*), que ad nostrum opus servari non possunt, volumus ut dentur ad ... familiam. 2 *?de utero, visceribus femineis:* FLOD. hist. 4,49 utero disrupto eius *(sc. uxoris adulterae)* humo labuntur -a. B *interiora (capitis) – das Innere (des Kopfes):* ARS med. 5 p. 422,21 designanda est -orum positio, quae sic exponitur: calvaria, ..., sub calvaria autem minis posita est, sub qua cerebrum est *eqs.* C *interiora (corporis), praecordia – das Innere (des Körpers), Brust(höhle):* MARCUS chron. (MGScript. XIV p. 54,49; s. XIII.) interfecerunt *Veneti* ipsum *(Belinzerium)* cor ipsius ab -remis *(v. notam ed.)* extrahentes. *cf.* intraneus.

***interarticulus,** -i *m.* *quod inter articulos pedis situm est – das zwischen den Fußgelenken Befindliche:* FRAGM. sacram. Arnon. add. p. 59,25 effuge *(sc. diabolus)* liquefactus ... de pedibus, de plantis, de calcaneis, de articulis, de -is, de unguibus omnibus.

*?****interasto,** -are. (inter *et* astare) *asto – dabei stehen:* FUND. Consecr. Petri p. 250,26 celebraverunt *(sc. Scoti)* missam parili concentu clericis exterius -antibus (*ni. leg.* inter astantibus) multis.

interbellatio *v.* interpellatio.

intercalaris, -e. *script.:* -rsc-: *l. 56. 57. 69. 71 sq.* -rka-: *l. 50.* -ll-: *l. 71.* -liter: *l. 72.*

interpositus, insertus – dazwischen gesetzt, eingeschoben: 1 *strictius de die ('Schalt-'; ellipt.: l. 50.):* BEDA temp. 5 Aegyptii ... XXX diebus suos menses putantes residuos quinque dies -es appellant *(sim.* temp. rat. 11,98). COMPUT. Borst. 7,2,4^{A} tene quinque -kalares (-es, regulares procalares *var. l.;* dies *add. Lv*) et sex semilunas. PS. BEDA mund. const. 1,311 in quarto *(sc. anno)* ... dies -is componitur. *al.* 2 *latius:* a *in univ.:* REMIG. ALTISS. mus. 486,10 in medio, ubi una syllaba pro integro accipitur pede, quoniam silentio suppletur, hic versus -is est. CAES. HEIST. mirac. I 11,12 p. 281,4 oportet me ordinem mutare propositum ita, ut -scalari modo loquar. hom. I p. 28^{a},40 haec -scalari modo dicta sint de iustificatione peccatricis animae. b *additus – zusätzlich:* EPIST. Hann. 78 quod *(praeteritum peccatum)* a me ipso *(sc. Meginhardo)* frequenti verecundia velut pęna -i multatur. EPIST. Meginh. 37 p. 236,9 quo *(solacio)* ille *(sc. vir beatissimus)* nobis -es benedictiones instituerat. *subst. neutr. i. q. missus intermedius – Zwischengang (de re v. E. v. Guttenberg, Urbare u. Wirtschaftsordnungen des Domstifts zu Bamberg. I. 1969. p. 80 sq.):* NECROL. III Apr. 23 p. 165 ut ... unicuique fratrum potus integer vini vel medonis et cuneus cum -i ... conferatur.

adv. ***intercalariter.** *interdum, hic illic – ab und zu, hier und da:* ACTA imp. Winkelm. I 693 p. 550,29 (a. 1243) nisi ... percurrat oratio per cola distincta et commata et -r (-scalariter *cod.*) floribus depicta rethoricis. REIN. ALEM. phagifac. 119 maior condire venustas assolet acceptas -scalariter (-scallariter, -scaliter *var. l.*) escas.

[Buckatz]

intercalatio, -onis *f.* *interpositio – 'Einschaltung':* BEDA temp. rat. 11,105 dissonantia ... non ante nostrae tempus -is ... potest cum nostri anni curriculo recipere concordiam. 46,58 non ... duo dies, qui ... minus sunt, duorum -e (adiectione *var. l.*) bissextorum ... supplentur.

intercalo, -atum, -are. *script.:* -rka-: *l. 10. 12. 15. 19. 22. al.* -col-: *l. 19.* *partic. perf. usu adi.: l. 12. al.* *usu medial.: l. 24.*

interponere – einschalten: 1 *strictius:* BEDA temp. rat. 38,32 quem *(sc. diem superfluum)* ... Romani ... sexto kalendarum Martiarum die ... -are (-kalari *var. l.*) consuerunt (*sim.* HONOR. AUGUST. imag. 2,73 dies in quarto anno VI kalendis Martii -kalatur.). 41,4 sive illam *(lunam)* ante -tum quadrantem seu postmodum terminari contingat. *saepius.* *absol. i. q. diem interponere – einen Schalttag einschieben:* CARM. de temp. rat. 726 ut alii -kalant *Romani,* diem adultum dabunt Februo *eqs.* 2 *latius:* a *in-, interserere, addere – einschieben, (dazwischen) einfügen, hinzufügen:* CHART. Sind. 4 p. 95,1 (a. 1146) septem ... mansi apud Ingenheim ... cambio -kalantur. YSENGRIMUS 5,517 aspera ... lętis privato -at (-olat *var. l.; sc. abbas*) astu, ut *eqs.* *fort. add.:* EPIST. Worm. I 21 p. 42,15 sic ... ex contiguo se respiciunt utrique *(sc. CD et DCCC),* ut nullus eos -kalet, quorum proportio sesquioctava vocatur *eqs.* b *medial. i. q. praeterire – vergehen:* GEBEH. AUGUST. Udalr. 5 p. 259,21 -to modici temporis interstitio.

intercapedino, -are. *tantum form. partic. praes.* *interiacere – dazwischenliegen:* THEOD. TREV. transl. Celsi 18 pauculis -antibus diebus. URSIO Marc. 2,10 -ante ... noctis spatio.

intercapedo (-pid-), -inis *f.* *script.:* -amp-: *l. 40. adde* GUNTH. COL. diab. cap. B 3 *(var. l. [in tmesi]).* -arp-: *l. 42. adde* RHYTHMIMACH. 14,57 *(var. l.).*

1 *intervallum, spatium – (Zwischen-, Zeit-)Raum, Distanz:* a *gener.:* α *de tempore:* IULIAN. TOLET. Wamb. 7 Paulus ... morarum -e exercitum fregit. HUGEB. Willib. 2 p. 89,34 aliquanto temporum -idine transacto. MILO Amand. I 8 p. 482,24 post parvissimi -em (gloss.: id est spacium) temporis. ACTA reg. Burgund. 23 ne nimia -e benedictio ordinandorum propteletur episcoporum. *al.* β *de loco:* BONIF. epist. 94 p. 214,15 postquam nos ... amor peregrinationis longa et lata terrarum ac maris -idine (-e *p. corr. 2*) separavit. GERH. AUGUST. Udalr. 1,4 l. 159 ut pene -em (-mpedinem, -idinem *var. l.*) aulae ... implevissent *symphoniaci.* ALBERT. M. Iob 40,26 p. 488,42 aqua transiens per -rpedines *(sc. gurgustii)* 'gurgur' sonat. *saepius.* b *mus. i. q. diastema – Intervall:* HUCBALD. mus. 8 -es poterunt hae *(sc. figurae)* lineae ... ostendere. 2 *interruptio, dilatio – Unterbrechung, Verzögerung:* a *gener.:* α *in univ.:* CHRONOGR. Corb. p. 72,19 vię ... -es abbas arripuit. p. 74,20 dum se votificant *(sc. homines)* invisere sanctum Domini sepulcrum, absque intricationis -e quantum valuit pro agilioris ac devotioris legatarii festinatione. β *de abaco i. q. intermissio – Auslassung, das 'Leer-Bleiben':* HERM. AUGIENS. abac. 3 p. 58,7 si alicubi linearum -o contigerit, eo loci novenarium loco differentię multiplicandum constitue. b *mus.:* COMM. microl. 56 p. 152 ut proportionalis fiat *collatio cantilenae* aut -o duarum vocum (*cf.* 59 p. 153 silentium inter duas voces).

intercapio *v.* intercipio. ***intercaraxo** *v.* *intercharaxo.

intercedo, -cessi, -cessum, -ere. *script.:* -cid-: *p. 2138,12.* ?-cit-: FORM. Andec. 54 p. 23,18. *pendet* ut: *p. 2138,25. 44.* *partic. perf. sensu act.: l. 69.*

intervenire – dazwischenkommen: I *c. sensu separandi, dividendi:* A *intrans.:* 1 *de hominibus:* LEX Ribv. 74 de quacumque causa fistuca -sserit (interfecerit *a. corr. A4; sc. reus*), lacina interdicatur. EPIST. Hild. 114 dominus ... B. ... scolarem ... a cimiterio protractum occidit; accedentibus ... quibusdam -endi ratione ... ipse ... nudato gladio occurrit. 2 *de rebus:* a *de anno intercalari:* BEDA temp. rat. 51,38 si ... bissextus -sserit, eadem dies secunda feria provenit. b *(interim) accidere, evenire – (dazwischen, als Zwischenfall) eintreten, sich ereignen:* LEG. Wisig. 2,3,8 quocumque casu -ente. ODILO SUESS. Seb. 11 non segniter -ssae delationis tempore utens. WIPO gest. 22 p. 42,7 quo desiderio *(sc. Hierosolimam adeundi)* semper aliqua re -ente numquam potiri valuit *episcopus.* SIMON. sacram. p. 49,16 inter quos *(sc. Ioseph et Mariam)* non ... ulla voluntas carnalis copule -ssit. *al.* B *trans.:* 1 *avertere, discutere – vertreiben, unterbinden:* ANTIDOT. Lond. p. 18,7 antidotum ad -endas febris. 2 *distinere – trennen:* YSENGRIMUS 1,329 linea currentes non -sserat usquam ulnarum spatio longior acta trium.

II *c. sensu conciliandi:* A *intrans.:* 1 *se interponere – sich einsetzen, eintreten (für):* a *spectat ad res:* WIDUK. gest. 3,15 pactis pristinis pontifex -ssit tamquam paci et concordiae consulturus. b *spectat ad homines i. q. mediare, deprecari – vermitteln, fürsprechen:* α *in univ.:* FORM. Andec. 57 soledus tantus ad pare suo conponat *(sc. qui contra epistulam egerit)* una cum iudice -cidentem. DIPL. Arnulfi 172 p. 261,25 -entibus quoque Vuichingo venerabili episcopo et Isangrimo illustri comite. CHART. Wirt. 993 p. 43,32 Reinhardum militem suis cum litteris pro nobis *(sc. abbate)* fideliter ad dominum ... -entibus illo direxit *(sc. comes).* *al.* β *apud Deum:* ARBEO Emm. 37 ut quadam die ad beati Dei martyris ecclesiam pro suis ... delictis ad -endum vellisset *vir religiosus* accedere. LIBER diurn. 84 p. 94,15 pro nobis *(episcopo)* apud Dei clementiam cum fletibus -ite *(sc. filii),* ut *eqs.* DIPL. Loth. I. 133 p. 298,11 martyribus Dionysio, Rustico et Eleutherio -entibus (*inde* DIPL. Loth. II. 30 p. 434,31). RIMB. Anscar. 1 p. 19,27 ut memores nostri -ere pro nobis ad Deum dignemini *(sc. fratres).* DIPL. Zwent. 9 p. 34,26 ut sanctus Martinus ... pro nobis dignetur -ere, ut *eqs.* *saepe.* 2 *succurrere – helfen, beistehen:* HROTSV. prim. 456 coenobio succedunt prospere plura summorum meritis -entibus almis pontificum. CONSUET. Marb. 138 tribue *(sc. Deus)* quesumus, hunc famulum tuum ipsius apostoli tui -entibus meritis semper tuis inherere mandatis. 3 *de pacto sim. i. q. perfici, convenire – vereinbart werden, zustande kommen:* CHART. Salisb. II 605 p. 94,33 (a. 1207) ego Heinricus ... confiteor, quod precarie quondam -sserant inter ... Conradum ... et me ita, quod *eqs.* (*sim.* DIPL. Philipp. Suev. 152 p. 349,20 precariis quibusdam -entibus). CHART. Hall. 185 p. 173,23 inter ecclesiam ... et cives ... talis mediatio -ssit. TRAD. Patav. 1011 notum sit inter nos et Bernhardum ... pactum -ssisse. CHART. Raitenh. 302 p. 244,4 de campo ... empticio apud Weiding inter nos *(sc. magistrum)* talis c o m p o s i t i o -ssit, quod *eqs.* (ANNAL. Mell. a. 1254 amicabilis c. -ssit). *al.* B *trans.:* 1 *spectat ad homines i. q. (auxilium) rogare, adire – (um Hilfe) bitten, sich wenden (an):* CHART. Bund. 16 p. 12,18 (a. 751/60) instinctu spiritus sancti confortatus rogavit *Wido,* ut -rent *(fratres)* patronos suos. FORM. Salisb. II 3,4 -o *(sc. famula)* vestram *(sc. episcopi)* almitatem, ut *eqs.* CHART. Tirol. II 112 p. 82,21 si servorum Dei petitiones, quibus pro ecclesiarum sibimet commissarum commodo nostram -unt clementiam, auribus nostris accommodamus *(sc. Arnolfus).* 2 *spectat ad res i. q. petere – erbitten:* PONTIF. Ratisb. 315 (Spicil. Friburg. VIII. 1962. p. 82; a. 833/48) illi, qui dixerunt 'ibimus per ignem et aquam', refrigerium pro nobis -ant *(spectat ad Vulg. psalm. 65,12).*

***intercenseo,** -situm, -ere. 1 *adnumerare, accensere – zurechnen:* VITA Serv. 32 p. 104,7 agros ... cuidam Coloniensium petenti concessit ignarus ..., quod fratrum Traiectensium prebende -ti fuerint. 2 *probare – prüfen:* REIN. LEOD. grat. (MGScript. XX p. 618,38) lapidibus ignitis ... -endus ab igne ascendisti *(sc. Laurentius)* in montem sanctum Dei *(spectat ad Vulg. Ezech. 28,14).*

interceptio, -onis *f.* I *ablatio, ereptio – Wegnahme, Entwendung:* A *gener.:* 1 *strictius:* a *in univ.:* RADBERT. psalm. 2,338 ubi ... non divisio substantiarum, ... non ullius rei -o, sed sola unitas personae Christi ... praedicatur. VITA Meing. 10 eo quod legisperitus per -em responsionis capere et abiudicare volebat Meingoldum. CHART. Hans. 660 p. 227,29sq. (a. 1268) altera pars alteram non poterit ... ad iudicium evocare super veteribus -bus et dampnis nisi coram illa lege, ad cuius iudicium spectabit pars ipsa, a qua huiusmodi -es et dampna petentur. *in computatione:* HEIMO BAMB. chron. 4,5 p. 396,10 si quis nova moliri cronica studeat, annos Domini ... incipiat ... et XXXIII annos interceptos interim, dum nondum certior locus -is eorum constat, in annis predictorum VI imperatorum convenienter reponat. *ibid. al.* b *de hominibus*

[Buckatz]

i. q. raptus – Raub, Entführung: CHRON. Noval. 5,9 maliciose celans *vernula* -em sui heri. 2 *latius:* a *comprehensio – das Abfangen:* CHRON. Ebersh. 35 p. 449,4 iter aggreditur *Oddo* et ... legationem habet, quod post terga contra ipsum adversarius expeditionem habeat vel moveat, et veritus -em infecto negotio revertitur. b *alienatio – Verlust:* EPIST. Hildeg. 25,28 (ed. Pitra) quid ... de amentium ... seu illorum, qui per -em mentis se ipsos interficiunt, salute arbitrandum est? ALBERT. M. somn. 1,2,1 p. 140^{a},10 tunc fit naturalis somnus, quando fit -o sensus in primo, quo sentit anima, quod est sensus communis. B *iur. i. q. exceptio, condicio – Vorbehalt, Einschränkung, Bedingung:* CONST. imp. II 1,2 (a. 1198) si aliquis de imperio ... faceret ... Philippo ... malum ..., dominus rex Francorum poterit se vindicare de eo sine -e (*sim.* 1,4 quandocumque voluerit, poterit se vindicare de comite ..., et hoc sine -e).

II *interruptio, intermissio – Unterbrechung, das Aussetzen:* A *strictius:* 1 *in univ.:* a *proprie:* α *medic.:* TRACT. de aegr. cur. p. 161,22 vermes in auribus fiunt ex viscosis humoribus inspissatis per -em spiritus vivificantis. ALBERT. M. spirit. 2,2,3 p. 249^{b},20 contingit ... anhelitus -o propter tres causas praecipue *eqs. al.* β *mus.:* AUREL. REOM. mus. 19,55 -em patietur versus responsorii. b *translate i. q. interventio – das Dazwischenkommen: v. p. 2144, 7.* 2 *de tempore:* CHART. Mog. A II 676 p. 1108,18 (a. 1196/97) regressus *(sc. archiepiscopus)* ... ab exilio longa temporis -e. B *latius i. q. actio occludendi, obstruendi, praeclusio – Versperrung, -schließung:* ANNAL. Pegav. a. 1181 p. 264,36 cum ... -o aquae sua inundatione molem congestam in parte diremisset *eqs.* (*antea:* concludens meatum vel alveum fluminis ... vel intercipiens).

III *captio – Arglist (cf. Dt. Rechtswb. I. p. 1367 s. v. 'Befang'):* CHART. Hans. 46 (a. 1197) si testes non habuerit, ille, qui impetitur, simplici iuramento sola manu sine -e, quod bivanc est, et absque dilatione praestito se purgabit et liber erit (*cf.* 97 p. 40,43 sine captione verborum).

interceptus, -us *m.* *interceptio – Unterbrechung (c. gen. explicativo):* ODO GLANN. Maur. 13 p. 336^{b},7 quorumdam impedimentorum -u praepediti Brennovuen amplissimum possessionis suae cespitem petunt *(sc. Rorigo mulierque sua).*

1. intercessio, -onis *f.* 1 *usu originario i. q. suffragium, auxilium – Hilfe, Unterstützung:* a *in univ.:* α *de hominibus:* BONIF. epist. 86 p. 194,1 quibus *(populis)* cum vestra *(sc. papae)* -e ... utilis esse possum. EPIST. Meginh. 38 p. 238,1 ut regii sigillaris -e in reditum domni nostri causę ipsius *(episcopi)* actionem differri faciatis *(sc. episcopus Bremensis).* EPIST. Hann. 107 p. 179,20 quod *(sc. episcopium)* ... per -em vestrę *(sc. papae)* paternitatis obtinui *(sc. archiepiscopus). al.* β *de rebus:* LUP. FERR. epist. 68 ea *(notitia apostolici)* ... sine munerum -e iniri commode non potest. EPIST. Mog. 18 p. 350,1 sin ... plus valeat -o pecuniae Hadamari quam pia constitutio sancti Bonifacii. b *actio interveniendi, deprecatio, interpellatio – Vermittlung, Fürsprache:* NICOL. I. epist. 93 p. 541,6 quid periculosius, quam ... eum, qui inter Deum et hominem est interpres, ab -e populorum ... removeri? THIETM. chron. 5,34 quae *(sententia capitalis)* ... archipresulis ... -e supplici ... amovetur. 5,41 quod *(sc. detrimentum ecclesiae fieri)* ne eveniat, regiam pietatem ac vestram *(sc. episcopi)* petimus *(sc. Walterdus)* -em. OTTO FRISING. chron. 6,32 p. 298,3 Petrum regem eorum *(Hungarorum)* ... -e Alberti marchionis ... exulem suscepit *(sc. imperator). persaepe.* *apud Deum:* TRAD. Frising. 63 p. 90,14 (a. 773) ut eorum *(genitoris genitricisque)* -ibus ... veniam peccatorum mereamur *(sc. Hunperht)* accipere. THIETM. chron. 6,3 sancti Mauricii apud Deum -em itinerisque prosperitatem Magadaburg peciit *rex. persaepe.* c *fideiussio – Bürgschaft (de re v. HRG I. p. 565sqq.):* CONST. Melf. 2,44 succurritur ... eis *(mulieribus)*, ... si solverint ex -e ignorantes se beneficio Velleiani munitas. 2 *fort. per confusionem i. q. concessio – Gewährung:* ALBERT. AQUENS. hist. 6,51 p. 470,15 cum plurimum consilii Ascalonite de urbis reddictione, de vite -e inissent, comes Reimundus ... occultam ... misit legationem.

2. intercessio *v.* intercisio.

intercessor, -oris *m.* 1 *usu originario i. qui intercedit – einer der dazwischen tritt:* a *interventor, deprecator, interpellator – Vermittler, Fürsprecher:* α *in univ.:* STEPH. V. epist. A 4 pro amore illustris Gaudonis ..., qui pro te nobis -r extitit. WIDUK. gest. 2,36 p. 96,13 quosdam audivimus accusatos et peccati manifestos ipsum *(sc. regem)* eorum advocatum et -em ... habitos. CHRON. Thietm. 5,20 per -es fidos sibi suisque fautoribus regis graciam postulat *dux.* GALB. Karol. 10 p. 25,29 ascenderunt coram eo *(comite)* -es ex parte praepositi et nepotum ipsius, qui exorarent comitem, ut *eqs. persaepe.* β *apud Deum:* HUGEB. Wynneb. 13 p. 116,34 eum nunc orate -em atque p a t r o n u m, quem *eqs.* (LIUTG. Greg. 7 p. 73,14. VITA Emm. 3 p. 31,13). NOTKER. BALB. gest. 1,20 p. 26,3 se ... non apostolorum et martirum more -em ad Deum haberi, sed ipse divinis cultibus voluit *episcopus* honorari. CHART. Raitenh. 128 necessarium habemus, ut eos, quos videmus mundum contempnere portumque salutis petere, nostros faciamus apud Deum -es. *persaepe.* b *auctor – Gewährsmann:* VITA Rigob. 3 (MGMer. VII p. 64,26) qui *(pauperes Christi)* ... eius beatitudinis seduli -es existunt. c *vas – Bürge:* CHART. Ital. Ficker 427 p. 437,47 (a. 1257) omnes contractus ... sint cassi ..., et manulevatores et fideiussores et iuratores et mandatores et cuiuslibet generis -es ... non teneantur. 2 *fort. per confusionem c.* antecessor *usu plur. i. q. maiores – Vorfahren:* CHART. Wirt. 2869 (HStA Stuttgart, B 163 U 6 l. 7; a. 1279) quos agros ... tenuit a nobis *(sc. Conrado)* Rudolfus Grawel ... et a nostris -bus hucusque.

***intercessorius**, -a, -um. *deprecatorius – fürbittend, -sprechend:* 1 *in univ.:* CHART. Mog. A II 251 p. 456,23 (a. 1160) statuimus ..., ut canonici ... -as ad Deum pro nobis *(sc. archiepiscopo)* offerant cottidie preces et orationes. 2 *de epistula i. q. commendatorius – Empfehlungs-:* EPIST. Wibald. I 206 ne quas domino Coloniensi l i t t e r a s -as ad dominum papam tribuat *(sc. rex;* CONST. imp. I 375,4. *al.).* CONR. EBERB. exord. 1,16 p. 71,7 fratres ... episcopi epistolis -is muniti prospere profecti sunt. *ellipt.:* FUND. Schild. 7 p. 1049,12 episcoporum -is ad dominum papam impetratis.

intercessus, -us *m.* *deprecatio – Fürsprache:* IONAS BOB. Columb. 2,15 p. 266,14 veniam se -u filiae meruisse fatetur *genetrix* animamque deinceps carnis nexibus solutam caelo reddidit (*cf.* p. 266,18 interventu). URSIO Marc. 2,1 s. Vincentii -u et Martini papae concessu ... cum honoris gratia est translatus.

***intercharaxo** (-ca-), -atum, -are. *inter lineas scribere – zwischen die Zeilen schreiben:* FLOD. hist. 3,22 p. 296,28 quod ad eandem *(sc. Attiniacam)* sedem venire totidem vocatus *(sc. Hincmarus)* detrectem, me reprehendistis *(sc. archiepiscopus);* si vitio scriptoris pro 'detrectem', quod est 'dissimulem' vel 'differam', 'detractem', quod 'valde tractem' non ab re accipi potest, -caraxatum non fuit. *Buckatz*

1. intercido, -cidi, -ere. *confunditur c.* intercedere: *p. 2141, 2.* 1 *intervenire, -cedere – dazwischenkommen, -treten:* a *strictius:* ALBERT. M. animal. 1,121 in illa *(sc. laxa)* iunctura -unt ossa sisamina ..., ne articulo incurvato concavitas vacua appareat *eqs.* 1,545 inter sistolem pulmonis et diastolem necesse est -ere duas quietes. b *latius:* α *impedire – (ver)hindern:* DIPL. Ludow. II. 28 p. 122,19 ut nullus comes neque ... ulla -ens et opposita persona quippiam retractationis aut invasionis inquietudinem ... contra ... ecclesiam ... inferre presumat. EPIST. Worm. I 22 p. 44,21 ne ulla mea -ente malitia ... tuę pietatis mihi claudatur ianua. β *accidere – sich ereignen:* DIPL. Heinr. III. 128 p. 159,41 ut sanctimoniales ... potestatem habeant eligendi abbatissam, cum quaelibet earum locum morte -ente mutaverit. GEBEH. SALISB. ad Herm. 34 quid ... tam cito -ere potuit, ut ille, qui in proximo ante nativitatem Domini tantae in aecclesia magnificentiae fuit, ... idem paucis post nativitatem diebus inconventus ... proscriberetur? 2 *interire, perire, dilabi – zugrundegehen, umkommen, (dahin)schwinden:* HROTSV. Pel. 161 donec sufficias *(sc. Pelagii pater)* pretium persolvere totum, ne tua canities vinclis -at artis. GESTA Frid. I. imp. A p. 31,10 maximum prelium ... factum fuit, in quo multi ab utraque parte -erunt (*inde* IOH. CODAGN. trist.

p. 31,29 sunt mortui et vulnerati). *de voce:* TRANSL. Mod. 9 p. 294,40 voce penitus -ente (intercedente *var. l.*) apertis oculis et hianti ore nullius halitus spiramen trahebat *puer aegrotus.*

2. intercido, -cidi, -cisum, -ere. *perf. indic.* -isi: *l.44. partic. perf.* -issa: *p.2142,14. usu mediopass.: l.69sqq. discindere, disiungere – zerschneiden, schneidend zerteilen:* 1 *strictius:* a *gener.:* WILH. APUL. gest. 1,537 altis rupibus obiectis sic -itur aequor, pontis ut auxilio transiri possit ad urbem. b *techn.:* THEOPH. sched. 3,89 partem ... stagni ... percute tenuissime et -ens (incindens *var. l.*) particulatim circumpone. *incidere – einschneiden:* THEOPH. sched. 3,61 p. 114,3sqq. -es ... inferiorem partem a medietate inferius, ita ut latitudo superior duabus mensuris inferiorem superet ...; eadem quoque mensura -es superiorem partem, cuius tamen altitudo tanta erit, ut ter -atur *eqs.* c *natur.:* MAURUS progn. 15 p. 32^{a},4 ex indigestione proveniente per frigiditatem constringentem et siccitatem -entem multa superfluorum fit generatio *(sim.* 37 p. 48^{a},32 dolor ... fit in auribus ... ex caliditate dissolvente, frigiditate constringente, humiditate relaxante, siccitate -ente. *al.).* URSO gloss. 57 p. 93,2sq. dilatat *siccitas,* dum partes -it et -endo continuata segregat, ut videtur in foliis fici *(sim.* 60 p. 100,40sq. dum subtiles partes consumens -it, ut videtur in foliis, quae partes habent -sas. element. 4 p. 97,8 in foliis ficus -sis). d *iur. (de re v. Bresslau, Urkundenlehre. I. p. 669):* CHART. Sangall. B 324 (a. 1223) ut hec inconvulsa eternaliter teneantur, sigillo ... abbatis impensa et -so cirografo adnotata partium una in ecclesia de Schennis, alia in ecclesia Lucernensi ... reservetur. CHART. Wirt. 1288 p. 53,24 de materia ... duo fecimus *(sc. abbas totusque conventus monasterii)* instrumenta conscribi ... et apposito paragrapho -i, unum eorum in nostro monasterio reservantes, alterum vero militi tradidimus prelibato *(sim.* 1345 p. 110,24). 2 *latius:* a *abscidere, desecare – abschneiden:* TRANSL. Marci in Aug. 19 illae *(mulieres)* ad -endas fruges exire in agrum confessae sunt *(antea:* ad succidendas infructuosas herbas). b *discerpere – zerreißen:* SIGEB. GEMBL. gest. 1 vitam Erluini ... Richarius monachus ... descripsit; sed nescimus, quomodo accidit, quod dissipatis et -sis scedulis a memoria omnium deperiit. c *terminare – ein-, abgrenzen:* DIPL. Conr. II. 135 p. 182,22 sursum per eandem Piperaha usque ad lacum, qui est in monte Hadauit, et inde, sicut -sum est, usque in exortum Suuartzzaha *(antea et postea:* sicut terminatum est *sim.; inde* DIPL. Heinr. III. 25 p. 33,15). d *dividere – einteilen:* IONAS BOB. Columb. praef. p. 147,17 quae sunt ... posita, duobus libellis -si (-sis, -i *var. l.*), ut uno volumine legentibus fastidium amputarem: primus beati Columbae gesta perstringit, secundus *eqs.* e *interrumpere – unterbrechen:* α *gener. (per enallagen: l.51):* TRANSL. Alex. Frising. 1 (MGScript. XV p. 287,29; c. 834) quis ... se a lacrimis tenuit? cuius clamorem creber singultus non -it? *(sim.* EMO chron. 38 erupit aqua de oculis, et lingua palpitabat verba -sis suspiriis). IOH. METT. Ioh. 26,3 studio vix aliquando -so. 54,2 continuus et nullo -sus labor ... negotio. ALBERT. STAD. Troil. 3,166 octoginta ... duravit continuatim non -so tempore pugna die. ALBERT. M. animal. quaest. 7,12/16 p. 177,50 aliae sunt aves, quae non multum appetunt potum, et tales ... collum elevant in bibendo -endo potum. *c. sensu impediendi:* BRUNO QUERF. fratr. 11 p. 56,2 videns Benedictus -sum iter *(sim.* HELM. chron. 72 p. 138,4 intelligens ... dux ... -sum sibi digressum Sueviae). β *mus.:* LIBER ordin. Rhenaug. p. 83,25 post tercium versum antiphona percantata subiungitur 'Gloria Patri', quod tamen cum eadem antiphona -itur. ANON. mus. La Fage 15,15 pausationes ... dicimus moras illas, quae vel cum cantu vel in diapason ab organizatore fiunt causa requiescendi aut organum -endi. EMO chron. 27 pulsatur nola ... ter -so sono. f *tollere – unterbinden, beseitigen (usu medic.):* RECEPT. Lauresh. 2,134 capit. p. 83 ad febres calidas -endas. 5,13 confectio salis ad digestionem, qui caliginem auferunt, flegmata -unt. g *dilabi, deficere, imminui – schwinden, versagen, schwach werden (usu mediopass.):* RECEPT. Lauresh. 5,1,23 p. 336,24 ad vocem -sam facit antidoti dḡ II, tracanti dḡ XV. PAUL. AEGIN. cur. 247 p. 187,15 respiratione ... primum ... -sa (inconcissa *var. l.; 3,71,1 p. 288,24* ἀμαυρουμένης), deinde ... perfecte amputata.

adi. **intercisus,** -a, -um. 1 *interruptus, intermissus, non continuus – unter-, abgebrochen, nicht kontinuierlich:* a *gener.:* α *spectat ad actionem narrandi, narrationem:* VITA Karoli M. 3,19 p. 93,6 veniam non cuiusquam prolixitatis, sed circumcise et -e brevitatis imploramus. BALDW. VICT. dict. 6,8 continua *(sc. narratio),* que ... sine ulla interruptione dicitur; partilis sive -a, cui vel argumentum aliquod vel digressio aliqua interponitur *(ex Mart. Cap. 5,552).* β *spectat ad textum glossis -um:* CATAL. biblioth. B III p. 64,34 (s. XIII.[1]) apud s. Stephanum duo psalteria, unum -um et aliud continuum, epistolas glosatas *eqs. (sim.* p. 64,38sq. spalterium continuum, spalterium -um, epistole Pauli -e). γ *in officiis divinis spectat ad interstandum:* WILH. HIRS. const. 1,13 p. 286,5 -a (-ssa *var. l.*) sessio fratrum a senioribus est inchoanda ... in ... primordio nocturnorum. δ *iunctura* -is vicibus *fere adv. i. q. invicem – abwechselnd, wechselweise:* MAPPAE CLAVIC. 285 mel ... spatula exagita -is vicibus ad ignem et ab igne depositum. b *philos.:* ALBERT. M. mem. 2,2 p. 126,42 'et tunc', quando -o motu accipiat *(sc. reminiscens)* iterato scientiam, quam prius habuit, vel sensum, quem prius habuit, iterato accipiat *eqs.* p. 127,1 cum ... sit motus -us, oportet, quod 'memorari' sive reminisci praecedat, sicut investigatio 'et memoria sequatur', postquam inventum est, quod quaeritur. 2 *dispersus, singularius – vereinzelt, einzeln:* ABSAL. serm. 4 p. 32^{B} stillicidium ... quasi guttis -is terram humectat. 3 *inconstans, varius – unbeständig: v. p.2196,44.*

adv. **intercise.** 1 *modo vesano, furiose – wahnsinnig, wütend (usu medic.):* PAUL. AEGIN. cur. 40 p. 18,2 consequitur ... proprie freneticos vigilie ... universaliter, est vero quando et turbatus somnus, ut exurgant et exiliant et clament -e *(3,6,1 p. 144,14* παρακοπτικῶς). 41 p. 18,29 -e *(3,6,2 p. 145,5* παρακοπτικῶς) turbatur laborans *(sc. phrenesi).* 2 *per (pravam?) interpr. vocis Graecae fere i. q. per lethargiam – etwa: aus Schlafsucht, schlafsüchtig (usu medic.):* PAUL. AEGIN. cur. 40 p. 18,23 agripnon ... coma appellatur, universaliter quidem colerico dominante humore; frenesin enim patiuntur hi tales insomnietatem patientes; flegmatico vero -e *(3,6,1 p. 144,32* κωματωδῶς) deorsum feruntur.

3. intercido *v.* intercedo. [**intercinctus** *v.* intertinctus.]

intercino, -ere. *canendo intericere – dazwischen singen:* WILH. CLUS. Bened. 5 p. 201^{a},42 dominicae ... annuntiationis, nativitatis, ... ascensionis advocationisque et secundum adsumptam ... nostrae salutiferae dispensationis memoriam, cotidie ... devotione recolebat et quinquaginta psalmos inter ista apte partiendo cum antiphonis congruis et collectis -bat.

intercio *v.* intertio.

intercipio, -cepi, -ceptum, -ere. *script.: stirp. praes.* -cap-: *l.69. stirp. perf.:* -caep-: *p.2143,7.* -coep-: *p.2143,7.10. usu absol.: p.2143,48.52.2144,24; intrans.: p.2144,3sqq.; medial.: p.2143,71.*

I *capere, arripere, (de)prehendere – (ab)fangen, (Besitz) ergreifen, gefangen nehmen:* A *proprie:* 1 *spectat ad animantes:* a *de hominibus:* α *in univ.:* POETA SAXO 3,378 cum ... Godescalcus ... regrediens foret -tus ab Hunis, ... pertulerat mortem pariter pro crimine nullo. THIETM. chron. 6,22 cum hostem ex latere abdito nocentem Thiebernus miles ... comperiret, ... optimos e consociis clanculum eligendo convocans, eum dolo -ere temptat. *al.* β *spectat ad aegrotos morbo correptos:* PAUL. AEGIN. cur. 47 p. 25,6 patiens repente in illa manet forma, in qua -tus est *(3,10,1 p. 149,26* κατελήφθη), velut aut stans aut sedens aut *eqs.* b *de animalibus:* CONST. Melf. 3,54 p. 424,8sqq. si quis in ... possessionibus suis dampnosa animalia cuiuslibet -erit, non liceat ipsa apud se detinere ...; quod si ... animalia huiusmodi -ta apud se detinuerit, ... pena furti teneatur *(sim.* 3,56). 2 *spectat ad loca i. q. occupare, expugnare – einnehmen, besetzen, sich bemächtigen:* ANNAL. Xant. a. 840 cui *(Lothario)* contra veniens ... Ludewicus ... iterum -apere regnum orientale. THIETM. chron. 6,4 si clusas ... remotas Carentanis auxiliantibus -ere ullatenus valuisset *(sc. Heinricus rex).* B *translate i. q.* re-, *suscipere – übernehmen:* CHART. Mog. A I 404 p.

[Clementi]

309,23 (a. 1101) ut post obitum mulieris, qui in posteris maior natu inveniatur, ... censum -at et ... persolvat.

II *auferre, tollere, demere – wegnehmen, aufheben, hinwegraffen:* **A** *proprie:* **1** *spectat ad homines:* Hist. peregr. p. 172,17 in parvo gurgite caput et summa tocius orbis *(i. imperator)* -itur. **2** *spectat ad res:* Hraban. epist. 2ª p. 383,32 u ... inter q et aliquam vocalem positam aliquando -oepi (-aepi *V*, -epi *p. corr. S*), ... maxime cum u taliter posita a grammaticis nihil esse iudicatur. Godesc. Saxo gramm. 2 p. 464,5 ubi ... -epit (-oepit *var. l.*), quod 'aetate' subaudiendum putavit *Priscianus (sc. Prisc. gramm. III p. 307,20sqq.)*, ubi dicitur ab Horatio 'maior Neronum'. *spectat ad annos computandos:* Heimo Bamb. chron. 4,1 p. 342,5 quoniam ... XXXIII anni nobis desunt in modernis cronicis, cronica supputatione exploremus, ubi et qua occasione eos a cronografis -tos esse putemus. 4,5 p. 392,3 ubi ... vel quomodo, scilicet utrum simul vel per partes, -ti sint *(sc. XXXIII anni). ibid. al. v. et p. 2138,70.* **B** *translate:* **1** *c. sensu revocandi:* Epist. Meginh. 28 p. 225,12 per quam *(legationem)* -tum est statutum illud et edictum, quod *eqs.* **2** *c. sensu avertendi:* Helm. chron. 40 p. 80,22 maxima ... pericula minori dispendio -ta. **3** *c. sensu delendi, resecandi ('auslöschen'):* Alfan. premn. phys. 13,5 p. 88 rememoratio ... dicitur, cum oblivio -erit *(PG 40,661ᴮ* μεσολαβήσῃ) memoriam; est enim rememoratio memoriae deletae recuperatio.

III *circum-, in-, intercludere – um-, einschließen, einklemmen:* **A** *de animantibus vel partibus corporis eorum:* Vita Reginsw. 9 arripuit *(sc. nutrix)* ... puellam et ... gutture -to, cervicibus retortis, vita privavit. Frid. II. Imp. art. ven. 1 p. 75,11 os furcule ... bifurcatur, et unum protenditur collateraliter a collo usque ad humerum, alterum ad alterum humerum; et sic collum -itur inter utramque extremitatum. 2 p. 197,7 cauda -ta inter manum et falconem ... leditur. 3 p. 23,32 quod ex ... precipitatione equi detentus in manu -retur *(sc. falco)* inter equum et terram vel *eqs.* **B** *de calculis numerorum:* Fortolf. rhythmimach. 361sqq. si ex parte parium II et VI XII de parte imparium altrinsecus -erint, dices: 'bis VI XII', et auferes XII; ... simili modo ex parte imparium V et III, si VIII altrinsecus -erint, auferunt eum; V enim et III VIII faciunt.

IV *inter-, abrumpere – unter-, abbrechen, abschneiden:* **A** *proprie:* **1** *gener.:* **a** *in univ.:* Thangm. Bernw. 18 p. 767,6 consecratio ... monasterii -ta est *(sim.* 43 p. 777,24 -tam Gandenesheimensis aecclesiae dedicationem. Helm. chron. 39 p. 78,18 -tum est opus consecracionis). Visio Godesc. A 25,2 iter et negocium -tum peracturus *(sc. Slavus quidam).* **b** *spectat ad sermonem:* Agius vita Hath. 15 si quando quisquam hoc, quod loqui intenderat, -isset *eqs.* Eupolemius 2,337 necdum finierat *(sc. Apolides)*, mediis dictis -it Ethnis. Vita Heinr. IV. 3 p. 16,33 suspectum sibi colloquium apostolici cum adversariis suis ipse medius -epit. *de praecisione (usu rhet.):* Conr. Mur. summ. p. 94,239 (vs.) est precisio, dum precidimus incipiendo effari quicquid, set mox -endo. **c** *spectat ad itinera i. q. in-, cohibere – (am Weitergehen) hindern, stoppen, hemmen:* Otto Frising. gest. 2,39 p. 146,31 ut ... strues supervenientes ponte diruto quosdam ex hostibus, qui exercitum subsecuti fuerant, eodem, quo venerant, meatu reverti se putantes -rent. Hist. peregr. p. 120,6 recollecto agmine redeundi non habuit *(sc. acies templariorum)* facultatem; nam undique densis Turcorum vallata agminibus tota fere ab ipsis -ta est et retenta. *adde:* Thietm. chron. 7,45 p. 452,22 quae *(navium multitudo)* eis *(sc. inimicis Christi)* redeundi possibilitatem -ret. **d** *occludere, obstruere – versperren, -schließen: v. p. 2139,30.* **2** *natur. et medic.:* Marb. Red. lap. 644 -to conceptio *(sc. baccae)* deperit haustu *(sc. aeris rorantis).* Wilh. Cong. chirurg. 1500 fluxus, si -atur ... contra consuetudinem, diversa egritudinum genera inducit *(sim.* Notulae Wilh. Cong. 1391). Albert. M. veget. 5,42 latitudo *(sc. rami)* divisa statim viam et cursum nutrimenti -it et impedit. *al. de voce i. q. deficere, dilabi – versagen, schwinden (usu medial.):* Albert. M. animal. 25,15 p. 1560,13 'constringitur hanhelitus et incurritur difficultas urinandi et vox -itur *eqs.*' **3** *mus.:* Aurel. Reom. mus. 19,51 est quaedam ... in huius toni responsoriis norma ..., atque ideo -itur alterius sonoritas toni ab altero, uti *eqs.* **B** *translate:* **1** *intervenire – dazwischenkommen (usu intrans.):* Dipl. Otton. III. 114 p. 526,4 quomodo ipsi *(praedecessores)* sanctimonialibus ... concederent inter se eligendi abbatissam, quotienscumque mortali necessitate -ente usus et opus exigeret *(cf.* 116 p. 528,13 mortis interceptione). Hist. de exp. Frid. imp. p. 79,12 nisi nox et montana -issent, omnes in ore gladii cecidissent. **2** *impedire, obstare – (ver-, be)hindern:* Aurel. Reom. mus. 15,5 tempora debent temporibus iungi, scilicet presens cum presenti et futurum cum futuro; quod omnino in litteratura, nisi observetur, sensus humanus quasi quibusdam fragoribus concussus -itur. Theod. Palid. annal. a. 935 p. 63,5 in tantum ... iustitie inservivit *rex*, ut bipennim eius iudiciariam in media curia infigi nulla dies quantumvis festiva -erit. *al.*

V *incipere – an-, unterfangen, unternehmen:* Gisleb. Mont. chron. 232 Gerardus ... domino comiti ... pie remisit, quicquid ... comites ... contra se ipsum -erant et quocumque modo deliquerant. Chart. Carinth. V 290 vestram *(sc. Friderici)* amiciciam rogamus *(sc. Philippus)* ..., quatenus -ere velitis, ne super peccuniam nostram ... ordinaciones ... contrarie nobis fiant. *absol. c. notione aggrediendi:* Gisleb. Mont. chron. 131 p. 197,2 Richardus ... adversus dominum regem Francorum -epit *(v. notam ed.).*

adi. **interceptus**, -a, -um. *interruptus – unterbrochen, stockend:* **1** *gener.:* Albert. M. animal. 1,548 'cum ... brevis et spissus est hanhelitus et quasi -us et decidens, timidus est *(sc. homo)* et imbecillis'. **2** *philos.:* Albert. M. mem. 2,2 p. 125,51 memoria motus continuus est in rem et uniformis, reminiscibilitas autem est motus quasi abscisus et -us (interreptus, interseptus *var. l.*) per oblivionem.

subst. **interceptum**, -i *n. inceptum – Unterfangen, Vorhaben:* Hugo Flav. chron. 2 p. 486,10 quamquam persuaderet mihi mens et ratio, iudicio Dei id actitari, deliberavi tamen animo adire Lugdunum, vel quia -o nullum est consilium, vel quia tot sibi adversis succedentibus bonum est a multorum ... sapientum querere caritate consilium.

intercise *v.* 2. intercido.

intercisio, -onis *f. script.* -cess- *(cf. ThLL. VII/1. p. 2167,49sqq.): l. 41. 42.* **1** *proprie:* **a** *defectio – das Versagen:* Antidot. Sangall. p. 78,21 -essionem vocis patientibus *(sim.* Antidot. Berol. 1 -essionis vocis). Richer. Rem. hist. 4,94 arteriarum ... fervor sermonis -em operabatur. **b** *divisio – das Teilen, Teilung, Trennung:* **α** *gener.:* Anselm. Hav. dial. 2,3 p. 1168ᶜ principium ... quando dico, non tempus admittas, neque medium aliquod interponas inter generantem et genitum, neque dividas naturam aliqua -e male excogitata *eqs.* Albert. M. sent. 2,2,5 p. 55ª,36 dicit ... Basilius, quod -o flammae ignis est, ut detur lux ignis sursum electis et ardor deorsum reprobis *(spectat ad Vulg. psalm. 28,7).* **β** *iur.:* Chart. Rhen. med. III 814 p. 609,16 (a. 1245) cum -o possessionum diversis sepe detrimentum minetur ecclesiis *eqs.* Chart. Wirt. 2131 si per uxorem nostram *(sc. Ludwici)* vel alium heredem nostrum post mortem nostram ... sorori nostre in bonis Cůchen aliqua -o vel interruptio evenerit, pro ... dampno curiam nostram ... sibi obligamus ad plenariam restitutionem possidenda. **2** *meton. i. q. intermissio, intervallum – Unterbrechung, Pause:* **a** *in univ.:* Gerhoh. tract. p. 6,19 in quibus *(claustris)* psalmodia prolixe et cum -e punctorum, versuum et interrogationum dicitur. Albert. M. epist. Dion. 7 p. 511,68 reversus est sol decem lineis per gradus, quos descenderat, et ita dies fere fuit triplicatus ... et, quia hoc totum fuit sine aliqua -e, dicit 'secundum continuitatem' *(spectat ad Vulg. Is. 38,8).* Carm. Bur. 169,4,5 tanti spatii -o annulletur, ut secura adiunctivis prestet iura hec divisio. **b** *distinctio,* κόμμα *– Einschnitt, Zäsur (usu gramm. et rhet.):* Epist. Hild. 134,15 coma interpretatur -o; hec fit, ubi quantum dictum est de sententia per antecedentia, tantum restat per consequenciam *(v. notam ed.).* **c** *interpositio – Einschub:* Otto Frising. chron. 8,7 p. 400,12 -o seu proemium octavi capituli.

intercito *v.* intercedo.

interclamo, -are. *conclamare, clamando interponere –*

[Clementi]

laut (aus)rufen, dazwischen rufen: EPIST. Wisig. 8 p. 669,19 agiographa -ante praecepta *eqs.*

intercludo, -si, -sum, -ere. *usu mediopass.: l. 48sqq.; impers.: l. 43.* 1 *(impediendo) claudere, praecludere – (hindernd) ab-, versperren:* **a** *in univ.:* **α** *usu vario:* ARNOLD. LUB. Greg. 2,21,18 prospectantes *(pater iuvenisque)* se mutuo longinquo maris spacio, donec navis abripitur et visus -itur. *in imag.:* VOLQUIN. serm. 565 (StudMediev. III/3. 1962. p. 338; s. XII.[1]) quid scis, si ... lumen gratiae ... solem iustitiae tibi nox alicuius mortalis culpae -at (cras includat *var. l.*)? **β** *spectat ad viam, iter sim.:* IULIAN. TOLET. Wamb. 7 p. 506,20 tyranno aditum ... civitatis -ere nisus est *Argebadus (sim.* p. 507,3. THIETM. chron. 6,10 p. 286,16. 6,41 p. 324,16). THIETM. chron. 6,4 transitum Heinricus rex -sum ... comperit. *in imag.:* ALCUIN. epist. 42 p. 86,22 nulla carnalis concupiscentia ... beatitudinis iter vos *(sc. fratres)* -at. CHART. Sigeb. 47 p. 100,23 quia ... prava hominum ingenia cotidie ad nocendum promptiora sunt, omnem aditum infestationis ammodo ab eis ... penitus -remus *(sc. Adelbero).* VITA Iuttae 9,12 non est perhorrendum ..., quod anima huius electae Christi in transitu suo loca poenarum vidit, vel quod ei diabolus locum requiei -ere temptavit. **γ** *spectat ad spiritum vel transitum eius:* RUOTG. Brun. 43 p. 46,18 ingravata est ... infirmitas ... iamque anhelitus -so faucium meatu vitalium lassitudinem premonstravit *(sim.* PETR. DAM. Rom. 10 -so spiraminis aditu). PETR. DAM. epist. 96 p. 57,18 quis ... saecularium ferat, si vel triduo per eptomaden ieiunare praecipias *(sc. domnus Alexander)*? modo stomachi laesionem simulant, ... modo marcidi pulmonis vitio -i sibimet anhelitum conqueruntur. *de homine fere i. q. suffocare – etwa: ersticken:* IULIAN. TOLET. Wamb. 2 vir ... lacrimosis singultibus -sus ... modo non se suffecturum tot ruinis imminentibus clamans, modo *eqs. (sim.* 21 lacrimarum singultibus -sus. 25 fletibus -sus [-sis *var. l.*] princeps). **b** *impedire, obstare, negare, prohibere, interdicere – (ver-, be)hindern, verweigern, -bieten:* BERNOLD. CONST. libell. V 10 p. 98,5 monachis ... officium predicationis non omnino -itur *(sim.* p. 98,14 administrationem ... graduum eis *[monachis]* -ere). EKKEH. URAUG. chron. a. 1115 p. 249,32 ubi *(sc. Coloniae)* ... suam consecrationem diu ... -sam ... consequi possit *Adalbertus.* ANSELM. HAV. dial. 2,24 p. 1204^{B} ego nulli christianorum ... donum sancti spiritus -o. ARNOLD. LUB. Greg. 3,11,5 -unt continua verba ... suspiria. *impers.:* HIST. Walc. 26 p. 518,10 hanc *(sc. recolendae festivitatis)* ... institutionem ne quis nefario molimine audeat violare, ... a beato Forannano monachis ... auctoritate ecclesiastica -itur. **c** *excludere, excipere – ausnehmen:* WOLFHARD. Waldb. 2,3 p. 210,7 ita ut ex tetraformi mundi climate nullo -so penitus die gregatim coirent fidelium turmae. **d** *mediopass. i. q. deficere – versagen, fehlen:* RICHER. REM. hist. 3,109 vox aliquoties -batur. EPIST. Worm. I 12 quanto tenear desiderio vos *(sc. episcopum)* videndi, -itur facultas dicendi. 2 *in-, circumcludere, continere – ein-, umschließen, umgeben, enthalten:* **a** *proprie:* **α** *spectat ad loca:* AETHICUS 64 haec Albania Tulchus a septentrione ex parte maxima -it. OTTO FRISING. gest. 2,21 p. 125,20 civitas non ... vallo seu fossa, sed preruptis undique prope -sa rupibus. CHART. archiep. Magd. 441 que *(planities)* inter duos montes ... porrigitur et tribus nichilominus viis -itur. *v. et p. 2146,36.* **β** *spectat ad aerem:* WILH. CONG. chirurg. 1307 quousque ... v e n t o s i t a s -sa dissolvatur et intestina calefiant (NOTULAE Wilh. Cong. 1197 v. -sa distendit. ALBERT. M. animal. 16,76 p. 1103,6 'v.' -sa 'vadit cum ipsis *[superfluitatibus]*'). ALBERT. M. veget. 4,39 aliquid aeris remanet -sum, quod non potest dulcorare eam *(aquam; sim.* 4,65 quia grossa est *aqua* et -sum habet aerem calidum). **b** *translate:* **α** *gramm.:* CONR. MUR. summ. p. 75,5 cum participium intra se habeat copulam -sam, ut: iste legens disputat, id est: iste legit et disputat. **β** *publ. et iur.:* CHART. archiep. Magd. 326 p. 425,40 (a. 1168) quia decima et alia iusticia ..., quam in his mansis habuimus *(sc. archiepiscopus)*, secundum ius nostrum in hac emptione non potuit -i *eqs.* CHART. Francof. 316 p. 158,3 presentibus inter alia est -sum et additum, quod ... fratres ... Wernhero mortuo debita sua solvant. CONST. imp. III 141,2 nullatenus ascenderat in cor nostrum *(sc. regis Boemorum)*, quod debuissent aliqui de nostris terrigenis ... paci vestre *(sc. Rudolfi regis)* aut ordinacioni sub aliquo pretextu concordie -i; et si qui sunt illi, quorum mediantibus tractatibus ... sit hec interclusio procurata, hii *eqs. (antea:* inclusos ... paci). *al.* 3 *claudere, occludere – (ver)-schließen:* **a** *in univ.:* LIBER revel. Rich. 152 -sis paulunum oculis apparuerunt sibi due manus simul complicite *eqs. (sim.* 153). **b** *spectat ad litteras sigillo obsignatas (t. t. iur.; de re v. Bresslau, Urkundenlehre. I. p. 65sqq. et II. 587sqq.):* ACTA imp. Winkelm. I 988,1 (a. 1242/46) quatenus f o r m a m novarum constitucionum ..., quam tibi presentibus mittimus -sam, ... tenaciter teneas *eqs.* (CHART. Culm. 28 [epist. papae] iuxta f., quam sub bulla nostra tibi mittimus -sam). CHART. Turic. 1759 p. 107,23 ipsorum *(testium)* ... dicta sigillis nostris -sa vobis *(sc. domino)* remittimus *(sc. Hugo praepositus et Hugo custos).*

interclusio, -onis *f.* 1 *defectio – das Versagen:* RECEPT. Lauresh. 2,223 vocis -em reformat *antidotum.* 2 *inclusio, admissio – das Zulassen: v. l. 5.*

interclusor, -oris *m.* *qui impedimento est – einer der (be)hindert:* GODESC. SAXO theol. 22,6 p. 307,8sq. misertus est nostri, qui fecit nos et ... factus est homo, factus est nobis mediator ad summa, -r ad ima contra illum, qui nobis fuerat ... mediator ad ima, -r ad summa.

[**interco** *v.* intrico.] **intercoepi** *v.* intercipio.

intercolumnium, -i *n.* *spatium inter columnas situm – Raum zwischen den Säulen, 'Interkolumnium':* ALBERT. M. bon. 479 p. 251,4 pratum ... est locus naturalis, aedes autem vel -um est locus manu absolutus. 480 p. 251,56 alii et alii diversa ponunt sibi loca, quae scilicet magis movent eos; alii enim ponunt templum ..., alii -um *eqs.*

***interconcludo,** -ere. *(de)finire, terminare – begrenzen, in Grenzen einschließen:* DIPL. Karoli III. add. 1 p. 328,13 (interp. post 1172) tertiam partem banni Stivagiensis *(sc. tradimus)*, qui his confiniis -itur (intercluditur *var. l.*): de Chenisel versus orientem ad Grandru *eqs.* *cf.* intercludo.

*?****intercondicio** (-tio), -onis *f.* *condicio, pactio – Absprache, Vereinbarung:* CHART. Rhen. med. I 540 p. 598,42 (a. 1120/62) ut Iohanni ..., qui pro eadem laborabat possessione, eandem non tribueremus *(sc. Richardus)*, sed ad vitę suę dies committeremus, eo interdictu, ut ... pro nobis possessor legitimus ... existeret et pro auferenda hereditarii occasione iuris per singulos annos unum onus vini redderet, ad huius interdictionis et -tionis plenariam munificentiam.

***intercopulo,** -are. *refl. i. q. se consociare – sich anschließen:* HUGEB. Willib. 2 p. 89,28 die noctuque ... volutabat, quomodo ... se -ret (copularet *var. l.*) ... monachorum clientello.

***intercoto** *v.* *intercuto.

***intercrassor,** -ari. *disperse adipe prorumpere – dazwischen fettig hervorquellen, -triefen (in imag.):* YSENGRIMUS 5,887 unguento verbis -ante refractis dimidium stridet dimidiumque fremit *(sc. abbas).*

***intercurriculum,** -i *n.* *curriculum, (de)cursus – (Ab-)-Lauf:* VITA Serv. 40 p. 113,11 post noctis -um residui atrocius inferre vim peregrinis conspirarunt *(sc. nautae).*

intercurro, -curri, -ere. *partic. praes. usu adi.: p. 2147,29.* 1 *hic inde (dis)currere – hin und her laufen, gehen:* **a** *de hominibus (nuntiis, legatis sim.):* HINCM. ord. pal. 583 ex ... domesticis palatii missis -entibus quaeque sibi videbantur interrogantes responsumque recipientes *(sc. senatores regni) eqs.* REGINO chron. a. 879 p. 115,15 -entibus vicissim l e g a t i o n i b u s (HIST. peregr. p. 142,24 contigit ... hinc inde ... alternas legationes -ere. *sim.* REGINO chron. a. 898 p. 146,18 -ntibus legatis. WIDUK. gest. 2,31 p. 92,10). HIST. de exp. Frid. imp. p. 57,33 nuntii ... ex utraque parte alternatim sibi succedentes -bant. *al.* **b** *de rebus:* **α** *in univ.:* CHRON. Thietm. 7,21 cesarianum agmen ⸤sagittis -entibus mixtim⸥ (THIETM. chron. sagittariis intermixtim currentibus) ab hiis *(hostibus)* appetitur. CHART. Naumb. I 186 p. 167,38 epistolarum usus ... est inventus, ut inter disiuncta amicorum corpora litterarum

[Clementi]

-ant officia. β *per-, commutari – ausgetauscht werden:* LEG. Wisig. 3,1,3 ut, cum inter eos, qui disponsandi sunt, ... anulus arrarum nomine datus fuerit vel acceptus, quamvis scripture non -ant, nullatenus promissio violetur *(v. notam ed.).* VITA Balth. A 6 ut nullum *(A3a,* nullus *ed., A1)* premium pro percipiendis sacris gradibus omnino -ret *(A3a,* non *[dubie in ras.]* curaret *A1; cf.* rec. B ne ullus presul ... daret aliquit aut acciperet). 2 *intercedere, intervenire – dazwischen treten, kommen (ad componendum vel impediendum):* a *gener.:* α *de hominibus:* DIPL. Merov. 26 l. 105 (ArchDipl. 14. 1968. p. 140) vobis *(sc. pontificibus, regibus populoque christiano)* -entibus in loco ... basilicae ... obtinere locum sepulturae merear *(sc. Radegundis).* ANNAL. Xant. a. 871 p. 29,9 affirmans *(sc. Karolus)* se totum regnum ... in proprietatem usurpare velle, quod postea viris -entibus strenuis emollitum est et in pace dispositum *(cf.* a. 842 intervenientibus viris strenuis). β *de rebus:* LEX Ribv. 74 capit. p. 67 de fistuca -ente (interracurrente *var. l.*). WIDUK. gest. 2,38 abbas in ... amicitia regis permansit, et causis -entibus pontifex, quod cogitavit, non inplevit. GESTA Trev. cont. I 13 p. 186,28 (epist.) quod nichil symoniacum contra ius ecclesiasticum -erit, quod nichil symoniacum etiam peticione remota intervenerit. b *math.:* ADALBOLD. Boeth. 224 octonarius et XX septenarius nulla simplici proportione iunguntur, sed duobus mediis interpositis ubique ˻sesqualtera proportione -ente˼ (sesqualtera -it *var. l.*); nam et VII ad XII et XII ad XVIII et XVIII ad XXVII sesqualtera proportione iunguntur. 3 *(interdum) transcurrere – (unterdessen) vergehen:* LAMB. LEOD. Matth. I praef. p. 74 cum ... quartano typo vehementissime laborarem, duos -entes dies in ocio transigens plus tedio ac timore venturę febris pene quam febre ipsa afficiebar.

intercurso, -are *vel (v. l.35)* ?***intercursito,** -are. *in medio cursare – dazwischen laufen, rennen:* VITA Serv. 49 in conveniendo ... populos cum canonicis in unum, ... grandis erat timor, ne repente clamosus *(sc. vesanus advena)* -ret (-itaret *var. l.*).

intercursus, -us *m.* 1 *strictius i. q. discursio, discursus – das Hindurchlaufen, -gehen:* a *in univ.:* YSENGRIMUS 2,58 ut ... puer ruptum ... intermeat anguem, ne coeant partes atque animentur item, sic reducem vitam coituris demere truncis trino -u ... versat anus *(de re v. notam ed.).* b *spectat ad tempus i. q. actio transeundi, praetereundi – (zwischenzeitlicher) Verlauf, -gehen:* VITA Ermin. 2 p. 482,13 ut de hiis taceatur, quos vel hominum segnis ignavia vel incuria successorum seu etiam diutini temporis -us memorie humane subtraxit. 2 *latius i. q. interventio, interventus – das Dazwischentreten, Vermittlung:* NARR. de Gron. 8 Otto comes ..., qui ... in auxilium episcopi advenerat, per plures -us hoc efficit, quod *eqs.* 36 per multos -us abbatum et aliorum virorum bonorum ... obtentum est, ut *eqs.*

intercus, -cutis *adi.* ?*form. abl. sg.* intercu: *p. 2148,5. sub(ter)-, intercutaneus – unter der Haut befindlich, 'subkutan' (spectat ad hydropem):* 1 *in univ.:* EINH. Karol. 3 p. 5,20 apud Parisios morbo aquae -is diem obiit *Pippinus (v. notam ed.).* MILO carm. 3,4,1,750 morbus ... -s, gravis idrops, grande veternum *(sim. p.2148,5).* DYNAMID. Hippocr. 1,42 p. 414,8 hydropicis, qui humorem -em habent, ... rutam potui da. 2 *usu ellipt. pro subst. i. q. hydrops – Wassersucht:* HERIG. Land. II 1,7 (MGScript. XV p. 604,40; a. 982) Sigeburgis morbo ... -is laborabat, cruraque eius cum pedibus ... intumuerant.

intercutaneus (-ius), -a, -um. *sub(ter)cutaneus, intercus – unter der Haut befindlich, 'subkutan':* 1 *spectat ad corpus:* a *in univ.:* CONSTANT. AFRIC. theor. 3,12 p. 10b^{v} dura mater non craneo solidatur, sed potius suspenditur et eius foraminibus egreditur, in egressu ... dilatatur, et ... panniculus efficitur -us. PETR. CAS. (?) chron. 3,43 frater ... ramicis incommodum ita patiens, ut membrano -o passo diruptionem viscera inter carnem laberentur et corium. b *de liquoribus, humoribus:* PRAECEPT. diaet. II^{a} 10 sanguinem -um (-ium, intercoctaneum *sim. var. l.*) minare *(v. comm. ed. p. 251. sim.* IV^{a} 30. *ibid. al.).* TRACT. de aegr. cur. p. 86,48 de cotidiana *(sc. febre)* ex materia -a facta. ALBERT. M. animal. 22,61 fit ... haec infirmitas *(sc. apostema turta vocatum)* ex habundantia sanguinis humorisque putridi -i. 2 *spectat ad morbos:* a *de veterno:* WALAHFR. hort. 10 (gloss. L) -us morbus et ponitur pro pigritia *(cf.* gloss. K: qui inter cutem et carnem ambulat). b *de hydrope:* HIST. Torn. 3,8 p. 336,25 morbo -o (intercu *p. corr. 1*) percussus *(sc. Fulcherus),* ut de Herode dicitur.

***intercuto** (-rgu-; -cot-), -avi, -are. *sub cute colligi, esse – sich unter der Haut ansammeln, befinden:* RECEPT. Sangall. I 175 potio ad eum, cui aqua -otaverit, bibenda *(sim.* II 63 cui aqua -gutavit). *Clementi*

interdico, -dixi, -dictum, -ere. *script. et form.:* -rti-: *l.49. partic. praes.* -rtitente: *l.49. struct.: c. gen.: p.2149,52. c. abl.: p.2150,14. c. praep.:* a(b): *l.67.p.2149,45. al.* ad: *p. 2150,59.* de: *l.71.* in: *p.2149,46. seq. (acc. c.) inf.: l.36.40. p.2149,39.*

I *spectat ad prohibitionem, vetitum:* A *obi. res:* 1 *prohibere, vetare, non concedere – untersagen, verbieten, nicht erlauben:* a *gener.:* WILLIB. Bonif. 8 p. 49,23 pueris pugnae -xit certamen *(sim.* epil. p. 58,26). AGIUS vita Hath. 6 nulli aliquando aliquid -xit, quod ipsa fecisset. EPIST. Teg. I 13 p. 14,24 illam aquam ..., quam ei sepe -ximus, expiscari ... non cessat *filius Richardi.* VITA Theog. 1,21 ne quis ligna incideret, -erat; ... unus ex incolis ... in nemore -to ligna secare non timuit. b *theol.:* HRABAN. hom. II 2 p. 138^{A} quia ... Christus deus et homo est, -ta humanitatis eius semper angelorum ministeria Deo debita non desunt. c *publ., iur. et canon.:* α *in univ.:* LEG. Burgund. const. I praef. 8 -to ... venalitatis crimine. LEX Baiuv. 1,12 qui gradu sacerdotali fulciuntur, extranearum mulierum -ta sibi consortia cognoscant. WALAHFR. Gall. 1,19 -tum altaris o f f i c i u m non usurpabo (ANNAL. Xant. a. 864 p. 22,3 omni officio sacerdotali ... -to. *al.*). THIETM. chron. 6,5 -ta est omnibus per bannum regalem ... fuga. *persaepe. obi. dies:* CHART. Bund. 1002 p. 451,35 omnibus feriis et diebus feriatis et -tis. *v. et p.2150,59.* β *pendet enunt. vel (acc. c.) inf. (abund. in formulis: l.39.42):* CONC. Merov. p. 21,10 unum abbatem duobus monasteriis -emus praesedere. BONIF. epist. 78 p. 164,3 -ximus servis Dei, ut (ut non *var. l.*) pompato habitu ... utantur. DIPL. Karoli III. 15 p. 23,30 praecipientes ... praecipimus et -entes -imus, ut *eqs.* 49 p. 83,5 -imus ... nemini licere alienas res ... invadere. THANGM. Bernw. 22 p. 769,17 -o *(sc. papa),* ne aliquis tibi ... obsistat. DIPL. Heinr. II. 503 p. 644,32 -endo ... -imus, ut *eqs. saepe. impers.:* CAPIT. reg. Franc. 98,1 noverit *Langobardus* sibi a nostra autoritate ... -tum duas de eadem re facere donationes. THIETM. chron. 6,87 huic *(episcopo Mettensi)* ... -tum est, ut ante pugacionem missam non caneret. BERTH. chron. B a. 1077 p. 286,8 per quas *(litteras)* eis *(episcopis)* ..., ne Heinrico regi ... obedirent aut servirent, -tum est. *ibid. al.* γ *ellipt.:* FORM. Andec. 57 -rticente (-rtitente *var. l.*) Deo. CAPIT. episc. I p. 37,1 sicut sancta synodus Nicena -it. DIPL. Ludow. Germ. 104 nullo -ente. *al.* 2 *(de-, ab)negare – verweigern, verwehren, vorenthalten:* a *in univ.:* ANNAL. Ved. a. 885 p. 57,23 munitiones construunt *Franci,* quo illis *(Nortmannis)* navale iter -ant. CHRON. Mich. 4 (24) p. 24,11 paralysis plurima eum *(puerum)* ex parte dissolverat, ita ut linguae officium -ret. BRUNO MAGD. bell. 65 p. 57,9 coegit *rex* eos *(episcopos)* Hildebrando ... subiectionem et oboedientiam -ere. CHART. Rhen. med. I 532 p. 591,38 nec liceat alicuius conditionis personę ... introitus vel exitus eis *(monachis)* -ere. b *negare, abnuere – verneinen, ablehnen, leugnen:* VITA Magni Fauc. I 10 ille *(Gallus)* ... -xit tale quid *(sc. daemonem expellere)* acturum se esse dignum, et ideo refutavit venire. *v. et p.2149,25.* 3 *(per interdictionem) auferre, adimere – (durch ein Verbot) wegnehmen, entziehen:* a *in univ.:* PASS. Kil. I 8 noluit *Cilianus* illi *(Gozberto)* eam *(uxorem)* -ere, antequam ... confortatus esset in fide. CHART. Sangall. B 58 p. 66,2 si territorium ... a monachis forte -atur ..., hęreditario iure in abbatia Favariensi potiatur. ANNAL. Altah. a. 1044 p. 38,19 -to ... ducatu domum rediit *Gotefridus.* CHART. Rhen. med. I 452 p. 511,27 (dipl. Heinr. V.) curtem ... de manu Wolfgeri ministerialis nostri ... imperialiter -imus et ... fratribus ... reddimus. ANNAL. Mell. Sancr. II a. 1236 imperator ... -xit ei *(duci Aus-*

[Weber]

triae) gratiam suam et auxilium et consilium. *de abductione:* CHART. Ital. Ficker 401 p. 416,5 (a. 1246) si aliquis -xerit aliquam mulierem dicendo suam fore *eqs.* **b** *retinere – mit Arrestschlag belegen, in Gewahrsam nehmen (de re v. ed. p. ccxxxviisqq.):* CHART. Tirol. notar. I 146 (a. 1236) denunciare domino Aycardo, quod veniat, si aliquid vult dicere Paxio de cartis, quas -xit *iudex* hodie, per totam diem, alioquim, quod dabit *iudex* cartas dicto Pasio. 434^a petit ... dominus Iacominus ... a domino Ropreto ..., ut exibeat ... quas res omnes ei fecit -ere. 786^b quia dominus Goteschalcus dictos denarios -xit Abrahe fideiussori, usque dum ipsi se communiter concordarent. *ibid. al.* **c** *irritum facere – für ungültig erklären:* CHART. Argent. I 616,65sqq. (post 1129) quando nova moneta percutitur et vetus -itur, a die interdictionis nunciabuntur terne quatuordecim dierum inducie ..., in quibus monetarius quemcunque voluerit, potest impetere, quod -tam monetam acceperit *eqs.* CHART. Merseb. 283 p. 225,22sqq. sabbato post diem Laurentii proximo -entur denarii; ... post nativitatem beate virginis monetarius -et et franget veteres denarios. **d** *renuntiare, dissolvere – aufkündigen, aufheben:* THIETM. chron. 6,33 p. 314,9 voluntati eorum *(principum)* ... consensit, quod ... condicta pacis foedera -ret *rex.* **e** *contradicere – widersprechen, Widerspruch einlegen (gegen):* TRAD. Welt. 14^b (s. XI.^{2}) hanc traditionem Adalheit -xit postea multo tempore; sed noviter Eberhardo abbate petente ... -xit, ut deinceps nullam habeat occasionem *(sim.* 16^b). 104 postea idem Wernerus idem predium -xit ...; sed tandem ... omnem interdictionem dimisit. **f** *infestare, appetere – anfechten, beanspruchen:* WOLFHER. Godeh. I 19 p. 181,6 domno Osdago ... diocesim suam ... nulla cuiuslibet acclamatione -tam reliquit *domnus Otuvinus. fortasse in loco corrupto:* WOLFHER. Godeh. I 20 p. 181,33 Osdagus eiusque successor ... diocesim ... inconvulsam *(fortasse om.* nulla cuiuslibet acclamatione) -tamque *(ni leg.* incontradictam) tenuerunt.

B *obi. homines (territoria ab eis inhabitata: l. 61):* **1** *(per interdictionem) excludere, detinere (a), interdictu afficere – (durch ein Verbot) ausschließen, abhalten (von), hindern (an), mit Verbot belegen:* CHART. Gosl. I 124 p. 182,32 (a. f. 1073) si ... maleficia et mille alia ... -or in meo episcopatu persequi ..., frustra represento personam episcopi. SIGEB. GEMBL. chron. a. 752 omnis alienigena ab eius *(sc. dignitatis regalis)* invasione apostolico anathemate -itur. EPIST. Mog. 37 noveris *(sc. episcopus)* ... fratrem nostrum Moguntinum cum omnibus suffraganeis suis ... pro concilii absencia a suis officiis -tos. EGINO epist. 5 p. 445,47 cum a ... papa ... in omni pontificali officio fuisset -tus *(episcopus) eqs.* CONST. Melf. 1,32 si quis ... bis et ter ... -tus tacere noluerit *eqs.* CHART. Babenb. 232,96 nullus ... captivus vel -tus diucius quam ad proximum placitum conservetur. **2** *(per interdictionem) privare – (durch ein Verbot) verlustig machen, berauben:* CHART. Rhen. med. I 540 p. 598,35 (1120/62) intervenit quidam Cůnradus ... hereditarii iuris -tus. **3** *a consuetudine fidelium separare, excommunicare, interdicto q. d. punire, afficere – aus der Gemeinschaft der Gläubigen ausstoßen, in den (Kirchen-)Bann tun, 'exkommunizieren', mit dem 'Interdikt' belegen, bestrafen (de re v. p. 2150,29):* UDALSC. Egin. 12 p. 437,44 comes Herimannus ... a Pascali papa ... -tus atque e x c o m m u n i c a t u s (GERHOH. psalm. 64 [166] videntes ... quosdam excommunicatos vel -tos ... admitti ad dominici corporis communionem laicam. *persaepe*). ANNAL. Senon. a. 1199 (MGScript. I p. 108,47) Francia fuit -ta *(item* a. 1200 p. 109,1). *persaepe. in struct. contam.:* TRAD. Frising. 1540^b (a. 1138/47) omnibus infestatoribus per ... episcopum vinculo anathematis deinceps -ti sunt.

II *spectat ad iussum, communitionem sim.:* **A** *indicere, imponere, iubere – anordnen, auferlegen:* CAPIT. reg. Franc. 3,18 quae ... constituimus, in perpetuum volumus custodire, hoc statuentes (-entes *var. l.*), ut, si quis ... hunc decretum violare presumpserit, vitae periculum se subiacere cognoscat. IONAS BOB. Columb. 2,13 p. 263,4 quoadusque paenitentiae -tae normam implesset *Erchantrudis.* VITA Theog. 1,21 p. 459,3 -tae sibi ... patientiae et taciturnitatis oblitus exclamat. **B** *testificari, dicere – (als Zeuge) aussagen, (dazu) sagen:* CHART. civ. Magd. 115 p. 61,9 (c. 1250) Teodericus ... in- et -it, quod semper meminerit aream domini abbatis fuisse dimidiam et aream Wasmodi integram *(sim.* p. 61,13; *ibid. saepius in hac iunctura).* **C** *condicere – zusätzlich sagen, vereinbaren:* TRAD. Werd. 94 p. 55,26 (s. XI.$^{med.}$) quedam mulier ... predium ... tradidit, ea -ta ratione ut *eqs. (sim.* 95 una tantum -ta ratione, si *eqs.)* **D** *nuntiare – mitteilen:* THIETM. chron. 5,5 -tum est huic *(marchioni)*, quod colloquium in Diusburg ... fieri nullo modo potuisset. **E** *denuntiare – androhen:* CAPIT. reg. Franc. 293,78 ne ... periculum -ti anathematis ... incurratis. **F** *c. abl. i. q. renuntiare, abstinere – entsagen, sich enthalten:* VITA Theod. 6 p. 40,28 vino, sicera, carnibus ... -xerat *puella* penitus.

subst. **interdictum,** -i *n.* **1** *vetitum – Verbot:* **a** *in univ.:* LEG. Burgund. const. I 46,1 -o legis. 54$^{tit.}$ contra -um publicum. LEG. Wisig. 12,2,15 p. 423,10 de -o omnibus christianis, ne quisque Iudeum quacumque factione ... tuere pertemtet. CONC. Karol. A 36 p. 273,3 ubi ... post -um factum fuerit *(sc. coniugium vetitum)* inventum, separetur. WIDUK. gest. 2,4 -um regis rupit *Ekkardus.* HEINR. LETT. chron. 4,7 mercatores ... portum communi decreto sub -o ponunt. ALBERT. M. sacram. 257 p. 168,67 quaeritur de his, quae, licet impediant matrimonium contrahendum, non tamen dirimunt contractum, scilicet -um ecclesiae et tempus feriarum *(sim.* 259 p. 170,23). *al. v. et p. 2151,57.* **b** *separatio a consuetudine fidelium, interdictio sacrificiorum, excommunicatio – Ausstoßung aus der Gemeinschaft der Gläubigen, (Kirchen-)Bann, Exkommunikation, 'Interdikt' (de re v. P. Hinschius, Kirchenrecht. V. 1895. p. 13sqq.):* GERB. epist. 203 si his locus *(sc. ecclesia S.)* -o vestro *(sc. episcopi)* et ... vestro banno iure teneretur astrictus *eqs.* BALDER. Alber. 4 litteras ... papae -i s e n t e n t i a m continentes cum nemo Mettim ... auderet afferre (INNOC. III. registr. 1,24 p. 37,11 in totam Alemanniam -i ... s. promulgare. *al.*). CHART. Garz. 6 p. 92,23 (epist. papae) cum ... g e n e r a l e -um terre fuerit, liceat vobis *eqs.* (CHART. civ. Misn. 147 p. 102,30 nisi -um fuerit g. *al.; sim.* CHART. Raitenh. 75 p. 77,30 commune -um). HIST. de exp. Frid. imp. p. 109,21 quę *(dioecesis)* vel posita iam vel p o n e n d a s u b -o erat (DIPL. Karoli M. 269 p. 397,22 [spur.] terram ... ponent sub -o. *al.; sim.* CHRON. Erf. mod. II a. 1274 p. 269,22 civitas est statim -o supposita). *persaepe.* **c** *contradictio – Wider-, Einspruch:* LEX Sal. Merov. 45,2 si ... contra -um (-o, intradictum, dictum, dicto *var. l.*) unius vel duorum in villa ipsa adsedere praesumpserit *(sc. migrans)*, tunc *eqs.* CHART. Tirol. I 730 p. 164,32 (a. 1218) sine contradictione et -o aliquo. COD. Wang. Trident. 46* p. 1208,30 nulla racione vel -o secularis potestatis contraveniente. *v. et p. 2151,39.* **d** *renuntiatio – Absage:* HERBORD. Ott. 1,40 -um consecracionis mutat. **e** *denuntiatio – Androhung:* LIBER diurn. 89 p. 118,8 sub divini iudicii obtestatione et anathematis -um. *ibid. saepe.* **2** *iussum, praeceptum – Gebot, Erlass:* NOTKER. BALB. gest. 1,11 quod *(sc. Karolum cibum sumpsisse)* episcopus quidam contra -um (dictum *var. l.*) sapientis viri multum iustus et nimium stultus inprovide reprehendit *(spectat ad Vulg. eccles. 7,17).*

interdictio, -onis *f.* **1** *spectat ad prohibitionem, vetitum:* **a** *eccl., iur., canon.:* **α** *interdictum – Verbot:* CONC. Karol. A 21,11 custodiatur -o, ut nulli liceat praedictis personis habitum ... mutare. AMALAR. off. 4,37,21 dies dominicus interdictus est ad ieiunandum ..., rationem -is sanctus Agustinus aperit *eqs.* DIPL. Heinr. III. 322 ut hec nostra imperialis -o stabilis et inconvulsa omni permaneat evo. COD. Udalr. 25 qui *(rex)* consanguineam suam contra -em apostolicam in coniugium duxit. *al.* **β** *denegatio – Verweigerung:* FUND. Brunw. 5 p. 128,4 fit certus ... alium ... regem esse constitutum sibique de Calabria ... consuetum denegare tributum; explorans -em, mittit *Otto* legationem. **γ** *ademptio – Entzug:* EPIST. Mog. 37 cum usque ad -em tui *(sc. episcopi)* officii iusticie gladius desevisset *eqs.* **δ** *actio irritum faciendi – Ungültigkeitserklärung: v. p. 2149,14.* **ε** *prohibitio, defensio – Verhinderung, Abwehr:* CONC. Karol. B II 16^b,5 si quis dogmata, mandata, interdicta ... pro emendatione sceleratorum vel -e imminen-

[Weber]

tium vel futurorum malorum a sedis apostolicę praesule salubriter promulgata contempserit, anathema sit. ζ *contradictio – Ein-, Widerspruch:* TRAD. Frising. 675 (a. 845/51) traditio ... s i n e parentum vel coheredum nostrorum -e firma ... permaneat (DIPL. Arnulfi 37 s. ulla -e. ANNAL. Hild. a. 1039 p. 44,40 s. quavis -e. *al.*). *v. et p.2149,27.* η *separatio a consuetudine fidelium, excommunicatio – Ausstoßung aus der Gemeinschaft der Gläubigen, (Kirchen-)Bann, Exkommunikation, 'Interdikt' (de re v. p.2150,29):* NICOL. I. epist. 15 p. 282,13 si post hanc nostri apostolatus -em (intradictionem *var. l.*) remorari temptaverit *Hilduinus eqs.* GERHOH. aedif. 40 p. 181,3 (ed. Sackur) solet ... ista -o cum anathematis interpositione fieri. CHART. Solod. I 196 p. 100,32 ut ... sententiam excommunicacionis ac ecclesiarum -is inflexibiliter teneant et observari faciant *clerici. al.* **b** *theol. i. q. actio inefficacem reddendi, energia non perfecta – das Unwirksam-Machen, Unwirksamkeit:* ALBERT. M. eccl. hier. 5 p. 130,53 '-em' (*PG 3,528*^{A} ἀνενεργεσίαν), id est remotionem *(sc. carnalium concupiscentiarum)* ... dico.

2 *spectat ad iussum commonitionem sim.:* **a** *denuntiatio – Androhung:* LIBER diurn. 84 p. 102,15 districti a n a t h e m a t i s -e subicimus, si quis *eqs.* (86 p. 112,9 sub ... validis atque atrocioribus a. -bus *al.*). DIPL. Heinr. II. 479 p. 611,23 sub imperialis ... banni nostri -e precipimus, ut *eqs.* **b** *condicio – Auflage, Bedingung:* CHART. Rhen. med. I 540 p. 598,41 (a. 1150) ut ... pro auferenda hereditarii occasione iuris per singulos annos unum onus vini redderet *Iohannes* ad huius -is et interconditionis plenariam munificentiam. **c** *ius – Recht:* CHART. ord. Teut. (Thur.) 296^{l} ne dictus scultetus omnem -em temporalem, quam predecessores dicti plebani ... habebant... in toto molendino ..., infringat.

***interdictivus**, -a, -um. *prohibitorius, vetans – untersagend, verbietend, Verbots-:* CONR. MUR. summ. p. 163,3 sunt verba ... improperativa, -a, inhibitoria.

interdictor, -oris *m.* 1 *qui prohibet, vetat – einer der untersagt, verbietet:* GERHOH. aedif. 34 p. 1281^{B} -r in promptu habeat ulcisci omnem inobedientiam. 2 *qui contradicit, coercet – einer der Einspruch erhebt, Einhalt gebietet:* LEX Sal. Karol. 45,2 si ... contra interdictum unius ... in ipsa villa consedere praesumpserit *(sc. migrans)*, tunc ⌞-r testari⌟ (interdictus testare *var. l.*) illi debet ..., ut *eqs.* RADBERT. Adalh. 38 tollitur pravitatis -r, et quis ultra iustitiae locus erit? *al.*

interdictorius, -a, -um. 1 *adi. i. q. separationem a consuetudine fidelium, excommunicationem pronuntians – Ausstoßung aus der Gemeinschaft der Gläubigen, (Kirchen-)Bann, Exkommunikation, 'Interdikt' verkündend:* HILDEG. epist. 24,56 a synodo litteras tuas *(sc. archiepiscopi)* divinorum -as accepimus. 2 *subst. fem. i. q. vetitum – Verbot:* HERM. IUD. conv. 2 p. 75,6 accepta a Christo seviendi -a.

interdictum *v.* interdico.

1. interdictus, -us *m.* *de formis decl. II. v. p.2150,16.sqq.* 1 *de prohibitione:* **a** *vetitum – Verbot:* BONIF. epist. 78 p. 171,19 hoc scelus *(sc. ebrietatem)* similiter synodali decreto et -u scripturarum compescamus. NOTA de unct. Pipp. (MG Script. XV p. 1,32) tali omnes -u et excommunicationis lege constrinxit *pontifex*, ut *eqs.* VITA Emm. 36 de ... habitaculo ... mulierem non potui ullo -u (interdicto *a. corr. B1.4*) eicere. MARIAN. chron. a. Chr. 1096 ut ... communi omnium episcoporum -u feminas separarent a clericis. *al.* **b** *contradictio – Ein-, Widerspruch:* CHART. Lux. I 184 (956/77) ut ... sine -u omnium successorum nostrorum feliciter teneant *famuli s. Petri (sc. praedia).* DIPL. Merov. I 104 p. 270,24 (spur.) absque -u iudicum. DIPL. Conr. II. 263 p. 364,34 absque ullius magnę parvęque -u personę (*inde* DIPL. Heinr. III. 183 p. 227,8. DIPL. Heinr. IV. 335 p. 441,31; *sim.* DIPL. Heinr. IV. 335 p. 441,23 sine alicuius magnę vel parvę -u personę). 2 *spectat ad iussum, communitionem sim.:* **a** *condicio – Bedingung, Auflage:* CHART. Rhen. med. I 540 p. 598,39 (a. 1150) ut Iohanni ... ad vitę suę dies committeremus *(sc. possessionem)*, eo -u, ut datis aliis duabus ... marcis pro nobis possessor legitimus ... existeret. CHART. Steph. Wirz. 73 vineam ... ad altare sancti Petri ... absque ullo -u delegaverim. **b** *denuntiatio – Androhung:* CHART. Sangall. C 322 (816/28) diiudicatum est, ut eadem res in -u banni iussę fierent, usquedum *eqs.*

2. interdictus *v.* interdico.

interdigitia *subst. n.* *ulcera inter digitos pedis vel manus crescentia – Auswüchse zwischen Fingern und Zehen:* RECEPT. Lauresh. 2,125 capit. p. 83 ad -a.

***interdistinguo**, -tinctum, -ere. 1 *distinguere, (de)limitare – abteilen, -grenzen:* COD. Laurish. 65 (non ante 917) conscriptio marchę et silvę ..., sicut eam Chůnradus rex ... per Liutfridum ipsius comitem ... collibus, vallibus, lapidibus, tumulis, viis -ere iussit. 2 *disperse distinguere, ornare – hier und da besetzen, schmücken:* WOLBERO cant. 1 p. 1076^{A} murenula est quoddam genus ornamenti velut catenula ex auro contexta et argenteis -ta virgulis in modum vermicularum.

interdiu *adv.* 1 *die – tagsüber, am Tag:* LEX Saxon. 38 qui domum alterius vel n o c t u vel -u ... incenderit *eqs.* (ANNAL. regni Franc. a. 819 p. 151,23 Liudewiti copias et n. et -u ... laceravit *Borna. al.*). ANNAL. Einh. a. 793 p. 93,30 quantum -u terrae a fossoribus fuerat egestum, tantum noctibus humo iterum in locum suum relabente subsidebat. SYRUS Maiol. 315 has *(sc. laudes)* -u, has noctibus concinnate. GESTA Ern. duc. I 3,115 ratum teneo, quod, <si> super navis marginem, unde nos grifes videre possint, -u sic iaceremus, raptim nos in fortitudine sua inde ad nidos suos sustollent. *al.* 2 *per totum diem – den ganzen Tag über:* IOH. IAMAT. chirurg. 2,1 evenit nonnunquam telum fronti immissum et -u relictum in meatus narium ... descendere. 3 *per confusionem i. q. interdum, interim, interea – unterdessen, mittlerweile:* MIRAC. Bav. 1,17 -u, quia ... locus negligebatur cultu totius venerationis, ipsae murorum reliquiae ... operiebantur vepribus.

***interdivisus**, -a, -um. *subdivisus – unterteilt:* DYASC. p. 48^{b} bacaris herba est odorativa ... folia habens aspera et lata -a. CHART. scrin. Col. A I p. 115 nr. 14 domus illa (que -a est) ... propria est Heidenrici.

interdo, -dedi, -dare. *dare inter se, commutare – (wechselseitig) geben, austauschen:* GESTA Camer. cont. II C 7 p. 219,50 fidelitatem iuraverunt alterutrum et obsides -erunt *castellanus et pontifex.*

***interdonatio** (-cio), -onis *f.* *script. gen.* -nes: *l. 43. 44.* *permutatio (mutua) – (wechselseitiger) Tausch:* FORM. Sal. Merk. 16 p. 247,18 per illas epistolas -es visi fuimus adfirmasse. p. 247,22 hoc per hanc -em ... in tuae habeas potestatem *eqs.* FORM. Marculfi 1,12 capit. p. 12 preceptum -es. 1,12$^{capit.}$ preceptu -es (-is, -bus *var. l.*). 2,7 capit. p. 154 carta -ciones inter virum et femina de eorum res (*sim.* 2,7$^{capit.}$).

***interdono**, -are. *dare inter se, commutare – (wechselseitig) geben, austauschen:* FORM. Sal. Merk. 16 p. 247,17 ut aliquid de rebus ... inter nos -are deberimus *(sc. vir et femina).*

***interduco**, -ductum, -ere. *mediopass. i. q. praeterire – vergehen:* VITA Bilhild. 6 (Francia. 21,1. 1994. p. 65^{a},27; c. s. XI.) parvo tempore -to (introducto *var. l.*) ab eo loco ... discedens ... advenit.

interdum *adv.* 1 *nonnumquam, quandoque – bisweilen, manchmal, ab und zu:* **a** *in univ.:* AETHICUS 17 caelum pro aere et -m aerem pro caelo posuerunt *philosophi.* CAND. FULD. Eigil. I 15 erat ... ad mensam recitata lectio legis Dei et -m intermixta quaestio lectionis. GERH. AUGUST. Udalr. 1,25 l. 58 haustibus ... aquae -m corpus ... reficiebat. THIETM. chron. 7,36 zelus dominicae domus ..., etsi raro, tamen -m comedit me. THANGM. Bernw. 1 p. 758,37 -m simplici contextu rationem contulimus *(sc. Bernwardus et Thangmarus)*, saepe syllogisticis cavillationibus desudavimus. STATUT. ord. Teut. p. 47,37 aves ... causa exercende artis sagittarie -m poterunt *fratres* sagittare. *persaepe.* **b** *iuncturae* -m ... -m, nunc ... -m, modo ... -m *i. q. modo ... modo – bald ... bald:* GERH. AUGUST. Udalr. 1,26 l. 21 -m se super pulvillum in dexteram partem reclinavit, -m ad sinistram et -m sedens ad dorsum super posteriora sedilis ... reclinavit. THANGM. Bernw. 19 p. 767,39 nunc imperatoris cubiculo, -m episcopi considentes *(sc. imperator et episcopus).* WIPO gest. prol. p. 6,7 ut modo sidereos recessus, modo terrestres, -m marina abdita ... vivaci motu cogitationis percurrat *anima. al.* 2 *interim, interea –*

[Weber]

unterdessen, inzwischen: LEX Baiuv. 4,27 si quis liber ... fugerit, et ... -um inimici illius coniunxerint et interficerint *eqs.* 14,5 aliud interim ad operationem restituat -m, quale illud fuerat, quod lesit *(sc. violator).* ERMENT. Philib. 1,29 (MGScript. XV p. 300,18) -m venerandum sepulcrum cum sacratissimo pignore de scala deponitur *(v. notam ed.).* GERH. AUGUST. Udalr. 1,10 l. 70 -m obsidibus datis iterumque ... receptis. *al.* 3 *abund. c. coni.* -um cum *i. q. dum – solange:* TRAD. Frising. 661 p. 557,5 (a. 843) ut ... census ... ab eis *(duobus nepotibus episcopi)* ... veniret de argento solidos II, hoc est de cuique illorum unus, -m cum viverent.

***interdutiae**, -arum *f.* (interd(u)ere) *spatium – Dauer, Lauf:* LULL. epist. 100 quamvis per -as temporum corporali praesentia secernamur. *cf.* indutiae.

interea *adv. et coni.* *script.* -eam: *l.40.* I *adv.:* A *interim, inter haec – während-, unterdessen, inzwischen:* 1 *in univ.:* a *usu communi:* TRAD. Frising. 23 p. 51,29 (a. 765) -a contigit, ut condictum est publicum synodum. LIUTG. Greg. 4 -a, dum haec ita geruntur, ... successerunt in regno patri Karolo ... Carlmannus et Pippinus. WETT. Gall. 7 Gallus retia lymphae laxabat in silentio noctis, sed -a audivit demonem ... clamantem. RUOTG. Brun. 36 p. 37,2 quid -a ... Bruno ... fecerit, disseramus. BRUNO QUERF. Adalb. A 21 p. 27,5 -a quis non deploret squalores miseriȩ nostrȩ (B 21 p. 59,18 inter hec). BERTH. chron. B a. 1077 p. 294,16 -a toto, quoad poterat, nisu exercitum ... contraxerat *rex. persaepe.* b *in initio capitis, membri:* ARBEO Corb. 10 -a contigit, ut *eqs.* WIDUK. gest. 2,3 p. 68,1 -a barbari ad novas res moliendas desaeviunt. THIETM. chron. 1,8 -a Conradus longa infirmitate detentus. CHRON. Thietm. 5,29 mortuo -a duce Wlodoweio. *persaepe.* 2 *locutio* -a loci *fere abund. pro* -a: WIDUK. gest. 2,14 dum ea -a loci geruntur, ... Ungarii ... irruunt in Saxoniam. ANNAL. Altah. a. 1042 p. 30,1 quod nostris peccatis exigentibus divina vindicta tunc in nobis perpetravit, hoc illis partim in posterum reservavit, partim -a loci repraesentavit. B *sed, tamen – indessen, jedoch:* DESID. CAD. epist. 1,8,23 -a, quamquam necessarium esse non ducam, latorem praesentis offitii multa devotione conmendo. CHART. Sangall. C 112 p. 101,27 duplam reppetitionem restituat *(sc. qui contra chartam venire conatus fuerit),* -am cartula ista firma ... debeat permanere. WANDALB. mens. 95 venandi hoc *(sc. Aprilis)* eadem est Martis quae mense voluptas, -a agricolae insistunt frugesque futuras saepibus ... properant munire cavatis. REGINO chron. a. 774 p. 49,33 -a (ANNAL. Lauriss. a. 774 [MGScript. I p. 152,17] sed) ... in fugam conversi sunt *Saxones.* *locut.* tamen -a *fere abund.:* CAND. FULD. Eigil. II 11,21 nunc iam cedo equidem iussis ac iussa facesso, tu tamen -a pariter, concordia fratrum, viribus infessis mecum partire laborem. HEIRIC. Germ. I 1,195 tu tamen -a praesentibus utere, pastor, obsequiis. WALTHARIUS 282 regi ac reginae ... potu sepelire studebo, ... tu *(sc. virgo)* tamen -a mediocriter utere vino. *al.* C *praeterea, insuper – außerdem, darüber hinaus:* DESID. CAD. epist. 1,2 -a ... precor inpense, ut *eqs.* *(cf. notam ed.; sim.* EPIST. Desid. Cad. 2,16). BONIF. epist. 50 p. 83,28 de una re et consilium quȩrere et licentiam petere necesse habeo; ... -a (preterea *var. l.*) quȩrere et interrogare paternitatis vestrae *(sc. papae)* consilium debeo. GREG. CAT. chron. I p. 182,5 (epist. papae) ex fundo Septiniani uncias sex; -a casales: Pipilianum cum casis et vineis *(sc. confirmamus vobis).* DIPL. Ludow. Germ. 138 p. 193,4 (interp.) cellam ... construxit *episcopus* ..., claustrum ... ordinavit ...; -a ... eandem cellam dotavit. REGINO chron. a. 807 p. 66,39 fuerunt etiam (-a *B*; ANNAL. regni Franc. a. 807 p. 124,6. praeterea) inter predicta munera duo candelabra. D *igitur, itaque – also, daher:* DIPL. Ludow. Germ. 16 p. 20,3 dedit -a ... Sigimarus abbas ... hobas octo *(v. notam ed.).* 63 p. 86,25 noverit -a sagacitas ... omnium fidelium nostrorum *eqs.* *(sim.* 68 p. 95,42). E *tunc, tum, ibi – da:* TRAD. Frising. 401a p. 345,4 (a. 818) convenientibus viris nobilibus ..., -a igitur surrexit advocatus. F *aliquando – einmal:* TRANSL. Viti 2 p. 34,4 erat -a vir laicus ..., qui ... filium non habebat.

II *coni. i. q. dum – während:* VITA Verenae II 67 (MGPoet. V p. 98; s. XI.¹) -a sancta fierent hȩc virgine signa *(sc. miracula et Alamannos baptizatos esse),* invidus ille ... demon ... militis Italici cor presserat atque fatigat. *Weber*

interem *v.* interim. **interemo, interempsi** *v.* interimo.

[interema *v.* interaneus.]

interemptio, -onis *f.* *script.* -mp(onis): *l.10.* 1 *gener. i. q. actio interimendi, occisio, exstinctio – Vernichtung, Ermordung (in imag.: l.11):* a *in univ. (abund.: l.9):* WILLIB. Bonif. 8 p. 52,5 cum ... inprovisa sanctorum martyrum temporalis -o exitii per pagos ac vicos ... volitaret *eqs.* FLOD. hist. $4,10^{tit.}$ p. 402,5 de -e (-pone *var. l.*) Folconis episcopi. EPIST. Ratisb. 8 p. 312,12 hinc *(sc. ex iniuria)* -o totius amicitiȩ nascitur. EKKEB. SCHON. cath. 2,4 p. 20^{C} sunt -es, quas aliquando a populo zelante pro lege Dei sui aliqui vestri *(sc. cathari)* patiuntur *eqs. al.* *pernicies – Untergang:* HRABAN. inst. cler. 1,27 p. 320,20 ut ipse apostata diabolus in vase suo pristino suae -is cognoscens signum *eqs.* 2 *log. i. q. exclusio, negatio – Ausschluss, Verneinung (de re cf. M. Grabmann, Gesch. d. scholast. Methode II. 1911. p. 559):* ALBERT. M. eth. I 147 p. 132,9 ad secundum dicendum, quod ... Aristoteles solvit ad simile argumentum per -em *eqs.* GEBER. summ. 1,9 p. 278,1 ad harum *(sc. rationum)* -es (-em, interpretationes, reprobationem *var. l.*) positarum transeundum a nobis est. *al.*

interemptivus, -a, -um. 1 *adi. i. q. refutans – widerlegend:* ALBERT. M. elench. 1,319 p. 595^{b},12 sic ... in non-causa ut causa duae sunt duorum argumentorum consequentiae, una bona, quae est ostensiva falsi, alia mala, quae ex falso est -a hypothesis. 2 *subst. neutr. i. quod destruit – etwas das zerstört:* ALBERT. M. summ. theol. II 20,125,2 p. 413^{a},38 omnibus praeponitur veritas; et propter hoc numquam bene potest fieri, quod est -um veritatis.

interemptor, -oris *m.* 1 *qui interficit, homicida – einer der tötet, Mörder:* WALAHFR. carm. 25^{a},7,1 martyrum flores ferus -r, milibus multis avide cruorem quaeritans Christi cruciat malignae frigore mentis. THIETM. chron. 2,38 ignoro, utrum hanc *(praedam)* eiusdem *(sc. ducis)* -es sumpserint, an sic casu accidente necis eius inculpabiles invenierunt. ANNAL. Hamb. a. 1252 Lago -r Erici regis multa pecunia ab Abel collecta fugit in Holtsaciam. *al.* 2 *qui destruit – einer, der zerstört, vernichtet:* GREG. CAT. defens. 10 (MG Lib. Lit. II p. 541,37) ipse solus ordinator *(i. Deus)* et sibi tempore placito cuiuscunque potestatis -r est et translator.

interemptrix, -icis *f.* *quae destruit, interficit – eine die vernichtet, zerstört, tötet:* IULIAN. TOLET. insult. 2 nutricem te *(sc. Galliam)* scandali recognosce ..., fontem perfidiae, animarum -em. NICOL. I. epist. 46 p. 323,43 *Waldrada* huius vestri *(sc. Lothari et Theutbergae)* negotii executrix et -x effecta est. FROWIN. explan. 6,2 l. 322 discretio vera fons atque radix esse cognoscitur cunctarum virtutum, nichilominus omnium vitiorum -<trix> esse non dubitatur.

intereo, -ii, -ire. *form.:* *fut. II* -iere: *l.57.* *perf.* -iet: *l.66.* 1 *sensu originario i. q. mori, perire – sterben, zugrunde gehen, umkommen:* a *de anim. (fere de hominibus; de animalibus: l.60; de plantis: l.55):* LEG. Wisig. 12,2,2 p. 413,11 ut ... eterno exilio mancipatus -eat *(sc. laicus)* aut divina miseratione respectatus ... vivat. HRABAN. carm. 37,14 simul -eunt *flores.* VITA Gang. I 8 (MGMer. VII p. 163,1) nullo modo meis -iere (-ieris, -ire, -ibis *sim.*, interimeris *var. l.; sc. uxor*) manibus *(cf. notam ed.).* BERTH. chron. B a. 1076 p. 243,9 dux ... Gotifridus ... excommunicatus -ierat. METELL. buc. $10^{tit.}$ de bucula, que ... se defricans -iit. *persaepe.* b *de rebus:* POETA SAXO 5,414 Carolo moriente tuum *(sc. Franciae)* decus et honor ... fugit et -iit. MATHEM. var. Bubnov. p. 384,20 illo *(Boethio)* ... sublato ipsa ... omnis simul -iit *(sc. scientia quadraturae circuli).* VITA Serv. 20 p. 82,11 patrum -iit amplitudo ... et nomen nobilissimum. *de igni i. q. exstingui – verlöschen:* VITA Arnulfi 20 infra parietes totus retortus ignis -iet (-iit *var. l.*). 2 *per confusionem c. circumire i. q. circumgredi – begehen, umschreiten:* CHART. Salem. 139 p. 177,17 (a. 1225) statuti ... limitatores ... iuraverunt, quod ... predium monasterii -eundo ... pro bona conscientia ostenderent et limitarent.

intereone *v.* interione.

interequito, -are. *per medios equitare – hindurchreiten:*

[Mache]

DIPL. Otton. II. 325 p. 383,9 (spur. s. XIII.$^{in.}$) imperator ... -ari fecit marcham.

*__interexsisto__ (-exi-), -ere. *exsistere – eintreten, geschehen:* CHART. Rhen. med. II 176 p. 218,24 (a. 1198) prioribus ... dictis et factis -existentibus et ea, que ... sunt ... ordinata ..., cunctis approbantibus.

interfectio, -onis *f.* *homicidium, caedes, occisio – Mord, Totschlag, Tötung:* 1 *gener.:* a *in univ.:* CONC. Karol. 44 p. 478,17 post eius *(Thomae)* -em. CHART. Cell. Paulin. 50 p. 63,43 datum Hersfelde quarto Kalendas Iulii, anno secundo -is regis Philippi. ANNAL. Mell. Claustr. IV a. 1270 quam *(sc. compositionem)* ... rex Ungarie ... violavit collecta multitudine Ungarorum et Comanorum terram ingrediens rapinis et incendiis et diversis hominum -bus eam depopulans. *persaepe. interemptio – Vernichtung:* ALEX. MIN. apoc. 9 p. 148,1 ad -em ... animarum sanctarum frustra saeviebant *(imperatores).* b *spectat ad proelium:* ANNAL. Ratisb. suppl. a. 956 (MG Script. XXX p. 746,30) eodem anno fuit -o Ungarorum in Lechvelt. HELM. chron. 36$^{tit.}$ p. 39,5 de -e Rugianorum. *saepe.* c *spectat ad martyrium:* GODESC. BENED. Anast. 1 omnes, qui cum illa venerunt, variis -bus martirium celebrarunt. *al.* 2 *iur. (de re v. H. Hirsch, Die hohe Gerichtsbarkeit im deutschen Mittelalter. p. 35sqq.):* LEG. Burgund. const. I 10$^{capit.}$ de -e servorum Burgundio et Romanus una conditione teneantur. DIPL. Ludow. II. 25 p. 113,35 pro -is scelere. *al.*

interfectivus, -a, -um. *mortifer – tödlich:* DYASC. p. 126^{b} cortex radicis eius *(sc. mandragorae)* ... virtutis est generative atque perseveratione -e.

interfector, -oris *m.* *qui interficit, homicida – einer der tötet, Mörder:* LEG. Burgund. const. II 2 similiter de servis regiis secundum qualitatem personarum circa -es conditione servata. CAPIT. Bened. 1,230 p. 58^{A},54 -r ... congruam facinori poenitentiam accipiat *(cf.* CAPIT. episc. II p. 199,9; *v. et notam ed.).* ALBERT. M. animal. quaest. 4,12$^{capit.}$ quare -e praesente sanguis interempti fluit. *persaepe.*

interfectrix, -icis *f.* *quae interficit, interimit, homicida – Mörderin, Vernichterin:* 1 *proprie:* RATHER. prael. 1,10 l. 360 in tantum decipiuntur *(sc. homines)*, ut etiam eis *(sc. Aegyptiis)* ... Herodian illam Baptistae Christi -em quasi reginam, immo deam preponant. CAES. HEIST. mirac. I 6,35 p. 388,7 feminam semiustam atque exstinctam ... ad verbum praedicti sacerdotis tanquam proprii corporis -em in campo sepelierunt. FUND. Consecr. Petri p. 124,23 -x Christi, gens Iudaica, terre illi *(sc. Hiberniae)* non presumunt ... proximare. 2 *translate vel in imag.:* HILDEG. scivias 3,1 l. 117 non potuit nec esse debuit ulla pollutio carnis in mente Virginis, quia -x et mortificatrix mortis generis humani ... decepta est. 3,8 l. 93 ego sum columna humilium mentium, et -x superborum cordium. CAES. HEIST. hom. II p. 74^{a} scriptura quadruplicem nobis mortem ostendit: culpae ..., gratiae, naturae, damnationis aeternae; prima mors -x est virtutum *eqs.*

?**interfeminium**, -i *n.* *pudenda (muliebria) – (weibliche) Scham:* FRAGM. sacram. Arnon. add. 7 p. 60,3 exi *(sc. daemon)* de renibus ... de mammillis, de intervivio *(edd.; fort. leg. -o; v. notam ed. Franz p. 606).*

*__interferio__, -ire. *mutuo pulsare, invicem calcare – gegeneinander schlagen, treten (usu mediopass.):* IORDAN. RUFF. equ. 6,62 p. 110,2 solet equus ... -iri de uno pede ad alium propter maciem.

*__interferitio__, -onis *f.* *actio mutuo pulsandi, invicem calcandi – das Aneinanderschlagen, Aufeinandertreten:* IORDAN. RUFF. equ. 6,62 p. 109,15 -em vel percussionem de uno pede ad alium. 6,62 p. 109,19 equus -e ... remedium obtinebit.

*__interfero__, -ferre. *confunditur c. interserere: p. 2156,2.* 1 *intercedere facere, exercere – dazwischentreten lassen, geltend machen:* CONC. Karol. B II 8,2 p. 61,12 suo domino humiliter intimavit *(sc. regina)*, ut gratiam -ret suae tuitionis archiepiscopo vetans apostolicum ei nullam inquietudinem facere. 2 *intro-, inducere – einführen, -bringen:* GESTA Camer. 1,107 p. 446,26 coepit *(sc. abbas)* inter episcopum et inter ... comitem ... novam odiorum materiam -re. 3 *adiungere, annumerare – anfügen, -schließen, hinzuzählen (usu refl.: p. 2156,2):* PETR. DAM. epist. 48 p. 57,4 fratres mei, ut et me vobis audenter -am *(sic ed., sed vix recte; cf. -seram V1).* AMADEUS LAUS. hom. 1,122 caeterum est, ut de evangelio -amus aliqua.

interffui *v.* intersum.

interficio, -feci, -fectum, -ere. *script.: stirp. praes.* -fiti(o): *l. 21. al.* -fec-: CHRON. Fred. 2,35 p. 59,5. *perf.:* -fex(i): FORM. Bitur. 13. -ferunt: OTTO. MOR. hist. p. 127,10 *(var. l.). al.* -fic(i): CONVERS. Afrae 7 -ficero. *al. partic. perf. pass.* -ici(us): *l. 32. refl.: l. 39. al. partic. perf. pass. usu adi.: l. 15. al.; subst.: l. 19. 32. al.*

1 *obi. anim. i. q. occidere, necare – töten:* a *de hominibus (de daemonibus l. 25; de angelis: l. 23; in imag. de iustitia canonica: l. 20):* α *obi. homines:* LEG. Wisig. 6,5,12 p. 278,9 qui *(ingenui)* ... quocumque hictu hominem -erint. LIUTG. Greg. 9 p. 74,31 vir spiritualis ... cogitans ... de fratrum -torum absolutione. WIDUK. gest. 1,21 rex ... egit, ut quoquo modo -retur *(sc. dux Saxonum)* dolo. THIETM. chron. 2,27 episcopus ... abscisa suimet auricula et caeteris sauciatus membris cum -tis quasi mortuus latuit. 6,28 Dei ... iusticiam spernentes spirituali mucrone -fici precepit *(sc. episcopus).* ANNAL. Wirz. a. 1147 p. 3,49 Iudeos ... reluctantes sine dilatione -fitiunt *(sc. milites christiani).* CATAL. Col. p. 338,9 a ... papa excommunicatus et postea ... ab angelo Domini -tus est *Gunterus. persaepe.* β *obi. animalia:* LEX Baiuv. 9,10$^{tit.}$ si occulte alienum animal -erit. CONVERS. Afrae 7 draconem vade et -ice *(sc. daemon).* WIPO gest. 30 p. 49,25 quidam *(sc. miles)* ... equum proprium ... -ecit. ALBERT. M. animal. quaest. 7,33-39 p. 187,69 si saliva hominis ... infundatur super bufonem, ... ipsum -it. *caedere – schlachten:* DIPL. Philipp. Suev. 181 p. 410,10 si carnifex porcum aut vaccam aut bovem ad -endum emerit. WILH. RUBRUQU. itin. 11,2 opportebat eos *(sc. christianos)* ... et comedere morticina et -ta (-icia C) a Sarracenis. b *de animalibus:* α *obi. homines:* ALBERT. M. animal. quaest. 8,39 p. 200,69 quidam camelus coivit cum matre sua et, postquam cognovit ipsam esse matrem, -ecit ipsum, qui caput suum cooperuerat. β *obi. animalia:* ALBERT. M. animal. 6,3 gallinae, quae Adriani regis vocantur, ... sunt malorum morum ad pullos suos, saepe ... -unt eos. animal. quaest. 2,26 p. 118,79 si non refrenaretur *(sc. equus)*, saepe seipsum -ret prae nimio furore luxuriae. *al.* c *de plantis:* ALBERT. M. animal. quaest. 8,10 p. 192,51 ruta ... contrariatur complexioni serpentis et ipsum frequenter -it. 2 *obi. res i. q. delere – zerstören, vernichten (in imag.: l. 44):* BRUNO QUERF. Adalb. A 9 quam patris terror peperit, pacem -ecit *(sc. Otto imperator).* ROGER. SALERN. chirurg. 3,189 can<c>rum -icit *(sc. pulvis).* ALBERT. M. animal. quaest. 13,14 p. 246,16 alia causa est necessitatis diaphragmatis, quia a stercore corrupto, si non esset diaphragma, venirent fumi putridi ad cor et -rent. *Mache*

interfinium, -i *n.* *terra, territorium interiacens – dazwischenliegendes Land(stück), Gebiet:* DIPL. Ludow. Germ. 66 p. 91,30 dixerunt *(sc. Hilargaugenses et alii)* se veraciter scire ita -um esse et marcham Campidonensem infra hos *(sc. supra nominatos)* terminos consistere. TRAD. Altah. sup. 2 (QuellErörtBayerGesch. N. F. XXX. 1979) qui *(sc. advocatus et abbas)* ... constituerunt, ut -a et terminos ... silvę prepositi ... abbati et servitoribus ęcclesie s<ancti> Petri monstrarent.

*__interfissa__, -ae *f.* (inter *et* findere) *incisura – Einschnitt:* IOH. IAMAT. chirurg. 4,2 oportet ... pelliculam exteriorem *(sc. palpebrae)* in transverso per -am exprimere, ipsam pinguedinem exeuntem cum unco apprehensam extrahere.

*__interfluentia__, -ae *f.* *actio fluendi (inter vel per aliquid) – das (Durch-, Dazwischen-)Fließen:* EKKEH. URAUG. chron. a. 1105 p. 230,16 istis *(sc. regi et suis)* Rheni -a naviumque subtractio urbis aditum denegabat.

interfluo, -fluxi, -ere. 1 *de fluentibus, aquis:* a *fluendo percurrere – durchfließen:* VITA Meginr. 4 quem *(lacum Turicum)* -it Lindemacus fluvius. b *fluendo dividere, se interserere – (hindurch-, dazwischen)fließen (zwischen):* COD. Hartw. 31 tradidit *archiepiscopus* equalem mensuram inter loca Chemanatun et Gakilheim dicta et inter duos rivulos, qui loca predicta -unt. ANNAL. Quedl. a. 1015 p. 548,1 illi *(sc. milites)* ... tendunt ad locum, qui vix ... undique -ente (interluente

[Orth-Müller]

var. l.) palude . . . brevem praebet lassis quietem. RAHEW. gest. 4,11 p. 246,2 Pado -ente (inter se fluente *var. l.*) separantur *civitates (i. Cremona et Placentia)*. CHART. Brand. A X 14 p. 188,25 cum . . . dimidietate stagni, quod villam Goliz et Wachowe -it. *al.* 2 *de tempore i. q. praeterire, intercedere – vergehen, dazwischen verlaufen:* IONAS AUREL. transl. Hucb. 2 (MGScript. XV p. 237,18; a. 825/31) -xit . . . spatium temporis a prima usque ad secundam translationem annorum circiter septuaginta quinque. MIRAC. Nicol. Brunw. 2 vix -ente trium mensium tempore. CHRON. reg. cont. V a. 1242 p. 282,35 modicum tempus -it (interfuit *var. l.*), cum archiepiscopus . . . terram comitis . . . aggrederetur. *al.*

interfluus, -a, -um. *qui interlabitur – dazwischengleitend, -schlüpfend:* YSENGRIMUS 5,401 dividuos dentes -a lingua pererret.

***interfluxus,** -us *m. actio praetereundi – der Verlauf:* VITA Ermin. 3 sub eodem spiritalis militie tyrocinia taliter exercebat, ut non longi temporis -u signifer ex atletha . . . crearetur.

interfodio, -ere. *perfodere – durchgraben:* THEOD. PALID. annal. a. 1153 p. 88,14 quem *(collem)* nonnulli stultorum . . . -entes spe thesauri reperiendi . . . diabolum . . . in specie equitis conspiciunt.

interfor, -ari. *(interrumpendo) interloqui – (unterbrechend) ins Wort fallen:* HERM. AUGIENS. vit. 1714 vos *(sc. sorores)* quod -arier canenti . . . maluistis, o quam gratum mihi *(sc. Musae)* fecistis.

interfugio, -ere. *devitare – (ver)meiden, umgehen:* ANNAL. Marb. a. 1076 p. 30,37 rex proprie cause diffidens et idcirco generale colloquium -ens (subterfugiens BERNOLD. CONST. chron. a. 1077) furtive Ytaliam . . . intravit.

interfulgeo, -fulsi, -ere. *intermicare – dazwischen aufleuchten:* RUP. TUIT. off. 5,23 consummatis missarum solemniis, quae . . . festive celebrata mediis tristitiae nebulis . . . quasi sol -erunt, statim profundiora eiusdem tristitiae sequuntur.

interfundo, -fusum, -ere. *in schedulis nostris tantum partic. perf.* 1 *usu pass.:* **a** *(interfluendo) dividere – (durch Dazwischenfließen) abtrennen:* WANDALB. horol. 32 quae *(regio)* . . . respicit Oceani -sos orbe Britannos *(spectat ad Isid. orig. 9,2,102. 14,6,2)*. **b** *interponere, intericere – dazwischen einfügen, -streuen:* PETR. DAM. epist. 14 p. 148,8 illae *(volucres)* sunt . . . animae . . ., quae . . . non ex toto sunt albae, sed -sa sparsim nigredine variatae. HUGO FLOR. act. prol. p. 376,17 quae nusquam historia seriatim digesta, sed . . . quibusdam in codicibus inserta et aliis tractatibus -sa tenetur. 2 *usu mediopass. i. q. interfluere – (dazwischen)fließen (zwischen):* RHYTHM. 39,23,1 -so (-sus *var. l.*) ociano ibi manent Saxones. WALDO Anscar. 25,4 -sa (inter fusa *ed.*) locis . . . biremis aequora transmisit.

[**intergens** *v.* inting(u)o.]

***intergrado,** -are. (inter *et* gradus) *gradatim dispertire – abstufen:* GUTOLF. sermo de Schol. p. 88,33 fuit . . . heretice pravitatis allisio, cum . . . Arriani . . . Filium et spiritum sanctum esse fatentes utriusque tamen abnegent deitatem et altare divinum impia fictione inequalitatis -ent.

?***intergravo,** -are. (inter *et* gravare) *mediopass. fort. i. q. (intus) graviorem fieri, gravescere – viell.: (im Innern) schwerer werden, sich verschlimmern (in loco corrupt., ut vid.):* IOH. IAMAT. chirurg. 2,9 sanies, que -atur *(sc. in iunctura scapulae vulnerata)*.

***interguto** *v.* *intercuto.

***interhabeo,** -itum, -ere. *communicare, participari – Anteil haben (an), mitbesitzen:* CHART. Sev. Col. 3 p. 6,8 (a. 948) condixerant *(sc. clerici et laici)* . . . omnem salariciam terram pertinentem ad curtem iuxta monasterium, ubicunque iaceret locorum, et sic terminum ducebant ab urbis porta . . . usque ad Rhenum ac sic . . . ad civitatis fossam, ut nemo quid iuris vel potestatis aut terminum ac saltim senatus -eat *(in loco corrupt., ut vid.)*.

[2. **interhabeo** *v.* inde *et* habere: TRAD. Salisb. I 286 (a. 1147).]

interiaceo, -iacui, -ere. *script.:* intrai- *(per confusionem): l.15.17.19. in tmesi: l.29. partic. praes. usu adi.: l.5.11.34; subst.: l.15.19.*

interpositum, medium esse (inter) – dazwischenliegen (zwischen): 1 *strictius:* **a** *de locis, aquis:* WILLIB. Bonif. 8 p. 47,10 quae *(gens Fresonum)* -entibus aquis in multos agrorum dividitur pagos. COD. Lauresh. 799 donamus *(sc. Engilbreth et Wicbertus)* . . . mansum unum, qui rebus nostris -et. DIPL. Otton. I. 311 quae *(villa)* Salam et Fon<am> fluvios -et. ASILO rhythmimach. 30 si . . . aliquem contrariae partis numerum ita offendant *(sc. species tesserarum numerorum)*, ut quantitas -entium camporum per illos ducta eundem efficiat, auferant *(sim.* HERM. AUGIENS. rhythmimach. 24. FORTOLF. rhythmimach. 369*)*. *saepe. partic. praes. usu subst.:* CHART. Lamb. Leod. add. 5 p. 243,11 (a. 1171) recognovit *Guido* . . ., quod a fonte . . . usque ad silvam . . . totum -ens *(ci.,* intraiacens *ed. et cod. s. XV.)* erat de possessione . . . ecclesie Lobiensis, in qua silva, videlicet -ente *(ci.,* intraiacente *ed. et cod. s. XV.)*, mansuarii de Lerna habent mortua ligna pro foco. p. 243,18 a fossa porcina usque ad quercum latronis totum -ens *(ci.,* intraiacens *ed. et cod. s. XV.)* et introclusum cum silva . . . totum est de possessione . . . ecclesie. **b** *de tempore:* RIMB. Anscar. 18 p. 38,35 uxor . . . non multo -ente spatio obiit. AUREL. REOM. mus. 19,87 absurdum esset, si iteraretur duplatio modulationis in duabus syllabis nulla -ente morula vel qualibet syllaba. WIDUK. gest. 2,17 p. 83,3 inter quos *(vulneratos)* Ailbertus . . . non multis -entibus diebus defunctus est. *al.* **c** *usu vario:* ANAST. BIBL. epist. 5 p. 407,20 oculi . . ., si fumus palearum -uerit, videre ultra non possunt. SYLL. Bern. 7,15,3 ambitus quę *(signa)* signiferi iacentis segregat inter. ALBERT. M. animal. 1,419 membrum, quod -et inter faciem et clibanum pectoris, . . . est collum. *al.* 2 *latius:* **a** *c. sensu impediendi:* RIMB. Anscar. 27 p. 58,22 multae -ent insidiae. CHART. Turic. 1475 p. 184,29 propter loci distantiam . . . et alias quasdam incommoditates -entes. **b** *valere – gültig sein (cf. l. 57sqq.):* TRAD. Werd. 136 p. 31,28 (a. 1174/83) quendam famulum suum . . . liberum a possessione beneficiali resignavit *Walthardus* eo -ente pacto, ut *eqs.*

intericio, -ieci, -iectum, -ere. *script. et form.: praes.* -iaci(o, *metri causi, ut vid.*): *p.2159,37. perf.* -iac(i): *l. 68. partic. perf. usu adi.: l.44.*

1 *strictius i. q. interponere – dazwischenlegen, -setzen (mediopass. i. q. interiacere – dazwischenliegen):* **a** *de rebus corpor. et locis:* EINH. Karol. 7 p. 9,23 in quibus *(locis)* vel silvae maiores vel montium iuga -ta utrorumque *(sc. Saxonum et Francorum)* agros certo limite disterminant. THEOPH. sched. 3,85 p. 154,25 impone cuprum . . . atque intermisce carbones adiciens abundanter superius, -tis . . . ignitis carbonibus fac, ut folles incipiant flare. CHART. Stir. IV 510 p. 308,25 (dipl. Otokari regis) quas *(areas)* divisim detinent Nicolaus . . . et Wolfhardus . . . una cum cellario -to. **b** *de tempore i. q. intermittere – verstreichen, vergehen lassen (mediopass. i. q. praeterire – vergehen):* THANGM. Bernw. 2 p. 759,8 -to . . . non longo spacio. DIPL. Heinr. IV. 335 p. 440,40 paucis . . . -tis diebus. **c** *de verbis: p.2159,37.* 2 *latius:* **a** *gener. i. q. adhibere – anwenden, aufbringen:* FRID. II. IMP. epist. C 1 p. 100,5 pro generosis . . . circa nostra negotia tue *(sc. Raymundi comitis)* circumspectionis -te processibus. **b** *iur.:* **α** *intercedere facere – dazwischentreten, eintreten lassen, geltend machen (cf. l.34sqq.):* DIPL. Conr. III. 101 p. 180,28 frumentum, quod marchio postulavit, hoc omnino dimisit hac -ta c o n d i c i o n e, ut *eqs.* (119 p. 213,29. TRAD. Ror. 121 tali c. -ta). CHART. Stir. III 131 p. 202,18 castrum . . . ecclesie Salzburgensi nullo actu -to alio assignabo *(sc. Hartnidus)*. CHART. Welt. 19 p. 129,4 tali pena -ta, quod *eqs.* **β** *iunctura* appellationem -ere *i. q. interpellationem facere – Einspruch einlegen:* HONOR. III. registr. 6 appellatione, quam quidem fautores dicti Iohannis frustratorie -erant, frivola reputata. ANNAL. Ianuens. IV p. 17,17 flivolas appellationes ad senatorem Rome -iacerunt *Pisani.*

adv. **interiecte.** *diffuse, disperse – vereinzelt, hier und da:* ANSELM. BIS. rhet. 3,6 p. 178,10 suspiciones . . . -e dispersimus *(spectat ad Rhet. Her. 2,2,3)*.

[Orth-Müller]

interiectio (-ccio), -onis *f.* *actio interponendi, interserendi, interpositio – das Dazwischensetzen, -fügen, Einfügen:* **1** *gener.:* **a** *in univ.:* CHART. civ. Magd. 117 p. 63,2 (a. 1253) quod sancti Odůlfi parrochie populus ... gravatus sit ..., quod a parrochia sua -cione muri ... est exclusus. **b** *de additamentis textus ('Einschub'):* OTLOH. Bonif. praef. p. 116,27 querimoniae -o iam finiatur et ad id, unde recessimus, stilus revertatur. RUP. TUIT. off. 8,635 longa -o novarum consuetudinum ... lectoris memoriam fatigare ... poterat. **c** *intervallum – (Zwischen)Raum:* CHART. Zoll. VIII 25 (a. 1221) quoniam rerum status temporis -e labuntur. *de locis i. q. distantia – Entfernung (usu abund.: l.14):* EPIST. Desid. Cad. 2,1 p. 41,18 dum regionum longinquitas nos *(ed.; non S)* discrepat, aspectum nisi tantummodo fraudat terrarum -is spacium *(v. notam ed. p. 43).* EPIST. Reinh. 81 quamvis nos locorum dissociet -o. GERHOH. epist. 28 p. 617^{C} 'dic ... verbo, et sanabitur puer meus' *(Vulg. Matth. 8,8)* ..., ut agnoscatur imperium tuum *(sc. Christi)* inseparabile, quod nulla locorum -o poterit intercipere. **2** *gramm. et rhet. i. q. vox affectu animi edita, intersertio – Ausruf, 'Interjektion':* AMALAR. interpr. 37 osianna ... -em dicimus. ERCHANB. gramm. p. 104,21 -o dicitur, quando voce incondita, id est incomposita, profertur. CONR. HIRS. dial. 252 quae *(particula)* vocatur -o, quia sermonibus interposita motum solet animi variantis exprimere *(spectat ad Isid. orig. 1,14). al.* **3** *iur. i. q. interpellatio – Einspruch:* CHART. episc. Spir. 369 p. 336,6 (a. 1273) pronunciamus *(sc. arbitri)* ... villicanos in Westheim -em suam sufficienter probavisse in hoc, quod *eqs.*

interiectivus, -a, -um. *interiectionem quandam exprimens – einen Ausruf ausdrückend:* CONR. MUR. nov. grec. 1,3263 'o' vox nominis est adverbiolique, vel est pars -a. 1,3829 venatores et pastores sibi fingunt -as voces, prout expedit illis. *ellipt. vel usu subst.:* CONR. MUR. nov. grec. 1,1783 vox exultantis -aque fit 'io'. 1,3799 -as dicunt adverbia quidam, vel, quia cum verbis iunguntur, vel *eqs.* 1,3802sqq. -as dici reor hac ratione: mens prius afficitur, mentem ... sermo sequitur, cui simul ex menti vox hec interiacietur; -a sic est, non prepositiva. *ibid. al.*

adv. **interiective.** *in modum interiectionis – als Ausruf:* GESTA Bereng. 1,146 pro (gloss.: -e) sęva nocentum consilia.

1. interiectus, -us *m.* **1** *interpositio – Dazwischensetzung:* FRUTOLF. brev. 6 p. 50,5 qui *(tonus)* suo -u diezeuxin secundum tropus ibi efficit. **2** *intervallum – (Zwischen)Raum:* ADSO Mans. 10 (MGScript. IV p. 511^{b},26; s. X².) non longo temporis -u (TRANSL. Annon. 9 p. 16,32). FRAGM. de exp. Frid. I. imp. p. 18,17 quod *(castrum)* ab urbe ... viginti leugarum -u distans ulterius versus Egyptum secedit.

2. interiectus *v.* intericio.

interim *adv.* *script.:* -rem: CONC. Merov. p. 195^{b},6. intirim: *l.56.* intrim: GENEAL. Franc. (MGScript. II p. 308^{a},16).

I *usu adv.:* **A** *vi temporali:* **1** *interea – unterdessen, inzwischen, in der (Zwischen-)Zeit:* **a** *nude positum:* **α** *in univ.:* RIMB. Anscar. 3 p. 21,17 -m ... contigit eum ... Karoli imperatoris obitum audisse. AGIUS vita Hath. 25 pleraeque *(sc. sorores)* ad lavandum ... corpus in loco remanserunt; ceterae -m in eclesia ... orationibus vacabant. MARIAN. chron. a. Chr. 341 Constantinus ... -irim malens Arrium probare duxit eum ad palatium. OTTO FRISING. gest. 2,32 p. 140,33 -m a suis *(sc. regis)* pons ... servabatur. *persaepe.* **β** *tantisper, ad tempus – einstweilen, für jetzt, vorerst, vorläufig:* RIMB. Anscar. 12 p. 34,4 partem ... provinciae ... in duo divisit et duobus vicinis episcopis -m commendavit *imperator.* HROTSV. Cal. 6,2 quae in praesenti in manu habeo, -m accipe *(sc. Fortunatus)*; nec diffidas, te multo maiora accepturum fore. Abr. 3,19 tuum *(sc. Effrem)* est -m me precibus adiuvare. *ibid. al.* **b** *per relationem c. enunt. secundario vel iuxta coni. (interdum vi vocis evanescente) positum:* TRAD. Corb. 108 (a. 826/76) tradidit Agido ... mansum unum, ea ... racione, ut Swala ipsum possideat -m, dum vixerit. GODESC. SAXO theol. 19 p. 261,14 credo, quod vel istud -m sufficiat, donec esurientes et sitientes iusticiam perducantur ad trinum et unum Deum. GERH. AUGUST. Udalr. 1,4 l. 12 codiculum breviatum ex psalmis cum aliis orationibus -m decantavit, usque dum fratres cum cruce redirent. BERTH. chron. A a. 1061 p. 191,15 -m, dum haec aguntur, Anshelmus episcopus ... apostolicam sedem sibi usurpavit. *saepe.* **2** *interdum, nonnumquam – mitunter, bisweilen, manchmal:* AMALAR. off. prooem. 6 in omnibus, quae scribo, suspendor ... piorum patrum iudicio; -m dico, quae sentio. **B** *vi adversativa i. q. autem, vero, tamen – hingegen, bei alledem, jedoch, indessen:* EPIST. var. II suppl. 11 p. 636,7 placuit -m vobis *(sc. episcopo)* rogare, quid sentirem *(sc. clericus quidam).* RUOTG. Brun. 16 nos -m hęc *(sc. censuram archiepiscopi)* Dei iuditio relinquamus et ... ad propositum redeamus. VITA Mathild. II 10 p. 165,15 quanta religione consueverat missam audire: nullum -m protulit verbum, sed actu pariter et habitu intendebat in Deum. ARCHIPOETA 9,23,1 -m precipio tibi, Constantine: *eqs. al.*

II *usu coni.:* **A** *donec, quoad – (solange) bis:* IOH. VEN. chron. p. 112,18 clericum apud Gradensem urbem consecrare fecerunt *Venetici,* qui ibi perstitit, -m diem ultimum vixit. p. 140,25 in propria domo degere voluit *Petrus,* -m sancti Marci ecclesiam et palatium recreare posset. *ibid. al.* **B** *dum – während:* FORM. Andec. 22 demitto tibi pro ipso beneficium ... ˻vinia medio iucto tantum˼ *(notam ed.:* dimidiam vineam iuctis tantis) ..., ut, -m res vestras micum abuero, illa blada ... in tua revocis potestatem. *in iunctura c.* quod: ANNAL. Lauresh. a. 802 p. 39,17 imperator, -m quod ipsum synodum factum est, congregavit duces. **C** *antequam – bevor:* IOH. VEN. chron. p. 168,19 cui *(duci)* Vassilius imperator iniungens monuit, ne ab urbe discederet, -m de Bulgarorum finibus ... reverteretur.

interimo, -emi, -emptum, -ere. *script. et form.:* *stirp. praes.* -em(o): *l.49. al.* *stirp. perf.:* -im(i): *l.52. adde* PAUL. DIAC. Lang. 6,46. TRAD. Frising. 1107. -emps(i): *l.51.* *pendet de: l.64.* *usu refl.: l.64.* *partic. perf. usu subst.: l.53.*

1 *trans. i. q. tollere, exstinguere – aus dem Weg räumen, beseitigen:* **a** *spectat ad res:* **α** *in univ.:* HERM. CARINTH. essent. 1 p. 94,27 si ... siccitatis in igne lune motus causa est et origo, luna vero motu suo prior, cum sicco -to pereat simul et ignis substantia, lunam efficiens ignis principium esse consequens est. CHART. Turic. 791 p. 259,22 quoniam lites plurimas et questiones multas -imit *auctoritas scripturarum,* ... notum sit tam presentibus quam futuris *eqs.* **β** *redarguere, refutare – widerlegen, zurückweisen:* ALBERT. M. top. 6,2$^{capit.}$ qualiter -itur diffinitio inspiciendo in conditiones diffinitionis et partium eius. 6,2,1 p. 439^{a},30 si non per notiora aliquis fecit diffinitionem, -itur diffinitio. *ibid. al.* **γ** *excipere, eximere – ausnehmen:* CHART. Carinth. V 390 (a. 1279) nec quisquam ius aliquod habeat in mansis supradictis, hoc tamen -to, si forte heredes ... plus diligerent feudum ecclesie prenotate, tunc *eqs.* **b** *spectat ad homines (animal: l.54):* **α** *occidere, interficere – töten (mediopass. i. q. mori, perire – sterben, zugrunde gehen):* CHRON. Fred. 2,42 p. 66,29 tumulto militare -emitur *Dalmatius.* LEX Ribv. 40,4 si quis Ribvarius advenam ... -pserit vel occiderit *eqs.* ARBEO Emm. 29 p. 70,4 qui tam sanctum -imerunt (-erunt *var. l.*) virum. THIETM. chron. 6,8 p. 282,36 milites ... spoliis -torum utuntur. ALFAN. premn. phys. 28,6 p. 136 si ... ad modicum defecerit *anima,* -atur *(PG* $40,709^{B}$ διαφθείρεται) animal. 31,8 p. 114 per ignorantiam ... haec agimus, ... ut contigerit, ut ... quis sagittans patrem transeuntem per eventum percutiens -emit (-erit *var. l.; PG* $40,725^{B}$ ἀπέκτεινεν). 31,12 p. 115 si in nocte putans inimicum -emit *(PG* $40,728^{A}$ ἐφόνευσεν) amicum. *saepe.* **β** *damnare – verdammen:* DIPL. Otton. III. 415 huius precepti contemptor anathemate perenni sit constrictus et cum omni maledictione ... perenniter -tus. **γ** *refl. i. q. se excludere, abstinere – sich ausnehmen, fernhalten:* NICET. ad Iustin. p. 118,33 te de ipsa *(sc. doctrina Nestorii et Eutychii)* -emeres (-res *p. corr.*), quis imperavit. **2** *intrans. i. q. remitti, minui – nachlassen, abnehmen:* MAURUS progn. 37 p. 48^{b},16 'valitudo', id est egritudo, 'resurgit et -imit' (intermittit *cod. Vat.* 46^{vA}) temporis diurnitate.

***interioco**, -are. (inter *et* iocus) **1** *otium consumere – (sich) die Zeit vertreiben:* LAND. MEDIOL. hist. 2,22 p. 59,51 Teutonicos ... post coenam in nucleolis et maioribus nucibus optimo vino -are. **2** *intercedere, evenire – eintreten, statt-*

[Orth-Müller]

finden: Land. Mediol. hist. 3,32 p. 99,38 quos *(suffraganeos)* ... Gregorius inlicite saeva -ante pathalia ... a beati Ambrosii ecclesia abraserat.

interione (-reone, -ni), *gen.* -onis (-ones), *acc.* -onem *f. vel semel (l.13)* **enterione,** *gen.* -onis *f.* (ἐντεριώνη, ἐντεριωνίς) *confunditur c.* interior: *l.11. interiora, medulla (colocynthidis) – das Innere, die inneren Teile, Mark (der Koloquinte):* Paul. Aegin. cur. 41 p. 19,21 si ... multus fervor sit et cruda, hec dandum et siciu i-em (*cf. 3,6,2 p. 145,24* ἐντεριώνην) et pepones. 236 p. 173,7 magne centauree radix aut ellebori ... et coloquintidos i-i (interioris *B*) ... quasi cataplasma inposita. Antidot. Lond. p. 18,3 i-is drachmae II. Recept. Lauresh. 5,9 colocintidas e-is uncia I. Antidot. Bamb. 11 coloquinte i-e. Antidot. Glasg. p. 114,39 confectio eius hec est: ... i-eonis uncie XX, nardostacios uncie X. p. 130,2 coloquintidas i-es semis uncia I. *saepe. cf.* interior.

interior, -ius *adi. compar., superl.* **intimus,** -a, -um. *script.* iterius: Form. Alsat. 22 (cod.). *form.* intimior *(vim elativam exprimens): p.2162,70. 2163,1.34. vis comparativa formae q. e.* interior *non probatur nisi: l.39.*

I *compar.:* A *adi. i. q. intra positus, internus – innere(r), im Inneren befindlich, Innen-, Inner-:* 1 *proprie:* a *gener.:* α *in univ.:* Thangm. Bernw. 56 quem *(titulum)* his verbis -ris sarcofagi insculpsit loculo: *eqs.* Theoph. sched. 3,85 p. 157,4 super unum latus omnino deponatur *(sc. forma campanae)*, et cum securibus ... -r argilla ... eiciatur. Hildeg. caus. 78 stomachus ... -ius habitaculum in corpore hominis est ad suscipiendum cibos. *al. ellipt. vel usu subst.:* Wipo gest. 13 p. 34,11 exercitum *(sc. regis)* de civitate expellere conati sunt *Ravennates* et per cuiusdam portae angustias eos, qui foris erant, prohibebant -bus succurrere. β *in descriptione terrae, regionum:* Carm. Cantabr. A 42,5,2 nudus heremum -rem penetrat *Iohannes abbas.* Otto Frising. gest. 2,13 p. 115,3 in ipso Apennino ... quae *(colonia)* ... modo Tuscia vocatur, ... -r Italia iure dicta est. chron. 7,19 p. 337,9 Appenninum transiens ac -rem Italiam perlustrans *imperator. fere vi comparativa i. q. remotus, ulterior – entfernt(er):* Arbeo Corb. 18 p. 209,1 qui *(Ansaricus)* mari inmersus, ˪se -bus meridię intulit partibus˩ (in -ra se contulit Vita Corb. 13 p. 613,1). b *anat.:* Lex Alam. 57,54 si ... in latus punctus fuerit, ita ut -ra m e m b r a non contingat *eqs.* (55. Lex Baiuv. 4,6. *ibid. al.*). Ars med. 7 p. 430,1 cirrosis dicitur carnosa substantia in modo vessicae ab ˪-ris parte˩ (interis partis *G*) matricis. Theod. Cerv. chirurg. 1,14 p. 141^{C} sanguine ... de -ri vena manante. Albert. M. animal. 1,451 intra matricem ... interius est -r extremitas sive superficies rotunda nervosa. Wilh. Salic. chirurg. 2,10 p. 333^{G} si secundum latum fuerit *vulnus* in cubito in parte domestica -ri cubiti. *ibid. al.* c *archit.:* Lex Baiuv. 10,8 de angulari columna -ri: si -ris aedificii illam columnam eicerit, quam winchilsul vocant *eqs.* Einh. Karol. 32 p. 37,8 quae *(corona)* inter superiores et inferiores arcus -rem (inferiorem *var. l.*) aedis partem ambiebat. Walahfr. carm. 66,2$^{tit.}$ in -ri vestibulo ante portam: *eqs.* d *geom. (de angulis eorumque variis definitionibus; de re v. J. Hofmann, Zum Winkelstreit d. rhein. Scholastiker in d. ersten Hälfte d. 11. Jh. 1942):* Gerb. geom. 5,4 in omni trigono amblygonio exterior, id est hebes, angulus maior est utrisque -bus, id est acutis. Ragimb. epist. 8 p. 532,27 -r angulus dicitur, qui suam perpendicularem intra tres lineas habet in triangulo. Anon. de circ. p. 537,27 si intra lineas recti anguli duae lineae iunguntur per obliquum, faciunt acutum ..., qui et -r vocatur. Ps. Boeth. geom. 69sqq. quinta *(sc. petitio est)* ..., si in duas rectas lineas linea incidens -res duos angulos duobus rectis fecerit minores, rectas lineas in infinitum productas ad eas partes, in quibus duo -res anguli duobus rectis minores sunt, concurrere iubet. *ibid. saepe. v. et p.2235,34.36. vol. III. p. 1735,13.15.18.22.* 2 *in imag. et translate:* a *in univ.:* Liutg. Greg. 12 p. 77,17 sagitta ... sermonis Domini ... -res cordis aures ... penetravit. Radbert. corp. Dom. 16,14 vinum sanguinis laetificat cor h o m i n i s -ris (20,63. *al.* Thietm. chron. 4,43 hominem exuit *Mathildis* -rem. Statut. ord. Teut. p. 131,11. *al.; loci spectant ad Vulg. Rom. 7,22*). Anon. ad Ragimb. p. 534,3 -ris oculi aspectu adhibito. Albert. M. sent. 2,42,1 p. 652^{a},18 utrum voluntas -r cum actu exteriori sit idem peccatum vel diversa *(sim. p. 652^{b},13. ibid. al.). al.* b *privatus – persönlich, privat:* Einh. Karol. 18 p. 21,22 cetera ... ad -rem atque domesticam vitam pertinentia iam abhinc dicere exordiar. B *subst.:* 1 *masc. i. q. medulla, semen (colocynthidis) – Mark, Kern (der Koloquinte; per contam. c.* interione*):* Aesculapius 5 p. 9,31 mittis ibi *(sc. in mulsa)* colloquintidae -res siccos (Antidot. Bamb. 35 coloquintida -ris [*v. notam ed. et cf. Galen. ed. Kühn XIV. p. 327* κολοκυνθίδος ἐντεριώνου]. Antidot. Berol. 5 coloquintidos -ris. Antidot. Glasg. 50 coloquintida -rem. *ibid. al.*). Antidot. Bamb. 12 recipit -res viginti, aristologia *eqs.* 16 datur ... cardamomum perima, unde tollis ipsos -res et gectas dragma septem. *v. et p.2161,11.* 2 *neutr. (fere usu plur., raro usu sing.) i. quod intus est – das Innere:* a *proprie:* α *in univ.:* Wett. Gall. 34 quam *(capsellam ligneam)* sub clavis custodia discipulis -ra eius ignorantibus ... observavit. Ruotg. Brun. 37 p. 39,23 ut quasi cortinę iacinctinę -ra domus Domini ornarent *(sc. pastores).* Gerh. August. Udalr. 1,1 l. 139 omnia ... templi -ra omnigeno ... decoramine ornare contendit. Albert. M. animal. 1,26 recipiunt *(sc. animalia in aqua viventia)* aquam in -ius corporum suorum. 1,32 quod *(quoddam genus conchae)* nascitur in -ri spongiae. β *spectat ad regiones:* Beda temp. rat. 26,26 quanto amplius -ra (gloss.: quanto elongatur) austri penetrat *luna*, tanto deiectior nostris. Annal. Sangall. IV a. 1013 nunc -ra sub austri, nunc se post gelidos occulere *cometae* polos. Otto Frising. gest. 1,34 p. 53,27 ad -ra Greciae progressi Corinthum ... expugnant *(sc. Rogerius et sui).* γ *spectat ad flumina i. q. profundum – Tiefe:* Vita Leutfr. 24 (ASBoll. Iun. IV p. 110^{C}) cuidam fratri excussum de manubrio ferrum a manu cecidit, et in -ra fluminis demersum est. δ *spectat ad anim. i. q. viscera, intestina – Eingeweide, innere Organe, Gedärme:* Lex Frision. add. 3^{a},30 si quis alium trans costam ita percusserit, ut vulnus ad -ra venerit *eqs.* Dipl. Heinr. III. 45 p. 58,3 cuius *(Chuonradi)* ventris -ra in eadem sepelivimus ęcclesia. Albert. M. animal. 2,98 -ra ... serpentum in multis quidem sunt similia ... -bus lacertae. *spectat ad cibum ('Innereien'):* Registr. Geisenf. 41 dabuntur ei *(ignifactori)* -ra, que dicuntur ingslaeht. *al.* ε *spectat ad ova:* Mappae Clavic. 61 hec tere cum felle caprino et ovi -bus. 251 confectio maltae: olei libras quatuor ..., -ra ovorum tria *eqs.* Compos. Matr. 36,2 ovi -ra. Frid. II. Imp. art. ven. 1 p. 57,4 sqq. -ius ... ovorum aquaticarum avium ... differt ab -ri ovorum avium campestrium. ζ *spectat ad fructus:* Mappae clavic. 44 auri confectio: sulfur vivum ..., ficorum -ra *eqs.* 266 nucis -ra quatuor tere diligenter. Constant. Afric. coit. 16,26 accipe radices dauci domestici et proice -ra et tere cortices. b *in imag. et translate:* α *in univ.:* Ruotg. Brun. 36 p. 37,15 medicinalia sermonum ... ad -ra pectoris recipi sensit. Thietm. chron. 1,20 extrinsecus apparui bonus, -ra violans pessimis cogitationibus. *al.* β *res domesticae – innere Angelegenheiten:* Annal. Mett. a. 756 p. 49,12 Pippinus princeps -ra regni sui pacifice ordinans, tam in ęcclesiasticis rationibus quam et in publicis negotiis et privatis. Conc. Karol. A 39,24 quia constat abbatissas exteriorum et -riorum pondere praegravatas, ... necesse est, ut *eqs.* Dipl. Ludow. II. 88 p. 240,18 (spur.) -ra et exteriora secundum Dei voluntatem ordinent *(sc. coenobium)* atque disponant. γ *arcanum – Geheimnis:* Thangm. Bernw. 1 p. 758,21 subtili meditatione -ra divini sophismatis iugi studio rimabatur.

II *superl.:* A *adi. i. q. medio proximus,* ἐνδότατος *– innerste(r):* 1 *proprie:* a *in univ.:* Poeta Saxo 4,44 latentia mundi -ma concutiens *ira caelestis* impulsu viscera diro. b *remot(issim)us, ultimus – entfernt(ester), äußerster:* Willib. Bonif. 8 p. 44,8 eis *(Willibaldo et Burchardo)* ... in -mis orientalium Franchorum partibus ... aecclesias ... distribuit. Annal. Sangall. IV a. 1006 visa est *(stella)* ... per tres menses in -mis finibus austri ultra omnia signa. 2 *in imag. et translate:* a *in univ.:* Desid. Cad. epist. 1,3 ut semper protectoris vestri memoriam in -miore c o r d e reteneatis *(sc. Sigebertus;* Eigil. Sturm. 25 p. 162,9 ex -mo c. *al. sim.* Walahfr. carm. 24,32 -ma cordis antra. Walth. Spir. Christoph. II 4,142 -ma

[Orth-Müller]

penetralia cordis. Chart. ord. Teut. [Thur.] 7 -miori caritatis affectu). Ruotg. Brun. 4 p. 5,19 ut ... non tantum exteriorum verborum scientiam, verum -mi medullam sensus et nectar ... hauriret. *saepius.* **b** *familiaris, fidelis, devotus – vertraut, eng (verbunden), treu ergeben:* Lup. Ferr. epist. 12 cum repeto memoria -mos vos *(sc. episcopum)* esse regi, nihil miror *eqs.* Dipl. Karoli III. 126 p. 203,2 Liutuuardum ..., -mum consiliarium nostrum ..., nostram petisse clementiam, ut *eqs.* Dipl. Heinr. II. 259 dominus imperator eundem episcopum pro suo -mo ac iugi famulatu omni ... gratia excolebat. Lamb. Hersf. annal. a. 1075 p. 240,11 eo quod regi familiarissimus et omnibus eius secretis semper -mus fuisset *Růpertus.* Chart. Heinr. Leon. 117 excellentissimo regi Francorum ... dux Bawarie atque Saxonie -mum servitium cum serenissima dilectione. *al.* **c** *proprius – persönlich:* Anon. Has. 27 de sancta Maria ... fecit *Heribertus* quinque -mas orationes, quarum omnium commune initium est: *eqs.* Dipl. Conr. III. 230 p. 407,28 ut ... consilii vestri *(sc. papae)* sententiam familiari et -ma inquisitione acciperemus. **d** *summus, maximus – höchster, größter, 'tief':* Eigil. Sturm. 22 p. 157,12 illum ... -mis amicitiis sibi coniunxit *rex.* Rimb. Anscar. 34 p. 65,23 quibus *(monitis)* pater noster -mo consolabatur gaudio *(sim.* Dipl. Arnulfi 141 p. 214,38 -ma hilaritate). Ruotg. Brun. 30 p. 30,29 ut ęstuosum mundi huius naufragium ... evasisset et in littore ... securitatis -mę constituisset. *saepe.* **e** *gravis, fortis – nachdrücklich, eindringlich:* Cand. Fuld. Eigil. I praef. I p. 223,11 me ... vitam Baugulphi ... -ma exhortatione persuasit litteris explicare. Walahfr. carm. 14,9,3 quam *(carnem)* ni ... conatibus -mis ad veram retrahas viam, ... tu perpetuo gemes. **f** *arcanus – geheim:* Thangm. Bernw. 1 p. 758,39 ipse ... me ... ex -mo aditu phylosophiae prolatis quaestionibus sollicitabat. **g** *vicinus – nahe:* Albert. M. intellect. 1,1,8 omnis natura procedens a causa prima tanto simplicior est et nobilior et in potestate multiplicior, quanto fuerit illi -mior per indistantiam similitudinis. **B** *subst.:* **1** *masc. i. qui familiaris est, amicus – Vertrauter, enger Freund:* Ekkeh. IV. cas. 3 p. 20,31 capellanus factus eius *(regis)* fit -mus. Anselm. Bis. rhet. 1,14 p. 128,3 Anselmus, philosophię -mus. Berth. chron. B a. 1078 p. 334,1 rex ipse primicerius cum suis -mis fugam turpiter iniit. *al.* **2** *fem. i. quae familiaris est, amica – Vertraute, Geliebte:* Carm. Bur. 60ᵃ,4ᵇ,3 es optata, sed vocata non occurris, -ma. **3** *neutr. (fere usu plur., usu sing.: l. 54.; 'das Innerste'):* **a** *proprie:* **α** *in univ.:* Anscar. mirac. Willeh. 2 cum ... domina ... basilicae penetraret -ma. Poeta Saxo 1,377 cum ... Pyrenei regressus ad -ma saltus ... calles transcenderet artos *eqs.* Albert. M. animal. 7,116 aqua ... clara sua subtilitate nimis penetrat viscera et -ma ipsorum *(equorum).* **β** *pars secreta domus – Privatgemach:* Ecbasis capt. 615 fave *(sc. vulpes)* votis, qui servas -ma regis. **γ** *viscera – Eingeweide:* Ioh. Diac. cen. 2,95 -ma pendit Tobias. **b** *in imag. vel translate:* Wandalb. martyr. concl. 5,3 curae ... stimulant horribiles mentis ad -ma. Gerh. August. Udalr. 1,1 l. 45 lectionis doctrinam accepit et in -mis sui c o r d i s inseruit (Dipl. Otton. III. 236 p. 653,16 ex -mo c.; *sim.* Abbo Flor. calc. 1,1 -ma mei pectoris. *al.*). *al.*

adv. **interius.** **I** *usu originario:* **A** *intus, in parte interiore – innerlich, im Inneren, (dr)innen, innerhalb:* **1** *proprie:* **a** *gener.:* Tract. de caus. mul. 16 p. 20,10 ad mamillarum dolorem et tumorem ... et callus, quae -s nascitur. Vita Rimb. 7 p. 86,1 in quibus *(malis punicis)* multa -s grana uno foris cortice teguntur. Gerh. August. Udalr. 1,10 l. 53 quod *(castellum)* erat in toto -s exteriusque sine edifitiis desertum. Hildeg. phys. 3,57 cum arbores senescunt, ... viriditatem et sanitatem, quam -s habere deberent, ad corticem exterius emittunt. Albert. M. miner. 4,3 p. 86ᵃ,1 cavendum est, ne frigiditate sua -s *(ci.,* intimius *ed.)* nimi stringens *(sc. circulus ex plumbo factus et circa renes positus)* materiam. *saepe.* **b** *geom.:* Anon. geom. I 4,25 qui *(circulus)* duobus circumscribitur tetragonis, uno -s, altero exterius. **2** *in imag. et translate:* **a** *in univ.:* Liutg. Greg. 12 puritatis dilectione cor eius -s plenum erat. Cand. Fuld. Eigil. II 21,34 circulus ecclesiae, qui nullo fine rotundus clauditur, -s complectens commoda vitae. Poeta Saxo 5,211 -s radix operum latet exteriorum. **b** *spectat ad animum, mentem, intellectum, sensum sim.:* Agius epic. Hath. 534 est, qui vos Dominus instruat -s. Thietm. chron. 4,75 p. 218,25 nasus ... fractus ridiculum de me facit; idque totum nil questus essem, si -s aliquid splendescerem. Ruodlieb VII 82 -s gaudens ... inquit ...: *'eqs'. saepe.* **B** *intro – hinein, nach innen:* **1** *in univ.:* Aethicus 36ᵇ aquae -s introire non queant. Vita Phil. Cell. 6 quidam homo ... de pomis ... sibi ... in os posuit, ut comederet, sed nec -s deglutire potuit nec foris reicere (Transl. Phil. Cell. 4). **2** *vi comparativa expressa ('weiter hinein, einwärts'):* Adam gest. 2,16 quorum *(episcopatuum)* Mersiburg et Ciscia super Salam flumen condita ..., Brandanburg et Hevelberg -s vadunt. 4,11 quanto -s vadit *pontus,* tanto latius hinc inde diffunditur. 4,16 p. 243,12 Laland -s vadat ad confinia Sclavorum.

II *usu praep. c. acc. i. q. intra – in, innerhalb (von):* Froum. carm. 10,27 vacuus manet -s praecordia sensus.

III *usu attrib. vice adi. i. q. interior – innere(r):* Theoph. sched. 2,23 p. 52,15 fac tibi tabulam ferream ad mensuram furni -s.

adv. **intime** *vel semel (l.39)* ***interrime.** *penitus – im Innersten, aus dem Innersten heraus:* **1** *proprie:* Metell. Quir. 70,42 sarcofagi basis ... passim fenestris semicircularibus clare nitebat -e lumine vivifico. **2** *translate:* **a** *in univ.:* Bruno Querf. Adalb. A 11 p. 12,3 sentiens sensit Deum propicium et ... -e gustat dulcem salvatorem *(spectat ad Vulg. psalm. 33,9).* **b** *ex animo, profunde, valde – aufrichtig, zutiefst, sehr:* Chart. episc. Halb. 56 l. 3 (a. 984/96) quod frater fratri, quod pater filio ... -e totum *(sc. optat).* Thangm. Bernw. 17 p. 766,21 o dignae memoriae virum ... cunctorum devotione -e amplectendum. Annal. Quedl. a. 1000 quam *(sororem)* -e diligebat *(sc. Otto III.).* Ekkeh. IV. bened. I 35,1 plebs crucis ad vota benedicta sit -e mota. Ruodlieb III 30 -e gaudebant *(sc. proceres). al.* **c** *vehementer, sedulo – eindringlich, nachdrücklich:* Annal. Altah. a. 1045 p. 39,35 cum rex ... -e r o g a t u s divertisset ad Persinbiugun (Chart. Naumb. 111 -e rogamus. *al. sim.* Chart. Westph. VII 1723 petens quam -e). Gesta Ern. duc. I 2,59 egressus in aridam dux omnes -errime alloquitur: *'eqs.' al.* **d** *familiariter, arte – vertraulich, innig:* Transl. Libor. I 8 p. 194,20 qui *(Badurادus)* ... familiaritatem regiam -e consecutus, tantae dignitatis locum promeruit. Berth. chron. B a. 1077 p. 305,15 quid ... sibi laboris insumpserit *Agnes imperatrix,* ipse *(Christus)* solus testis et conscius est, cum quo tam -e (intimo *var. l.*) conversata est.

adv. **intimius.** *intensius – eingehender:* Geber. summ. 20 p. 314 alii ... -ius et profundius super hoc inquirentes cogitaverunt ..., ut *eqs.*

interitio, -onis *f.* *pernicies, exstinctio – Untergang, Vernichtung:* Abbo Sangerm. serm. 14,25 mortibus apostolorum sanctorumque ... martirum diversis -bus plantata est christianitas. Oliv. hist. Hieros. 12 p. 32,26 qui *(Iosue et alii reges)* obsederunt Gabaon confederatam filiis Israel et percusserunt eos usque ad -em populi eorum. Alex. Min. apoc. 17 p. 370,24 de -bus eorum liberavit eos Dominus *(spectat ad Vulg. psalm. 106,19).* *Orth-Müller*

interitus, -us *m.* *script.* -rri(us): Fragm. de exp. Frid. I. imp. p. 15,25. *struct. c. gen.: explicativo: p. 2165,3. 5. 19. inhaerentiae: l. 71. p. 2165,37.*

pernicies, calamitas, exstinctio – Untergang, Verderben, Vernichtung: **1** *gener.:* **a** *de hominibus:* **α** *in univ.:* Poeta Saxo 3,525 nuncius -um procerum mortemque duorum detulit. Hrotsv. Pafn. 10,2 perplures secum ad -um trahere consuevit *meretrix.* Ruotg. Brun. 10 p. 11,9 quod *(sibilum serpentium, i. diabolus)* licet ubique et legum minaretur silentium et plebis per cędes et rapinas -um, nusquam tamen *eqs.* 18 p. 16,26 sacerdos Domini dolens ... de -u nepotis. *al.* **β** *mors, obitus – Tod:* Leg. Wisig. 2,4,6 auctor sceleris, qui in -um intendit alterius *eqs.* Epist. Wisig. 10 p. 30,18 (ed. Gil) ut ... emulantis perfidi hostis condignum meriti adsit *Dominus* in internitionis -um. Cand. Fuld. Eigil. I 25,5 (ed. Becht-Jördens) fratres ... patris -um suspirabant. Walahfr. carm.

[Mache]

5,76,59 corporis -um membrorum demptio gignet. VITA Magni Fauc. I 6 p. 116,23 dominus cito vindicabit magistrum tuum Columbanum de eo *(Theoderico)* in -u (-um *var. l.*) ignis. BENZO ad Heinr. IV. 9 p. 292,19 nec contrivit *(sc. Noe)* ... aquarum -us. *al. v. et p. 1885,31.* **b** *de diabolo:* HRABAN. epist. 9 p. 395,6 per transitum maris rubri et pharaonis ... submersionem baptismi mysterium et spiritalium hostium -us figuratur. **c** *de animalibus:* CONSTANT. AFRIC. coit. prol. 4 Creator volens animalium genus firmiter ... permanere et non perire per coitum illud ac per generacionem disposuit renovari, ut renovatum -um ex toto non haberet. **d** *de rebus:* ANNAL. Fuld. II a. 870 p. 72,7 damnum, quod de -u panum perpessa est, ... indicavit *mulier.* DIPL. Heinr. IV. 258 p. 328,18sq. cum vetera renovantur, ea, que ad -um sunt properantia ...; quidquid ... veterascit, prope -um est. *de memoria rerum gestarum (in formulis chartarum):* DIPL. Loth. III. 66 p. 102,27 cum omnis cura mortalium per tempora labentia semper petat -um *eqs.* CHART. Brixin. 82 p. 90,18sq. ut, que sua natura tendunt ad -um, litterarum amminiculo fulciantur et ab oblivionis -u defendantur *(sim. 90).* **2** *theol. i. q. damnatio – Verdammnis:* ARBEO Emm. 39 p. 89,6 ut ne me copulationis (c. iugo *var. l.*) vivente coniuge praecipites in animae -um. VITA Liutg. I 22 parvulorum timens -um, si ante sedatam commotionem non baptizati morerentur. GODESC. SAXO fragm. p. 38,2 praedestinavit *(sc. Godescaldus)* ... eos *(sc. reprobos)* ad luendum perenne tormentum et sempiternum -um. HROTSV. Cal. 9,18 te ... occidendo vivificavit *Christus,* quo suum plasma mortis specie ab -u liberaret animae. TRAD. Teg. 384 filii prefati Alberonis in morte patris ammoniti satagebant sese redimere cum patre ex ... -u. ALEX. MIN. apoc. 7 p. 111,23 pro sanctorum sanguine, quem fuderat, in aeternum iturus *(sc. Maximianus)* -um *eqs.* **3** *publ. et iur. (c. notione iudicii):* LEG. Burgund. const. I 52 p. 86,8 sententiam nostram ab -u eius *(Baltamodi)* sub hac conditione sanctorum dierum consideratio revocavit, ut *eqs.* LEG. Wisig. 3,6,2 p. 168,28 ipsis *(sc. heredibus propinquis)* ... pervaricatrix mulier tradatur in potestatem, ut ... de persona eius absque mortis -um (-u *var. l.*) sententiam ferant.

interiungo, -iunxi, -iunctum, -ere. *c. praep.* inter: *l. 44.* **1** *adnectere, conectere – (unter-, miteinander) verbinden, verknüpfen (usu mediopass.: l. 42):* REMIG. ALTISS. mus. 473,6 '-xere' id est copulavere. VITA Liutg. III 1,1540 vel in Westphalia vel in ... Werthina vel in locis cunctis istis -tis. **2** *de pacto i. q. facere, conficere – vollziehen, schließen:* CHRON. Ottenb. p. 629,26 tali inter ipsos pacto -to, ut ... Hartmanno premortuo feoda redeant ad ... Cunradum.

1. interius *v.* interior. [**2. interius** *v.* turio.]

interkal- *v.* intercal-.

interlabor, -lapsus sum, -i. *script.* intral-: CHART. Mog. A 585 p. 503,13. **1** *proprie i. q. intercidere, labi – dazwischenfallen, straucheln:* CONR. FAB. Gall. 5 cum ... lapis ... pregrandissimus angularis ... traheretur ..., unus casu, cum traheret, -psus (lapsus *var. l.*) surgere cum non potuisset, lapis ille ... nulla in eo lesionis inpressit vestigia. **2** *translate i. q. praeterire, transire – ver-, vorbeigehen, verstreichen:* RUD. TRUD. epist. 4,102 post aliquot ... -psos dies. WALTH. TER. Ioh. 17,46 prolixis ... -entibus (intervenientibus *var. l.*) intervallis morarum. YSENGRIMUS 7,545 tempore vera fides -ente calescit. CHART. Turic. 414 multorum -psis temporum spaciis. *al.*

interletus *v.* interlino.

***interligatio** (-leg-), -onis *f.* *in imag. de aedificio i. q. colligatio, coniunctio – Verbindung, Verstrebung* ALLEG. cam. 14 -egatio (-is *var. l.*) eius *(camerae Christi)* est vincolum pacis *(sim.* dom. 13 considera eius *[domus Domini]* -es cooperacionis; invenis vinculum pacis).

interligo, -atum, -are. *(con)iungere – verbinden:* BENVEN. GRAFF. ocul. A p. 29^{b},8 dimittatis *(sc. medici)* acus -tas, quousque cadant per se, cum corio palpebre *eqs.*

***interlimen,** -inis *vel* ***interliminium,** -i *n.* **1** *actio terminandi, terminatio – Grenzziehung, Begrenzung:* CHART. Austr. sup. I 123 p. 184,37 (a. 1139) silvae -a ... praesenti pagina distinximus *(sc. archiepiscopus; inde* CHART. Stir. II 10 p. 29,21 silve -a *[cod.,* -ia *ed.]).* CHART. Stir. I 323 p. 317,29 Adalbero ... homines denominatos audivit, de -io novalium ... testimonium manifestum accepit. 631 p. 602,4 tradidit *(sc. dux)* ... alpem et silvam ... his -iis disterminatam: *eqs.* **2** *cicatrix – Kerbe, Furche:* HONOR. AUGUST. spec. p. 850^{B} nux quodam -io modum crucis funditur *(sic cod. Sang. 1075,* finditur *legere vult ed.),* et anima Christi a corpore eius in *(cod.; om. ed.)* cruce dividitur.

***interlimitas,** -atis *f.* (inter *et* limitare) *finis – Grenze, Begrenzung:* HIER. MOR. mus. 5,42 quinta *(sc. pars musicae speculativae)* ... est de conposicione armoniarum integrarum, scilicet illarum, que posite sunt in sermonibus metricis ... et docet *Alphorabius,* quando penetrabiliores fiunt et magis ultime scilicet -e (ultimitate *Vinc. Bell. spec. hist. 16,15*) intencionis, ad quam facte sunt *(v. notam ed. Cserba p. 23).*

***interlinealis** (-nia-), -e *vel* ***interlinearis,** -e. *inter lineas scriptus – zwischen den Linien geschrieben:* **1** *adi.:* CHRON. Sigeb. cont. a. 1117 (MGScript. VI p. 448,17; a. 1146/55) in psalterio glosas marginales atque -les de auctenticis expositoribus elimata abreviatione ordinavit *Anselmus magister.* CHRON. Lippold. p. 556,12 (catal. biblioth.) secuntur Lucas et Marcus, marginalibus et -ribus glosis expositi. ALBERT. M. summ. theol. II 9,34,2 p. 372^{a},37 innuit glossa -ris ibidem: *eqs. al.* **2** *subst. fem.:* **a** *in univ.:* CONST. imp. II 192 p. 236,20 memorandum, quod -ris super scripto 'tam de domina desponsanda etc.' non inseritur in litteris archiepiscopi Coloniensis. **b** *explicatio, glossa, nota – Erläuterung, Erklärung:* BERTH. RATISB. serm. 1 p. 10,1 'in abominationibus suis', -ris: in his scilicet, quae homnibus debuerant abominabilia esse, 'anima eorum delectabatur'. CONR. SAXO spec. 12 p. 391,1 dicit -ris: *'eqs.' al.*

***interlineatura,** -ae *f.* *interpositio, supplementum – Nachtrag, Einschub:* CHART. Mathild. 82 p. 236,32 (a. 1104) approbata suprascripta -a. CHART. Bern. III 14 H. iuratus notarius de Tuno, qui hec conscripsi et -am predictam posui. *al.*

***interlineo,** -avi, -atum, -are. (inter *et* lineo) *inter lineas scribere, addere – zwischen die Zeilen schreiben, hinzufügen:* CHART. Ital. Ficker 153 p. 194,31 (a. 1183) ego Leonardus ... notarius hec a partibus rogatus scripsi et complevi, 'Eugubinus' -vi. ACTA imp. Böhmer 911 p. 622,20 notarius et missus ... imperatoris interfuit et rogatus, ut in publicam formam redigeret, ad scribendum dedit et scripsit et -vit. CHART. Ital. Ficker 290 p. 328,48 ubi superius -tum est, scilicet 'satisdare iudicio sisti', ego *Bonaccursus iudex* ipse ... mea manu scripsi. 341 p. 370,40 ego Vitalis notarius predictis interfui, superius -vi 'alii' *eqs.*

interlino, -litum (-let-), -ere. *in schedulis nostris tantum partic. perf. fere usu adi.* **1** *il-, oblinere, inquinare – über-, bedecken, -streichen:* **a** *proprie:* **α** *in univ.:* CHART. Mog. A II 676 p. 1103,23 (epist.; a. 1196/97) egregium ... templum, quod ... pavimento preciosorum crustis lapidum -to et incomparabili crucifixo ... preminebat. **β** *de litteris (atramento) oblitis:* CHART. Burgenl. 562 p. 371,32 (a. 1270) privilegia ... non cancellata non abrasa non -eta nec in aliqua sui parte viciata. **b** *translate de memoria i. q. delere – auslöschen:* PASS. Kil. II 22 patefecit *(sc. rusticus)* dicens ... Kylianum ... ignorantia simul vulgi temporisque interstitio ... oblivione -tum *(cf. comm. DtArch. 2006. 62 p. 498.).* **2** *(sparsim) inficere, interfundere – (verstreut) durchziehen, -fließen:* **a** *proprie:* **α** *in univ.:* WILH. APUL. gest. 4,280 qua *(sc. Venetiae)* sinus Adriacis -tus ultimus undis subiacet Arcturo. **β** *de gemmis:* ADSO Waldeb. 1 (MGScript. XV p. 1173,11; s. X.^{2}) contulit ... preciocissimae gemmae poculum ex unico topazio, miro modo guttulis aureis ... -tum. MARB. RED. lap. 660 absictos nigri non ultima gemma coloris, ad gratam speciem rubeis -ta venis. HONOR. AUGUST. spec. add. p. 15,33 ametistus purpureus colore, violaceus, punctis aureis -tus. **b** *in imag.:* BONIF. epist. 9 p. 5,26 precibus caritatis -tis obnixe flagitantibus te implorare procuro, ut *eqs.* 78 p. 162,2 dulcissimas litteras ... fraterna caritate -tas ... suscepimus.

***interloco,** -atum, -are. *intericere, interponere – dazwischenstellen, (dazwischen) aufstellen:* VITA Serv. 13 p. 58,18

[Mache]

illuc *(sc. in basilicam)* universum ecclesie Octaviane transtulit thesaurum suumque -at (intercollocat, intercellat *var. l.*) sarcofagum. Liber revel. Rich. 67 p. 82,22 preter hos *(sc. daemones)* sic affusos et superfusos homini sunt et alii discurrentes huc et illuc ... -ti.

interlocutio (-oqu-, -uci-), -onis *f.* 1 *gener.:* a *interpositio, interruptio sermonum – das Dazwischenreden, Hineinreden, Unterbrechen durch Reden:* David (?) inquis. 43 p. 231,12 gaudent *(sc. haeretici)*, quod per -cionem alicuius interrumpitur inquisicio. b *iunctura* verborum -es *i. q. colloquium – Gespräch:* Heinr. Lett. chron. 16,2 p. 104,13 commanentes ad tempus verborum -quutionibus omnia, que pacis erant, diligenter inquirebant *(sc. rex et episcopus)*. 2 *iur. et canon. i. q. decretum, sententia, iudicium (non peremptorium) – Entscheid, (Zwischen-)Urteil:* Nicol. I. epist. 53 p. 347,17 ut in memoratorum scriptis gestorum ab his *(sc. Theutgaudo et Gunthero archiepiscopis)* -o facta solummodo memoratur. Innoc. III. registr. 2,124 p. 256,23 quem *(librum)* Alexander papa per -em autenticum approbavit. Acta imp. Winkelm. II 1030 quod sentenciis, dictis, -cionibus, statutis et bannis ... per eum *(imperatorem)* ... editis contra vos nequaquam obstantibus *eqs.*

***interlocutor**, -oris *m.* *intercessor, mediator – Richter, Vermittler (usu iur.):* Chart. Pruss. II 301 p. 208,23 (a. 1271) composicionem fecimus infrascriptam presente ... episcopo ... -e salubriter existente. Conr. Mur. summ. p. 37,2 iusticiarius, conservator, -r, diffinitor *eqs.*

***interlocutorius**, -a, -um. *script.:* inl-: *l. 50.* -oquit-: *l. 51.* 1 *gener. i. q. ad consultationem utilis, consiliarius – der Beratschlagung dienend, Beratungs-:* a *adi.:* Chron. Reinh. a. 1197 p. 556,14 hii, qui aderant, timentes suis possessionibus emancipari -am quesivere dilacionem. p. 557,4 post -am deliberationem. b *subst. fem. vel neutr. i. q. consultatio, consilium, deliberatio – Beratschlagung, Beratung:* Emo chron. 69 p. 188,13 iudices ... h a b i t a -a per sententiam adiudicarunt ecclesie ... restitutionem crismatis. (Chart. episc. Halb. 734 l. 7 h. -a cum amicis rediit *vidua.* Annal. Otak. a. 1276 p. 191,21 Rudolfus ..., ut vir providus ..., cum suis primatibus -a h. usus maturiori consilio *eqs.*). Fund. Consecr. Petri p. 196,15 rex Karolus -um indixit omnibus dicens: *'eqs.'* Gesta Hort. Mar. 38 p. 593,50 brevi facta -a. 2 *iur. et canon. i. q. diiudicans ex parte, ad tempus – zwischenurteilend, teilweise, vorläufig entscheidend (def.: l. 53; fere in chartis iurisdictionis delegatae; de re v. LThK. ^{3}X, p. 492sq. s. v. 'Urteil'; Hinschius, Kirchenrecht. I. p. 172sqq.; Dt. Rechtswb. I. p. 1488sq. s. v. 'Beiurteil'):* a *adi. (in iunctura c.* sententia): Innoc. III. registr. 1,392 p. 591,20 archiepiscopi ... contra eum *(archiepiscopum)* ... -am sententiam protulerunt. Const. Melf. 1,35 per diffinitive vel -e sententie calculum. 1,47 p. 206,12 ut diffinitivas sententias vel -as (inl-as *R a. corr.;* -quitoria *Pa*) ... recipiant barones *eqs.* Summa dict. Saxon. 7,7 p. 232,31sq. omnis sententia in causis ecclesiasticis ... aut est -a aut diffinitiva; -a est sentencia, que *eqs.* Chart. Pomm. 628 p. 35,9 fructus ... decime per sententiam -am posuimus *(sc. episcopus)* in sequestro *eqs. al.* b *subst. fem. vel neutr. i. q. iudicium (ex parte, ad tempus) – (Teil-, Zwischen-)Urteil, Bescheid, Entscheid (de re v. l. 44):* Chart. Garz. 16^b p. 107,32 (a. 1204) lite hincinde -is protracta. Honor. III. registr. 293 p. 214,20 videns ... -am a vobis *(sc. abbatibus)* contra ius latam ... sedem apostolicam appellavit *(sc. procurator)*. Chart. Salem. 259 p. 287,26 -e pars utraque *(sc. abbas monasteriumque ex una et plebanus ex altera parte)* consensit. Albert. M. pol. p. 591^a,15 non sinunt *(sc. divites)* eas *(sc. causas)* protrahi per appellationes et -a. Chart. Tirol. notar. II 500 quod ... debeat *(sc. presbyter)* ... exercere ... oficium ... vicarie ... ad audiendas, ... terminos locando et -as dandas usque ad definitivam sentenciam. *saepius. v. et p. 2168, 3.*

adv. ***interlocutorie.** *(interim, ad tempus) constituendo, iudicando – mit einstweiligem Beschluß, Entscheid (usu iur. et canon.):* Chart. Ger. Col. 60 p. 59,20 (a. 1214) iudices responderunt -e eorum *(sc. concilii prudentum virorum)* iurisdictionis non esse, ut *eqs.* Chart. Stir. II 459 p. 572,31 pro domino preposito et capitulo Seccowense -e sententiavimus *(sc. praepositus)* parti adverse, si quid contra interlocutoriam haberent, proponere locum dantes. Conr. Mur. summ. p. 47,21 scribitur ... -e vel diffinitive vel executorie.

interloquor, -locutus (-oquu-) sum, -i. 1 *gener.:* a *strictius i. q. intercedendo loqui, loquendo interrumpere – dazwischen-, hineinreden:* Chron. Merseb. 4 p. 173,18 rex -ens inquit: *'eqs.'* David (?) inquis. 43 p. 230,28 ille *(haereticus)* tremiscens et, quasi qui nesciat eadem verba formare, cespitat in eis, ut vel ipse vel alius -atur aliquid, ne *eqs.* b *latius:* α *colloqui, communicare, disputare – besprechen, erörtern, beraten:* Chron. Mont. Ser. a. 1225 p. 224,31 recitata ... ab episcopo littera prepositus ad respondendum -endi copiam peciit. *ibid. iterum.* β *interpellere, intervenire – einschreiten, -treten, sprechen (für):* Herig. gest. 23 p. 174,30 quem vides *(sc. s. Servatius)* in septentrionali parte nobis *(sc. s. Petro)* -entem, noveris. Albert. M. Iob 16,1 p. 203,14 in prima parte reprehensionem ponit *Iob* condisputantium, in secunda dicit se angustiatum -i pro veritate *eqs.* 2 *iur. et canon. i. q. (ad tempus, ex parte, modo revocabili) iudicare, sententiam ferre, existimare – (einstweilen, teilweise, widerrufbar) urteilen, entscheiden (fere in iurisdictione delegata; de re v. p. 2167, 44.):* Innoc. III. registr. 1,317 p. 459,6 nos habito fratrum consilio in premissa incidenti questione -quuti fuimus, quod *eqs.* (*inde* Chart. Merseb. 140 p. 120,28 -ti fuimus). Chart. Argent. I 240 orta controversia ... -endo decrevimus *(sc. cantor)*, quod excepcionem eandem ... probare deberet *plebanus.* Chart. cell. Paulin. 83 p. 94,36 nos *(sc. iudices)* ... inspectis parcium instrumentis et discussis allegationibus et rationibus propositis hinc et inde ... -endo dicimus, quod *eqs. al.* *in dispositione chartarum:* Chart. Sangall. C 1325 (a. 1243) nos *(sc. episcopus)* prudentum usi consilio -ti sumus, ut *eqs.* (*sim.* Chart. Salem. 259 p. 287,21. Chart. Sangall. A 970 p. 169,39). *al.*

interloquutio *v.* interlocutio.

***interlucanum**, -i *n.* *(per analogiam ad* antelucanum *formatum) crepusculum, tenebrae (noctis) – (Abend-)Dämmerung, Dunkelheit:* Hincm. divort. 3 p. 130,25 -o adpropinquante nocturno venerandus Adventius ad suum divertit hospitium.

interluceo, -ere. *partic. praes. usu adi.: l. 67. 69. 71.* 1 *vi praeverbii vigente i. q. perlucere, intermicare, -fulgere – aufleuchten, (hin)durchscheinen, -schimmern, -leuchten (lassen):* a *proprie:* Epist. Hann. 27 p. 62,6 moverent te *(sc. episcopum)* ad miserationem ... orbes oculorum cavi, costę -entes et ex integro numerabiles. Mirac. Donat. (MGScript. XIV p. 180,2) erat ... statura aequalis ... retro ... capillatura plana naturalem colorem vix rara albedine -ente. b *in imag. vel translate:* Rhythm. 81 epil. p. 629 hic hymnidicus sub typico ... prenotatur de Christo ..., aliquando raro moraliter -et. Arnold. Ratisb. Emm. 2 proem. p. 556^a,16 (ed. Waitz) vitam et gesta scripserunt *(sc. homines)*, quis geminas *(leg.* gemmas) eius virtutum pulchra compositione -ere fecerunt. Adalb. Brem. ad Annon. (ed. W. v. Giesebrecht, Gesch. d. dt. Kaiserzeit. ^{1}III. 1868. p. 1194) qua *(sc. ratione)* -ente perspeximus, illi tempori non verba, sed compassionem et mesticiam congruisse. Amadeus Laus. hom. 3,53 haec de summa essentia ... diximus *(sc. homines)*, ut -ret nobis summum caelum, de quo venit Christus. Frowin. (?) ver. 443 (CC Cont. Med. CXXXIV. 1998. p. 494) -et hic *(sc. in gradibus veritatis)* mira ... individuae trinitatis operatio. 2 *vi praeverbii evanida i. q. fulgere, nitere, splendere – glänzen, funkeln, schimmern, leuchten:* a *de gemmis:* Albert. M. Is. 62,3 p. 585,41 corona ... ponitur pro decore divino in mente quasi in capite fulgente, in splendore scilicet sapientiae et in candore dulcis eloquentiae, tamquam ex auro et argento corona facti sint -entibus gemmis pretiosissimarum virtutum. probl. 8 p. 40,41 a Socrate ... infernalia distincta sunt loca poenarum ... et loca bonorum -entibus gemmis adornata. b *de rebus lumine solis collustratis:* Albert. M. Is. 1,29 p. 33,91 dicit enim Galenus, quod -entes horti, quando radius inter medium ramorum paulumper micat,

[Mache]

cor laetificant.

***interlunaris**, e. *intermenstruus – Neumond-, den Neumond betreffend:* EMO chron. 29 p. 60,16 aere perturbato propter dies -es ... navigantibus suspectos comes ... se mari commisit. 33 p. 98,17 certis noctibus, videlicet IIII^{or} ante novilunium et VI per -es noctes.

interlunium, -i *n.* 1 *μεσοσέληνον, luna nova – Neumond (per compar. l. 9):* **a** *proprie:* **α** *in univ.:* HUMB. Sim. 2,32 p. 181,29 ut velut luna in suo ... -o, quamvis integra sit, ... nulla videatur *ecclesia*. CHRON. Camer. 3,41 solem scilicet eclipsim a luna nisi in -o pati posse. **β** *de diebus intermenstruis:* MEGINFR. (?) carm. p. 650^B Phoebe cum sole signo decurrit eodem saepe dies nona vicesima terque decena ...; philosophi ... dies hos -a dicunt, quodque renascentem suntque inter deficientem. **b** *meton.:* **α** *cyclus lunaris, mensis – Mond(zyklus), Monat:* BENZO ad Heinr. IV. 7,6 p. 642,4 properant ad finem nostra *(sc. hominum)* -a *(cf. notam ed.)*. **β** *fluxus mentruus (feminarum) – Menstruation, Monatsblutung:* HEINR. AUGUST. planct. 1544 poenalem suscepit femina legem, quae partum partim dolet, -a partim. 2 *per pravam interpr. i. q. tempus lunae deficientis – Zeit(raum, -spanne) des abnehmenden Mondes:* ALBERT. M. caus. element. 1,2,4 p. 67,81 a plenilunio – quod -um vocatur a quibusdam, quod Arabes vocant Almuhac – usque ad perfectum lunae defectum recedit *mare*. animal. 22,124 cum pansilenos est luna, iecur eius *(muris)* crescit, et diminuitur utroque -o *(cf. Isid. orig. 12,31* minuente luna).

interluo, -ere. *interfundere, -labi – dazwischen-, (hin)durchfließen:* 1 *proprie de flumine (fort. per confusionem c.* interfluere): ALCUIN. carm. 1,30 hanc *(sc. Eboracum)* piscosa suis undis -it Usa. ADAM. gest. 2,17 eos *(sc. Holcetas)* Sturia flumen -it (interfluit *var. l.*). WALTH. TER. Ioh. 2,4 quam *(villam)* ... Legia flumen miti placidoque meatu -luit. 2 *in imag. de signis astrorum:* WALTH. SPIR. Christoph. II 1,208 medius geminas serpens -it ursas. *Mache*

intermaneo, -ere. *interesse, participare – beiwohnen, teilnehmen (an):* WOLFHER. Godeh. I 25 p. 186,6 qui *(Eggihardus)* eius *(sc. Aribonis)* promotioni -ens in ipsa consecrationis hora quaeque illi episcopalia ... interdixit. BERTH. chron. B a. 1079 p. 368,4 legati ... apostolici ... negotiis ... ac si inviti -entes tandem magnifice donati Romam ... regressi sunt.

***intermedialis**, -e. *intermedius – dazwischen befindlich, liegend, mittlere:* PS. AVIC. lap. p. 636^a,42 tres sunt ... species ad lapidis tingentis perfectionem ... fructuosae ..., videlicet lapis Solaris, in quo purum sulphur purum rubeum non urens, lapis Mercurialis, et -is, quae utramque complectitur naturam.

***intermedio**, -are. *intercedere, intervenire – vermitteln:* CHRON. reg. cont. II a. 1206 p. 180,29 Heinrico duce Lotharingie -ante Colonienses in gratiam suscepit *Philippus rex*. CHART. Pomm. 917 p. 237,21 (spur.) -antibus ... virorum prudentum placitis abbas pro ... possessionibus ... camerario ... quingentas marcas integraliter, finaliter et bene persolvit. *cf.* *intromedio.

intermedius, -a, -um. 1 *adi. i. q. medius, interiectus, interpositus – mittlerer, in der Mitte liegend, dazwischen befindlich:* **a** *spectat ad locum:* DIPL. Otton. III. 292 p. 718,19 res ... usque -os fines episcopatus Saonensis et Albensis ... corroboramus. CHRON. Ebersb. II p. 5^b,21 gens Hunnorum ... flumina ... transeunt terris et nationibus -is crudeliter devastatis. ALBERT. M. phys. 4,2,7 p. 246,27 siquidem descendit *lapis* in indivisibili temporis ..., tunc simul et semel erit lapis superius et inferius et in omnibus locis -is. animal. 3,47 quae *(vena)* -a extenditur inter cor et epar. CHART. Argent. III 104 cum ... cunctis ... infra ambitum ... curie ex utraque parte fossati -i sitis. *al.* **b** *spectat ad tempus (vitam hominis: l. 71. p. 2170,37):* **α** *de ipso tempore:* ALBERT. M. cael. 1,4,6 p. 90,72 'si' ... daretur, quod alicui rei attribuitur 'virtus' ad esse et ad non-esse, ita quod 'continuum' unum 'est tempus' utriusque potentiae, sic quod non referuntur ad diversa tempora distincta per -um tempus intercidens inter ipsas. CHART. Sil. D IV 47 p. 44,44 tempore ... -o, quo Deus nobis prorogare dignatus fuerit sanitatem. *v. et p. 2170,37.* **β** *de variis eventibus:* PS. GALEN. anat. 23 p. 202^B vivit cor cum suis dilatationibus et constrictionibus et quietibus -is. CHART. episc. Halb. 976 l. 16 diebus dominicis et omnibus festivitatibus -is ad effectum debitum ... perducatis *(sc. mandatum; postea:* diebus dominicis et festivis mediantibus). **c** *usu vario:* HERACLIUS II $50^{capit.}$ de diversis colorum principalium et -orum speciebus et nominibus et de utilitate mixtionis eorum ad invicem. ALBERT. M. praedicab. 4,4 p. 65,38 'in unoquoque praedicamento sunt generalissima quaedam' ... 'et rursus' in unoquoque sunt quaedam 'alia specialissima; et inter generalissima et specialissima sunt quaedam alia' -a. metaph. 7,4,2 p. 369,26 'si plura dicantur' -a genera. 2 *subst. neutr. i. q. medium, intervallum, spatium interiectum – Mitte, Zentrum, mittlerer, dazwischenliegender Teil, Raum:* **a** *proprie:* CHART. Herf. (ed. Th. Ilgen, WestfZ. 49. 1891. p. 5; a. 1224/56) piscatio ... a duobus rivulis sursum influentibus ... usque ad rivulum inferius ... influentem fluvium ... abbatisse pertinet et non licet alicui piscari ˛in -is˛ *(a, inter mediis b)*. *natur. et philos:* ALBERT. M. phys. 4,2,7 p. 246,44 sit lapis sursum, et sit totum -um vacuum; aut descendet aut non. 5,2,2$^{capit.}$ p. 423,32 de -o, secundum quod accipitur in physicis. 5,2,2 p. 423,34 'medium *(p. 226^b,23* μεταξύ) ...', quod Graece -um vocatur, quod apud Arabes 'dicitur inter, est' revera, in quo est esse natura motus. animal. 1,184 linea ... descendens ab -o superciliorum sub naso ad medium coniunctionis duorum anteriorum dentium superiorum. 6,33 'in -o *(p. 561^b,12* μέσῳ) ...' duorum citrinorum *(sc. ovi)* 'est alba humiditas', quae est radicalis humiditas membrorum in -o illo formandorum. *al.* 2 *translate fere i. q. res, species media – etwa: Mittelding, -art:* ALBERT. M. eth. I 650 p. 556,45 qui vincitur 'tristitiis', quas multi vincunt, dicitur 'mollis', et qui vincit eas, a quibus multi vincuntur, dicitur 'perseverans', et '-a' *(p. 1150^a,15* μεταξύ; *trans. Grosseteste* intermedium), idest medium horum, scilicet perseverantis et mollis, sunt 'habitus plurium' diversitatum.

adv. ***intermedie**. *tempore interiecto – zwischenzeitlich, in der Zwischenzeit:* ALBERT. M. pol. 2,9^i p. 183^a,26 'licet ... et -e' *(p. 1272^b,5* μεταξύ), id est tempore intermedio, scilicet ante mortem, 'Cosmis abnegare principatum'.

intermeo, -are. 1 *sensu locali i. q. transgredi, pervadere, permeare – durchschreiten, hindurchgehen (durch):* YSENGRIMUS 2,55 ut ... puer ruptum prudens -at anguem, ne coeant partes atque animentur item *(v. notam ed. p. 74)*. 2 *sensu temporali i. q. intercedere – (dazwischen) vergehen:* ANNAL. Senon. a. 936 (MGScript. I p. 105,14) castrum domnae Columbae ... est incendio ambustum VI. Idus Ianuarii; paucisque -antibus diebus XIX. Kal. Febr. eodem scilicet mense ... rex Rodulfus ... hominem obivit.

intermico, -are. *interfulgere, per intervalla coruscare – dazwischen funkeln, (hindurch)schimmern, (auf)blitzen:* COD. Lauresh. 120 p. 386,33 aspicit *(Humbertus, sc. in visione)* personam ... vultu flammeo, oculis ardentibus ..., clamide purpurea auro -ante. CHRON. reg. cont. 1193 p. 156,4 ignis in caelo ... visus est magnus et mirabilis cum stellis -antibus. FUND. Consecr. Petri p. 197,3 crudelis multitudo partis utriusque processerunt ... ad bellum ... scutis militum multiplicium coniungencium se ad invicem -antibus ut splendor etheris sole fulmine consparso. *al.* *im imag.:* RUP. TUIT. Ioh. 2,88 quatenus ... de ipso latibulo suo crebris -ans beneficiis eius *(sc. Dei)* sapientia simplicibus proficeret.

interminabilis, -e. *usu subst.: p. 2173,2.* *non terminatus – unbegrenzt:* 1 *infinitus – unendlich:* **a** *eccl. et theol. (philos.: p. 2171,9):* **α** *de extensione, magnitudine:* GERHOH. Antichr. 2,51 p. 303,9 dum de magnitudine Iesu infinita et -i atque inaestimabili diffiniunt *patres*. ARNO REICHERSB. apol. p. 174,32 sapientiae Dei maiestatis altum, iudiciorum profundum, charitatis inaestimabile latum, aeternitatis -e longum *eqs. (spectat ad Vulg. Eph. 3,18)*. ALBERT. M. div. nom. 4,104 p. 204,23 est *(sc. pulchrum et bonum, i. Deus)* 'unum', quantum ad simplicitatem, 'et idem', quantum ad incommutabilitatem, 'et sine principio et -e' *(PG 3,705^A* τὸ ἀτελεύτητον) in se, quamvis *eqs.* summ. theol. II 5,21,1, p. 256^b,16 Damascenus ...: 'solus ... incomprehensibilis et -is a nullo cognitus, ipse vero solus

[Staub]

suiipsius est *Deus* contemplator.' *v. et p. 2173,2.* β *de tempore:* FORM. Augiens. C 3 abbati ill. infimus ... famulus -em in Domino opto beatitudinem. HROTSV. Sap. 5,29 sperne *(sc. Karitas)* praesens utile, quo pervenias ad gaudium -e. TRAD. Werd. 119 p. 16,17 opera pietatis ... -em fructum habent aeternae in caelo memoriae. PETR. DAM. epist. 92 p. 16,2 quomodo ... conparari possunt ... decem milia annorum -i (inter milia, interminali *var. l.*) divinitatis essentie, que nec originem potuit habere nec finem? *saepius.* *philos:* ALBERT. M. phys. 4,4,2 p. 296,23 -e ... dicitur, in cuius duratione non est finis ante vel post, et hoc est carens principio et fine, sicut nonnulli dixerunt de mundi duratione, qui si -em etiam haberet durationem, non tamen esset aeternus, eo quod esse suum et vitam suam non simul possideret. **b** *usu communi:* α *immensus – unermesslich (groß; in imag.):* ERMENR. ad Grim. 1,4,68 argumentationum silvam -em iam linquamus. β *indesinens, perpetuus – unaufhörlich, nicht enden wollend:* FUND. Grat. Dei 9 frater Otto fundator pro -is discordie malo presenciam suam claustro subtraxit. *usu praed.:* ANNAL. Gottwic. a. 1229 (MGScript. IX p. 604,2) malum simultatis inter dominum papam et inperatorem ... sine concordia pacis adhuc -e durat. **2** *in(de)terminatus, non limitatus, qui terminari non potest – nicht abgegrenzt, unbegrenzbar (usu natur.):* ALBERT. M. nat. loc. 2,1 p. 23,33 aqua, quae sui umiditate -is (*p.* 329^b*,30* ἀόριστον; *cf.* gener. 2,1,5 p. 181,4 'indeterminatus') est in se, continuat terrae siccum undique influens partibus eius. veget. 4,86 -is (incremabilis *var. l.*) ... existens in se ipsa bene terminabilem facit *aqua* cibum ad membra. caus. univ. 1,1,1 p. 2,6 eo ..., quod -e (incremabile *var. l.*) est *humidum*, dixerunt *Epicurei* esse per hebetes angulos resolutum.

adv. **interminabiliter.** **1** *de tempore:* **a** *infinite, sempiterne – ohne Ende, ewig(lich), auf Ewig (usu eccl. et theol.):* HERM. AUGIENS. hymn. 2,1,3 euphonizans tibi *(sc. Christo)* -r (interminabiter *var. l.*; gloss. G6: sine termino) ymnologia. ARNO REICHERSB. apol. p. 188,7 quaero ... quid divinitatem nisi omnipotentiam substantivam, aeternitatem impermutabilem, sapientiam a fine ad finem -r (*cf. Vulg. Sap. 8,1* fortiter) attingentem, omnia quiete disponentem, bonitatem substantivam. **b** *indesinenter, perpetuo – unaufhörlich, fortwährend, dauerhaft:* α *gener.:* TRIUMPH. Lamb. 1 (MGScript. XX p. 499,1; c. 1141) zelum piae actionis iam mente conceperat *dux* in tantum, ut possessiones suas venderet et earum pretium secum deferret, -r in praesenti peregrinaturus *eqs.* β *publ. et iur.:* TRAD. Weihenst. 39 (a. 1041/7) vir ... hobam ... delegavit abbati ad ministerium sancti Stephani -r (*supra:* perpetualiter) possidendum. CHART. Mog. A I 419 p. 325,13 (spur.) quod nos ratum et inconvulsum permanere volentes ... -r sanctitum esse sub anathemate ... confirmamus. **2** *de numero i. q. immensiter, sine termino – unermesslich, unendlich:* GODESC. SAXO conf. p. 59,20 si quis haec omnia et alia -r plura per canonicarum latitudinem scripturarum multipliciter sparsa sic a te *(sc. Deo)* praesumit dicere, praedicta ut sint quidem praescita, sed nullo modo praefinita. gramm. 2 p. 473,8 positus *(sc. genetivus)* more graeco sicut in superioribus testimoniis sic et in aliis -r (inter mirabiliter *var. l.*) pluribus resolvatur ablativo.

***interminabilitas,** -atis *f.* **1** *theol. i. q. infinitas – Endlosigkeit, Unendlichkeit:* ALBERT. M. resurr. 155 p. 340,68sq. vita aeterna potest dici ab incommutabilitate et ab -e; et si dicitur ab -e *eqs.* epist. Dion. 9 p. 543,21 in hoc, quod rotundum non habet 'principium' neque finem, significatur '-s' (*cf. PG* $3,1109^B$ ἀτελευτήτου) divinae 'providentiae'. HUGO RIPELIN. compend. 1,18 p. 21^a,46 in quibusdam est -s essentiae, sed non vitae, ut in corporibus coelestibus. p. 21^b,10 in quibusdam ... est -s vitae. *al.* **2** *natur i. q. status in(de)terminatus, qui terminari non potest – Unbegrenztheit, Unbegrenzbarkeit:* ALBERT. M. div. nom. 8,10 p. 369,48 aëris effusionem', idest -em ex suis terminis, quod est sibi ex natura humidi, 'terminat *(sc. virtus divina)*' alienis terminis. meteor. 2,2,6 p. 70,16 secunda ... causa *(sc. influxus aquarum in terram)* est -s aquae; quia ... undique fluit ad ipsam ex natura humidi, quod quaerit terminum alienum. aet. 1,3 p. 310^a,25 accipiunt *(sc. plantae quaedam)* plantationem organorum ... in secundo: et hoc contingit eis propter ipsarum humiditatis -em. veget. 5,101 sunt *tria* in humido, quae sunt subtilitas eius et -s et vaporabilitas; ... -s ... dat ei *(subtilitati)* et motum in alterum et ad alterum.

interminalis, -e. *interminabilis, infinitus – endlos, unendlich:* COSMAS chron. 1,4 p. 10,2. sepe Parcas cessare -i ab opere. *v. et p. 2171,8.*

1. interminatio (-cio) *vel semel (l. 57)* **intraminatio,** -onis *f.* *pendet* ut: *l. 25.* **1** *absol. vel c. gen. subi. i. q. minae – Drohung:* **a** *gener.:* NICOL. I. epist. 88 p. 479,3 -bus crebris deterrere nos et minitare videmini *(sc. Graecorum imperator)*, tamquam sitis patriae ... ultimum exterminium illaturi. WOLFHARD. Waldb. 4,7 p. 320,4 reduci eam *(sc. mulierem insanam)* ad locum, unde venerat, cum magna -e iusserunt *sanctimoniales.* BERTH. chron. B a. 1078 p. 330,18 licet ... eius *(Heinrici)* omnino -is terroribus parvipensis legationem apostolicam liberrimus intimaverit *legatus. al.* **b** *publ., iur., canon. i. q. sanctio – Strafandrohung:* CONC. Karol. A 50^D,17 ne clanculo vendantur *res ecclesiae* et canonica -o subeatur. FOLCUIN. Bert. 2,4 p. 86,26 (chart.) ego Folquinus ... haec voluntarie firmavi et c u m e p i s c o p a l i -e subscripsi (2,5 p. 88,28 [chart.] signum ... Folquini ... c. e. -e). DIPL. Ludow. II. 58 p. 181,42 s u b -e i u b e m u s, ut *eqs.* (DIPL. Karoli III. 89 p. 147,5. *sim.* DIPL. Heinr. II. 73 p. 93,13 -bus valemus iubere). CHART. Hamb. 201 quod ut ratum esset, ... banno nostro roboravimus cum -e, ut, qui hoc violaverit ..., sit anathema. HIST. de exp. Frid. imp. p. 14,3 accedebat ... augusti monitis ... districta -o summi pontificis Clementis. *al.* *adde:* CONC. Karol. A 56 p. 749,38 terribilis divina -o. **2** *c. gen. obi.:* **a** *comminatio, denuntiatio – Androhung (fere publ., eccl., iur., canon.):* α *in univ.:* LIBER diurn. 91 statuentes ... apostolica auctoritate s u b -e futuri i u d i c i i nulli licere *eqs.* (CHART. Turic. 268 [epist. papae spur.] s. divini -e i. *al.*). CHRON. Clus. 11 (MGScript. XXX p. 963,43) antistes ... cum -e sempiterni a n a t h e m a t i s constituit, ut *eqs.* (CHART. archiep. Magd. 280 sub a. -e. *saepius*). DIPL. Loth. III. 20 p. 30,12 sub regalis banni nostri -e. HIST. de exp. Frid. imp. p. 37,15 concambium sub -e penę periurus imperator subtrahi iussit (*sim.* p. 41,9). CHART. Turic. 370 sub excommunicationis -e. CHART. Sil. D IV 5 p. 5,4 qui *(sc. Deus)* sub mortis -cione morsum pomi noxialis prohibuit. β *fere i. q. invocatio – etwa: Beschwörung, Anrufung:* COD. Eberh. 1,2,35 p. 67,10 (interp. s. $XII.^{med.}$) precipimus ... ex apostolica auctoritate sub -e d i v i n i n o m i n i s, ut *eqs.* (CAES. HEIST. Engelb. 2,5 p. 257,2 s. -e d. n. iudicium illius flagitans *mulier.* CASUS Petrish. 3,22 s. -e d. n. interdixit *abbas*, ne *eqs.*). **b** *periculum, minatio – Gefährdung, Bedrohung:* EPIST. Heinr. IV. 3 tibi *(Ödalrico)* sub -e proprię salutis precipimus, ut absque mora nostra relinquere non differas. LAMB. HERSF. annal. a. 1075 p. 227,1 quibus *(litteris et mandatis)* ei *(episcopo)* sub -e gradus et ordinis sui precipiebat *(sc. papa) eqs.* HIST. de exp. Frid. imp. p. 109,22 omnem -em ecclesiasticę communionis, quam pro principe terra meruerat, finaliter amputavit et pacem reformavit *episcopus.* *spectat ad amissionem gratiae (de re v. HRG II. p. 255 s. v. 'Huldeverlust'):* LAMB. HERSF. annal. a. 1073 p. 144,28 s u b -e g r a t i a e s u a e utrique abbati precepit *rex*, ut *eqs.* (a. 1075 p. 211,6. CHART. Babenb. 34 s. intra-e g. nostrę. DIPL. Philipp. Suev. 124 sub -e g. nostrę. *saepius. sim.* CONST. imp. II 213,10 sub pena -is [-e *var. l.*] gratie nostre).

2. *interminatio, -onis *f.* (in *et* terminatio) *(de)terminatio, constitutio – Festsetzung, Bestimmung:* COD. Eberh. 1,2,49 p. 88,7 (spur. s. $XII.^{med.}$) monasterium ... confirmamus ea scilicet rationis conditione et -e, ut nullus inde futurus abbas *eqs.* 1,3,18 p. 147,7 (dipl. Conr. I. spur.) peticioni ... aurem accomodare placuit et in hoc auctoritatis nostre precepto -em tam divine quam nostre maiestatis ... inseri iussimus. DIPL. Conr. III. 282 p. 488,12 (spur.) monasterium ... regię protectionis munimine solidamus ea intentionis -e, ut nullus iudex *eqs.* (*sim.* 295 p. 514,5 [spur.] sub -is condicione).

3. *interminatio, -onis *f.* (in- *et* terminatio) **1** *infinitas – Endlosigkeit (usu theol.):* ALBERT. M. div. nom. 4,136 p. 225,45 'divinus amor sicut quidam circulus aeternus', idest ca-

[Staub]

rens principio et fine, 'differenter monstrat', idest secundum diversas rationes, 'interminabile (*PG 3,712*^{C} ἀτελεύτητον) sui ipsius', idest suam -em. 2 *defectus (de)terminationis, imperfectio – mangelnde Abgrenzung, mangelnder Abschluss, Unvollendetheit (usu natur.):* ALBERT. M. fat. 4 p. 74,40 materia ... masculi maiori ... indiget terminatione quam materia feminae, et ideo masculus *(sc. geminorum disparis sexus)* remanet aegrotus ... et ex -e materiae causam mortis habens, femina autem, cui parva sufficit terminatio *eqs.*

1. interminatus, -a, -um. 1 *de limitatione i. q. non terminatus – unbegrenzt:* a *infinitus, perpetuus – grenzenlos, endlos, nicht enden wollend:* GODESC. SAXO gramm. 1 p. 361,9 'in' praepositio iungitur accusativo quando diuturnitatem vel -am (interminam *var. l.*) significat infinitatem, ut: *'eqs.'* GESTA Trev. cont. I 22 p. 195,18 ut ... militum -ae habendi cupidini muneribus ... potuisset *Bruno* satisfacere. DIPL. Philipp. Suev. 145 p. 333,2 -tis rei publice negotiis indesinenter implicamur. ALBERT. M. anim. 2,2,4 p. 87,80 'augmentum ignis in quantitate' -um 'est'. metaph. 3,1,1 p. 106,41 dubitatio ... -us motus est rationis super utramque partem contradictionis *(sim. l.43).* 5,4,3 p. 274,63 infinitum est -um, quia non est 'accipere' aliquod ultimum et primum, intra quod contineatur totum. b *indeterminatus, interminabilis – nicht abgegrenzt, nicht begrenzbar (usu natur. et philos.):* ALBERT. M. veget. 2,24 magis ... mollis propter incompletum et -um humorem remanet herba, cuius succus *eqs.* animal. 1,494 ubi ... fuerint duae *(sc. lineae manus)* breves, significatur materia ex humore inordinato et -o vincere supra virtutem formativam *eqs.* caus. univ. 2,1,10 p. 72,55 si ... est idem quando et idem nunc, tunc idem erit relictum a mensura terminata priori et posteriori et a mensura -a et indivisibili. 2 *de perfectione i. q. imperfectus – unvollendet, unverrichtet:* EBO BAMB. Ott. 3,13 p. 118,5 causam ... tractare ceperunt *legati*, sed per duos dies -am reliquerunt. *natur.:* ALBERT. M. princ. 8,3 p. 76,11 forma ... substantiae ... ut actus materiae est, qui totam imperfectionem terminat materiae; et ideo ... terminus est forma ipsa, et nihil remanet de materia, quod -um (indeterminatum *var. l.*) sit.

adv. **interminate.** 1 *infinite – grenzenlos, endlos, unendlich:* a *de loco:* ALBERT. M. phys. 3,2,6 p. 181,24 dixit *Aristoteles*, quod corpus infinitum componens -e (*p. 204*^{b}*,21* ἀπεράντως) distans est per omnem dimensionem. b *de tempore i. q. indesinenter – unaufhörlich:* ALBERT. M. Matth. 5,17 p. 122,70 dubitatio ... est interminatus motus rationis inter utramque partem rationis, eo quod ad neutram habeat rationem, et ideo quasi quaerendo -e movetur (*sim.* 28,17 p. 661,56). 2 *indeterminate, incerte, indefinite – unbestimmt, unpräzise, undefiniert:* ALBERT. M. Matth. 2,13 p. 58,32 nec tangitur determinatum tempus secundum propriam temporis quantitatem, sed -e (indeterminate *var. l.*) praecipitur, quod maneat *(sc. Ioseph cum familia in Aegypto)*, usque quo redire praecipiat *(sc. angelus).*

2. interminatus *v.* interminor. **intermine** *v.* interminus.

***?interminium,** -i *n.* (in [?inter] *et* terminus) *confinium, territorium – Gemarkung, Gebiet:* CHART. Wirt. 977 (a. 1241) que *(controversia)* ... vertebatur ... super quodam predio sito sub -o oppidi in Ûrindorf.

1. intermino *v.* interminor.

[**2. intermino** *v.* incinero. *adde ad p. 1544,33:* ALBERT. M. eth. II 9,2,1 p. 570^{a},39 non in fine sibi proprio stat *natura*, interminaret (*ed.*, -ret *cod. Erlang. 263 f. 204*^{v}; *cf.* summ. theol. II 13,77,24 p. 91^{a},33 incenderet) enim omne, quod digerit.]

interminor, -atus sum, -ari *vel* **intermino,** -avi, -atum, -are. *pendet:* ut (nullus): *p.2174,7. al.* in *c. acc.: p.2174,4.*

1 *(inderdicendo com)minari – (verbietend an)drohen:* PAUL. DIAC. Lang. 1,24 p. 62,6 rex ... suos ... ab ira ... conpescuit -ans primitus eum puniri, qui primus pugnam commisisset. CONC. Karol. A 50^{D} praef. p. 607,24 cum ... pateat ecclesiam ... plagas ..., quas Dominus suis iussis oboedire nolentibus ... -tus est, incessanter experiri. WALAHFR. Otm. 4 princeps ... -tus est eis *(sc. comitibus)* gratia sua illos omnimodis carituros, si *eqs.* *(cf. p. 2172,53).* OTTO FRISING. chron. 7,14 p. 327,12 cui *(sc. archiepiscopo)* dum ... Heinricus ... evaginato gladio mortem -retur *eqs. al.* *fere i. q. (minando) pronuntiare, imprecari – etwa: (drohend) aussprechen, anwünschen:* ALBERT. M. summ. theol. II 20,128,2$^{capit.}$ utrum maledictum possit -ari in creaturam rationalem et similiter irrationalem. 2 *(minando) interdicere, prohibere – (unter Drohungen) untersagen, verbieten:* CAPIT. episc. I p. 151,4 -andum est, ut nullus sacerdos ... personas feminarum ... in domo sua habeat. EPIST. pont. Rom. 186 p. 365,27 -amur, ne qua ... persona sibi licere existimet *eqs.* *(inde* 187 p. 369,31 [spur.] -amus). EKKEH. IV. cas. 140 ait *(sc. Sandratus)* ... carnes ... se omnibus ... edicto regis -are. VITA Anselmi Non. 6 (MGLang. p. 569,24) fecit ... mira Dominus multa per eum eius in vita; sed eo -ante stili officio commendata non sunt. TRAD. Pruf. 188 cui *(Rapoto)* ... Otto comes sub constitutione banni secundum iusticiam legum -tus est, ne ... pro ... predio ulterius questionem moveat. *al.*

interminus, -a, -um. *infinitus – unbegrenzt, unendlich (usu eccl. et theol.):* 1 *de tempore:* MIRAC. Bav. 2,13 si tibi ... res cordi sunt aevo -o possidere. HERIB. hymn. 6,13,4 aetates per -as. HERM. AUGIENS. vit. 689 qui caducis laudibus extollitur ..., laudes ... -ę perdet futuras glorię. CHART. Naumb. I 168 p. 148,10 quicumque ... confirmacionis huius integritati ... faverit, proficiat ei pietas ipsa ... ad capessendum inestimabile premium -e creacionis. *al. v. et p.2173,14.* 2 *de extensione:* GODESC. AQUENS. opusc. 1,14 p. 77,10 crucis cornua usquequaque -a, in qua crucifixus omnia de omnibus partibus trahit ad se ipsum. VISIO Godesc. A 51 sicut ... civitas ... -a, sic habitatorum eius frequentia innumera extitit. *al.*

adv. **intermine.** *in infinito, integre – uneingeschränkt, ganz:* GESTA Ern. duc. I 3,122 sanus sermo ... placuit -e (gloss. E: alias interrime; *cf.* 2,59), utpote qui non dubitaretur a Deo, qui revelat misteria, esse instillatus.

intermisceo, -miscui, -mixtum, -ere. *pendet* cum: *p.2175, 12.13.* *usu refl.: l.57; medial. et mediopass.: passim, e. g. l. 43.45.66.* *partic. perf. usu adi.: l.68.69.70.*

I *(miscendo) interponere, admiscere – (hin)ein-, (dar)unter-, zu-, beimischen:* A *proprie:* 1 *de rebus:* a *in univ.:* THEOPH. sched. 3,85 p. 154,24 impone cuprum ordinatim absque stagno atque -e carbones adiciens abundanter superius. CHART. Eberb. 113 p. 216,3 confratribus ... relaxavi ... theloneum ... de rebus suis ... hoc excluso, ut non -antur res alienorum. ALBERT. M. meteor. 1,2,5 p. 22,2 sunt ... inter eas *(sc. stellas galaxiae)* quaedam magnae stellae -tae, quae distincte videntur. *spectat ad fundorum possessiones:* CHART. Mar. Magd. 72 p. 65,34 (a. 1194) prediis ecclesie ... -ta habebat bona quedam Theodiricus. b *spectat ad verba, scripta c. sensu inserendi:* CAND. FULD. Eigil. I 15 erat ... ad mensam recitata lectio legis Dei et interdum -ta quaestio lectionis. ANON. minut. 1,6 cum ... unciarum comparationes ex notioribus monstrare debuissem, minutias ignotiores ... -ui. THIETM. chron. 7,36 p. 442,10 quod modo sum loquutus, me preposito -ere operi compellit *zelus dominicae domus.* HUGO TRIMB. registr. 301 Gwaltherus metrificans Alexandri gesta quedam -uit scripta per digesta. *al.* 2 *de hominibus i. q. associare, immiscere, adiungere – beigesellen, einreihen, mischen (unter):* EPIST. Alcuin. 100 p. 145,19 probavimus *(sc. Karolus)* quosdam fraudolenter negociandi causa se -ere *(sc. peregrinis).* HROTSV. Pel. 39 paganos iustis -endo (-edo *cod.; sc. ductor barbaricae gentis)* colonis. WIDUK. gest. 3,46 p. 128,3 ut socios viderunt *hostes* terga vertere, obstupefacti nostrisque -ti extinguuntur. HELM. chron. 88 p. 172,20 milites venerant -ti servis numero quasi sexaginta. B *translate:* 1 *de rebus:* a *miscere, (con)iungere – mischen, verbinden (mit):* WALAHFR. Otm. 9 cum ... convivio -eri potus solatia commonerent *fratres.* BRUNO QUERF. Adalb. B 23 erat christianitas cepta, sed -batur (inmiscebatur, interminabatur *var. l.*) cum paganismo polluta religio. THIETM. chron. 6,27 nimia fame c u m -ta belli asperitate magnum sufferebant *nostri* laborem (6,61 p. 350,18 oratio ... c. -tis fletibus). 8,8 p. 502,31 haec *(sc. solitaria)* assiduis oracionibus et -tis (CHRON. Thietm. mixtim) fletibus cellam suimet interius ornavit. b *medial. i. q. contineri – enthalten sein:* ALBERT. M. herm. 2,2,2 p. 444^{a},1 in ...

[Staub]

possibili inerit etiam negatio secundum potentiam -ta. 2 *de hominibus (anima: l. 9) i. q. implicare, participem facere – hinzu-, (her)beiziehen, teilhaftig machen:* Capit. episc. I p. 215,5 ut ... nec ipsae Deo dicatae in nullo ministerio altaris -antur. Agius vita Hath. 15 si quando cuiquam aliquid secretius committere volebat et ipse ... aliquem alium -endum putavit. Hrotsv. Pafn. 13,3 da *(sc. Deus)* ... partes ... solvendae hominis ... repetere principium sui originis, quo et anima ... caelestibus gaudiis -atur.

II *(com-, per)miscere – (ver)mischen, vermengen:* Consuet. Eins. 38 ad pacem cantor inter maiores et pueros vadat propter 'Agnus Dei', pueri cum magistris suis -ti. Chart. eccl. Halb. I 14 p. 13,6 si res prelati patrimoniales -te sint cum rebus ecclesie.

III *miscendo (con)variare, ornare – durch (Bei-)Mischen mannigfaltig, bunt machen, schmücken:* Thangm. Bernw. 8 p. 761,37 inter quae *(aedificia)* quaedam elegantiori scemate albo ac rubro lapide -ens musiva pictura varia pulcherrimum opus reddidit.

adv. ***intermixtim.** *(com)mixtim, in medio – untergemischt, dazwischen, darunter:* Thietm. chron. 7,21 nostrum agmen sagittariis -m (Chron. Thietm. mixtim) currentibus ab hiis *(hostibus)* appetitur.

***intermisse** *v.* intermitto.

intermissio, -onis *f.* *intercapedo, suspensio, interruptio – Unterbrechung, das Auslassen, Aussetzen:* **1** *in univ.:* **a** *spectat ad tempus:* **α** *gener.:* Amalar. off. 1,1,17 sunt, qui primam ebdomadam septuagesimae sine aliquo articulo novellae conversationis ducunt excepto ... -e 'Gloria in excelsis Deo'. Thietm. chron. 4,52 quod unius noctis -o fiat unius anni dilacio. Thangm. Bernw. 42 Dei ... tanto michi largius auxilium affuturum esse confido, si modo nulla eius servitii mei causa fuerit -o. Frid. II. Imp. art. ven. 1 p. 39,5 si tempus autumpni fuerit equale ..., sine -e transibunt *(sc. aves)* et citissime complebunt transitum. **β** *medic.:* Antidot. Berolin. 13 p. 70,8 ⸤-em dolorem⸥ *(Scrib. Larg. 99* in remissione dolorum) sepius datum erit medicamentum. Tract. de aegr. cur. p. 132,37 urina erit alba et spissa, dolor cum -e. Walth. Agil. med. 7 p. 100,42 accidentia frenesis non vere sunt insompnietas, alienatio cum -e. *al.* **γ** *canon. de cessatione rituum (cf. vol. II. p. 502,71sqq.):* Epist. Hild. 115 de -e ... divinorum ... consultum nobis videtur, ut ad tempus differatur. **b** *spectat ad locum i. q. intervallum – Zwischenraum, Lücke:* Dipl. Otton. II. 209 p. 237,28 quod ... Gozbertus ... a ripa ad ripam sine spatii -e gurgustium percutiendo ... navalis cursus transmeatum vetaret. Ars med. 7 p. 424,21 tetanus est nervorum tensio sine -e incipiens a collo et maxillis in retro vel ante extendens hominem. **2** *locut. adv.* absque, sine (ulla) -e (temporis): **a** *iugiter, assidue, constanter – in einem fort, ohne Unterlass, unablässig, dauerhaft, stets:* Leg. Wisig. 2,5,11 dementes effecti et in eo vitio absque -e temporis permanentes nec testimonium reddere *(sc. poterint)* nec *eqs.* Willib. Bonif. 6 p. 28,30 ut ... sine -e intemeratam fidei munitionem conservaret. Arbeo Corb. 41 p. 229,16 ut per triduanum ... fieri deberetur ... psalmodia sine -e. Antidot. Lond. p. 19,24 sine -e agitas *(sc. cocta).* Thegan. Ludow. 20 p. 208,13 nullus ... credi potest, quomodo se continent *(sc. pontifices),* nisi hi soli, qui hoc malum sine ulla -e paciuntur. *saepe.* **b** *sine mora, indisiunctim – ohne Verzögerung, unverzüglich:* Chart. Brixin. 131 p. 139,38 (a. 1256) ablata ... sine -e restituantur. Chart. Pomm. 835 ut, cum unus *(sc. coniugum)*... per mortem ab altero fuerit separatus, alter supervivens de ... bonis se nullatenus intromittat, sed sine -e ad ... ecclesiam ... integraliter revertantur.

***intermissor,** -oris *m.* *qui intermittit, omittit, neglegit – einer der unterbricht, unterlässt, sein lässt, Unterlasser:* Humb. Sim. 2,15 p. 156,13 sunt ... aliqua *(sc. praecepta),* quae si continuatim aguntur nec aliquando pro tempore intermittuntur, non modicum deviatur ...; huiusmodi ... dominica praecepta cum discrete intermittuntur, beatus procul dubio -r talis habetur.

intermitto, -misi, -missum, -ere. *pendet:* de: *p. 2176,63. 65.* ex: *p. 2176,61.* *partic. perf. usu medial.: p. 2176,5.8.41.*

I *in medio relinquere, praetermitter, praeterire, neglegere – aus-, weglassen, übergehen, überspringen:* **A** *in univ.:* **1** *gener.:* **a** *spectat ad tempus:* Tract. de caus. mul. 1 quantum sepius balnum usitat, tantum celerius curat, et ⸤dies -ssus⸥ *(leg.* dies -ssos; diebus -ssis *var. l.)* eleboro nigro ... bibat (Consuet. Marb. 327 ut ... nulla umquam -atur dies, quin *eqs.).* *usu medial. i. q. transire – vergehen:* Arbeo Emm. 23 p. 57,25 eadem ... die, non longo -sso (Vita Emm. interiacente) spatio duo ignoti ... viri ... innotuerunt *eqs.* **b** *usu vario:* Amalar. off. 1,11,6 -sit praeceptor officii: 'et omnis lingua confiteatur'. Aurel. Reom. mus. 11,10 opere pretium videtur coniunctiones vel ceteras quaslibet partes -ere in repetitione responsoriorum. Pontif. Rom.-Germ. 99,208 ut, ubi pontifex *(sc. orationem)* de se -sit, ipsi *(presbyteri)* illum commemorent. *al.* **2** *rhet. de omissione, praeteritione:* Vita Maxim. Trev. I 15 neque hoc -endum existimo, quia vir quidam *eqs.* Anscar. mirac. Willeh. 37 ne prolixior narratio onerosa fiat legentibus, ... multa -simus. Transl. Libor. I 31 unum *(sc. signum)* ... memorare decrevimus reliqua vitandae prolixitatis causa -entes. Trad. Corb. 163 omnes ... traditioni presentes fuere LXV; maximam partem horum -o propter numeri prolixitatem. Bonizo ad amic. 8 p. 610,9 quomodo ... captus fuerit *episcopus* ..., propter longitudinem historię dicere -o. *al.* **3** *math. de numeris eorumve positione in abaco:* Abbo Flor. calc. 3,78 ut quadruplus sesquitertius sit, a ternario in XIII sunt VIIII -ssi. Gerb. geom. 6,7 p. 94,13 inter tertium et quartum, id est LIIII et XCVI, medium LXXII numerum sesquitertia utrosque proportione continuantem adinvenis; et quoscunque quotlibet -ssis sibi invicem conferes, idem ... pernosces. epist. math. I 1 p. 18ᵃ,9 si volueris dividere centenum vel millenum per compositum centenum vel millenum, uno -sso unum dividendorum sumes ad minuta componenda et maximum divisorem reliquae parti comparabis. Herig. reg. 2,15 divisores tales fuerint, ut unum medium -ant, unum dividendorum reservabunt *eqs. saepe.* **B** *interrumpere – unterbrechen, aussetzen (abund.: l. 37):* Arbeo Emm. 18 inter ... cruciatos sanctus Dei martyr ... studium suum non cessari -it. Einh. Karol. 7 p. 9,12 post cuius *(sc. belli)* finem Saxonicum, quod quasi -ssum videbatur, repetitum est. Vita Heinr. IV. 10 p. 33,24 se filius obsequio patris totum impendebat ... avidus recompensare damnum oblectationis diu -ssae. *al.* **C** *omittere, finire, abicere – unterlassen, einstellen, abbrechen, aufgeben:* Annal. Einh. a. 793 p. 93,16 nuntio accepto ... iter in Pannoniam -sit *rex* *(inde* Poeta Saxo 3,154; *sim.* Widuk. gest. 1,40 Romam proficisci statuit, sed infirmitate correptus i. -sit *rex). v. et p. 2175,67.69.* *fort. add.:* Transl. Eug. Tolet. 8,9 gaudio, quod ante habuerat *episcopus* de adventu magnifici antestitis, -sso *(ci. ed.;* ire [*i.* irae] permixto *codd. fort. recte)* assensit invidorum consilio.

II *interponere, inserere – dazwischenfügen, -stellen, einfügen:* **A** *proprie vel in imag:* Ermenr. ad Grim. 1,10,57 si bacillum tuum non -eris, ad capillos usque devolvemur. Ps. Odo Clun. mus. p. 279ᵇ tribus sonantibus aut una *(sc. syllaba)* -itur, et sunt quatuor, aut duae -untur, et -ssae simul atque sonantes quinque numerantur. **B** *translate i. q. se interponere – sich einmischen (usu refl.):* Dipl. Karoli III. 6 p. 10,32 de privilegio ... electionis sancimus per omnia, ut deinceps nulla se aliena -at persona *(inde* Dipl. Ludow. Inf. 69 p. 205,22). Dipl. Arnulfi 125 p. 186,32 siquis ... cuiuscumque ordinis aut dignitatis persona ex omnibus supra dictis vel conprehensis se -ere ... presumserit. Dipl. Heinr. II. 383 p. 488,10 quatinus ... sancti Petri vicarius eiusque successores ... de contra ... dato predio Antisina et eius pertinentiis se ulterius non -ant *(item* 384 p. 489,11; *cf.* 382 p. 487,3 intromittant). Chron. Camer. 3,19 Walcherus si se deinceps de episcopatu -at, excommunicatur.

adi. **intermissus,** -a, -um. *interruptus, lacunosus – unterbrochen, lückenhaft:* Hraban. epist. 34 p. 467,36 quod hic propheta *(i. liber Danielis prophetae)* breviorem expositionem haberet quam cęteri prophetae, ita ut per intervalla -ssus sit.

adv. ***intermisse.** **1** *gener. i. q. cum intermissionibus, interdum – mit Unterbrechung(en), von Zeit zu Zeit, mehr*

[Staub]

oder weniger oft: **a** *in univ.:* BERNOLD. CONST. libell. I p. 9,18 qui *(diacones)* ... cum ipsis sacerdotibus ad divina sacramenta conficienda, percipienda vel saltem tractanda non -e, sed cotidie debent parati esse. **b** *iterato modo – immer wieder:* BENZO ad Heinr. IV. 4,11 p. 422,12 capitis invasit *passio diutina* preciosa lumina, unde fluunt -e lacrimarum flumina. **2** *math. i. q. cum intermissione – unter Auslassung, mit Überspringen (einer Zehnerpotenz):* GERB. epist. math. I 1 p. 13^{a},8 si volueris per singularem numerum dividere decenum aut centenum aut millenum vel simul vel -e. MATHEM. var. Bubnov p. 251,28 non semper uno modo numeri componuntur, sed aliquando quidem simul aliquando vero -e p. 264,10 quomodo singulares iuncti decenis metiantur decenum, centenum, millenum vel ulteriores vel simul vel -e. p. 283,25 quinta divisio, quae fit per duos et per plures -e compositos *eqs. al.*

***intermixtim** *v.* intermisceo.

intermixtio, -onis *f.* **1** *(ad-, im)mixtio, – (Bei-, Unter-)Mischung (sensu pass. fere i. q. portio – etwa: Anteil):* **a** *in univ.:* SERMO nat. virg. 2 quis unquam ... mulierum ... multitudinem tantam sine sexus alterius -e crederet convenisse? HROTSV. lib. 2 praef. 2,9 opusculo inserere curavi *(sc. fila evulsa de panniculis vestis philosophiae)*, quo vilitas meae inscientiae -e nobilioris materiae illustraretur. GERHOH. ad Innoc. p. 225,3 in quibus *(haereticorum sacramentis)* nulla est -o alicuius catholicae mentis. OTTO FRISING. chron. 8,26 p. 435,8 sunt ... tabernacula Dei tabernacula regnantium in caelestis patriae curia ... suavia ..., non solum bona semper, sed sine tristium -e ... iocunda (8,33 p. 453,7). **b** *spectat ad alternationes, vicissitudines:* HROTSV. Cal. 9,29 mittatur *Fortunatus* in aeterni ignem supplicii, cruciandus sine alicuius -e refrigerii. WOLFHER. Godeh. I 40 fratres ... suavidica exhortatione et non etiam interdum sine austeritatis -e ex praesenti practicae actione permansuram theoreticae contemplationem promereri studere mandavit. **2** *commixtio, confusio – Vermischung, Vermengung:* CHART. Osn. III 204 (a. 1259) ut ... vetus questio, que ex erratica -e *(sc. agrorum et pratorum)* fere singulis annis contigit, ... cesset.

intermoveo, -motum, -ere. *medial. i. q. in medio inferri, inflari – dazwischen fahren, wehen:* ALBERT. M. animal. 26,12 cicendula est vermis unus de noctilucis ...; quando volat, extensis alis magis lucet: similiter spiritu -to lucidior efficitur sicut <s>cintilla vento suflata.

[**intermutatio** *v.* impermutabilis. *adde ad p. 1406,33:* GERHOH. Antichr. 2,11 p. 210,11 hoc ... dictum sit salvo assumpti in Deum hominis privilegio, qui iam creatura censendus non est, eo quod una -is *(cf. A. Hauck, Kirchengesch. Deutschl. ⁸IV. 1954. p. 459;* intermutatio *ed.)* persona sit.]

***internate** *adv.* (internare) *alte, penitus – tief, bis aufs Innerste, zutiefst:* EPIST. Mog. 15 p. 342,2 (epist. papae) haec in prudentissimo sacri pectoris vestri *(sc. archiepiscopi)* archivo recondentur et -ius effibrata, quae fuerint rata, serventur; caetera abiciantur: *eqs..*

***internates,** -ium *f. pl.* (inter *et* natis, *per analogiam ad* nates *formatum) pars corporis inter natibus sita – (Bereich der) Gesäßspalte:* FRAGM. Sacram. Arnon. add. p. 60,2 exi *(sc. daemon)* de renibus, de lumbis ..., de vertebris, de natibus, de -bus, de omnibus fibris vitalibus.

internato, -are. *in medio natare – sich dazwischen, in der Mitte (umher)bewegen:* ALBERT. M. animal. 20,47 in omni mixto grossiora et graviora inferius sunt et dilatationi magis apta, subtilia autem magis ascendunt et magis sunt apta extensioni in longum; quaedam autem -ant quasi mota per transversum.

interne *v.* internus.

internecies (-nic-, -niti-), *acc.* -em, *abl.* -e *f.* *form. acc. sg.* -cem: *l. 69.*

pernicies, interitus, mors – Verderben, Untergang, Tod: HROTSV. Sap. 5,19 o lictores adite, et hanc rebellem usque ad -iciem (-cem *cod.*) crudis nervis caedite (ADALBOLD. Heinr. 12 p. 58,18 u. a. -itiem. BERTH. chron. B a. 1077 p. 285,9 si ... 'populum' ... a. -em u. consumant *reges*). EKKEH. URAUG. Hieros. 28,1 universorum, qui tunc in Iudea ... reperirentur, -em disponebant *(sc. Saraceni)*. METELL. exp. Hieros. $6{,}439^{tit.}$ de -icie eorum, qui in templum Salemonis confugerant. CONST. imp. II 402,7 si ... altercatio largum barbaris nationibus aditum pandat ad -iciem populi christiani.

internecio (-nic-, -nitio, -etio), -onis *f.* *c. gen. inherentiae: l. 19; explicativo: l. 21. 30. de prosodia* -nĭc- *vel* -nīc-: *v. l. 36.*

1 *strictius i. q. pernicies, interitus – Verderben, (völliger) Untergang:* **a** *in univ.:* CHRON. Fred. 2,37 p. 62,31 ut totus ... exercitus ad -itionem delitus sit (RIMB. Anscar. 30 p. 61,25 ad -tionem [-icionem, interventionem *var. l.*] nos *[Sueones]* delebunt *Cori*. ANNAL. Iuv. I a. 734. *al.; sim.* ANNAL. Lauresh. a. 734 eam *[Frisiam]* vastavit *Carolus* usque ad -em. PETR. DAM. epist. 114 p. 299,27 ad -itionem usque persequere). GLOSS. psalt. Lunaelac. 77,65 tradidit *(sc. Deus)* eos *(sc. Israelitas)* ... -icione. GREG. VII. registr. 3,4 p. 248,24 ne ..., si in unum conveniant, usque ad -itionis bella consurgant *(sc. inimici)*. VITA Florini 8 (Jahresber. d. Hist.-Antiqu. Gesellsch. Graubünden. 88. 1958. p. 10) antequam ad necis -icionem veniatur. **b** *spectat ad perditionem animarum:* GERH. AUGUST. Udalr. prol. l. 27 ut ... Dei praecepta spernentibus conversionis emolumentum vel damnationis -itionem (-icionem *var. l.*) adaugeant *(sc. scripta)*. 1,10 l. 91 ad -itionem (-tionem, intencionem *var. l.*) eorum ... hostiliter invaserunt *(sc. Arnolfus cum suis)* praedium sancte Mariae. PETR. DAM. epist. 60 p. 204,16 absit ..., ut ... illius *(papae)* ... gladius *(i. sententia excommunicationis)* passim in tot animarum -icione (interemptione[m] *var. l.*) crassetur. **2** *latius i. q. miseria, calamitas – Elend, Not:* BERTH. chron. B a. 1080 p. 378,11 Heinricus cum sue tyrannidis complicibus ... adversariorum suorum persecutoria immanitate, famis -e, frigoris asperitate ... profligatus ... vix Ratisbonam suam ... revisitavit.

internecium (-nic-), -i *n.* *mors – Tod:* CONR. MUR. nov. grec. 2,636 ex 'interneco' dic 'internectus' generari, huic '-um' (-icium *var. l.*) pro morte solet sociari ac 'internecio', sed ab ambobus removere 't' debes, quia sic datur euphonia iubere; 'internicio' vel 'internicio' reprobatur, cum verbum, de quo veniat, non inveniatur.

interneco, -nexum, -are. *partic. perf.* -nectus: *l. 33. 44.* *necare, delere – hin-, ermorden, vernichten:* MILO carm. 3,4,2,379 haec *(sc. semina, quae in spinas ceciderunt)* ... surgunt citius, sed divitiarum cura gravat mentes et deliciosa voluptas, ne spicas referant, teneras -at herbas. EPIST. Teg. I 9 quę *(homicidia)* perpetravit *Arnoldus*, proprium videlicet fratrem a quibusdam -ctum ulciscens. *v. et l. 33.*

internecto, -ere. *gerund.* -taendus: *l. 54.* *partic. perf. usu medial.: l. 50.*

pendet cum: *l. 52.* *(ad-, co)nectere, (ad-, con)iungere – an-, verknüpfen, verbinden:* **1** *spectat ad res corpor.:* WIDR. (?) Gerh. II 9 p. 509^{b},11 ipsius ... menbra ... pene integra sunt reperta, nervis iuncturarum adhuc -xa. WILBR. peregr. 1,5,7 cum quarum *(turrium)* iuncturis lapides magni ferreis vinculis et duris amplexibus -untur *(cf. notam ed.)*. **2** *spectat ad textum inserendum:* WOLFHER. Godeh. I 36 p. 194,6 confessionis eius sententiam ... hic -aendam estimavimus. **3** *spectat ad condiciones:* ADALBOLD. Heinr. 13 cuiusdam conditionis -itur *(sc. concessioni)* ratio, quae, quamvis ad pręsens gravis, in futuro tamen ... erat salubris. CHART. Rhen. med. I 431 p. 493,11 bonum concedi rogavi, hanc -ens conditionem, ut *eqs.*

internetio, internicies, internicio, internitio *v.* internec-.

internosco, -ere. **1** *dinoscere, discernere – (voneinander) unterscheiden:* CAPIT. reg. Franc. 72,4 ut ... patefaciant *ecclesiastici*, ... in quibus -i possint hi, qui seculum relinquunt, ab his, qui adhuc seculum sectantur. HONOR. AUGUST. eluc. 2,66 possunt aliquibus signis -i boni et mali? GERHOH. (?) tract. I 11 fides ortodoxa personas trinitatis suis proprietatibus, quibus -antur, distinguit. *al.* **2** *agnoscere, intellegere – wahrnehmen, erkennen:* HROTSV. Cal. 9,6 rerum, quae geruntur, causas docte -ere nequimus. GESTA Camer. 1,74 multis ... -entibus atque deferentibus conperiens Fulbertus episcopus eos, sponsum videlicet et sponsam, ... contra legem copulatos *eqs.* RUP. TUIT. Ioh. 1,1760 ut nonnisi a diligentissimis -i

[Staub]

queat garrulae huius pedissequae *(i. eloquentiae)* praesentia *(sim.* trin. 40,12 l. 485 rhetoricam ... quisquis umquam apertis alicubi vidit oculis, ut faciem eius veraciter -ere possit *eqs.*). *al. de lingua i. q. scire – verstehen:* GESTA Ern. duc. I 2,320 nec bene umquam erit ei *(sc. virgini)*, quia nullius hic *(sc. in regno Grippiae)* loquelam -it.

***internumero,** -are. **1** *(in medio) enumerare, afferre, proferre, commemorare – (dabei, darunter) aufzählen, an-, aufführen:* BERNOLD. CONST. microl. 13 p. 985^{D} Romana auctoritas nomina vivorum fidelium -are permittit, ubi dicitur: *'eqs.'* p. 986^{A} sanctorum nomina annumerare non debemus ... excepto post 'Pater noster' in illa oratione, ubi iuxta ordinem quantumlibet sanctorum nomina -are possumus. **2** *in (tempore) medio numerare – dazwischen(liegend) zählen:* BERNOLD. CONST. microl. 25 p. 998^{A} si ... in prima quarta feria Martii, in secunda Iunii, in tertia Septembris omni anno ieiunatur, ... nec ... quatuordecim hebdomadas ... ieiuniis -are valebis.

internunctius *v.* internuntium.

internuntia (-cia), -ae *f. usu attrib.: l. 24. 26. mediatrix, nuntia – Mittlerin, Botin:* **1** *in univ.:* ADSO Frodob. 32 (MGMer. V p. 86,11) somnio commonetur, ut ad basilicam ... Dei genitricis ... candelam suae longitudinis deportaret; qua quia ... egritudine fessus ire non poterat, per -am personam dirigere curavit. *in imag.:* GERHOH. Antichr. 1,37 p. 345,23 manum sanguinis effundendi mediatricem vel -am nescio quomodo a sanguine excusem. **2** *patrona – Fürsprecherin:* EPIST. Hildeg. 114 te ... in Domini opis postulatione -am esse deprecor *(sc. H. provisor)*. **3** *lena – Kupplerin:* DECRET. Burch. 19,5 p. 975^{C} alienum corpus, filiae dico vel neptis ..., amatoribus vendidisti *(sc. femina)* vel concessisti vel -cia fuisti?

***?internuntiatio** (-nci-), -onis *f.* *(?per contam. ex* denuntiatio *et* interminatio *formatum) denuntiatio, interminatio – Ankündigung, Androhung:* CHART. Westph. VII 1587 (a. 1276) sub -ciatione *(sic)* anathematis inhibentes, ne *eqs.*

internuntium, -i *n. script.* -nct-: *l. 38.* **1** *nuntius, notitia – Botschaft, Nachricht:* EPIST. Teg. II 145 secretis tue legationis litteris secretis -ctiis ... respondemus. VITA Ger. Bron. 7 cui *(comiti)* cum commissa seriatim retulisset -ia, ... sic desiderii sui interserit affamina: 'oro', inquit, *'eqs.'* CHRON. Ratisb. (MGScript. XXX p. 1490,21) Carolus videns per -a Ludwici sui fratruelis se fore delusum ... ad belli se convertit usum. **2** *actio, officium (inter)nuntiandi – Botschafter-, Mittlerdienst (translate: l. 47):* AMALAR. off. 4,7,7 oculi adducunt ad eam *(mentem)* formas illices ...; simili modo per aures intrant verba ..., quae ... molestiam ingerunt menti; nares etiam non sunt alienae ab hoc pestifero -o. ELEV. Wigb. 4 (MGScript. VIII p. 517,14) postquam ... per crebra nostrae legationis -ia diversa de ... re data sunt et accepta responsa.

internuntius (-cius), -i *m. script.* -non-: GESTA Trev. 32 *(var. l.)*. SABA MALASP. chron. 1,8 p. 117,13 *(var. l.)*.

1 *legatus, nuntius, missus, emissarius – Gesandter, (Send-)Bote:* **a** *de hominibus:* **α** *in univ.:* EPIST. Col. 9 p. 251,44 cum ... vestri *(sc. papae)* sacri -i ad nos venirent cum vestris ... scriptis atque mandatis. THIETM. chron. 6,81 ab -is festinantibus haec *(sc. caedem)* regina ... conperit. THANGM. Bernw. 2 p. 759,18 inter patrem ... et filium ... -cius saepe discurrebat. *persaepe. de portatore:* EPIST. Reinh. 47 ut Heimo super Ysayam ... sibi *(abbati)* prestitus ... te -o ... nobis transmittatur. **β** *spectat ad prophetas:* HONOR. AUGUST. cant. 1 praef. p. 358^{D} -os misit *filius Dei*, dum prophetas hoc *(sc. incarnationem futuram)* humano generi nuntiare voluit; qui quasi praenuntii facti sunt, dum *eqs.* p. 359^{A} ad istam *(sc. Synagogam)* prophetae fuerunt -i; ad illam *(gentilitatem)* vero apostoli sunt missi. *ibid. al.* HIST. de exp. Frid. imp. p. 70,28 qui *(Dominus)* olim Israelitico populo ad terram repromissionis ascendenti per -um Moysen verbis loquebatur. **γ** *spectat ad sacerdotes propagatores fidei christianae:* VITA Otton. Bamb. III 3,4 p. 118,5 cum ... plerosque ... per -os suos iam antea convertisset ad fidem. **b** *de rebus (usu attrib.):* AMALAR. off. 3,40,6 homo -is (-ciis, -cios *var. l.*) quinque sensibus ad animam bene aut male operatur. ord. antiph. 9,2 loquitur aut ecclesiasticus chorus aut propheticus aliquis sermo -us ad Hierusalem. **2** *interpres, sequester, procurator – Mittelsmann, Unterhändler, Bevollmächtigter:* LEG. Wisig. 12,3,10 nulli christiano licebit ... beneficium ... a quolibet Iudeo vel Iudea sive etiam per eorum -os quodcumque sibi inlatum accipere. THIETM. chron. 6,98 quem *(regem)* cum marchio ... nimis iratum cerneret, per -os fideles eum placare nititur. BERTH. chron. B a. 1075 p. 227,18 in utramque partem per suaviloquos, illices et corruptores -os minis et promissis astutissime viritim disseminatis ... regi ... ob ... iniurias ... illatas quasi dolorem simulanti penitentialem ... confidentes effecti sunt *Saxones*. HELM. chron. 34 p. 68,7 protractum ... est bellum ..., eo quod -i temptarent pugnam condicionibus dirimere. *al.*

1. internus, -a, -um. *gen. sg.* -is: *l. 29.* **1** *adi. i. q. interior, intestinus – im Inneren befindlich, innere(r), inwendig(er):* **a** *proprie:* **α** *de anim.:* WALAHFR. carm. 24,15 dum sopor -is animalia fessa medullis solvit. PETR. DAM. epist. 40 p. 445,13 ut ... viscera eius -a depascens occultis eum *(sc. episcopum)* vaporibus conflagraret *papula*. 86 p. 500,23 hiantia claustra reperiens ... chelas ingerit *cancer* et viscera ostrei -a decerpit. DYNAMID. Hippocr. 1,58 omnes -os et antiquos dolores ... sanat *bratheos*. **β** *de rebus:* LIGURINUS 10,425 pulsus in -am trepidus se contulit *civis* arcem. *de monasterio ('innere Klausur'):* OTTO FRISING. chron. 7,35 p. 370,21 ut quidam ex eis *(sc. monachis)* non solum -a, sed et externa claustra ... cum diligentia observent. **b** *translate:* **α** *de homine interiori q. d., anima i. q. imus, profundus, spiritalis, qui animi est – tief, innerster, geistig, seelisch:* HUGEB. Willib. 4 p. 92,19 magna mentis intentione ... ad superna -is vitae speculatione provide circumspectione properabat. WALAHFR. Wett. epil. 2,13 plangimus -o compuncti corda d o l o r e (AGIUS vita Hath. 21 dolorem -um ... tegens. *al. sim.* HROTSV. Abr. 6,1 -ae amaritudinem maestitudinis contego). WALAHFR. carm. 15,1 Strabus ab -o ... mittit amore salutem. OTTO FRISING. chron. 8 prol. p. 391,16 quomodo ... unus *(sc. status)* primo humilis ... post datis sibi non solum -is bonis, sed et exteriori prosperitate ... mediocris ... fuit. CHART. Heinr. Leon. 73 curtem ... ex -a animi voluntate contuli. *spectat ad Deum iudicem occultorum hominis:* HRABAN. epist. 2^{a} p. 382,29 offerebam ... primitias in laudem sanctae crucis expensas ... ipsi a r b i t r i -o, qui me conspicit (GODESC. SAXO theol. 22 p. 313,8 -i arbitris iudicio placere. *al.; sim.* RADBERT. corp. Dom. 8,4 coram -i iudicis oculis. WALAHFR. Mamm. 14,14 praeses ab -o pulsatus iudice ... iubet *eqs. al.* CHART. March. Misn. III 239 in conspectu -i cognitoris). 36 p. 472,12 credo ... te *(sc. Hemmonem)* magis velle -o conspectui conditoris tui salubriter placere, quam favoribus humanis forinsecus inaniter extolli. **β** *de enuntiatione vocis, sono sim. i. q. tacitus, silens, occultus, abditus – still, verhohlen, verhalten:* AMALAR. off. 3,28,5 quid velit inclinatio diaconorum excepto, quod oratio -a solet demonstrari per habitum corporis. POETA SAXO 4,375 -i gemitus dederant *proceres* animique dolentis pallenti signum facie meroreque pressa. RATHER. conf. 39,1551 cum -o rugitu recollecto ... animo ... orationi et fletibus ... fuerat instandum. exhort. 21 hanc *(cessationem)* promitte, si datur, cum lacrimis; si non, cum singultu -o. **2** *subst. neutr. plur.:* **a** *proprie i. q. viscera, intestina – Gedärm, Eingeweide:* CHRON. Gozec. 2,14 Fredericus -orum incisione infirmatus. MIRAC. Annon. 2,57 mulier ... dolore -orum inremediabiliter cruciabatur. *ibid. al.* **b** *translate i. q. medulla, intimum, cor, animus – das Innerste, Tiefe, Herz, Seele, Sinn:* BENED. Frising. 2 benedic, ... Domine, ... populum tuum, ut mundentur eorum -a pectorum, quorum flectuntur membra cervicum. PETR. DAM. epist. 70 p. 318,5 tamquam Deus -a nostra non videat. OTTO FRISING. chron. 8,19 iudex -orum nescius ut homo sepe fallitur, reusque, qui dampnandus erat, frequenter absolvitur. *spectat ad virtutes animi sim.:* HILDEG. scivias 1,6 l. 187 cum voluptatem cordis sui neglegunt et spem suam ad -a ponunt *fideles*. TRAD. Ror. 107 p. 109,24 per Marthe sollicitudinem ab -orum sumus dulcedine retardati.

adv. **interne.** **1** *proprie i. q. intus, intra – innen, inwendig:* HEIRIC. Germ. I 2,95 vestis erat tenui tunicam supplesse

[Staub]

cuculla ciliciumque -e latens. IOH. METT. Ioh. 133 manum -e osculandam protendit *rex*. **2** *translate i. q. mente, corde, animo, spiritu – innerlich, im Herzen, Sinn, Geist:* HRABAN. cruc. B 16,10 cui das *(sc. Spiritus donum)* ..., bene intellectu singula carpit mysteria, -e doctus atque omnia pensat, qualiter *eqs.* ARNOLD. RATISB. Emm. 2 p. 1069^{A} Bruno ingenti timore correptus, imo per vim supernae virtutis adeo est -e sibimet subreptus, quo *eqs.* HERM. AUGIENS. vit. 97 nec satis audet *Herimannus* ... fidere vobis et tamen -e vos *(sc. sorores)* scit amare.

2. internus *v.* integer.

intero, -trivi, -tritum, -ere. *stirp. praes.* intriv(o): *l. 18.* *(terendo) immiscere – hineinreiben, (hin)einbrocken:* **1** *proprie:* **a** *in univ. (usu medic.):* WILH. SALIC. chirurg. 5,10 p. 361^{E} quando -itur *papyrus* et infunditur in aceto et exiccatur et intromittitur in fistulis ..., confert. **b** *c. obi. effecto i. q. miscendo conficere – durch (ein)mischen herstellen:* FORMA mon. Sangall. 13,5 -endae (intrivendae *a. corr.*) pastae locus. **2** *in imag.:* EKKEH. IV. cas. 101 p. 206,15 cum ... Chuonradum episcopum ... participem fore ... suaderet *Ruodmannus*, raucosa voce ... ille reclamabat: 'nequaquam!', inquiens, 'tu solus -visti, tibi soli edendum est.' **3** *translate:* **a** *con-, afferre – (ein)bringen:* CHRON. reg. cont. I a. 1191 p. 154,5 productior etas multarum rerum et artium experientiam ei *(Carco)* -verat. **b** ?in se -ere *i. q. (paulatim) accipere, suum facere – sich (zunehmend) aneignen, zu eigen machen (fort. in loco corrupto):* SIGEBOTO Paulin. 54 p. 937,37 homicida ... bestiales animos quosdam *(sc. homines)* occidendo, alios vel pedibus abscisis vel oculis effossis obtruncando, diverso modo suis obversis conatibus vel vexando vel perimendo ˌin seˌ *(cod.,* Domini in se penam *ci. ed. Mitzschke 1889)* -verat.

interocel(l)icus *v.* enterocelicus. *adde ad vol. III. p. 1288,31:* CHIRURG. Sudhoff I p. 92 ad i-llicos.

interocella, interocelli *v.* enterocele.

***interoculare**, -is *n.* *spatium, intervallum inter oculos positum – Zwischenraum, Abstand zwischen den Augen, Nasenwurzel:* TRACT. Garsiae 389 Iohannes Gaditanus Toletanum intuens vidit eum ... cyclopem corpore giganteo ..., largo -ari, fronte obducta, vultu terribili *eqs.*

interogatio *v.* interrogatio.

***interpactio**, -onis *f.* *pactio (mutua) – (gegenseitige) Abmachung, Übereinkommen:* CHART. Osn. II 8 (a. 1201) ego Thetburgis ... decimam ... Hermanno ... et suis heredibus ... contuli, tali tamen -e, ut quovis anno tres inde solidos persolvant. *Staub*

***interpellatim** *v.* interpello.

interpellatio (-cio), -onis *f.* *script.* -rbe-: *p. 2182,19.* **I** *intermissio, interruptio – das Aussetzen, Unterbrechung:* FRID. II. IMP. art. ven. 3 p. 44,14 a principio traynationis usque ad finem sine -e faciat traynas, videlicet si inceperit traynare, perseveret *falconarius*. *fort. add.: p. 2185,2.*

II *spectat ad actionem appellandi, aggrediendi precibus, petitionibus sim. (fere publ., eccl., iur., canon.; liturg.: l. 69; usu communi: l. 68sqq.):* **A** *petitio, rogatio, deprecatio, interventus – das Er-, Ansuchen, (Für-)Bitte, Fürsprache, 'Intervention':* **1** *publ., eccl., iur., canon.:* LEG. Burgund. const. I praef. p. 33,10 si iudices ... tertio interpellati non iudicaverint, et causam habens -em nostram *(sc. regis)* crediderit expetendam. HINCM. divort. 23 capit. p. 105,22 de qua *(sc. Bosonis muliere)* in synodo ... fuimus cum -e *(sc. papae, ut vid. [cf. W. Hartmann (et al.), MG Concilia III. 1984. p. 449 adn. 13])* commoniti *(sc. episcopi; item* 22 p. 227,1). CHRON. Noval. 5,12 Otto ... vindicat sibi regnum Italicum per -em accolarum. EPIST. Heinr. IV. 41 p. 63,1 apud quem *(filium)* si -cio vestra *(sc. principum)* nullaque alia interventio ... prodesse poterit, appellamus Romanum pontificem. CHART. episc. Hild. I 201 p. 185,22 decimam ... hospitali ... Liudoldi advocati ... -e delegavi. *al.* **2** *usu communi et liturg.:* **a** *spectat ad homines:* AMALAR. off. prooem. 4 -o sive postulatio est, quando populus benedicitur *(sim.* 1,34,5; *cf. Aug. epist. 149,12)*. *adde:* GLOSS. psalt. Lunaelac. 20,2 -o asperantium ipsi David. **b** *spectat ad Christum, spiritum sanctum, Mariam:* GLOSS. psalt. Lunaelac. 108,2 -o Christi adversum Iuda et similes illi, ut veniat in eos vindicta. CONC. Karol. A 44^{A} p. 479,31 postulantes *(sc. imperatores)* intercessiones et -es ... Dei genitricis. ANSELM. HAV. dial. 2,13 p. 1183^{A} quaecunque ... dicuntur humilius de spiritu sancto ut dari, mitti, ... repromissio, -o, ... ad primam causam reducenda sunt. **c** *spectat ad necessitatem fort. i. q. impulsio, vis – viell.: das Drängen, Druck:* CONC. Karol. A 61 app. 3 p. 813,34 quoniam non interposita temporis dilatione, verum subitae necessitudinis -e essent *iudices* eligendi. **B** *actio adiendi, provocatio, appellatio – das Angehen, Hinzuziehung, Berufung, 'Appellation':* LEG. Burgund. Rom. $33^{tit.}$ de -bus et appellationibus *(sim.* const. I $81^{tit.}$ de -bus apud iudicem futuris). CONC. Merov. p. 170,13 ex -e quorumdam cognovimus *(sc. episcopi)* ... hi ... vel alii ... res alienas competere *eqs.* CONC. Karol. A 3^{B},12 nullo modo praesumant *(sc. clerici inter se causam habentes)* publicis auctoribus -e (-em *var. l.*) facere nisi suo episcopo. *in formulis chartarum:* TRAD. Weiss. 242 l. 57 (a. 700) ut ... res ... absque u l l i u s i u d i c i s ut *(v. notam ed.)* -bellationis in eorum recipiant *(sc. abbates)* potestatem (8 l. 68 sine u. i. -cionem. *al.* CHART. Fuld. B 58 p. 100,29 ut ... post meum ... discessum absque u. i. -e vos *[sc. abbas]* ... accipiatis possidendo *[sc. hereditatem]*. FORM. Senon. I 3 spondeo me ... sine ullo iudice -is pro duplum me reteneor debitore. FORM. Bitur. 2). **C** *actio compellandi, in ius vocandi, accusatio, crimen – (gerichtliche) Belangung, Strafverfolgung, Anklage, Beschuldigung:* LEX Ribv. 32 capit. p. 56 (B 19) de -e. 61 capit. p. 64 (add. A 9) de -e vel sacramento. TRAD. Frising. 183 -o Engilfrita: ... Engilfrit ... advocato ... Kaganhart interpellabat *eqs.* *(sim.* 670). DIPL. Loth. I. 121 p. 279,5 ut in cunctis -bus ac responsionibus diversarumque querimoniarum negotiis ... eo modo ... advocatus ... monasterii interpellet vel respondeat, quo *eqs.* CHART. Rhen. inf. I 383 p. 265,22 his *(denariis)* ... solutis omnis servitutis -e careant *sorores*. **D** *lis, intercessio – Rechtsstreit, Einspruch:* DIPL. Arnulf. 13 p. 32,1 si quis ... contra hanc tradicionis cartam aliquam i n i u s t a m -em facere voluerit (DIPL. Ludow. Germ. 55 absque ullus *[leg.* ullius] inquietudine vel iniusta -e. *al.*). CAPIT. reg. Franc. 36, 17 ut, qui possessionem aecclesiae ... per triginta annos sine alicuius -e tenuerit, iure perpetuo possideat *(sim.* 191,8). DIPL. Conr. III. 106 p. 191,19 cum ... crebris -cionibus ... ecclesia ... tam apud regni tribunalia quam apud catholicorum concilia querimoniam ventilasset *eqs.* *al.* **E** *vindicatio, ius – (Besitz-, Rechts-)Anspruch:* CHART. Sangall. A 190 p. 180,26 (a. 806) in omnibus predictis locis -em vel conquestum, quam me ... contingere videtur, ... ad ... monasterium trado. 546 ut nequaquam ultra vel in eis *(iugeris)* aliquid iustae potestatis vel -is habeant *neptes* *(sim.* THANGM. Bernw. 43 p. 777,45 aliquam -em vel repetitionem).

interpellator, -oris *m.* **1** *deprecator, intercessor – Fürsprecher, Vermittler:* VITA Laur. Sip. 5 (MGLang. p. 545,47) laetamini *(sc. cives Sipontini)*, qui talem habetis pro vobis -em. VITA Serv. 12 p. 38,5 ut, qui nuntius ad populum electus fuisset a Domino, idem ad apostolorum principem -r eligeretur a populo. **2** *accusator, petitor – (An-)Kläger:* LEX Frision. 14,2 quicunque interpellatus fuerit, ... sacramento se debet excusare, et in hoc -i sufficiat. CAPIT. reg. Franc. 104,7 si ... -r ... cartarum collatione victus fuerit. 224,6 -r ... iuret, quod se sciente nil aliud nisi verissimam in omnibus ... rationem exquirat. **3** *qui urget, molestat – einer der bedrängt, Belästiger: v. p. 2185,36.*

interpellatrix, -icis *f.* *usu attrib.: l. 67.* *deprecatrix, quae intercedit – Fürsprecherin, Fürbitterin:* TRANSL. Iuven. 6 (MGScript. XXX p. 980,16; s. $IX.^{ex.}/X.^{in.}$) hii *(sc. defensores civitatis)* sunt Iuvenalis et Cassius pastores et Fausta prudentissima virgo, -x eorum *(sc. civium)*. RATHER. conf. 19,483 veniant -es et importunae sorores <lacrimas effundentes> sororias *(spectat ad Vulg. Ioh. 11; cf.* epist. 1 p. 14,31sqq.).

interpello, -avi, -atum, -are. *script.:* intrap- *(per confusionem): p. 2183,12.* -rbe-: *p. 2183,14. adde* LEX Alam. capit. A 42 p. 43 (cod. 11). -el(o): CHART. Rhen. 45. *partic. perf.* -ad(um): *p. 2184,3.* *in coniug. periphrastica: p. 2184,3.* de-

[Niederer]

pon.: p. 2184,31. partic. praes. usu subst.: p. 2184,17. confunditur c.: interpretare: *l. 55. p. 2184,10.*

I *sensu originario spectat ad actionem appellandi, aggrediendi precibus, petitionibus sim. (fere publ., eccl., iur., canon.; usu communi: l. 42sqq. p. 2184,26sqq.):* **A** *(precibus, interrogationibus) adire, fatigare, rogare, assumere, appellare (ad) – (mit Bitten, Fragen) angehen, (be)drängen, bitten, ersuchen, hinzuziehen, sich wenden, 'appellieren' (an; usu ellipt et absol.: l. 20sqq. 66sqq. p. 2184,13sqq.):* **1** *publ., eccl., iur., canon.:* **a** *in univ.:* Lex Alam. 3,1 nullus habeat potestatem vim abstrahendi *(sc. fugitivum)* de ecclesia ..., sed ... sacerdotem ... -et (-it, -at, intra-et, inpellet *var. l.*) pro servo suo, roget sibi eum reddere *eqs. (sim.* Lex Baiuv. 1,7 donec -at [-bellat, -ent *var. l.*] presbyterum). Dipl. Arnulfi 90 p. 132,24 quibus *(petitionibus)* pro ... aecclesiae utilitate nostram -ant *antistites* clementiam. Hist. de exp. Frid. imp. p. 109,4 archiepiscopum ... pro absolutione latę in ipsum sententię supplex -vit *Lupoldus.* Otto Sanblas. chron. 20 p. 23,12 Romanos ... pro pace per internuncios -at *archiepiscopus. persaepe. usu ellipt.:* Annal. Mett. a. 754 p. 46,11 Carolomannus ... ab abbate suo destinatur, ut pro Langobardis -ret *eqs.* Dipl. Heinr. III. 30 qui *(Conradus imperator)* me -ante ... cartam constitutionis ... tradidit. Chart. episc. Hild. I 201 p. 185,23 contuli ... ęcclesię -ante quodam milite ... beneficium. *al.* **b** *spectat ad iudicem appellandum:* Leg. Burgund. const. I 81 ut ... -to iudice causam ... differre non liceat. Dipl. Zwent. 19 p. 52,42 advocatus eorum *(hominum)* super eis iusticias agat nec ad publicum mallum quisquam succlamationem faciat, priusquam advocatum eorum -at pro iusticia facienda. Lamb. Hersf. Lull. 14 p. 324,17 quidam factiosi homines faciem regis ... adversus abbatem Sturmionem -verunt. Theod. Palid. annal. a. 1146 p. 82,11 ministeriales regni ... iusticiam omnibus -antibus se iudiciali more fecerunt. Caes. Heist. hom. exc. 282 respice *(sc. damnatus)* in tales et tales, ut iudicem pro te -ent. *saepius. v. et p. 2181,57.* *c. dat. i. q. preces admovere – eine Bitte richten (an):* Dipl. Karoli M. 172 p. 230,39 ut, ubicumque in vestra *(sc. ducum sim.)* ministeria ... advenerit *Hildericus* et de iustitiis ... monasterii ... vobis condixerit vel -verit, ... iustitiam reddere studeatis. **c** *sollicitare, admonere – auffordern, ermahnen:* Trad. Ratisb. 11 p. 10,16 (a. 810) -vit Deotbertus *(i. missus comitis)* Rŏdfridum, ut eum *(episcopum)* revestiret secundum ... comitis iussionem. **2** *usu communi:* **a** *in univ.:* Transl. Marci in Aug. 3 ut abbatem ... -ret *episcopus*, quatenus illi ... habitandi licentiam concederet. 12 quem *(episcopum)* conabatur *senior fratrum (sc. in visione)* -are, ut sui nominis appellationem dignaretur ei indicare. Thietm. chron. 3,4 is, qui audivit *(sc. campanam sonantem)*, custodem aecclesiae, ut episcopo laboranti succurreret, -vit. Epist. Worm. I 29 quod me legatio vestra *(sc. regis)* -vit de modis, non adhuc ... eos congregavi *(sc. E.).* Vita Landel. Ettenh. 3,3 p. 109,6 ut bonos homines pro reparatione monasterii nostri -remus *(sc. fratres).* *de emptoribus mercium (exspectatis) i. q. premere – bestürmen:* Unibos 50,3 plaustra pelles vehentia locant *(sc. presbyter, praepositus et maior villae)* ... in mercati confinio ...; -ari *(ci. ed.,* interpretari *cod.)* sub prece sperant a multitudine. **b** *consulere – zu Rate ziehen:* Epist. Worm. I 26 p. 49,10 quia ... fratres tum minime erat copia -andi et de tali legatione ... sollicitandi, proposui *(sc. R.) eqs.* **c** *(oratione) implorare, supplicare – (im Gebet) anflehen, flehentlich bitten:* Vita Odil. 11 (MGMer. VI p. 43,23; s. X.) ut ... Deum ... pro suo *(sc. patris)* facinore -ret. Thietm. chron. 6,13 p. 290,35 Heinrici ... misererais *(sc. rex)*, ... ut eo liberiori animo hodie Deum -es: 'dimitte nobis debita nostra'. Chart. Turic. 1277 quatinus ... religiosi ... pro ... defunctis ... divine pietatis clementiam ... -ent. *al.* **d** *de Christo i. q. deprecari – Fürbitte einlegen, fürbitten (usu absol.):* Radbert. corp. Dom. 8,274 ut apud Deum patrem Deus homo ... -are ... credatur *(sim.* 9,55 [add. rec. 4]). Godesc. Saxo theol. 22 p. 296,20 dignetur *Dominus* gratis -are et ... nos incessanter ... adiuvare. Frowin. explan. 7,3 l. 814 ad dexteram Dei sedet semper -ans pro nobis. **B** *compellare, in ius vocare, postulare, accusare, criminari – vor Gericht fordern, gerichtlich belangen, anklagen, beschuldigen:* **1** *in univ.:* **a** *usu vario:* Form. Andec. 39 qualiter aliquos homo ... et quia ante os dies abuit -ado, dum dicerit, quasi *eqs.* Lex Frision. 3,9 si ... is, qui alium furem -vit, falso eum calumniatus est. Capit. reg. Franc. 41,6 donec veniat *(sc. ad mallum)* et de re, qua -tus fuerit, iustitiam fatiat *(sc. mannitus).* Epist. Hann. 17 p. 40,12 quem *(episcopum)* nulla accusatio -bat. *persaepe. v. et p. 2182,29. 56.* *fort. add. (in loco corrupto):* Ord. iud. Dei A 21^{h} p. 624,40 si culpabiles sunt homines isti, ⌞quos N. N. -verunt⌟ *(ci. ed.,* cui nomina interpretaverunt *cod.) eqs.* **b** *spectat ad causam per certamen singulare definiendam:* Epist. Wibald. I 140 p. 285,3 Theodericus ... a Reinhero de Porta -tus est de duello, qui hoc imponebat ei, quod *eqs.* **2** *absol. i. q. actionem intendere, litem inferre, causam agere – ein Gerichtsverfahren, einen Prozess einleiten, Klage erheben, 'klagen' (gegen):* Leg. Wisig. 6,4,3 p. 266,27 qui *(iudex)* voluntarius defendere recusabit -antis iniuriam. Form. Sal. Bign. 27 dum ... vos ... exinde *(sc. de furto)* ante illum comitem -are fecisti *eqs.* Dipl. Ludow. II. 17 p. 99,12 -ante ... contra Gradensem episcopum ... Maxentio ... pontifice eadem est questio retractata et eorum iudicio ad finem usque perducta. Capit. episc. I p. 216,3 ut nullus ordinatus ... migret de sua parrochia ... ad palatium causa -andi. *al. v. et p. 2182,32.* *adde:* Cand. Fuld. Eigil. I 10 p. 228,16 iuste aedificant *(sc. aedificatores)* martyria, ubi pauperes violentiam passi ab eis -ent contra eos? **C** *(precibus) petere – erbitten, einfordern (usu communi):* Ioh. Ven. chron. p. 152,4 Iohannes ... episcopus ... cum quibuslibet aliis ad pacem -andam ibi *(sc. Veronae)* convenerunt. Epist. Teg. I 106 p. 109,22 quae *(sc. tribulationis et angustiae)* mala ad depellenda vestrę sanctitatis *(sc. pontificis)* ad Deum -amur *(sc. fratres)* auxilia. Epist. Worm. I 60 p. 101,32 ipsius *(senioris)* testimonium -vi et etiam id ab eo impetravi *(sc. A. scolicola).* Const. imp. III 45 oportet nos a ... nostris fidelibus oportunum -are suffragium. **D** *crimini dare, obicere – als Anklage, Beschuldigung vorbringen, vorwerfen:* Capit. reg. Franc. 63,13 si aliquis Iudaeus super christiano propter suam querellam aliquid -verit et cum testibus fuerit ei iudicatum adprobare *eqs.*

II *usu mediopass. i. q. nominari – heißen:* Heinr. Teg. Quir. II 40 apud villam Tegriensium, quę ad Monachos *('Ostermünchen')* appellatur (-atur *M*).

adv. ***interpellatim.*** **1** *interrupte – mit Unterbrechungen, unterbrochen:* Geber. test. p. 562^{a},46 combures in furno vitriariorum ... per diem et noctem vel -m per dies duos absque noctibus *(sim.* p. 563^{a},44 mars calcinatur ... ad bonum ignem vel -m). **2** *singillatim, paulatim – eins nach dem anderen, nach und nach:* Caes. Heist. mirac. I 21 p. 56,28 si per singula *(sc. peccata)* deflet *(sc. peccator)*, ut sic -m abluantur, quomodo pro omnibus simul conteritur?

interpignus *subst. n.* *hypotheca – Pfand:* Chart. Sigeb. 145 p. 261,35 (a. 1264) ad maiorem ... securitatem, quod ... nobis *(sc. fratribus)* ... ab ipsis ... plenarie satisfiat, idem commendator et fratres donaverunt nobis ... ad -s quadraginta tres iurnales.

interpingo, -pictus, -ere. *(varium) intericere, interspergere – (bunt) dazwischen setzen, streuen (usu mediopass.):* Albert. M. animal 23,134 'perdix avis est' nota, quae coloris est rufi nigris -tis longis maculis.

interpolate, interpolatim *v.* interpolo.

interpolatio (-cio), -onis *f.* *c. gen. explicativo: p. 2185,10. 11. 26.* **1** *(im-, com)mutatio, aptatio – (Ab-, Ver-)Änderung, Anpassung, Adaption:* **a** *in bonam vel neutram partem:* **α** *in univ.:* Aurel. Reom. mus. 19,16 sin alias uberior fuerit versus, -o ilico fiet modulationis iuxta congeriem litterarum *eqs.* *spectat ad pactum:* Registr. Dal. p. 410,8 verifice -is salva pace peracte testes sunt hii: *eqs.* **β** *differentia, distantia – Unterschied, Verschiedenartigkeit:* Hraban. anim. 12 p. 1120^{A} qui *(quinque sensus)* quamvis et bestiis inesse videantur, longa tamen -e ab illis discrepant, quoniam nobis rationabiles sunt, in illis ratione carent. **b** *in malam partem i. q. corruptio, imminutio – Verfälschung, Schmälerung:* Visio excell. Mart. 20 (CC Cont. Med. $CCXXVI^{A}$. 2016. p. 223; a. 1177)

[Niederer]

velut Cherubin et Seraphin occulta mysteria divinitatis sine -e (interpellatione *var. l.*) semper contuentur, ita *eqs.* (*cf. Aug. in psalm. 56,17*). FUND. Consecr. Petri p. 118,12 quando ... 'a servitute corrupcionis liberabitur creatura', tunc absque ulla -cione apparebit illud lumen, de quo *eqs.* 2 *interruptio, pausatio – Unterbrechung, Unterlass, Pause:* a *in univ.*: ODILO SUESS. Seb. 7 (3) hoc (*sc. te incolumem videre*) noctu dieque ... sine -e expostulavimus (*sc. filii a Deo*). GUNZO epist. 15 p. 48,20 tanti acuminis femina (*sc. Astraea*), ut numquam -e noctis fuscetur, numquam caliginem sentiat (*sim.* VISIO Godesc. B 24,3 dies ... sine noctis -e ... continue fuit). ALBERT. M. animal. 6,56 interpolate ponit *pavo* ova, ita quod 'post unum ovum stat duobus diebus aut tribus et tunc ponit aliud: non enim ovat consequenter' sine -e. *al.* *de cessatione agri:* ALBERT. M. veget. 7,63 nisi sit pinguissimus ager, oportet aliquam interponi -em. b *spectat ad febres, dolores sim. i. q. re-, intermissio – das Nachlassen, Aussetzen:* CONSTANT. AFRIC. theor. 9,3 p. 41b^{r} aliquando hec passio (*sc. dolor hemicraneus*) cum -e venit. MAURUS phleb. p. 17^{a} iubent (*sc. antiqui*) flebotomiam fieri in die -cionis. MIRAC. Volqu. 17 p. 385,14 ullas ... -ciones tam diuturni doloris (*sc. ulceris*) experiar (*sc. Sibotho*). GLOSS. Roger. I A 3,21 p. 698,2 cuius (*sc. materiei*) descensus cognoscitur per -em doloris *eqs. al.* 3 *interpositio – das Einfügen, Einschub:* a *in univ.*: PETR. DAM. epist. 109 p. 216,17 quod (*psalterium defunctorum*) ... per quinquagenos psalmos trifaria lectionum -e distinxi. b *de tempore i. q. praeteritio – das Vergehen, Verfließen:* ADALBOLD. Boeth. 148 non est ibi (*sc. apud Deum*) labor in conceptione imaginationis et -o temporis ad exhibitionem operationis ..., sed *eqs.* TRAD. Brixin. 124 traditione determinata vestitura ... predii absque omni temporis -e ... super idem altare tradita probatur. ALBERT. M. Iob 1,16 p. 35,10 ne per -em temporis animus ad patientiam se disponat. *al.*

interpolator (-ll-), -oris *m.* *de diabolo i. q. corruptor – Verderber:* VITA Austrig. 11 (MGMer. IV p. 198,8; c. s. IX.) accidit ei (*puellae*) ab -e (-llatore, interpellatore *var. l.*) tocius inmundiciae (mundiciae *var. l.*) percussa, lumine claritatis amissa torporem cecitatis incurrisset.

interpolo, -avi, -atum, -are. *script. et form.:* -ll(o; *per contam. c.* interpellare, *ut vid.*): *p. 2186,18. 55.* *partic. perf.* -let(us): *p. 2186,42.* *form. coni. IV.* (*per contam. c.* polire): *p. 2186,23. 25.*

1 *corrumpere, depravare, imminuere – verfälschen, entstellen, schmälern:* CAND. FULD. Eigil. II 14,44 saepe ... sensum ... -at error humanum. GODESC. SAXO gramm. 2 p. 440,1 propter ... unam syllabam non debemus -are ... sensus integritatem. 2 *interrumpere, intermittere – unterbrechen, aussetzen:* a *in bonam vel neutram partem:* α *in univ.*: PASS. Kil. II 20 factum est ..., ut solis cursus noctis tenebris -retur. AMALAR. off. praef. 6 ne videretur parvitas mea quasi furtim -are meis verbis sanctorum dicta patrum, interposui in fine eorum et in principium meorum signum crucis. VISIO Godesc. A 49,1 quos (*homines*) in tribulatione penali vidi (*sc. angelus*), quorum supplicium consolatio quietis nequaquam -at. ALBERT. M. veget. 2,47 trahet radix plantae multis vicibus -tis ex multa ... pluvia multum nutrimentum. *al.* *c. inf. i. q. desinere – aufhören (zu):* FRID. II. IMP. art. ven. 4 p. 99,4 falconarius postquam inceperit girofalcum iactare ad gruem, non -et iactare ipsum ad gruem per multos dies. β *intrans. et medial. de febribus sim. i. q. remitti, alternare, variare – nachlassen, abwechseln, 'kommen und gehen':* CONSTANT. AFRIC. theor. 8,6 p. 37a^{v} quotidie -atur *febris composita* et una die levior accipit ..., altera vero durior. TRACT. de aegr. cur. p. 131,6 dolor ... ex vitio stomachi -at et ante prandium vel post prandium quidem amplius, quandoquidem minus inquietat. WALTH. AGIL. med. 42 p. 147,26 suffocatio (*sc. matricis*) aliquando augetur, aliquando mitigatur et aliquando -atur sicut epilentia. b *in malam partem i. q. turbare – stören, beeinträchtigen:* α *in univ.*: GESTA Camer. 1,96 quietem ... publicam -antes minus potentes ... vexabant *fratres* (*sim.* HEINR. TEG. advoc. 3 p. 278,23 ut requies sanctorum -ta foret atque commota. *al.*). GERLAC. annal. a. 1184 p. 704,29 vespere vigilias sollempnizavimus (*sc. fratres*), -tas tamen multis lacrimis. β *prohibere – verhindern:* EPIST. Worm. I 42 p. 78,6 ne ad te (*sc. magistrum*) ipse modo venirem (*sc. Ebo*) ..., rei familiaris -vit inopia, quę ultra modum insurgens plura mihi divertit commoda. γ *gravare, vexare – belästigen, plagen:* AESCULAPIUS 16 p. 21,15 tussicula excluditur (*sc. sanguis*), qua neque ante fuerat vexatus aegrotus, ⌞nec post exclusionem sanguis (*sic*) -tus⌟ (*cf. Gariopont. pass. 2,3 p. 23^{r}* neque excluso sanguine aeger -bitur). 3 *interponere, inserere – dazwischenstellen, (dazwischen) einfügen, einschieben (in; intrans. i. q. interesse, interpositum esse – dazwischen liegen, stehen):* AMALAR. ord. antiph. 70,1 nolui his (*antiphonis*) -are officia sanctorum, ut *eqs.* HUCBALD. Leb. 14 p. 364,3 (ed. Pertz) cum nullius pene temporis -rent spatia. ABBO FLOR. calc. 3,79 p. 121,26 dum in duplis II et triplis III, in quadruplis IIII supercrescunt, firmum est, quod in quincuplis V, in sescuplis VI ad -andum (interpellandum *var. l.*) augebuntur. ORD. coron. imp. 18,31 -ta (-llata, interpellata *sim. var. l.*) ... c a n t i l e n a coram altari ... presentatur (*sc. inunctus*) domino pape (19,24. *ibid. al.*). 4 (*disperse*) *elimare, perpolire – (hier und da) ausfeilen, ausarbeiten:* VISIO Tnugdali p. 3,14 licet eulogiis vestre (*sc. abbatissae*) presentie dignis eam (*petitiunculam*) -are (-ire *var. l.*) minime possimus (*sc. Marcus; sim.* p. 4,13 si qua ibi [*sc. in opere*] fuerit minus compendiose -ita [-ta *var. l.*] sententia).

adi. **interpolatus**, -a, -um. *interruptus – unterbrochen:* 1 *non continuus – nicht aufeinanderfolgend, nicht kontinuierlich:* VITA Eberh. Commed. 18,8 quinque septimanis continuo decubuit et semper -is diebus, nonnunquam etiam triduo continuo, sacram communionem accepit (*sim.* CHRON. reg. cont. V a. 1248 p. 296,8 per totam hyemem duobus diebus, et hoc -is, modica glacies est visa). ANNAL. Prag. III a. 1256 p. 175,47 hyems asperior fuit solito sed -a. non -us *i. q. continuus, assiduus – ununterbrochen, anhaltend:* OTTO FRISING. gest. 2,23 iaculorum seu saxorum ab arce ... non -i iactus. 2 *de febribus sim. i. q. intermittens, alternus – aussetzend, abwechselnd, Wechsel- (usu ellipt.: l. 41. 43):* MATTH. PLATEAR. gloss. p. 374^{A} cephalalgia est dolor vetus capitis quandoque continuus, quandoque -us. MAURUS phleb. p. 16^{a} febris ... -a fit de humoribus putrefactis...; flebotomia fit competenter in -is duabus de causis: *eqs.* progn. 42 p. 51^{a},27 febres non mortifere dicuntur -ete respectu continuarum. p. 51^{a},40 -a et brevis egritudo. urin. I p. 33,4 urina in -is in die accessionis ... solet esse coloratior. TRACT. de aegr. cur. p. 142,32 si ex vitio capitis dolor (*sc. scotomiae*) sit, erit continuus, ex vitio stomachi -us. *al.*

adv. ***interpolate** *vel* **interpolatim.** 1 *interrupte, per intermissiones, interdum – mit Unterbrechungen, hin und wieder:* a *in univ.*: VISIO Godesc. A 59 dolore ... continuis sex mensibus ... laborabat, postea vero -e passus est. CHART. Traiect. 785 p. 217,40 ut, quicunque ... per alias sex septimanas absens fuerit continue vel -m, computentur dies absentie sue (*sim.* CHART. Sil. D II 315 [epist. papae] in ecclesiis ... residentiam facere continuam nequeunt *canonici* personalem, licet -llate per sex menses resideant in eisdem *eqs.*). ALBERT. M. animal. 23,81 detur (*sc. aloe*) ei (*falconi*) -e ad manducandum. *saepius. v. et p. 2185,12.* b *alternis vicibus – abwechselnd:* THADD. FLORENT. cons. 7,43 utatur (*sc. aeger*) eis (*sc. medicinis*) -e, scilicet interdum ... syrupo et interdum trociscis (*sim.* 150,29 utatur hoc electuario -e cum syrupo. 153,119). 2 *sparsim, disperse – vereinzelt, hier und da (ni spectat ad l. 49):* CHART. Eberb. 140 p. 250,12 (a. 1225) cum uve fuerint precoque, ... praecolligere poterunt *fratres* ... in ... vinea -e circa duos cophinos manuales. ALBERT. M. meteor. 2,1,10 p. 50,63 frequentius in Februario et Martio ... cadit nix pauca ..., et cadit -e.

interpono, -posui, -positum, -ere. *script.* intra p- (*per confusionem*): *p. 2188,50.* *partic. perf. usu adi.*: *p. 2187,7. 14. 28. 2188,15sqq. al.*

I *intericere, inter-, inserere, addere – dazwischensetzen, -stellen, -legen, (dazwischen) bauen, ein-, an-, hinzufügen (medial i. q. interiacere, interesse – dazwischen liegen, sein):*

[Niederer]

A *proprie:* **1** *corpor.:* **a** *in univ. (de spatio: l.5; de vacuo: p. 2189,16):* CAND. FULD. Eigil. II 15,11 arcubus atque -tis hinc inde columnis binas ... erexit ... cryptas. CARM. biblioth. 5,7 tu *(sc. Sapientia)* stellas stellis -isse videris. GERH. AUGUST. Udalr. 1,26 l. 106 qui ... tanto spacio adhuc -to Christum vestire non omisit. THEOPH. sched. 2,15 huiusmodi *(sc. Graecum)* vitrum -tum musivum opus ... decorat. CHART. Argent. I 434 non permittemus *(sc. episcopus et capitulum)* ... aliqua edificia eisdem areis *(sc. in almende sitis)* -i. ALBERT. M. animal. 7,69 inobservate -unt *grues* lapidem ovis. *al. v. et p. 2189,16.* *de calculis inter certas columnas abaci ponendis (cf. D. E. Smith, History of Mathematics. II. 1925. p. 180sq.; de divisione calculis -tis facta: l. 14):* MATHEM. var. Bubnov. p. 293,22sqq. in illa divisione, quam -tam dicunt, hanc regulam sequi oportet: ... aut impraesentiarum, quot arcus vacui sint, tot IX -antur et peracta divisione cum differentiis tollantur, aut absque IX divisione tandem -antur ad faciendam approbationem. **b** *inter-, admiscere – darunter-, beimischen:* TRACT. de chirurg. 215 aquatica ... fomentatione supradictis herbis -tis *(sc. indiget aeger).* **c** *vi praeverbii fere evanida i. q. exstruere, instituere – errichten, gründen:* ALBERT. STAD. chron. a. 1186 p. 351,8 eodem anno -tum (inchoatum *var. l.*) est Cisterciensis ordinis coenobium Reynevelde. **2** *incorpor.:* **a** *de numeris:* ABBO FLOR. calc. 3,75 ut in prima specie *(sc. inaequalitatis)* unus -atur numerus, in secunda duo *eqs. ibid. al.* ALBERT. M. metaph. 4,4,1 p. 202,31 par est numerus, qui in duo aequa dividitur, et impar est numerus, qui in duo aequa dividi non potest propter unitatem -tam. **b** *de vocibus musicis:* **α** *inter altiores et graviores voces positis:* REMIG. ALTISS. mus. 513,18 'quartum ...' pentachordum, 'quod per divisionem est': -itur enim tetrachordum coniunctarum, nam ceteri coniuncti sint. GUIDO ARET. microl. 16,17 motus motui tum erit praepositus ..., tum suppositus ..., tum -tus, id est, quando unus motus infra alium positus et minus est gravis et minus acutus. *al.* reg. rhythm. 179 inter duas lineas vox -atur (-itur *var. l.*) una. HERM. Augiens. mus. p. 27,43 -tae *(sc. inter extremitates)* voces ex caritate subserviunt. *al.* **β** *usu vario:* ANON. mus. La Fage 13,9 ubi ... cantus asperius sonat, b rotundum in loco ♮ quadrati ad temperandum tritonum furtim -atur (*item* 13,11). **c** *de sono litterae:* EPIST. Hild. 134,18 si ... dictio in aliquam consonantem desinat, altera non debet incipere ab eadem propter malam sonoritatem, nisi sit ibi distinctio -ta. **d** *de verbis, additamentis textus sim.:* HRABAN. epist. 8 p. 394,5 si quid gratia divina ... mihi elucidare dignata est, in locis necessariis simul cum nota agnominis mei -ui. RIMB. Anscar. 23 p. 49,22 verba ipsius -ere decrevimus. THIETM. chron. 6,94 quae superius indiscussa oblivione preterii, prescriptis -ere conor. BURCH. URSB. chron. p. 16,1 libros legum ... renovavit et ... paucis forte verbis alicubi -tis eos distinxit *Wernerius. saepe.* *de nota, signo (cf. l. 45): v. p. 2185,51.* **e** *de tempore:* **α** *comput. i. q. intercalare – (dazwischen) einschieben, einschalten:* BEDA temp. rat. 36,23 quae pars *(sc. quadrans diei)* quater ducta cogit -i unum diem, quod Romani bissextum vocant (*sim.* 38,32. 42,26. 45,39). **β** *usu communi mediopass. i. q. praeterire – verstreichen, vergehen:* WILLIB. Bonif. 8 p. 46,30 diebus non multis -tis. TRAD. Frising. 102^b ipso ... tempore sed paulisper -tum, id est Id. Sept. *eqs.* CONC. Karol. A 61,3 p. 813,34 non -ta temporis dilatione. GERH. AUGUST. Udalr. 1,28 l. 285 paucis horis -tis. *al.* **f** *de actione:* HRABAN. epist. 47 p. 502,7 ex quibus *(libris propheticis)* licet Isaie ... vaticinium primum enodare ... ceperim, tamen Iheremie ... libros -endo tractare ... curavi. ALBERT. M. animal. 17,4 'quaedam *(aves)* faciunt multa *(ova)* simul' ante cubationem, 'et quaedam faciunt successive' -endo cubationes. *v. et p. 2185,16.* *usu natur.: v. p. 2189,39.*

B *translate:* **1** *spectat ad homines (causas: p. 2188,26):* **a** *dare, adhibere – anführen, hinzuziehen:* TRAD. Frising. 419 (a. 819) capsa ... ad memorato domo ... firma ... perduraret testibus istis -tis: *eqs.* CHART. Eichsf. 175 (a. 1206) fideiussores -uimus *(sc. vicedominus)*, quorum nomina hec sunt: *eqs.* CHART. ord. Teut. (Thur.) 303 alii ... huic facto -ti fide digni. **b** *vicarium, interpretem constituere, substituere – als Vertreter, Mittelsperson einsetzen (partic. perf. usu adi.; ellipt: l. 7):* CONST. imp. I 270 (a. 1177) sicut per -tam p e r s o n a m secundum formam ... iurari fecimus (ACTA imp. Winkelm. 633 p. 511,10 quicquid ... decreverit imperator per se vel per -tam p. CHART. Tirol. notar. I 122^b p. 61,24. *al.; sim.* CHRON. Erf. mod. II a. 1275 p. 273,12 Mediolanenses cives ... prestiterunt iuramentum fidelitatis per -tas regi ... Rudolfo). **c** *refl. vel raro (l. 15.20) absol. i. q. intercedere, se inserere, intervenire – dazwischen-, eintreten, sich einsetzen, einmischen, verwenden, 'intervenieren' (für, gegen):* **α** *c. notione commendationis, conciliationis:* ANNAL. regni Franc. a. 787 p. 74,30 petierunt *missi* apostolicum, ut pacem terminaret inter ... regem et ... ducem; unde ... apostolicus multum se -ens *(sic).* SALOM. III. carm. I 1,2,291 his *(sc. partibus disiectis, cf.* 129 unius populi disiectio) -ere iudex. CHART. Mar. Magd. 75 p. 69,30 dux ... medium se -uit et inter ecclesiam et ... Conradum hanc transactionem fieri decrevit, ut *eqs.* CHART. Sanblas. 275 p. 362^a,43 -entibus se viris discretis et honestis compositio talis ... intervenit ..., ut *eqs.* ANNAL. Plac. a. 1267 p. 524,17 facto pacto -ente domno Octaviano. **β** *c. notione oppositionis, controversiae i. q. resistere – sich entgegenstellen, widersetzen:* ALBERT. METT. div. temp. 2,8 p. 54,23 omnibus, unde lites augentur, studio pacis summopere se -ere et ea submovere velle confirmat *(sc. Wicmannus).* *de causis i. q. supervenire – dazwischenkommen:* HIST. de exp. Frid. imp. p. 113,4 quibusdam intervenientibus et se -entibus causis de parte Saxonię detentus fuit *imperator.* **2** *spectat ad res i. q. allegare, exercere, exsequi, praestare, efficere – dazwischen-, eintreten lassen, geltend machen, vorbringen, ausüben, leisten, durchsetzen, bewerkstelligen:* **a** *c. notione auctoritatis, confirmationis sim.:* **α** *in univ.:* TRAD. Frising. 108^a (a. 782) hereditate tradidi ... nemine contradicente stibulatione -ta. TRAD. Ratisb. 190 p. 142,26 ista ... -ta conditione, id est ut *eqs.* OTTO FRISING. chron. 5,25 p. 252,35 receptis ... obsidibus ac iureiurando -to, ne *eqs.* EPIST. Hild. 62 communicato amicorum ... consilio et pace -ta. CONST. imp. II 217 p. 302,12sq. decreta ... -as *(sc. rex)*, que super transactione alimentorum ... secundum iustitiam -i petuntur. CHART. Basil. C II 201 p. 112,42 nos *(sc. officialis)* predictis ... cognitionem et auctoritatem nostram -uimus, ut *eqs. persaepe. v. et p. 2190,58.* **β** *in iunctura* partes suas *sim.* -ere *(cf. l. 7):* CHART. Mog. A II 387 (a. 1176) ut vos *(sc. patriarcha)* ad ... concilium preparetis et discrete dispensationis vestre ... sollicitas partes -atis. CHART. Port. 63 p. 86,34 nos *(sc. episcopus)* ... discordiam complanare volentes partes nostras ad bonum pacis -ere curavimus. CHART. Eichsf. 339 ęcclesię ... rectores partes suas -entes ... fratres, ... sumbe possessores, indempnes reddent. *al.* **b** *c. notione oppositionis, controversiae:* LEX Sal. Merov. decr. Child. 2,5 <si> ... bone fidei homines absque inimicitia ˛-ta criminosum˛ (-to criminoso *var. l.*; intra p-ta criminosum LEX Sal. Pipp. decr Child.) cum sacramentum (sacramenti *var. l.*) interpositione esse dixerint. DIPL. Ludow. Iun. 28 (spur.) si quis ... hanc tradicionis cartam ... -ta fraude ... violare conaverit.

II *iunctura* terminis -ere *i. q. terminis includere, determinare – um-, begrenzen:* CHART. Austr. sup. I 2 p. 3,6 (ed. M. Weltin, R. Zehetmayer, Niederösterr. UB [Publ. d. Inst. f. österr. Geschichtsforsch. VIII/1]. 2008. p. 2,25; a. 777) in loco ..., qui vocatur Ipfa, quod ego *(sc. Tassilo dux)* ipse ... definire decrevi et terminis ˛et sulcis˛ *(B1, B2)* -ui, ea, que inter utrasque Ipfas adiacere videntur, definivimus *eqs.* (*item* p. 3,22 quod ego ... [a *add. B*] terminis -ui).

III *(disperse) instruere, ornare – (hier und da) besetzen, verzieren:* LIBRI confrat. I app. A 6 p. 137,17 crucem auream gemmis -tam ... altario imposuit *Adalbero.* CONST. imp. II 427,73 eorum *(rusticorum)* matrone veste -ta sericis non utantur.

?subst. **interpositum,** -i *n.* *effectio, exercitatio – Ausübung, Anwendung:* CHART. civ. Erf. 220 p. 137,31 (a. 1267) iustam cautionem, que warandia vulgariter appellatur, sine cuiuslibet fraudis -o (*ni leg.* interpositione) faciamus *(sc. fratres).*

***interpositicius,** -a, um. *?(iniuriose) praepositus, suppositicius – ?(zu Unrecht) vorgesetzt, aufgedrängt:* CASUS Gall.

[Niederer]

cont. 26 p. 146,14 -um abbatem *(sc. Lutoldum, cf.* 21) secum superducens ... perplura ibi *(sc. in monasterio)* irrationabiliter egit *abbas Augiensis.*

interpositio (-cio), -onis *f.* *c. gen. explicativo: l.41.* **I** *interiectio, actio (se) inter-, inserendi, additio, status interiacendi, interessendi – das (Sich-)Dazwischensetzen, -stellen, -legen, das (Dazwischen-)Ein-, An-, Hinzufügen, Einschieben, Dazwischentreten, -stehen, -liegen, Dazwischen-(Vorhanden-)Sein:* **A** *proprie:* **1** *corpor. (de distantia: l. 10):* Epist. Desid. Cad. 2,6 l. 19 quamvis nos terrarum -o longe ab alterutrum separet. Heito Wett. 2 p. 268,29 in aliam cellulam eidem *(sc. refectorio)* cellulae contiguam, tantum parietis unius -e remotam, stramentum lectuli sui fecit efferi. Hugo Flor. hist. p. 386,37 has *(tabulas)* columnarum seiunxit *(sc. abbas)* -e. Albert. M. gener. 1,5,13 p. 162,51 fiat rei 'dissolutio et corruptio per' -em 'vacui', quod vacuum interponitur rebus res intercipiendo *eqs.* *(sim.* metaph. 1,3,15 p. 45,37 substantia ... corporis elementatur ex atomis corporibus et dimensio ex vacui -e). *saepius. adde:* Chart. Mekl. 409 p. 413,30 (a. 1232) fundum ... cum omnibus pertinentiis suis ... in longum et latum, sine -e vel medio colonorum quorumlibet aliorum, ... concessimus *(sc. dux)* possidendum *(item* 552 p. 529,24). **2** *incorpor.:* **a** *in univ.:* **α** *spectat ad voces musicas (inter altiores et graviores positas; de re v. LexMusLat. II. p. 279sq.):* Comm. microl. 95 p. 163 supradictas motuum praepositiones vel suppositiones, appositiones quoque et -es seu commixtiones generaliter hic vocat positiones. **β** *spectat ad sermonem, verbum, cantum sim.:* Ps. Odo Clun. mus. p. 279^{a} syllabam saepius repetere absque alterius -e minime debemus. Balder. Alber. 26 p. 257,17 ioconda loquutione et hylarissima proverbiorum suorum -e tam regem quam principes letificare solebat. *v. et l. 36.* **γ** *spectat ad ordinem universi:* Albert. M. sent. 1,47,2 p. 465^{b},27sqq. Augustinus ... loquitur de ordine universi, quod est distinctum quibusdam antithetis -bus mali; ... et inducit ... exemplum de musicis, in quibus facit harmoniam quandoque -o silentii *(cf. Aug. gen. ad litt. imperf. p. 475,7sqq.).* **δ** *spectat ad quietes (usu natur.):* Albert. M. phys. 4,3,6 p. 270,60 contingit *(sc. motus inaequalis)* ex inaequali -e quietum ..., eo quod uni motui plures quietes interponuntur quam alii. **ε** *spectat ad tempus:* Wilbald. epist. I 204 p. 431,26 nos absque morę prolixioris -e ... vobis *(sc. papae)* intimare *(sc. aliquid deliberatum)* ... curavissemus. **b** *separatio – Trennung:* Albert. M. probl. det. 1 p. 46,68 intellectus ad Deitatem et anima ad intellectum non sunt nisi media per maiorem similitudinem congruentia, et non talia, que sint distantiam -is essentialem facientia inter corpus et Deitatem. **c** *intermissio – das Aussetzen, Unterbrechung:* Albert. M. elench. 1,2,9 p. 550^{b},27 non potest dividi *(sc. accusativus)* ab ipso *(sc. infinitivo)* quantum ad constructionem, potest tamen dividi ab ipso quantum ad continuae prolationis -em. *mus. i. q. caesura, mora – Einschnitt, Pause:* Anon. mus. La Fage 15,16 respirationes ... vocamus -es illas, quae fiunt ab organizatore, quando ... paululum respirans resumit spiritum. **B** *meton.:* **1** *pars inserta, additamentum – Einschub, Zusatz (rhet.: l.61):* Amalar. ord. antiph. 5,10 ista duo praecepta *(sc. dilectionis Dei et proximi)* nulla -e disiunguntur, quapropter non invenitur ulla disiunctio inter praesentes duos psalmos *(sc. coniunctos).* Bernold. Const. microl. 12 p. 985^{B} si, quod soli apostolicae auctoritati competit, canonem nostris -bus augmentare praesumus. Rup. Tuit. inc. 14 p. 458,7 parenthesis, id est -o. Gerhoh. tract. p. 40,25 talem ... distinctionem, quam notamus, innuunt illae -es, quae fiunt in festis praecipuis. Burch. Ursb. chron. p. 36,28 -o: eo tempore *eqs. al.* **2** *(dis)saeptum, interfinium – Trenn-, Scheidewand:* Invent. sang. Dom. (MGScript. XV p. 922,17; c. s. XII.) in medietate eius *(sc. locelli plumbei)* ... erat quaedam, ut ita dicam, -o, sicut ingenium artificis fabricaverat, quae separabat sanguinem Domini ab aqua. **3** *opus munitum, claustrum – Befestigungswerk, Sperre:* Liutpr. antap. 1,5 p. 7,6 quibusdam ... difficillimis separata a nobis erat *gens Ungariorum* -bus, quas clusas nominat vulgus, ut neque ad meridianam neque ad occidentalem plagam exeundi habuerit facultatem *(sim.* 1,13 p. 15,7 *[v. notam ed.]).* **C** *translate:* **1** *spectat ad homines:* **a** *actio adhibendi – Hinzuziehung, 'Stellung':* Vita Ludow. Pii 5 p. 296,16 accitus ... Uuasco conscius facti sui venire *(sc. ad conventum)* distulit, donec obsidum -e (iter positione *var. l.*) fretus tandem occurrit. **b** *intercessio, interventus – das Dazwischen-, Eintreten, Einmischung, 'Intervention':* **α** *c. notione commendationis, conciliationis:* Transl. Annon. 5 asserens *abbas* a domno papa licentiam eius rei *(sc. translationis)* ... per -em Mogontini archiepiscopi ... sibi esse indultam. Chart. Sanblas. 245 honestarum partium -e ad hanc formam amicabilis transactionis ventum est, ut *eqs.* Chart. Rhen. med. III 3^{a} amicorum meorum -e inter me *(sc. Henricum)* et ipsos *(sc. fratres)* ita convenit, quod *eqs.* Chart. Eichsf. 272 Gebehardus ... -e nostra *(sc. militum)* querimonia, qua iniuste ... gravavit ecclesiam ... super quibusdam agris, ... renuntiavit. **β** *c. notione oppositionis:* Berno Udalr. 5 (PL $142,1188^{B}$) pene semper optatis Rachel amplectibus uteretur, nisi Liae -e interim a tantae sedulitatis dulcedine suspenderetur. Chart. Mog. A I 514 p. 417,27 Volgmarus ... sine aliqua contradictione vel -e legali donatione et astipulatione ... contradidit ad altare ... ęcclesiam unam *eqs.* Trad. Wessof. 57^{b} ut post finem vite sue *(sc. Heinrici)* beneficium ... ecclesie ... semota fraude vel -cione reverteretur. Chart. Mog. A II 701 p. 1146,37 hec ... ut sine cuiuslibet pravi ingenii -e firma permaneant *eqs.* **2** *spectat ad res:* **a** *allegatio, exercitio, exsecutio, impositio, effectio – Geltendmachung, Anwendung, Verfügung, Bewirkung, Durchsetzung:* **α** *spectat ad bannum sim.:* Epist. Lang. 1 (c. 607) Candidianus ... a domno Severo decessori nostro *(sc. episcopi)* s u b a n a t h e m a t i s -cione obligatus est, ne *eqs.* (Liber diurn. 32 p. 23,21. *al.; sim.* Walahfr. exord. 20 p. 493,2 communicatio post solutum ieiunium a. -e absciditur). Wolfher. Godeh. II 16 ei ... omnem pontificalis officii provisionem b a n n i sui -e prohibuit *Aribo* (Dipl. Conr. III. 89 p. 159,42 iudicia ... b. nostri -e firmavimus. Chart. civ. Erf. 43 per -em b. episcopalis et nostri *[sc. canonicorum]. al.*). **β** *spectat ad iusiurandum i. q. actio praestandi, dandi – das Ablegen, Leistung:* Lex Ribv. 62,2 si quis ... hoc ... falsare voluerit, ... cancellarius sacramentis -e (-em, -is, inter dispositionem, inter adpositione *var. l.*) ... idoniare studeat *(sim.* 63 cum sacramentis -e [inter possessione *var. l.*]. *v. et p.2188,51).* Iulian. Tolet. iudic. 5 sub ... coniurationis -e. Chart. Hersf. 110 p. 196,3 testibus suę fidei -e confimantibus *eqs.* Transl. Bernw. 11 (ASBoll. Oct. XI p. 1028^{B}) sub gravis iuramenti -e. *al.* **γ** *usu vario:* Bruno Magd. bell. 37 p. 38,34 venerunt *Saxones (sc. ad regem)*, quo nec venire cessarent, si nullius causae -e ... regem adire iussi fuissent. Gerhoh. Antichr. 1,52 p. 359,2 nec satis ... est appellationis -e quosque sibi peccandi tempus redimere. Chart. Sigeb. 79 res gesta facile memorie subtrahitur, nisi alicuius scripti -e roboretur. Dipl. Frid. II. 716 quod possint ... bonorum possessiones, decretorum -es ... ab eo *(sc. iudice)* fieri. Const. imp. II 196,3 ut ... inter militares viros orta contencio treugarum -cione (interpositorem *var. l.*) per obligationis vinculum conquiescat. *al.* **b** *condicio – Bedingung:* Chart. Rhen. med. III 12 p. 18,8 (a. 1213) date sunt ei *(comiti)* ab ecclesia CCCC marce hac -e, ut *eqs.* Chart. Wirt. 2693 ut domus ipsius *(monasterii)* ... sit ... ab omni onere ... absoluta tali -e interposita, quod *eqs.*

II *dispersio, status (disperse) circumiacendi – das (Verstreut-)Herumliegen, Vorhandensein:* Ionas Bob. Columb. 1,6 p. 163,19 ad quem *(sc. castrum)* vir sanctus cum venisset, licet aspera vastitate solitudinis et scopulorum -e loca, ibi ... resedit.

III *vi praeverbii fere evanida i. q. infixio (in medio facta) – das (in der Mitte) Anbringen, Befestigen:* Dipl. Heinr. V. 90 (ed. M. Thiel, Die Urkunden Heinrichs V. und der Königin Mathilde. MG Dipl. reg. et imp. Germ. VII. *[ed. sub prelo]*; a. 1111) hoc insigne stabili ex materia ut maneat compositum, litteris aureis ... expolitum, nostre ymaginis -cione ... corroboratum in ... templi fronte ... constat expositum.

interpositivus, -a, -um. *de interiectionibus i. q. intersertus, interiectus – dazwischen-, eingeschoben:* Conr. Mur.

[Niederer]

nov. grec. 1,3839 sunt partes multe, quas ... in serie vocum profers -as, ut 'fas' *eqs.*

***interpositor,** -oris *m.* *intercessor, deprecator – Vermittler, Fürsprecher:* EKKEH. IV. bened. I 40,31 in prece si stemus et agentes (gloss.: causam nostram) digna rogemus, principis (gloss.: -is summi) unde quidem canonis tenet actio (gloss.: 'te igitur' infra actionem) nomen *eqs.*

interpositum *v.* interpono.

***interpre(he)ndo,** -prisum, -ere. *(cf. francog. vet.* entreprendre; *v. Wartburg, Frz. etym. Wb. IX. p. 349sq.)* **1** *iniuriam facere, praesumere, conari, usurpative, iniuriose (fort.: ex inopinato) agere – etwas Unrechtes unternehmen, sich herausnehmen, wagen, anmaßend, widerrechtlich (viell.: unvermutet) handeln (impers.: l.24):* HINCM. divort. 12 capit. p. 102,24 utrum ... tali modo *(sc. concubitu inter femora facto)* ... quęcumque mulier ... concipere valeat, ... saeculi iudices licentia maritali, ne in iudicio -rendant, a suis uxoribus discere poterunt *(sim.* 12 p. 183,2 ne ... in hoc ... iudicio possint *iudices laici* quocumque errore -rendere [-pendere *a. corr.*], quod *eqs. [v. notam ed.]).* CAPIT. reg. Franc. 271 p. 302, 28 nolumus, ... ut, sicut audivimus aliquos -rendere, advocatus Francus suam legem, ... componat. CONC. Karol. B II 37,4 p. 553,19 ne quilibet in hoc *(sc. causa examinanda)* -rendere posset, ... explanant *canones* dicentes *eqs.* *usu impers.:* HINCM. epist. 20 (PL 126,118^D) remitto ... illum *(Altramnum missum)* ad vos *(sc. regem)*, ut ... aut profiteatur se ita *(sc. me nihil agere velle)* dixisse aut veraciter deneget talia vobis ex mea parte non ambasciasse; unde puto, ut sicut in nomine -sum est, ita sit in ambasciato; nam *eqs.* **2** *refl. i. q. se invicem aggredi, appetere – einander angreifen, aufeinander losgehen:* FRID. II. IMP. art. ven. 5 p. 157,30 teneantur *falcones* per iactos, et hoc fit, ne se possent -hendere. *cf.* *interpressura.

interpres, -etis *m. vel rarius f.* *script. et form. pl.:* *acc.* -raetas: CHRON. Fred. 2,33 p. 57,11 *(ex. Hier. chron. a Abr. 2014).* *abl.* -tatibus: *p.2192,13.*

I *qui, quae explanat, enarrator, expositor, peritus – einer der, eine die verdeutlicht, erläutert, Erklärer(in), Ausleger(in), 'Interpret(in)', Kenner (usu attrib.: l. 45):* **A** *in univ.:* **1** *spectat ad libros, scientiam:* VITAE abb. Acaun. 9 (MGMer. VII p. 335,19) -s scripturarum divinarum insignis effectus est. LAMB. HERSF. Lull. 27 p. 340,16 malignum me fuisse -em, si quid ab aliis scriptoribus traditum ... ego ... silentio preterissem. VITA Mahum. 129 non tibi deest ad hoc *(sc. praedicationem)* exequendum sapientia, non sermo -s, non eloquentia. ACTA imp. Winkelm. I 594 (epist. papae) magister Mattheus, philosophie -s. *al.* *c. sensu critici, aestimatoris:* WALTH. SPIR. Christoph. II prol. 19 te *(sc. Baldrico)* duce concepta et te -e lumen adepta *farrago libelli.* ANSELM. BIS. rhet. 3,6 p. 180,5 molestus -s huius laboris nostri obringens et latrans nostro huic operi *(v. notam ed.).* OTTO FRISING. chron. praef. p. 4,11 ne in quibusdam ibidem positis sinistrum, sed bonum vos *(sc. Regenaldum cancellarium)* -em experiar. **2** *spectat ad leges, regulam:* GERB. epist. 168 p. 197,3 ad vos *(sc. Egbertum)* ... confugimus *(sc. Arnulfus)* ... tanquam ad divinarum et humanarum legum -es. CHART. Raitenh. 81 p. 84,31 (epist. papae) quidam ... nimium ... voluntarii concilii generalis -es de novalibus ... intendunt decimas extorquere. CHART. Basil. C II 117 p. 61,35 iuxta eam, que nobis *(sc. magistro civitatis)* est optima legum -s, videlicet approbatam nostre consuetudinem civitatis. CARM. Bur. 59,6,3 Iuno, Pallas, Clyope, Cytherea dura affirmant -e Flora verbi *(i. sententiae)* iura: *'eqs.' al. v. et p.2195,22.* **3** *spectat ad visionem:* SIGEBOTO Paulin. 4 horrorem suum, quo concussa est, visionis huius *(sc. tremendae)* accepit -em. **4** *spectat ad mores:* EPIST. Meginh. 23 p. 218,17 Ovidius, muliebris facilitatis optimus -s. **B** *qui, quae exprimit, declarat – einer der, eine die darlegt, ausdrückt:* EPIST. Worm. I 20 p. 38,9 quod *(sc. auditum)* vobis *(sc. Eboni)* ... Musa -e propalavi *(sc. Manno).* 37 p. 69,6 dum ... vivis ... sententiis nostra proloqui necessaria ... non audemus ..., ad -es animi literas confugimus. EPIST. Hann. 9 cartam, tantę dilectionis indicem, mentis te *(sc. B. praepositum)* suspirantis -em, ad te mittere decrevi *(sc. W.).* **C** *index – Anzeiger(in):* YSENGRIMUS 3,111 discutere edidici *(sc. archiater)* morbos -e vena. **D** *translator, qui (con)vertit – Übersetzer, Übertrager:* **1** *spectat ad explicationem linguae alienae:* **a** *scribendo:* HRABAN. epist. 17^b hunc *(sc. Ester)* ... librum asserit sacrae historiae -s *(i. Hieronymus)* de archivis Ebreorum relevatum ... se transtulisse. *al.* GODESC. SAXO gramm. 1 p. 354,2 minus capaces -es ... male transtulerunt: *'eqs.'* ALBERT. M. Iob 42,14 ubi *(sc. in Vulg. exod. 34,30)* unus -s transtulit 'splendida facta est facies Moysi', alius dixit 'cornuta'. *al.* *meton. de versione Testamenti Veteris Graeca:* BEDA ad Plegu. 3 annorum series iuxta Hebraicam veritatem, ubi LXX -atibus *(ed., leg.* -bus *vel* interpretantibus) longe brevior habetur, erat annotata. WALAHFR. exord. 26 p. 508,27 secundum LXX -es. *al.* **b** *loquendo ('Dolmetscher'):* ARBEO Emm. 3 p. 31,22 qui dum linguam non novisset, per -em ... eximia divinitus plantando perrexit. LIUTPR. leg. 54 p. 204,28 qui, quod imperator diceret, etiamsi -s abesset, intellexi. CHRON. reg. a. 1156 p. 94,9 (rec. I) hoc verbum *(sc. beneficium)* pro 'feodo' -s *(i. Rainaldus cancellarius)* cesari interpretatus est. RYCCARD. chron. a. 1214 p. 58^a,39 per turcimannum suum, videlicet per -em, dat *Sephidinus* ... nuntiis responsum. *persaepe.* **2** *spectat ad opus geminum q. d.:* HRABAN. epist. 2^b p. 384,26 -s ... ego quodammodo in hoc *(sc. prosaico)* opere sum, non alterius linguae sed alterius locutionis.

II *sequester, internuntius, curator – Vermittler, Mittelsmann, Beauftragter, Vertreter, Besorger:* GERB. epist. 55 p. 85,20 qui *(sc. Adalbero)* vestrae *(sc. Egberti)* mentis ac regiae olim eram fidissimus -s *(sim.* 103 vestrę *[sc. imperatricis]* partis ... verissimus -s). CONC. Rem. 1 (MGScript. III p. 660,5) Arnulfus ... episcopus ... omnium gerendorum -s declaratus est. EPIST. Meginh. 29 p. 227,15 mandatorum vestrorum *(sc. decani)*, quorum me fidum -em fore sperastis, ut ego ... executor fuissem! CARM. de Frid. I. imp. 1770 qui *(Rainaldus)* cancellarius alti regis et -s ... vigebat *(sim.* 2314). *al.*

***interpressura,** -ae *f.* *(francog. vet.* entrepresure *ex* entreprendre; *cf. Tobler-Lommatzsch, Altfrz. Wb. III. p. 675)* *?usurpatio, iniuria – ?widerrechtliche Aneignung, Unrecht:* CHART. Basil. A I 337 p. 507,22sqq. (a. 1226) quod si aliquam contigerit fieri -am ab alterutra parte contra alteram, ... emendabit eam ille, per quam *(partem, ni leg.* quem) -a facta fuerit; ... nec relaxabuntur summe, donec -a fuerit emendata. *de periculo iniuriam faciendi (de re v. H. Planitz, ZRGGerm. 39. 1918. p. 243 adn. 7. Dt. Rechtswb. I. p. 1367 s. v. 'Befang'. III. p. 358sqq. s. v. 'Fahr'):* CHART. Hans. I 421 p. 138,38 (a. 1252) si ... super debito mercator calumpniatus fuerit ..., purgare se poterit iuramento suo sine -a *(inde* CHART. Brem. 264 p. 305,36). *cf.* *interpre(he)ndo.

interpretabilis, -e. **1** *qui (facile) explanari potest, intelligibilis – (leicht) zu erklären(d), darzulegen(d), verständlich:* LAMB. TUIT. Herib. 1,11 p. 188,11 -is *(ed. Vogel et codd.,* ininterpretabilis *ed. Pertz)* ... 'est sermo ad dicendum' *(Vulg. Hebr. 5,11)*, ut perfectus vixerit secundum utrunque testamentum. EKKEB. SCHON. cath. 13,4 si quid ... simpliciter et quodammodo grosse videbor dixisse, non ex hoc me despiciet lector, quia ea consideratione feci, ut ubique esset sermo -is simplici populo. **2** *interpretationis indigens, (verbis) non expressus – einer 'Interpretation' bedürfend, implizit:* ALBERT. M. sent. 4,28,2 p. 189^a,1 consensus interpretatus, non solum expressus, facit matrimonium; nullus autem -ior est illo, quo post sponsalia carnaliter conveniunt.

interpretamentum, -i *n.* *explanatio, expositio – Deutung, Darlegung:* GUMP. Wenc. 10 huius somnii *(sc. gravis visionis)* veritatem inminente ... casu pernoscendam clarae solutionis -o (-a *var. l.*) ad certam rei excussionem explanare aggredior.

interpretatio (-cio), -onis *f.* *script.* -rae-: *p.2193,38.2194,16.* *adde* WOLFHER. Godeh. I 40 p. 196,32.

I *explanatio, enarratio, explicatio, coniectura, significatio, sensus – Verdeutlichung, Erläuterung, Erklärung, Auslegung, 'Interpretation', (Be-)Deutung, Sinn:* **A** *gener.:* **1** *in univ. (def.: p.2193,4):* **a** *spectat ad libros, scientiam sim.:* WILLIB. Bonif. 2 p. 9,18 historiae simplici expositione et spiri-

[Niederer]

talis tripertita intellegentiae -e inbutus. WETT. Gall. 23 divinorum librorum. VITA Mahum. 107 figmenum, inventio, ars et -o utriusque *(sc. virorum)* alterius roboratur errore. ALBERT. M. herm. 1,1,1 p. 373^b,17 -o dicitur oratio, quae de re, ut est, in verbis loquitur ad explanationem. *saepius.* **b** *spectat ad leges, iura, regulas sim.:* **α** *usu vario:* LEG. Wisig. suppl. p. 466,5 haec, quae excerpta sunt vel clariori -e conposita ..., episcoporum ... roboravit adsensus. IDUNG. PRUF. dial. 3,284 regulae. ANNAL. Wirz. a. 1158 iura legum ... coram ... multitudine ... -e legis peritorum et iudicum recognita sunt. CONST. imp. II 156 p. 193,9 ut libertates et dona ... latissima -cione gaudeant. CHART. Sangall. B 592 p. 420,17 non obstante cuiuscunque ... contradictione seu -e tacita vel expressa. *saepius.* *adnotatio explicans, commentarius – erläuternde Anmerkung, Kommentar:* LEG. Burgund. Rom. 2,1 *(add. cod. C5)* -o de homicidio voluntario: *eqs.* FORM. extrav. I 4 scriptione de <sumptibus> litis et expensis ...; -o: 'tam civile negotio' *eqs.* **β** *in iunctura* sinistra -o *sim.:* CHART. archiep. Magd. 368 p. 483,37 (a. 1180) ne quis ... sinistra -e ... aliquo modo violare et immutare conetur. CHART. Salem. 28 p. 46,10 (epist. papae) quidam ... prava et sinistra -e apostolicorum privilegiorum capitulum pervertentes. CHART. Carniol. II 38 p. 28,36 maligna -e. CHART. Eichsf. 303 p. 175,12 contra ... calumniam et sinistre -is cavillationem. *saepius.* **c** *spectat ad singula verba, nomina:* CONC. Karol. A 19 p. 154,8 quarum *(appellationum Christi)* significationum allegoricas -es diceremus, si *eqs.* RIMB. Anscar. 42 p. 78,41 iuxta huius *(sc. martyris)* nominis -em. GERH. AUGUST. Udalr. 1 interpr. 1 -o nominis sancti Uodalrici: *eqs.* TRANSL. virg. Col. 15 (MGScript. XXX p. 1382,14) quidam Leffli, qui iuxta sui nominis barbara -e expressi 'coclear' dicuntur. CHART. Eberb. 44 p. 91,1 nominis et officii nostri *(sc. archiepiscopi)* propria -o hoc requirit, ut *eqs.* *al.* **d** *spectat ad signa singularum litterarum:* AETHICUS 66^d hic ... suam litterationem et -em *(sc. characterum)* ... nisus est. **e** *spectat ad visiones, somnia:* ALCUIN. Willibr. 1,2 capit. (MGMer. VII p. 114,13) de somno et eius -e, quod mater ... se vidisse narrabat *(sim.* 1,2 p. 117,23). WOLFHER. Godeh. I 17 p. 179,40 de -aetatione praetitulati somnii aliquid ... coniectari debemus. HERM. IUD. conv. 1 p. 72,8 visionem ... divina in me gratia ... adimplevit, sicut et eiusdem postmodum visionis -o indicabit et rei ... effectus comprobabit. *al.* **f** *usu vario:* ERMENR. ad Grim. $2{,}6^{\text{tit.}}$ de mystica -e Hiberniae insulae (*cf.* 2,6,19 typos mysticos ... allegoricae commentari). FUND. Consecr. Petri p. 203,16 precepit abbatissa, ut omnia signa claustri pulsarentur ...; civitas tota cucurrit illuc ... querentes -cionem compulsacionis. ALBERT. M. metaph. 5,1,11 p. 233,55 ens diffinitionem vel descriptionem vel -em seu quamcumque assignationem habere non potest, quia *eqs.* **2** *expositio, declaratio – Darstellung, Darlegung:* GERB. epist. 33 p. 60,19 ut mentem nostram pro vobis *(sc. praesule)* sollicitam interpretemur: quo genere -is nuper usi sumus in controversia acerrimi hostis vestram maiestatem exacerbantis *eqs.* **3** *intellectus, doctrina – Verständnis, Auffassung, (Lehr-)Meinung:* AETHICUS 79 l. 28 sprevit ... -em illorum *(sc. philosophorum ignorantium).* **B** *rhet. de iteratione commutata:* ONULF. rhet. I 22 ut per -cionem ... tua *(sc. lectoris)* facta redarguam, eam breviter in medium deducam exaggerando *eqs.* CONR. MUR. summ. p. 92,3 quando, quod est dictum, conmuto per equivalentes voces ..., interpretor (-o *add. in margine*). **C** *publ., iur., canon.:* CHART. civ. Spir. 20 (dipl. Heinr. VI. a. 1196) ut ea, que in statutis antecessorum nostrorum aliquid ambiguitatis offerunt, nostra -e declarentur. ACTA imp. Winkelm. I 47 p. 34,8 ut ... imperiali -e ambiguitas absolvatur. CHART. Helv. arb. 38 p. 66,10 si qua ... dubietas in supradictis emserserit, eius -em et declarationem retinemus *(sc. episcopus)* nobis. ACTA imp. Winklem. I 539 p. 439,17 quatinus nullus ... sit, qui contra hanc nostram assignationem, concessionem, donationem, -em vel suppletionem venire audeat. *al.*

II *translatio, versio q. d. – Übersetzung, Übertragung, Fassung, 'Version':* **A** *usu vario:* FLOD. annal. a. 948 p. 113,1 post litterarum *(sc. papae)* recitationem et earum propter reges iuxta Teutiscam linguam -em (-cionem *var. l.*). RAHEW. gest. 3,10 p. 176,24 litteris lectis et per Reinaldum cancellarium fida satis -e diligenter expositis. CLEM. IV. registr. 646 p. 642,14 quod *(homagium)* per ipsum comitem sine -e ministri volumus nobis ... exhiberi. CONR. MUR. summ. 6,6 p. 165,18 si aliquid ... de Greco vel Ebraico vel barbaro ydiomate ... litteris est inserendum, ... per latinam -em expositio preponi ... debet. *al.* **B** *spectat ad scripturas sacras:* CAPIT. episc. III p. 324,21 ut fidem Athanasii cum sua -e ... omnes diligenter sciant (*sim.* CAPIT. reg. Franc. 125 quae sit eius *[symboli]* -o secundum Latinos). ANAST. BIBLIOTH. epist. 18 p. 442,15 scio quosdam non scientes utriusque idiomata linguae -i meae derogaturos. CONC. Rem. prol. (MGScript. III p. 658,11) triplici genere -is utendum fore censeo *(sc. Gerbertus)*, scilicet *eqs.* BERNO epist. 29 p. 64,27 de dissona psalterii Romani ac Gallicani, qua nos utimur, -e. *al.* *meton. de textu ipso:* CHRON. Fred. 2,7 in septuaginta -aetatione (*sim.* OTTO FRISING. chron. 2,47 p. 123,10 qui *[LXX presbyteri]* ... utilem ... ediderunt -em). HRABAN. epist. 37 p. 473,31 ex cuius *(Hieronymi)* -e et expositione quaedam obscura in hoc opere elucidavi.

III *actio reddendi, expressio – Wiedergabe, Artikulation:* ALBERT. M. animal. 1,234 hoc *(opus linguae)* est ad -em s e r m o n i s et vociferationis in aliis animalibus ab homine (*sim.* 12,203 'quae *[operatio linguae]* est in -e *[p. 660^a,22* διάρθρωσιν*]* s.'). 1,239 quando ... est *lingua* magna ..., non bene obedit -i.

***interpretativus**, -a, -um. **1** *explanans, enarrans, explicans – erläuternd, erklärend, auslegend, 'interpretierend':* REMIG. ALTISS. mus 499,9 'ἐξαγγελτικόν *(sc. genus)*, quod etiam ἑρμηνευτικόν dicitur,' hoc est -um, rationem ... de omnibus reddit. ALBERT. M. sent. 1,2,1 p. 47,54 sit circulus habens virtutem intellectivam et -am, quod scilicet ipse intelligat, quid apprehendat *eqs.* herm. 1,1,1 p. 375^b,36 multae ... orationes non sunt -ae vel enuntiativae, ut deprecativa *eqs.* CONR. MUR. summ. p. 163,4 sunt verba ... iudicativa, -a, institutiva. **2** *reddens, exprimens – wiedergebend, artikulierend:* ALBERT. M. anim. 2,3,22 p. 131,22 conceptus ... cordis -us sonus vox est. metaph. 4,2,3 p. 176,73sq. ipse, qui dicit 'rationem' sive locutionem -am non esse et 'destruit' eam, de necessitate 'sustinet' et ponit eam esse *eqs.* summ. theol. I 18,75,4 p. 789^b,20 vera locutio non fit nisi -a potentia movente linguam et formante voces articulatas; ergo *eqs.* *ibid.* *al.* *subst. fem. i. q. vis exprimens – Artikulationsvermögen:* CONR. SAXO spec. prol. p. 144,5 quomodo lingua mea rudissima, quomodo -a mea aridissima in enarrandis Mariae laudibus non deficiat, cum *eqs.* **3** *interpretandus, interpretationi subiectus, interpretationis indigens – herauszulesen(d), der Auslegung unterliegend, einer 'Interpretation' bedürfend:* ALBERT. M. sent. 4,38 p. 422^a,7 quaeritur de voto -o, scilicet quando aliquis habens aetatem votum in religione non facit, sed *eqs.* (*sim.* p. 422^b,14 professionem -am omnis homo facit, quando *eqs.*). HUGO RIPELIN compend. 5,64 p. 195^b,22 distinguitur ... homicidii genus dupliciter, scilicet verum, quod dicitur corporale, et -um, quod dicitur spirituale. DAVID expos. reg. 5,140 -a dantis intentio, qua intendit eam *(eleemosynam)* ita dare, sicut *eqs.*

adv. ***interpretative.** **1** *per explanationem, translationem – erklärt, übersetzt:* OLIV. hist. Dam. 56 p. 258,21 post captam Damiatam legatus apostolice sedis recitari fecit in auribus multitudinis summatim et -e librum arabice scriptum. **2** *secundum interpretationem – der Auslegung, 'Interpretation' nach:* ALBERT. M. sent. 3,37,14 p. 710^a,11 lex loquitur -e et non secundum veritatem: quia *eqs.* eth. I 431 p. 366,57 necessitas ... facit communia *(sc. omnia)* -e, scilicet quantum ad usum, non quantum ad proprietatem. HUGO RIPELIN compend. 5,64 p. 195^b,26 omittendo *(sc. fit homicidium spirituale)*, ut, cum quis videt alium in extrema necessitate et non subvenit ei, -e dicitur eum occidisse (*sim.* p. 195^b,36).

interpretator, -oris *m.* *explanator, enarrator, translator – Erklärer, Ausleger, Übersetzer, 'Interpret':* **1** *spectat ad libros:* ALBERT. M. Iob prol. Hier. p. 12,24 'cuius studium fuit' ... 'omissa' ab aliis scilicet -bus 'repetere, depravata' ... 'corrigere'. **2** *spectat ad regulam, privilegium:* IDUNG. PRUF. dial. 3,396 osores estis *(sc. Cluniacenses)* regularis veritatis, cu-

[Niederer]

ius estis professores, auditores, lectores et -es. Chart. Eberb. 465 p. 259,30 quod *(sc. lectum et intellectum)* privilegium ... abbas et conventus ... coram nobis allegaverunt ..., habito -um consilio ... taliter pronunciamus *(sc. arbitri) eqs.*

interpretor, -tus sum, -ari *vel* **interpreto**, -avi, -atum, -are. *script.:* -petr(o): *l.61.* -rae-: *l.15.16.20.* *struct. c. praep.* ad: *l.48.49.*

I *explanare, explicare, enarrare, coniectare, intellegere – erläutern, erklären, auslegen, deuten, 'interpretieren', auffassen, begreifen, verstehen (als):* A *gener.:* 1 *in univ.:* a *spectat ad libros, scientiam sim.:* Amalar. ad Hild. 48 qui *(Dominus)* -tus est semen iactatum in petrosam terram ... persecutionem ... significare. Radbert. corp. Dom. 7,52 saepe tipice corpus Christi -ari debere. 11,33 in Apocalypsi angelus aquas populos esse -aetatur. Hincm. divort. 12 p. 186,31 ne aliquis eis *(regibus)* perverse -aetatur sententiam Deuteronomii ..., audiant, quomodo illam ... Augustinus exponat: *eqs. al.* b *spectat ad leges, iura, regulam sim.:* Hincm. coll. 1 p. 88,23 intellegit *(sc. lector)* capitulum ... concilii a quibusdam prave -aetatum *eqs.* Const. imp. I 50 p. 96,24 nos illam ... Marciani constitutionem ita -ari decrevimus, ut *eqs.* Idung. Pruf. dial. 3,138 abbates et ceteri interpretes nostri haec *(sc. regulae)* verba -antes affirmant *eqs.* Acta imp. Winkelm. I 539 p. 439,2 sicut ... a quoquam ... utilius -ari, specificari, exprimi aut declarari posset *(sc. privilegium)* vel intelligi *eqs. al.* c *spectat ad visiones, somnia, praesagia:* Hraban. epist. 34 p. 468,25 propheta -ante *(sc. articulos in pariete scriptos)* regnum a se auferendum ... audivit *rex.* Agius vita Hath. 12 quae licet illa *(sc. visa)* tamquam insomnia narraret, et ille, cui hoc referebat, similiter -retur *eqs.* Herm. Iud. conv. 1 p. 71,26 relatum ... ei *(cognato)* ... somnium, ut mihi ... -retur, oravi. Annal. Altah. a. 1066 p. 72,15 quidam ... -bantur idcirco stellam crinitam tam terribilem pridem exarsisse, quod *eqs. al.* d *spectat ad Deum:* Godesc. Saxo fragm. p. 24,21sq. tu Deus, qui -aris timor, et tu Deus caritas, qui -aris amor *eqs.* 2 *illustrare, solvere – (auf)klären, lösen:* Aethicus 79,25 quam plurimas difficillimas quaestiones et nonnulla -are nequiverunt *(sc. philosophi)* aut nescientes aut nolentes *(cf. comm. ed. p. 271).* 3 *exponere, declarare – darstellen, darlegen:* Vita Liutg. I 31 p. 80,14 fuerunt ... aliqui, qui facta bonitatis tuae malivole apud me *(sc. imperatorem)* -ti sunt. Helm. chron. 40 p. 83,5 bona eius *(Heinrici)* ... laude extulit, at male facta aut omnino tacuit aut in melius -tus est *Eggehardus. v. et p.2193,50.* 4 *referre – beziehen (auf):* Otto Frising. chron. 3,2 p. 137,16 in Nicea synodo legimus: 'episcopus Heliae ab omnibus honoretur salvo iure sui metropolotani', quod quidam ad Cesaream Palestinae -antur *(sim. 8,2 p. 394,10 quod [sc. Vulg. II Thess. 2,3] quidam ad Neronem ... -antur. 8,21 p. 424,15 alii vermem ad cruciatum conscientiae -antes eqs.).* B *rhet.: v. p.2193,59.* C *publ., iur., canon.:* Pontif. Rom.-Germ. 14,7 episcopum oportet iudicare, -ari et consecrare *eqs.* Dipl. Frid. I. 827 p. 34,34sqq. sicut nostrum est leges condere, ita et, quę dubia sunt, benigne -ari *eqs.* Acta imp. Böhmer 952 p. 661,38 nobis potestatem reservantes *(sc. episcopus)* ordinandi, precipiendi, mutandi et -andi *(sc. mandata).* Chart. Livon. B 10 super quibus *(sc. de verbis concordiae)* dubitationibus ... taliter -ti sumus *(sc. episcopus),* quod *eqs. saepius.*

II *transferre, (con)vertere (in aliam linguam), reddere – (in eine andere Sprache) übertragen, übersetzen, wiedergeben:* A *in univ.:* Walahfr. Gall. 1,25 p. 303,17 ut ... episcopus ... ad utilitatem barbarorum bene prolata -ando (-petrando *var. l.*) transfunderet. Gerh. August. Udalr. 1 interpr. 6 Uodalricus 'a paterna hereditate dives' -ari potest. Dipl. Heinr. IV. 267 p. 343,2 quod *(teloneum)* Teutonica lingua -tum est 'zol'. Epist. Wibald. I 145 litteras vestras ... regi transmissas de verbo ad verbum fideliter ei -tus sum *(sc. H.). persaepe. v. et p.2192,20.* B *mediopass. i. q. significare, vocari – bedeuten, heißen:* Convers. Afrae 6 p. 59,2 quod *(nomen Satanae)* -atur 'initium mortis'. Cand. Fuld. Eigil. I 17 quod *(cimiterium)* graece dicitur κοιμητηριον, latine vero dormitorium -atur. Thietm. chron. 2,37 quod *(castellum)* Medeburu vocatur, -atur autem hoc 'mel prohibe'. Dipl. Heinr. IV. 214 qui *(Eusebius)* 'piissimus' -atur. *persaepe.*

III *enuntiare, exprimere – aussprechen, artikulieren:* A *in univ.:* Albert. M. animal. 1,250 qui *(motus linguae)* articulat et literatam reddit vocem 'et melius -atur' et format 'vocabula rerum'. 12,203 'hi, qui linguas ligatas habent, trahuli' aut blesi, 'aut alias occasiones habent ad male -andum'. B *recitare, legere, cantare – vortragen, lesen, singen:* Form. Salisb. II 2,13 ut vos illam *(paginulam)* in candidis manibus vestri suscipiatis et oculis praeclaris legatis et ore sancto optime -etis. Capit. episc. III p. 179,4 si ... psalmos sciant et -ari possint *sacerdotes,* quia, si haec non sciunt, eorum debitum persolvere non possunt, hoc est primam *eqs.* Vita Norb. I 10 p. 680,29 demon ... cantica canticorum gallice -tus est itemque reiterans verbum ex verbo in Teutonico totum expressit ore puellae. C *?nominare – ?nennen: p.2184,10.*

IV *perficere, consummare – verwirklichen, erfüllen:* Epist. Hann. 53 p. 100,12 -are tu *(sc. rex)* ... nomen tuum te ipsum regendo.

adi. **interpretatus**, -a, -um. *interpretationi subiectus, interpretationis indigens – herauszulesen(d), der Auslegung unterliegend, einer 'Interpretation' bedürfend:* David expos. reg. 5,110sq. debent *fratres* providere, quod habeat *pecunia* alium dominum quam fratres, verum vel -um: verum ut ille, qui dat vel committit eam alicui, ... -um ut ille, cui committitur a dante. *v. et p.2192,59.* *Niederer*

interrado, -rasi, -ere. *hic atque illic eradere, expungere, delere – hier und da tilgen, (aus)radieren:* Hincm. epist. 131ᵃ p. 68,30 Nestorium ... et Macarium ... de scripturis authenticis ac sanctorum dictis quaedam -isse atque corrupisse prodentibus gestis comperimus.

interrasilis, -e. 1 *proprie i. q. radendo incisus, insculptus – durch (Weg-)Schaben durchbrochen, Durchbruch-:* Theoph. sched. 1 praef. p. 4,11 invenies, quicquid in diversorum colorum ... mixturis habet Graecia, ... quicquid ductili vel fusili seu -i o p e r e distinguit Arabia *eqs.* (3,72[capit.]). 2 *alleg. i. q. implanus, inaequalis – uneben, ungleichmäßig:* Albert. M. sent. 4,44,20 p. 571ᵇ,38 corona mensae pro panibus propositionis erat -is et significabat praemium beatorum; ergo, cum agilitas sit praemium vel pars praemii, est -is; sed interrasilitas significat, quod inaequaliter habetur; ergo agilitas inaequaliter habebitur in sanctis *(spectat ad Vulg. exod. 25,25 et 37,12).* 3 *translate i. q. varius, inconstans – abwechslungsreich, unbeständig:* Absal. serm. 28 p. 166ᶜ praelato non sufficit vita -is, id est vita intercisa, ut modo bonus, modo malus sit, sed semper formam sanctitatis ... debet habere.

***interrasilitas**, -atis *f.* *inaequalitas, differentia – Ungleichmäßigkeit, Unterschiedlichkeit (usu alleg.):* Albert. M. bon. 318 p. 177,91 si forte dicatur, quod ... fructus ... idem est quod aurea, sed differentia fructuum significat aureae -em, contra: aurea a sanctis attribuitur caritati, et -s eius est secundum differentiam caritatis *eqs. v. et l.39.*

***interratus** *v.* *interro.

***interregno**, -are. *interregnum gerere – die Zwischenregierung verwalten, innehaben:* Folcuin. Lob. 19 p. 63,8 Carolus facto ... interregno regum quorundam -antium a Fulcone archiepiscopo ... consecratus paternoque regno est restitutus.

interregnum, -i *n.* *script.* -rig-: *l.68.* *c. gen. inhaerentiae: l.64.* 1 *intervallum regni – Zeitraum ohne Regierung:* a *def.:* Const. imp. II 329 p. 440,32 (a. 1237) post unius regnantis occasum interstitium temporis inter predecessoris obitum et plenum dominium successoris ... -um antiquitus veteres appellabant. b *exempla:* Acta imp. Böhmer 923 p. 634,4 (spur. a. 1212) ob prolixum defectum dominii seu vacantis imperii diutinum -um. 2 *regnum transitorium – vorläufige Regierung, Zwischenregierung (ni spectat simul ad regnum in plures partes divisum, cf. ThLL. VII/1. p. 2264,64sqq.):* Capit. reg. Franc. 9,17 quae unus de fidelibus ac leodebus, sua fide servandum domino legitimo, -igna faciente visus est perdedisse, ... de rebus sibi iuste debetis praecepimus *(sc. Chlotharius II)* revestire. Folcuin. Lob. 15 Ludovico quarto regni sui anno defuncto, Francis in diversa tendentibus facto -o per XVIII annos, Conrado, Radulpho, Odone et Roberto in occidente reg-

[Clementi]

nantibus *eqs. v. et p.2196,55.*

***interrepo,** -ere. *sub-, irrepere – unterwandern, (dazwischen) kriechen (in; in imag.):* HERM. AUGIENS. rhythmimach. 36 'quarum utraque' *(sc. harmonica et arithmetica medietas)* in 'tribus terminis constans, maximo, medio, minimo', tali diligentia ponenda est, ut nullus ex 'alienis terminos ⌞possit -ere⌟' (subrepere possit *var. l.; sim.* ASILO rhythmimach. 52 dum alienus aliquis terminos earum possit -ere [interrumpere *var. l.*]. WERINH. rhythmimach. 320. *al.*).

interrex, -egis *m.* *qui interregnum tenet – einer der die Zwischenregierung (inne)habt:* **1** *in univ.:* ANNAL. Elnon. a. 1061 (m.^{4}) Henricus rex obiit, et Balduinus ... quasi -x in regno iudicat salva fidelitate Philippi pueri regis. **2** *de rege illegitimo:* GERB. epist. 164 sub imperio patris mei ... germanus frater, heres regni, regno expulsus est; eius emuli ... -es creati sunt; quo iure legitimus heres exheredatus est, quo iure regno privatus?

interrignum *v.* interregnum. ***interrime** *v.* interior.

? ***interripio,** -ere. *?eripere – ?wegreißen, -bringen:* CARM. Bur. 60,16,5 tu *(sc. Cypris)* lamiam -e *(cod.;* intercipe *ci. Bischoff c. Peiper, fort. recte)* eiusque rixas opprime!

[interrito *v.* 1. irrito.]

interritus, -a, -um. *impavidus, intrepidus – unerschrocken, furchtlos:* BENED. Frising. 14 det *(sc. Iesus Christus)* vobis legis suae praecepta virtute sancti spiritus adprehendere, ut possitis adventum eius -i (intrepidi *var. l.*) praestolari. RUOTG. Brun. 25 p. 25,32 inter quę *(pericula)* ... ipse -us aut secum intentus legit aut *eqs.* *de virtute:* CARUS Clem. 32 victrix existens virtus -a, fortis et palmam retinens iam victis hostibus imis.

[interrius *v.* interitus.]

***interro,** -atum, -are. *terra obruere, tegere, inhumare – mit Erde bedecken, ver-, eingraben:* **1** *in univ.:* ALBERT. M. veget. 7,141 magnas ... radices habebunt *(sc. apium petroselinumque)* ..., si de semine, quantum tribus digitis capi poterit, in linteolo ponatur et -etur (nutriretur *var. l*) in fossa rara. **2** *spectat ad sepulturam:* GESTA Camer. cont. II F 422,1 quos *(amicos coniugesque)* -ant *(sc. cives)* tamquam porcos binos, ternos ... indecenter consepultos.

adi. ***interratus,** -a, -um. *terra refertus, inductus – mit Erde befestigt, verputzt:* GESTA Frid. I. imp. A app. p. 65,14 muri -i erant a medio usque ad summum.

interrogatio (-cio), -onis *f.* *script.* -ero-: *p.2198,47.* *in litteris graecis scriptum: p.2198,6.* *actus interrogandi, percontatio, quaestio, interrogatum – Befragung, Frage:* **1** *gener.:* AGIUS vita Hath. 9 si qua ... interrogare debebat, tam plane ... cuncta attingebat, ut ipsa -e sua docere potius quam interrogare videretur. GERH. AUGUST. Udalr. prol. l. 10 cum ... interrogantium tanta pluritas me undique -bus cinxisset, ut omnibus singulariter responsa scriptis dare me non posse aestimarem, cogitare tacitus coepi *eqs. al.* **2** *eccl. et liturg.:* **a** *in univ.:* ORD. Cas. I 2 a priore praecipitur ... in psalmorum modulatione vel spiritalium rerum conlocutionibus, ... ut iuxta regularem auctoritatem usque ad -em non loquatur *(sc. monachus);* ista -o a sapientibus consideranda est, ut *eqs.* PONTIF. Rom.-Germ. 20,16 benedictione expleta et ad -em episcopi de observatione (-e *var. l.*) sacri velaminis illa coram professa, episcopus mittat velamen super caput ... virginis. CONSUET. Trev. 3 quibus *(festivitatibus)* sine -e petunt *(sc. monachi)* quietem dormiendi. **b** *de baptismate ministrando:* EPIST. Bonif. 26 p. 46,18 quosdam baptizatos absque -e simbuli ab adulteris et indignis presbiteris fassus es. WALAHFR. exord. 27 p. 510,8 cognita -e baptistae (baptismi *var. l.*) et responsione baptizatorum. ORDO Rom. 31,107 baptizabis eum *(sc. qui sine scrutinio venit ad baptizandum)* ... cum -e catholica. **c** *de confessione peccatorum: v. p.2200,29.* **d** *in psalmis canendis:* ANNAL. Rod. a. 1141 p. 715,30 in psalmis dicebantur -es ut in lectionibus. GERHOH. tract. p. 6,20 haec distinctio nunc prolixe, nunc simpliciter canendi ... in claustris quibusdam apte servatur, in quibus psalmodia prolixe et cum intercisione punctorum, versuum et -um dicitur, nisi *eqs.* **3** *gramm. et rhet.:* **a** *in univ.:* CONC. Karol. A 19^{F} p. 161,15 libellum a capite catenus per distinctiones uniuscuiusque sententiae et per -es vel responsiones ... perlegere. EPIST. var. II 15 p. 321,35 in -bus ... atque percontationibus vox legentis necesse est acuatur. HRABAN. epist. 54 'quis' ... particula aliquando pro -e ponitur, ut *eqs. al.* *spectat ad titulum operis per quaestiones responsionesque progredientis:* HETTI (?) interr. p. 87,30 INΘΗΡΡΩΓΑΚΙΩΝΗC ΦΩΑC ΗΘΘΥ ... suis proposuit auditoribus, ut *eqs.* **b** *erotema, erotesis – rhetorische Frage (cf. Lausberg, Rhetorik § 767sqq. et L. Arbusow, Colores rhetorici. ^{2}1963. p. 51sq.):* GODESC. SAXO gramm. 2 p. 495,8 sub ... -e scientibus id ab apostolo dicitur: 'nescitis quod *eqs.*' *(Vulg. I Cor. 9,24).* ONULF. rhet. I 7 te *(fratrem)* per -em compello enumeratis breviter his, quę obsunt causę adversariorum, inclitam iuventutis tuę constanciam hac exornationis specie confirmo *(cf. Rhet. Her. 4,15,22; sim.* CONR. MUR. summ. p. 84,46 [in margine] -o: hic interrogo, dum, quod obest cause numerato, confirmo clausam preeuntem sic: *eqs.). v. et vol. III. p. 1367,19.24.* *spectat ad interrogatum captiosum, anceps:* IDUNG. PRUF. dial. 2,3 -o tua *(sc. Cluniacensis)* ... cornuta est et in utroque cornu eius suspectus michi *(sc. Cisterciensi)* latet laqueus *(postea:* aut affirmative aut negative respondere me *[sc. Cisterciensem]* necesse foret). **4** *log. de arte dialectica et syllogistica:* ALBERT. M. top. 8,1,1 p. 492^{a},1 dicendum erit ..., quomodo oportet interrogare et quid, et cui sit praeponendum in -e, et qualiter, ut facilius concedatur a respondente *(sim.* l. 17 oportet eum *[sc. opponentem]* formare -es proponendas in forma, quibus magis efficiuntur concessibiles a respondente *eqs.). ibid. al.* **5** *publ., iur., canon.:* **a** *in univ.:* LEX Ribv. 32 (codd. A 1. 2. *al.*) quod si quis in iudicio pro servo interpellatus fuerit, quod si servus talis non fuerit, ... in iudicio respondeat ad -es (-is *var. l.*) stab et liceat ei sine tangano loquere *(sim.* 62,8). CONC. Karol. A 36 p. 264,6 abbates et monachi usque ad -em silentium habeant et, cum interrogantur, cum humilitate ... respondeant. TRAD. Frising. 634 p. 539,13 interrogabat *(sc. episcopus)* ..., si ... potuisset *(sc. vir nobilis)* res suas pro remedio animę suę ... ad domum Dei tradere, et trina -e completa nullus ei contradicere voluit. TRAD. Reichersb. 69 p. 313,24 quod ... est fideliter actum et sub -e fidelitatis aput episcopum et marchionem testificatum. CONST. Melf. $2,26^{tit.}$ (cod. V^{2}) de -bus in iure faciendis. **b** *actio interrogatoria, inquisitio – Verhör, Untersuchung(sverfahren):* DIPL. Ludow. Germ. 66 p. 91,29 illi *(sc. seniores)* ... post datam fidem et -e f a c t a dixerunt *eqs.* (CHART. Burgenl. I 262 p. 188,9 taxata iudiciali sentencia subtili et occulta -cione f.). DIPL. Heinr. IV. 279 si forte quislibet mulier ... rex suas venundare copiens propincos suos abere nequiverit, licenciam ... fidelibus abeant -erogacione facere *eqs.* CONST. Melf. 2,52 si quando in causis appellationum probationes inducende sunt vel -es et confessiones fieri desiderantur, in eis ambe partes necessario sint presentes, ut *eqs.* **c** *consultatio, interpellatio – Anfrage, Interpellation (an):* DIPL. Merov. I 195 p. 485,18 (spur.) ut, quicquid ... episcopi et rectores iuste et canonice facere elegerint, liberam absque ullius -e habeant potestatem faciendi. CAPIT. reg. Franc. 80,1 de termino causarum ... statuimus, ut ... ante obitum ... Pippini regis causae commissae vel omnino non moveantur vel salvae usque ad -em nostram reserventur *(v. notam ed.; sim.* 142,7 ad -em domni imperatoris reservare. 281,12). DIPL. Ludow. Germ. 47 p. 63,40 petitionem ad effectum perducere dignum duximus statuentes, ut deinceps, quicquid pro utilitate ... monasterii ... episcopus successoresque illius ... commutaverint in mancipiis ..., usque ad mansos tres licentiam habeant; si vero plus fuerit ad commutandum, ad nostram -em veniat, ita ... ut *eqs. al.* **d** *rogatio, petitio, postulatio – Gesuch, Antrag:* CONST. imp. I 297 dominus Albertus ... peciit a ... domino imperatore, ut super hoc *(sc. potestatem construendi castri in colle)* laudum fieri faceret ...; super quam -em ... dominus imperator interrogavit dominum Ottonem ..., ut laudaret, quid iuris esset.

interrogatiuncula, -ae *f.* *(parva) interrogatio – (kleine) Frage:* ARNOLD. RATISB. Emm. 2 p. 1075^{D} -ae tuae *(sc. Ammonicii)* ... pravae ... et dubitationi nimium periculosae ... satisfacere debet vox, quae ad Antonium ... de coelo aliquando

[Clementi]

venit dicens *eqs.*

interrogativus, -a, -um. *vi interrogandi praeditus, interrogans – fragend, 'Interrogativ-':* **1** *gramm. et rhet.:* GERHOH. epist. 23 p. 590B adverbium -um *(i. quomodo)* de medio verborum eius *(sc. Augustini)* furati sunt *(sc. Gilbertini) eqs. (spectat ad Aug. in euang. Ioh. 110,6).* CONR. MUR. summ. p. 163,2 sunt verba ... invectiva, iussiva, -a *eqs.* **2** *log.:* ALBERT. M. elench. 1,5,8 p. 636a,3 quod ... non sit dialectica utens alicuius generis subiecti determinati, ex hoc probatur, quod dialectica talis est inquisitiva, et -a est de communibus.

adv. **interrogative**. *interrogationis modo – nach Art einer Frage:* EPIST. pont. Rom. sel. I 2 p. 36,3 Iohannis presbyter ... dixit secundum divinam scripturam existimans esse, quando angelus Domini percussit centum octoginta quinque milia Assyriorum in una nocte ...; nam utrum sic esset, an non, minime confirmavit, sed -e taliter memoravit *(spectat ad Vulg. IV reg. 19,35).* GODESC. SAXO theol. 11 p. 223,20 illud apostoli *(sc. Vulg. I Cor. 4,2)* ... debet hyronicos -e legi *(sim.* ALBERT. M. eth. I 32 p. 29,58 hoc totum -e est legendum. *al.). al.*

interrogatorium, -i *n.* *series interrogationum (testi ponendarum) – Liste von (dem Zeugen zu stellenden) Fragen (usu canon.; de re v. H. Grundmann, DtArch. 21. 1965. p. 522sq.):* CHART. Traiect. 1044 p. 406,13 (a. 1245) prepositus Nivellensis ... testes induxit, quos secundum -um nobis datum a procuratore ... examinavimus diligenter (*sim.* CLEM. IV. registr. 665,1 p. 682,8 testes ... prudenter recipere ac iuxta -a ... diligenter examinare. CHART. Raitenb. 27 [Mon. Boica VIII p. 40,31] testes ... producti examinati sunt secundum -a dicta ex parte adversa). CLEM. IV. registr. 665,2 depositiones ... testium ... in scriptis redactas una cum articulis et -is prelibatis ... ad nostram ... presentiam transmittatis *(sc. Helyas canonicus et Raymundus capicerius).*

***interrogatus,** -us *m.* **1** *interrogatio – Frage:* VITA Menel. 1,5 (MGMer. V p. 139,18; s. X./XI.) post hos caritative collocutionis -us ... Meneleus ... necessarios itineris sui reddidit conventus. **2** *rogatio, postulatio – Bitte, Ersuchen:* TRAD. Petr. (FreibDiöcArch. 15. 1882. p. 150,2; s. XII./XIII.) Ôdalricus ... tale allodium, quale visus est habere apud Husen, S. Petro tradidit coram domno suo duce Cônrado, astantibus ... Cônrado ... atque Ôdalrico, -u eiusdem ducis.

interrogo, -avi, -atum, -are. *script.:* it-: *p.2200,48.* -ero-: *p.2201,5. struct. c. acc. dupl.: p.2201,11sqq. usu depon. (cf. D. Norberg, Syntaktische Forschungen. 1943. p. 156): l. 55. partic. praes. usu subst.: p.2197,48.*

quaerere, ex-, inquirere, percontari – Fragen stellen, (be-, er)fragen, sich erkundigen (nach), wissen wollen: **1** *gener.:* **a** *in univ.:* **α** *usu communi:* WETT. Gall. 21 -ta est *(sc. puella)* pro recuperatione sanitatis, quam nequiverant conferre praesules aulae regalis. FORM. Augiens. C 3 -vi *(sc. infimus ministrorum Christi famulus)* ... cuidam artifici ..., que essent et ubi invenire possent *(sc. vasa).* HRABAN. epist. 29 p. 446,17 Gregorium papam Augustino -anti tertia vel quarta generatione iam licite conubia iungi respondisse. RHYTHM. 42,17,4 ipse *(sc. Iesus)* se iunxit cum illis *(discipulis)* in itinere -tus *(cod.,* -atur *ci. Winterfeld),* tristis cur inambulant *(spectat ad Vulg. Luc. 24,15sqq.).* THIETM. chron. 7,15 (add. T) cunctis -antibus (inquirentibus CHRON. Thietm.). *persaepe. v. et p. 2197,46.47.49. in formulis praefationum:* AMALAR. bapt. 3 quod conicere potuimus, scripsimus de his rebus, quas vestra *(sc. Caroli imperatoris)* dominatio -vit (*antea:* misistis ad servulum vestrum inquisitiones ... de sacro baptismate). **β** *vi interiectionis -o fere i. q. quaeso – etwa: bitte:* AGNELL. lib. pont. 100 p. 268 l. 28 '-o, dicite *(sc. exploratores)* domino ordinatori ...: melius est *eqs.*'. **b** *spectat ad disciplinam monachalem:* UDALR. CELL. consuet. 2,30 p. 715B quantumlibet sciolus sibi de omnibus videatur *(sc. sacerdos hebdomadarius),* tamen non debet dedignari frequenter et de singulis cantorem et armarium -are (*inde* CONSUET. Marb. 153). CONSUET. Rod. 118,10 loquantur *(sc. fratres)* ... ea, que ad edificationem pertinent, ... de dubiis consulendo, de sanctis scripturis -ando *eqs.* **c** *spectat ad divinationem apud paganos:* CONC. Merov. p. 256,109 ut, si ... quis ausus fuerit amodo in eorum *(divinatorum)* vana carmina -are, ... ab ecclesia suspendatur. SERMO de sacril. 5 qui divinos vel divinas, id est pitonissas, per quos demones responsa dant, <consulit>, qui ad eos ad -andum vadet et eis, que dixerint, credet ..., non christianus, sed paganus est. **d** *spectat ad sacrum mysterium apud christianos:* RADBERT. corp. Dom. app. l. 188 -ti confitemur Christum cottidie in mysterio immolari *(cf. Aug. epist. 98,9).* GODESC. SAXO fragm. p. 20,25 quisquis est ille, qui dicit, quod ... deitas una sit, debet -ari subtiliter, quomodo dicat unam vel qualiter, utrum scilicet naturaliter an personaliter. **e** *spectat ad opus per quaestiones responsionesque progrediens:* HRABAN. epist. 4 p. 387,27 conposui ... quendam dialogum ..., in quo, quę necessaria mihi videbantur -andi, discipuli nomine, et quę respondendi, magistri vocabulo prenotavi. **2** *eccl. et liturg.:* **a** *in univ.:* RUD. FULD. mirac. 2 p. 331,6 -ta *(sc. ancilla)* ... a presbytero causam peccati, cuius merito ... membrorum contractionem pertulisset *eqs.* PONTIF. Rom.-Germ. 16,22 ipse *(sc. episcopus)* se erigens -et (-at *var. l.*), si iustus et dignus sit *(sc. electus, qui presbyter ordinandus est)* hoc modo: 'est dignus?'. CONSUET. Marb. 128 quo *(novitio)* veniente *(sc. in capitulum)* et veniam petente, postquam surrexerit, coram omnibus -et prelatus illius voluntatem. *al.* **b** *de baptismate:* PIRMIN. scar. 12 p. 38,2 cum -ti singuli nomen nostri a sacerdote fuemus *(sc. fratres) eqs.* (*sim.* PONTIF. Rom.-Germ. 99,387 -antibus diaconibus nomina singulorum). PONTIF. Rom.-Germ. 99,147 acolitus ... accipiens ex ... infantibus masculum unum ..., ponit manum dexteram super caput ipsius et -at eum presbiter latine: '*eqs.*' *al.* **c** *de confessione peccatorum:* BONIF. (?) paen. p. 430,14 incipiunt interrogationes ad confessionem dandam: primum -es eum, si teneat orationem dominicam et symbolum (*sim.* PONTIF. Rom.-Germ. 136,5). *ibid. al.* CAPIT. episc. I p. 176,15 sacerdos debet eum *(sc. qui confitetur)* -are, quidquid in poenitentiale constitutum est, si in ... crimen cecidit. *al.* **3** *rhet.:* IDUNG. PRUF. dial. 2,6 captio, quam abscondit *(sc. interrogatio cornuta),* apprehendat eum, qui captiose -at, et in laqueum cadat in ipso, quod -at *(ex Vulg. psalm. 34,8). al. v. et p.2198, 16 et vol. III. p. 1367,19.* **4** *log. de arte dialectica et syllogistica:* ALBERT. M. top. 8,1,1 p. 492a,46 haec, quae inventa sunt, ordinare vel -are ad alterum et -ando proponere modum, quo magis concessibilia sunt, proprium est dialectici et non demonstratoris. 8,1,2 p. 497a,46 debet opponens ultimo multis praemissis -are id, quod principaliter vult sumere, et ideo fieri debet, quia respondentes prima interrogata maxime renuunt. *ibid. al. v. et p.2198,24.* **5** *publ., iur., canon.:* **a** *in univ.:* CAPIT. reg. Franc. 150,14 volumus, ut omnes *(sc. fideles)* illis *(sc. comitibus episcopisque)* et illi omnibus de communi societate et statu a nobis -ti verum testimonium sibi mutuo perhibere possint. DIPL. Otton. I. 340 p. 465,40 it-verunt ... iudices et dativi Romani et Longobardi, quit exinde legem fuissent ad fatiendum. TRAD. Frising. 1481 commutatio iuxta utriusque ęcclesię servientium per sacramenta -torum facta est iudicium. *al. v. et p.2198,33.35.* **b** *(lege) audire – (gerichtlich) verhören, vernehmen:* LEX Ribv. 55,1 si quis ... hominem mortuum, antequam humetur, expoliaverit, si -us confessus fuerit, ... multetur. LEG. Wisig. 9,1,9 p. 357,3 (rec. Erv.) sic ... -etur *(sc. fugitivus)* et ... perquiratur a iudice, aut cuius sit servus, aut quando dominis suis fugerit *eqs.* CONST. Melf. 2,26 partes in iudicio litigantes ..., prout iuris ratio et equitas iudicem moverit, de facto -ari posse decernimus et -tas (-tos *var. l.*) per se vel advocatorum consilio respondere. *al. v. et p. 2201, 14. translate i. q. probare – prüfen:* BRUNO QUERF. fratr. 7 p. 46,8 quem etsi pena purgatoria -at, tam ex eius operibus, quam ex bono desiderio, quod habebat, libentissime colligimus, quia ... Otto eternus in paradiso Dei est humilis servus sanctorum. **c** *consulere, in consilium vocare, sententiam rogare – zu Rate ziehen, um Rat, seine Meinung fragen:* CAPIT. reg. Franc. 161,5 ut ... populus Romanus -etur, qua lege vult vivere. CONC. Karol. A 47 p. 587,9 -tis ... episcopis, utrum iusta sit an iniusta Histrianorum petitio *eqs.* THANGM. Bernw. 22 p. 768,46 papa -vit concilium, si synodus habenda vel vocanda esset. *al. spectat ad matrimonium:* CHART. Tirol. notar. I 47a p. 21,32sqq. (a. 1236) Christina -ta per ... notarium ..., si vo-

[Clementi]

lebat ... Walterium in suum virum, ... dixit: 'sic volo'; eodem modo -tus ... Walterius, si volebat ... Christinam in suam uxorem, ... dixit: 'sic volo'. *ibid. al.* **d** *rogare, postulare – ersuchen, bitten, angehen (um):* Cod. Wang. Trident. 242 (a. 1210) -erogati fuerunt Gotesalcus ... et Turingus ... a domino ... episcopo, ut laudamentum faciant vel facerent, utrum si Bauzanenses ... debent dare theloneum ad partes Bauzani de vino suo ... vel non (*sim.* Chart. Tirol. notar. I 905 p. 466,19 iusticiarius -vit dominum Ottonem ... per graciam ... episcopi et per iuramentum, ut laudum faciat, quid sibi super hoc iuris esse videretur. *saepe. v. et p. 2198,67*). *c. acc. dupl.:* Epist. Ratisb. app. 4 p. 375,8 si quis nostrum (*sc. fratrum*) regularis ab episcopo ... super alio huiusmodi confratre regulari iudicialem sententiam -tus fuisset, qui peccatum suum -tus non abscondit, ... huiusmodi fratrem neque dampnare ... neque proscribere audemus (*sim.* Dipl. Conr. III. 221 p. 392,41 ministeriales Corbeiensis ecclesię iudicii sententiam -ti abiudicaverunt ... ei [*sc. Rabanoni*] ... beneficium).

subst. **interrogatum**, -i *n.* *interrogatio – Frage:* **1** *gener.:* Rud. Fuld. mirac. 15 p. 340,49 quae (*opuscula*) ad -a diversorum ei respondere necessarium fuit (*sim.* p. 341,10 ad -a ... Bonosi abbatis respondendo). **2** *log. de arte dialectica et syllogistica:* Albert. M. top. 8,1,2 p. 497^{b},40sq. cum sint plura -a ..., dubium erit, in quo -o falsum sit. *v. et p. 2200,43.*

interrumpo, -rupi, -ruptum, -ere. *usu intrans.: l. 44.*

I *proprie (in imag.: l. 71sqq.):* **A** *praevalente notione temporali i. q. dirimere, intermittere – unterbrechen, aussetzen:* 1 *gener.:* **a** *in univ.:* Einh. Karol. 24 p. 29,17 noctibus sic dormiebat, ut s o m n u m quater aut quinquies non solum expergescendo, sed etiam desurgendo -ret (Thangm. Bernw. 5 p. 760,5). Thietm. chron. 4,52 -ta est ęleccio. *c. sensu interpellandi:* Hrotsv. Gall. I 1,7 -is (*sc. Constantinus*) dicenda. :: non -o (irrumpo *var. l.*). Otto Frising. gest. 2,30 p. 136,27 rex ... cursum verborum illorum (*legatorum*) ... -upit et ... respondit: '*eqs.*' **b** *turbare – stören:* Einh. Karol. 2 p. 5,9 otium, quo maxime delectabatur, crebra salutatione -entes *nobiles*. Otto Frising. gest. 2,32 p. 140,36 ne a furente populo celebritatis ... iocunditas -i posset. **2** *liturg.:* Consuet. Marb. 258 prelatus signum, quod supra mensam dependet, percutiat, et ibi statim lectio iterum -atur, et potus benedicatur. *intrans. i. q. cessare, desistere – aufhören, ein Ende setzen:* Visio Baront. 2 factum est, ut ⌞psallentius (psallentium, silentium, cantatio *var. l.*) fratrum⌟ (psallentes fratres *var. l.*) tota dię numquam -ret (-retur, -rent *var. l.*), usque dum pervenit vespertinus ordo. **B** *praevalente notione locali:* **1** *spectat ad res exstructas i. q. frangere, perfringere, diruere – zerbrechen, zerschlagen, zerstören (medial. i. q. frangi, perfringi – zerspringen, bersten, [auseinander]brechen):* Godesc. Saxo gramm. 2 p. 476,16 Gigas ... regius ... vidit anulum in digito hominis mortui in quodam tumulo vestustate -to sepulti. Odilo Suess. Seb. 27 p. 647^{a},67 cum magno labore monumento -to, quippe quod molis erat ingentis et bituminis indissolubilis (*antea:* Iohannes ... ferramentum arripiens ... sarcophagum frequenti ictu ... contudit). Ekkeh. IV. cas. 42 p. 96,8 videt (*sc. Notkerus*) super se in laquearii -ti (disrupti l. 14) trabibus diabolum consedisse. *de munitionibus c. sensu quatiendi:* Paul. Diac. Lang. 4,28 expugnavit (*sc. rex Agilulf*) ... Mantuam et -tis muris eius cum arietibus ... ingressus ... est. Annal. Lauresh. a. 797 rex Carlus ... pervenit ad pagum ..., ubi firmitas eorum (*Saxonum*) facta fuit, et ipsa firmitate -ta introivit ... in pagum illum. **2** *spectat ad exercitum i. q. dirumpere, disicere – zersprengen, versprengen:* Thietm. chron. 4,22 p. 158,1 omnes ... cum suis venientes -ti sunt ab hostibus se acriter irrumpentibus *eqs.* 4,41 priusquam urbem munitam adtingerent (*sc. publici hostes*), eosdem per compendiosa itineris -tos vi capere ... anhelavit *miles armatus*. Galb. Karol. 114,47 secunda pars cuneorum Willelmi ... prosiluit in adversas facies Danielis et suorum, et ... hastis et gladiis persecutores illos -erunt (*postea:* Willelmus ... dispersioni inimicorum insistebat). *al.* **3** *sub-, irrepere – unterwandern, (dazwischen) kriechen (in; in imag.):* Fortolf. rhythmimach. 785 facturus victoriam, in campis adversarii eam statuere debes primumque numerum, quem ponis, ex nomine adversario indicabis hoc ... praecavens, ut ipsum primum ... et adhuc ponendos nullus adversariorum -ere possit; nam si semel -ti fuerint, victoria cassa erit (*sim.* Rhythmimach. 10,59. *cf. et p. 2197, 8*).

II *translate:* **A** *gener.:* **1** *impedire – verhindern:* Thietm. chron. 4,43 bonae ... voluntatis propositum preventu subitaneae mortis -tum est. **2** *desinere, -sistere (ab) – aufgeben, ablassen (von):* Thietm. chron. 5,5 propositum itineris ... -ere nequaquam posse nec velle respondit *comes*. **3** *(intercedendo) praevenire – (dazwischentretend) zuvorkommen, 'ausstechen':* Chart. eccl. Erf. 188 p. 100,14 (a. 1224) quibus bonis (*sc. integro manso areisque proprietatis*), dum se vellet (*sc. Henricus miles*) exuere, veriti fuimus (*sc. Heinricus abbas*) graviorem aliquam personam nos -ere, unde ... coemimus integrum mansum *eqs.* **B** *publ. et iur. i. q. infringere, violare, irritum facere, rescindere, cassare – anfechten, verletzen, brechen, unwirksam machen, außer Kraft setzen:* Chart. Sangall. C 113 p. 102,27 (a. 788?) si quis ... cartulam traditionis -ere temptaverit, socianti fisco multa componat. Thietm. chron. 4,40 pactum firmissime stabilitum -ere. Trad. Salisb. I 34^{a} traditionem suscepit ... abbas ... perpetuo tenendam ea lege, ut, si quis -ere velit, proximum ipsius heredem respiciat. *al.*

adi. **interruptus**, -a, -um. *intervallis instructus, non continuus, incontinuus – mit Abständen, Lücken versehen, nicht fortlaufend:* **1** *mus.:* Ps. Odo Clun. mus. p. 279^{a},31 fit ... syllaba ... tribus vocibus, sed in singulos tantum motus habentibus, tum continua tum -a (*sim.* p. 279^{b},28 -a ... ternis vocibus syllaba fit, cum ita tres voces disponuntur, ut a graviore in acutiorem una vel duae voces intactae praetermittantur *eqs.*). **2** *math.:* Ps. Odo Clun. abac. p. 297^{b},31sqq. divisiones in abaco tres sunt, simplex, composita, -a: simplex est, ubi unus divisor; composita, ubi duo vel plures divisores per continuos arcus; -a vero duo vel plures divisores inter eos uno arcu vacante (*sim.* p. 298^{b},29 -a divisio aliquando per tres vel quatuor arcus distinguit. *ibid. al.*).

adv. ***interruptim.** *interrupte, non continuatim, continuate – mit Unterbrechungen, nicht fortlaufend:* **1** *gener.:* Rather. prael. 3,21 l. 708 nobis haec haud -m loquentibus *eqs.* **2** *math.:* Mathem. var. Bubnov p. 292,3 in divisione de dissipandis ponantur divisores ... vel continuanter vel -m. p. 293,23 in illa divisione, quam interpositam dicunt, hanc regulam sequi oportet: divisores -m ponantur *eqs. ibid. al.*

interruptio (-pcio), -onis *f.* **I** *actio interrumpendi, continuitas interrupta, intermissio – das Aussetzen, Unterbrechen, Unterbrechung:* **A** *proprie:* **1** *praevalente notione temporali:* **a** *gener.:* **α** *in univ.:* Thangm. Bernw. 42 ne qua divini famulatus fiat -o. Hier. Mor. mus. 25,179sqq. sicut procella fluminis aura levi agitata movetur sine aque -cione, sic nota procellaris in cantu fieri debet cum apparencia quidem motus absque tamen soni vel vocis -cione. **β** *(per)turbatio – Störung:* Const. Melf. 1,32 nisi forte celeris protestationis necessitas ... -em inducat, cum inferri sibi preiudicium aliquis ex taciturnitate veretur. **γ** *de vita i. q. finis – Ende:* Walahfr. Gall. 1,30 p. 308,13 qui de vitae corporalis -e dolemus, de animae immortalis libertate gaudere debemus certi. **b** *publ. et iur.:* Leg. Wisig. 10,2,6 p. 394,8 quod XXX quisque annis expletis absque -e (inruptione *var. l.*) temporis possidet, nequaquam *eqs.* (*sim.* Dipl. Frid. I. 20 p. 35,40 consules ... comitatum per XXX annos sine -e possederunt. Chart. Basil. A II 18 p. 25,19 tanto tempore, sine -e. *al.*). Chart. Xant. 72 p. 54,36 fuit responsum, quod ecclesia ... tuta esset prescriptione quadraginta <annis>; sed contra prescriptionem obiecta fuit -o (*sim.* Chart. Salem. 121 abbas contra allegatam prescriptionem -em excepit). Oliv. hist. Dam. 79 p. 275,16 ego Kemel ... de puro corde et bona voluntate et absque -e iuro *eqs.* (*opp.* l. 26 mala voluntate vel -e [cum -e *var. l.*] forme sacramenti). *saepius. v. et p. 2144,55.* **2** *praevalente notione locali:* **a** *in univ.:* *l. 50.* **b** *spectat ad res exstructas:* Chart. archiep. Magd. 337 (a. 1172) fratribus ... navigium ... tempore videlicet inundacionis Sale et quando pontis -cio transmeandi facul-

[Clementi]

tatem abstulerit, ... concessimus *(sc. Wichmannus archiepiscopus)*. CHART. Rhen. med. II app. 15 p. 416,2 edificare turrim unam cum clausura -is unius *(de re cf. BonnJb. 50/51. 1871. p. 80 adn. 1)*. **c** *spectat ad res adhaerentes, adiacentes:* CHART. Austr. sup. I 91 p. 128,28 (dipl. Heinr. V.; a. 1109) ne qua dubitatio de terminis ... allodiorum oriatur, manifestum sit, quod eorum continuatio sine -e iacet a capite Ebresbac usque ad fines Boemie. DIPL. Loth. III. 119 p. 193,5 confirmamus ... possessionem, ... id est ... domos XXX, in una parte vię XXV per ordinem et sine -e positas, scilicet *eqs.* **B** *translate i. q. violatio – Verletzung (usu iur.):* CHART. ord. Teut. 250 p. 236,11 (a. 1254) ex ... -e consuetudinis (*postea:* consuetudo ... debet inviolabiliter observari).

II *?per confusionem i. q. excursio, irruptio – Aus-, Überfall (cf. et p. 2202,59):* VITA Barb. 4 Romualt ... nunc ex muris, nunc per inprovisam -em plurimam suorum hostium partem adtrivit (*inde* CHRON. Salern. 112 p. 124,29).

interruscus (-eru-), -i *m.* *?script.* interus: *l. 23.* *cortex mediana, alburnum, liber – mittlere Rinde, Splint, Bast:* RECEPT. Sangall. I 99 -erusco de salice ... bibat *(sc. qui dolore lateris laborat)*. 101 caprifolio, -erusco, flos de culobrata ... teris. II 66 p. 57,30 -o de sambuco et radices ipsius ovo pleno ... miscis. ANTIDOT. Cantabr. p. 164,53 interus *(cod.; -us ci. Thomas [v. ALMA 5. 1929/30. p. 136 c. adn. 1])* de sauco similiter de elbo et de ulmo ... unum corpus facis in sartagine. TRACT. de aegr. cur. p. 310,18 vervenam et -um fraxini in optimo vino ... coque. *al.*

intersaepio (-sep-), -saeptum, -ire. 1 *intercipere, -rumpere – ab-, unterbrechen (usu medial.):* WOLFHARD. Waldb. 1,3 p. 154,13 erat ... languor cordis iam penetrans fibras et -septo vitalis flatus anhelitu, mortis compendium ... portas oris hiantis adire temptabat. 2 *separare, dividere – scheiden, trennen:* VITA Rimb. 22 p. 98,7 in eclesia ... muro firmissimo per medium -septa.

1. *interscalaris, -e. 1 *in similitudinem graduum (scalae) factus – (treppen)stufenartig:* INNOC. IV. registr. A 1 p. 1,15 cuncta -i partitus est *(sc. Deus creator)* ordine. 2 *de media hierarchia angelorum i. q. ad gradum (scalae) pertinens, gradui competens – zur (Treppen-)Stufe gehörig, dem Rang zustehend:* ALBERT. M. sent. 2,9,2 p. 192ᵇ,1sqq. hyperphaniam diffiniunt *(sc. quidam)* sic: hyperphania est divina illuminatio sui particeps, -i reverentia insigniens ...; et dicunt, quod dicit Dionysius primum propter Principatus, quorum est -em reverentiam docere (*item* summ. theol. II 10,38,2,2 p. 420ᵇ,18sqq.; *e Guillelmi Autissiodorensis summa aurea. 2,4,1 l. 103sqq. [ed. J. Ribaillier. II/1. 1982. p. 89])*.

2. interscalaris *v.* 1. intercalaris.

***interscalariter** *v.* 1. intercalaris.

interscapilium, -i *n. vel* **interscapulum**, -i *n. (an -a, -ae vel -ae, -arum f.? [cf ThLL. VII/1. p. 2275,58sqq.])* *pars dorsi inter scapulas patens, regio scapularum – Rückenbereich zwischen den Schulterblättern, Schultergegend:* FRAGM. sacram. Arnon. p. 605,18 (ed. Franz) exite *(sc. immundi spiritus)* ... de isto homine, ... de scapulis, de ascellis, de -pulis *eqs.* PONTIF. Rom.-Germ. 99,340 tangit *(sc. presbiter)* eis *(sc. catechizandis infantibus)* pectus et -pilium (inter scapulas *var. l.*) de oleo sancto crucem faciendo cum pollice.

***interscapularia**, -ium *(an -orum?) n.* *regio scapularum – Schultern, Schultergegend:* GUNZO epist. 2 p. 22,2 videbam frequentes capitum inclinationes, per -ia compositos iacere cucullos, incessus lenes, raros sermones.

interscribo, -scripsi, -scriptum, -ere. 1 *proprie i. q. (scribendo) intericere, inserere – (schreibend) dazwischenschieben, einfügen:* WOLFHER. Godeh. I 31 p. 190,43 hic amplius de hoc *(synodali negotio)* -endum non putatur. GESTA Camer. cont. II A 385,2 preter iura episcopi, quae iurat cetus populi, hic necesse non affuit singulatim interseri; sed quod iurant *(sc. cives)* episcopo, hic -psi ideo, ut *eqs.* 2 *translate i. q. distinguere, variare – auszeichnen, bunt färben, sprenkeln:* ALBERT. M. animal. 23,110 p. 1493,29 caudam habet *(sc. phoenix)* longam purpurei coloris pennis quibusdam roseis -ptam, sicut -bitur cauda pavonis quibusdam orbibus ad modum oculorum formatis *(cf. Sol. 33,11)*.

***intersecatio**, -onis *f.* *actio invicem se secandi – das Sich-Schneiden, Überschneidung, Kreuzung:* 1 *proprie:* **a** *gener.:* ALBERT. M. animal. 2,117 p. 275,2 distinguntur *ova piscium* ... 'per multas partes' propter diversas pellicularum matricis -es. 23,58 p. 1462,19 ad locum -is semicirculorum *(sc. lignorum)*. **b** *geom.:* ALBERT. M. cael. 3,2,7 p. 238,13 quae *(corporeitas)* fit ex trium d i a m e t r o r u m -e facta ad angulos rectos (l. 15. phys. 1,1,3 p. 5,41). *v. et l. 49.* **c** *astron.:* ALBERT. M. div. nom. 4,60 p. 167,59 commiscentur virtutes earum *(stellarum)* propter -em r a d i o r u m (fat. 2 p. 68,46 qui *[anguli]* describuntur ex -bus r. caelestium corporum). 2 *meton. i. q. locus invicem se secandi – Schnittpunkt, -stelle:* ALBERT. M. veget. 6,488 hae *(sc. operationes plantarum)* ... variantur valde secundum -es et angulos signorum et stellarum ... et planetarum. animal. 12,132 'quarum *(venarum)* -o utrinque habet duas carnes glandulosas'. 23,58 p. 1462,20 in ligna ab angulis -is cru<c>is venientia.

interseco, -avi, -sectum, -are. *usu refl.: passim, e. g. l. 39. 43. p. 2205,1.* *partic. perf. usu adi.: l. 61. al. sim.* 1 *strictius i. q. secare, secando dividere, separare, dirimere, penetrare – (durch-, zer)schneiden, trennen, scheiden, durchziehen, sich ziehen (durch):* **a** *in univ.:* AETHICUS 63 l. 3 Frosbodinam ... silvam ... -antem silices vel pilas Chosdronicas secernunt *(sc. Albani)* ab oriente *eqs.* *(sim.* 73 mare magno ... medullam -antem trifarie geminatam orbis planiciem esse *[v. comm. ed. p. 263])*. CHART. Col. II 386 p. 401,32 super insulam quatuor cubicula et duo cubicula, que -at vel dividit parvus vicus. ALBERT. M. animal. 3,151 quorum *(piscium masculorum)* sperma separatim colligitur et tela quadam et est in duo divisum et secundinis -tum. *in imag.:* ALBERT. STAD. Troil. 4,657 geminos -at arcus non obfuscate lactea forma vie. **b** *spectat ad flumina:* EUPOLEMIUS 2,531 quos ... Mogon pagos et quos -at Albis. OTTO FRISING. gest. 2,46 p. 153,32 quam *(regionem)* Rhenus ... -at. *adde:* VITA Liutw. 5 fluvio ... mediam -ante amoenitatem vallis. **c** *spectat ad lineas, figuras (habitum corporis: l. 39sq.) i. q. decussatim secare – kreuzen (fere usu refl.):* **α** *gener.:* FRID. II. IMP. art. ven. 2 p. 126,20 una ala versus caudam supponitur alteri, et -ant se in modum crucis (*sim.* p. 129,9 debent *alae* se -are super renes). ALBERT. M. animal. 12,13 quae (*figurae sphaericae*) sunt in partibus oculi se continentes et se -antes. ANNAL. Basil. a. 1276 p. 200,28 duo circuli circa solem ... se mutuo -verunt et duas cruces facere videbantur. **β** *geom.:* FORTOLF. rhythmimach. 118 ipsam *(sc. quadratam)* ... tabulam per medium in latitudine una linearis -et paginula. 767 duae diagonales lineae medio se -ant, ita ut *eqs.* ALBERT. M. cael. 3,2,7 p. 238,66 'ex figuris ... essentialibus' ... non 'sunt' nisi 'duae', quia corpus constituitur ... ex tribus d i a m e t r i s se -antibus ad angulos rectos, et istae intersecationes necessario faciunt octo rectos (gener. 1,3,11 p. 149,14. *al.*). **γ** *astron.:* ALBERT. M. meteor. 1,2,3 p. 20,48 radii luminaris -ant se post umbram opaci et illuminant totum, quicquid est post umbram. animal. 16,60 p. 1092,11 virtutes ... caelestes in seminibus plantarum et animalium ... multiplices sunt ex multitudine corporum caelestium ... et ex multiplicitate radiorum et angulorum radiorum, quos acquirunt omni modo, sive se invicem -ando, sive incidendo super materia generati *eqs. al.* **d** *transire – durchqueren:* AETHICUS 108 l. 7 noster Eufraten -at. 2 *latius:* **a** *interrumpere, disiungere – unterbrechen, abtrennen:* ALBERT. M. phys. 4,4,1 p. 294,61sqq. aeternitas est spatium continuum non -tum, intelligens *(sc. Isaac philosophus)* per continuitatem indeficientiam ipsius; et per hoc, quod dicit 'non -tum', intelligit, quod non -atur continuo exitu de potentia ad actum; talis enim exitus -tus est, eo quod esse talium intercipitur privatione. 4,4,2 p. 295,37 spatium continuum dicitur, ... quia numquam defuit nec deest nec deerit unquam ...; -tum vero vocatur, quod habet partes utrimque abscisas sicut tempus, cuius prior pars praeteriit et non est, et pars posterior futura adhuc expectatur et non est. *ibid. al.* **b** *refl. i. q. (serratim) inter se coniungi – (verzahnt) ineinander greifen:* ALBERT. M. animal. quaest. 2,20/26 p. 117,77 quaedam animalia habent dentes serratim or-

[Clementi]

dinatos ut serra, ... et quaedam non ita se -antes.

subst. **intersectum,** -i *n.* *t. t. zool. i. q. insectum – Kerbtier, 'Insekt':* ALBERT. M. animal. 26,31 inter omnia ... rugosa et -a solus *(sc. scorpio)* habet caudam longam nodosam in fine.

intersectio, -onis *f.* 1 *proprie i. q. actio invicem se secandi – das Sich-Schneiden, Überschneidung, Kreuzung:* PS. BEDA mund. const. 1,207 quod ... superiores et inferiores sole feruntur *(sc. Mercurius, Venus et luna)*, tripliciter per coniecturas ostenditur: sive per -em circulorum sive *eqs.* ALBERT. M. sent. 2,2^{G},5 p. 55^{a},19 orbis lunae habet aliud dextrum secundum centrum epicicli, et aliud secundum punctum elevationis augis in deferente, et tertium ... secundum punctum capitis et caudae draconis, quem facit circulus suus ex -e aequantis. 2 *meton.:* **a** *locus invicem se secandi – Schnittpunkt, -stelle:* PS. BEDA mund. const. 1,264 in -bus ... absidum incipiunt obscurari *(sc. stellae).* **b** *spectat ad corpus aranearum i. q. fissum – Einschnitt, Kerbe:* ALBERT. M. animal. 26,8 p. 1582,20 licet omnes *(araneae)* componantur ex tribus quantitatibus, capitis videlicet et pectoris et posteriorum, quae sunt maiora post -em sive succinctorium. *Clementi*

***intersedeo,** -sedi, -ere. 1 *interesse – zugegen sein (bei), teilnehmen (an):* CONSTANT. METT. Adalb. 17 Adalbero ... praesul ... huic sacro synodo -bat. *absol. i. q. inter alios sedere – dabei, unter den anderen sitzen:* HERIG. Land. II 1,10 (MGScript. XV p. 605,17) quae *(sc. matrona sanata)* convivium ... hospitibus et domesticis ... apparavit; ipsa -sedit nec edulium aliquod fastidiens nec vini potionem ... iam abhorrens. 2 *intercedendo sedere (inter) – dazwischensitzen, vermitteln (zwischen):* DIPL. Heinr. III. 402 p. 563,18 (spur.; s. XII.?) velud alter Salomon inter Francie Ratisponeque discordiam tamquam mulieres (mulieribus *B*) super filio litigantes verus et medius arbiter -sedit *(sc. papa Leo nonus).*

intersemino, -atum, -are. *seminare, serere (inter) – säen, streuen (zwischen, unter):* GERHOH. psalm. 34,1 p. 313,6 tanto plures discipulorum meorum ⌞puritati -ti tamquam tritico zizania⌟ *(cf. Vulg. Matth. 13,25)*, quanto et discipulorum meorum numerus adauctus excrevit.

intersepio *v.* intersaepio.

intersero, -serui, -sertum, -ere. *struct. c. praep.:* in *c. abl.: l. 54. 60.* inter: *p. 2206,4. 16.* *c. adv.:* hic: *l. 47. 50.* ubi *[rel.]: p. 2206,1.* *usu refl.: p. 2206,21. 23.* 1 *inserere, interponere, addere, indere, in-, intericere, includere – dazwischenfügen, -setzen, -stellen, dazu-, einfügen, einschieben:* **a** *in univ. (spectat ad scripta, orationes, ratiocinationes sim.):* **α** *gener.:* ALCUIN. carm. 94,3 hic sedeant sacrae scribentes famina legis nec non sanctorum dicta sacrata patrum; ⌞hic -ere⌟ *(sic? his -ere hi ci.)* caveant sua frivola verbis, frivola nec propter erret et ipsa manus. RIMB. Anscar. 19 p. 40,11 ex quibus *(sc. verae fidei praeconiis)* ... aliqua hic -ere curavimus. TRANSL. sang. Dom. in Aug. 17 libet ... miraculum eo tempore declaratum huic opusculo -ere. THIETM. chron. 1,10 quaedam -o, quae dictu maxime necessaria puto. LIBER revel. Rich. 160 in hoc ipso secundo folio superius paucula ... verba ... ego -ui. NOTULAE Wilh. Cong. 1293 hec iocosa ideo -o, quia *eqs. al.* **β** *publ. et iur.:* DIPL. Heinr. IV. 1 p. 2,25 placuit etiam illud -ere, ut ... nullus ... aliquas repeticiones aut occasiones ... movere ... presumat. CHART. Turic. 292 p. 177,12 testes ... affuerunt ... et alii quam plures, quorum nomina -ere non potuimus. DIPL. Frid. I. 369 p. 229,14 semper -etur in sacramento ... consulum ..., quod fidelitatem servabunt nobis sine fraude. CHART. march. Misn. II 510 p. 352,21 convenimus ... cum abbate ..., ne ipse ... presumat alicui laico iure beneficii possessiones eclesie concedere et hoc privilegio -endum. CHART. Garz. 26 p. 117,18 cuius *(privilegii)* tenorem praesenti literae -i fecimus. *al.* **γ** *liturg.:* WALAHFR. exord. 26 p. 506,36 dicendum ... de ymno, qui ob honorem sanctae ... trinitatis officiis omnibus -itur, eum a sanctis patribus aliter atque aliter ordinatum. BERNO epist. 13 p. 45,29 unum horum necesse est, ut eligant *(sc. qui hoc anno unam hebdomadam dominico adventui adicere conantur)*, aut ut hec omnia, id est officia II ...; lectiones IIII, missas V, omnino quasi non neccesaria pretermittant aut, ubi locorum possunt, -ant et concedant nobis id in una tantum missa ... agere. **δ** *mus.:* HUCBALD. mus. 29 hae ... quattuor voces ... dispositae hoc erunt modo ..., ut nullus videlicet alius sonus inter eas legitime possit -i. **ε** *comput. i. q. intercalare – einschalten:* BEDA temp. rat. 42, 39 Victorius tertio ante finem ogdoadis anno hanc *(sc. mutationem lunae)* -endam censuit lunam kl. ianuariarum de quarta in sextam decimam convertens. COMPUT. Borst 10,19,2 huic *(i. lunari)* cyclo ... semper partes dies saltus -it spatio. REINHER. PADERB. comput. 1,3 revoluto anno idem dies non in eadem feria erit, qua fuit anno praeterito, sed in feria proxime sequentis denominationis ab ea, si non fuerit bissextilis dies -tus, tertia si fuerit. **ζ** *de tabula lusoria:* RHYTMIMACH. 10,2 sit tabula ad latitudinem longitudinemque distincta campis, id est in latitudine octo, in longitudine quatuordecim, ita ut inter eosdem duos septenarios mediestine linea -atur, quae diremptoria vel divisoria appellatur. **b** *inter-, immiscere – dazwischen-, daruntermischen (usu refl.):* EPIST. Hann. 48 p. 93,33 velim lętitiam, qua supra me affectum memoravi, ita integram, ita perpetuam ... mecum celebrari, ut nihil umquam molesti, nihil umquam se -ret amari. THEOD. PALID. annal. a. 1139 illo *(Heinrico duce)* cum suis complicibus iuxta Cruceburg occurrente episcopi, qui plures illo cum rege convenerant, se -entes congressuris *(sc. ad pugnam)* impedimento fuerunt. **c** *coniungere, copulare, co-, annectere – (eng) verbinden, verknüpfen, verflechten:* GERHOH. novit. 34,1 sic ipsa regalia bona ecclesiasticis -ta sunt, ut vix ab invicem discerni valeant. 2 *intertexere, ad-, exornare – durchwirken, aufputzen, (aus)schmücken (mit):* FOLCUIN. Bert. 85 concessit ... cappam ... vinei coloris, rubeis -tam volucrum figuris. EGBERT. fec. rat. prol. p. 1,21 quę *(sc. utilia)* comminisci ... potui, ... ea versiculis mandans, pręterea novis atque vulgaribus fabellis aliquot divinisque paucis -ens in duobus ... coacervavi libellis. 3 *usu singulari i. q. (inter se) conserere, committere, inire – (miteinander) austragen, ausfechten:* ANNAL. Altah. a. 979 infidelitas Geronis comitis per Waldonem publicatur, unde ipsi Magadaburc ⌞grave duellum -entes⌟ (dimicantes ANNAL. Hild.) ambo procubuerunt.

adi. **intersertus,** -a, -um. *intersitus – dazwischenliegend:* GUTOLF. Delic. p. 11,30 ad orientem ... ac meridiem planam agrorum faciem et plerumque campanias -as monstrat *Wienna.*

***intersido,** -sessum, -ere. *actu residendi alterum ab altero disiungere, separare – durch ein dazwischen Hinsetzen einen vom anderen trennen:* RUODLIEB VII 109 istorum *(sc. rufi et uxoris)* nimius cum displicuit sibi *(seni)* ludus, inter eos residet natibusque disiunxit et ipsos; ad modicum reticent -sessosque (*sc.* se) dolebant *(cf. notam ed. Seiler p. 160).*

***intersignatus,** -a, -um. *(de)terminatus, distinctus – abgegrenzt, abgeteilt:* TRAD. Welt. 25 (s. XI.^{2}) Perhtolt ... partem silvę suę Danubio adiacentem cauteque -am ... ad altare sancti Georii tradidit. CHART. Rhen. inf. II 649 parrochiani in Bilke, ad quos ipsa marcha iure hereditario pertinere dinoscitur, ... nobis partem ipsius marche fossato -am tradiderunt. *de insignibus, armis:* CHART. Lux. IV 137 (a. 1269) in cuius *(sigilli)* sculptura continetur figura militis armati sedentis in equo, in cuius ... equi faleris duo leones, tertius in clipeo et quartus in armis ipsius militis cum bylletis -is insculpti continentur.

intersign(i)um, -i *n.* 1 *latius:* **a** *signum (speciale, distinctivum) – Kenn-, Erkennungszeichen, (spezielles, unterscheidendes) Merkmal, Markierung:* TRAD. Welt. 21^{a} (s. XI.$^{med.}$) huic *(sc. collato)* predio adest arbor pomorum utilissima, quam ad -um subterscribi placuit. *nota (inusta), stigma – Brandmal, -zeichen:* PAX Valenc. 25 oportet, quod purget *(sc. reus)* se ipsum trina manu, aut habebit -um comitis candens in fronte. **b** *indicium, probatio, demonstratio – Beweis, Hin-, Nachweis:* HERM. TORN. rest. 59 l. 2055 respondente ... Rainero se quidem mandata eius eis *(fratribus et filiis)* dicturum, sed illos sibi minime credituros, defunctus *(Tetbertus)* ... ei -a *(postea:* signa), que unicuique diceret, iniunxit. CAES. HEIST. mirac. I 11,17 p. 286,29 divertens ... ad obsessam mulierem -um, quo credi posset, quaesivit *(sc. Herwicus monachus)* a daemone. CHRON. Albr. a. 1225 p. 915,43 per multa -a imperatorem Balduinum se esse persuasit *pseudopropheta.* CHART.

[Antony]

Hans. 779 p. 269,35 si heredes morientium insequantur ... cum testimonio fide digno vel -o vero, prefata bona sua reddantur eisdem. Pass. Karoli Boni 9 (MGScript. XII p. 623,2) plurimi ..., qui fugerant tam in Franciam quam in Angliam, mandato regum edicto per -ia tenti sunt *eqs.* *declaratio (favoris) – (Gunst-)Bezeigung:* Heinr. Trev. gest. 57 p. 450,26 receptis ... litteris ... electus Treverensis aliisque -is, que sibi promotores miserant, confortatus est. Conr. Mur. summ. p. 119,21 offerunt *(sc. socii sociis, amici amicis)* superlative ... constantiam, promptitudinem ... et alia amicitie et societatis -a. **c** *documentum – Beweisstück, -mittel:* Transl. Annon. 7 quę *(antiquitas)* huiusmodi -is *(i. anulo episcopali sim.)* eum commendabilem etiam inter ipsos cineres sequacibus esse voluit. Hist. peregr. p. 159,4 huius cicatrix vulneris, fili, in te ... erit virtutis et milicie favorabile -um, quod te iam Deo militasse indicat et testatur. Vita Eberh. Commed. 5 quae *(immortalis domina)* ... praecepit mihi, ut -um aliquod offeram ei ex te. Notae Xant. (MGScript. XIII p. 45,20) quod ... sanctorum martyrum corpora cum -is inventa certissimis in capsas devote ... fuerint translata. Chart. Babenb. 232 p. 38,19 iudicetur de eo *(homicida proscripto)*, ut exigit ordo iuris, id est, quod duobus testibus ydoneis cum evidenti -o, quod in vulgari dicitur hanthaft, ... devincatur. **d** *con-, affirmatio – Bestätigung, Bekräftigung:* Chart. ord. Teut. (Hass.) 96 p. 83,10 (a. 1250) etate puerili prepediti verbis ... assenserunt, ad -um certitudinis ulterioris ... fratres suos ... fideiussores statuentes. 105 abrenuntiarunt ... omni iuri, quod in bonis iam dictis habere videbantur, ... manibus extensis et coadunatis, iactu quoque calami et omnibus -is, que in huiusmodi fieri consueverunt. **2** *strictius de litteris publ. et iur.:* **a** *testatio pecuniae acceptae, apocha – Empfangsbescheinigung, Zahlungsbestätigung, Quittung:* Chart. Stab. 252 p. 482,9 (a. 1160) si quis maluerit illud *(capitagium)* portare ad ecclesiam s. Remacli et inde rediens legittimum illius s o l u t i o n i s -um attulerit, fas erit et licitum (Chart. Hamb. 774 p. 635,30 thelonarii nostri soluto ipsorum thelonio dabunt ipsis -um sue s.). Chron. Albr. a. 1166 p. 849,15 mandavit *comes* ei *(militi)* quedam -ia de summa quadam pecunie, quam obtulerat olim in Ierosolima. **b** *testimonium – Zeugnis:* Chart. Westph. VII 653 (a. 1247) quod *(sc. mansi collationem)* ... presentis -o cyrographi declaramus. Chart. Turg. III 573 p. 411,6 prestat, ut ipse *(res gestae)* futurorum ad monimenta -o s c r i p t u r a r u m ac t e s t i u m deferantur (Chart. Const. 70ª p. 79,6 rebus gestis robur firmitatis debite ministratur, cum ipse s. et t. -o posterorum memorie commendantur. Chart. Sangall. A 1017 p. 216,14 res geste robur firmitatis debitum sortiuntur, cum ipse s. et t. -o futurorum memorie declarantur. *sim.* Chart. Bund. 1274 p. 62,35 quando ipse *[res gestae]* s. -o posterorum noticie declarantur). Chart. Wirt. VII 2210 p. 138,2 successori *(sc. possessoris)* litis aufertur occasio, cum res geste -o litterarum reducuntur ad memoriam posterorum. **c** *auctoritas – Vollmacht:* Acta civ. Rost. C 50 p. 107,21 (a. 1262) ista pecunia tempore termini sui presentabitur coram consulibus nunciis, quoscumque Anglici destinaverint cum -o certo. **d** *delegatio, institutum – Anweisung, Verfügung:* Chart. Eichsf. 265 p. 152,20 (a. 1236) decimas ... cenobio prefato proprias assignavimus ... possidendas, quemadmodum cirographi presentis sigilli nostri munimine firmatum -um testimoniale declarat. Chart. eccl. Werd. 64 p. 83,10 nec alicui nisi michi quicquam de dictis quatuor marcis assignabunt *(sc. decanus et capitulum)*, nisi sub certis -is predicte nepti mee aliquid mandavero assignari.

***interspatior**, -ari. *praeter-, transire – vergehen, verstreichen:* Widr. (?) Gerh. II 6 p. 506ª,32 traditae lectiunculae psalterii ... incumbit *puerulus*; sed aliqua -ante hora ex abrupto clamat se luminum usu carere.

***interstellatus**, -a, -um. *stellis interstinctus – gestirnt, sternförmig besetzt:* Epist. Steph. (MGScript. XV p. 2,31; s. IX.) vidi *(sc. in visione)* ... beatum ... Dyonisium ... colobio indutum candidissima purpura clavato, pallio toto purpureo, auro -o (*inde* Vita Chrod. 25. Chron. Albr a. 754 p. 709,32).

intersterno, -stratum, -ere. *instituere (inter hoc et illud) – (dazwischen) anlegen, errichten, 'schlagen':* Richer. Rem. hist. 3,103 negotiatorum claustrum muro instar oppidi extructum, ab urbe quidem Mosa interfluente seiunctum, sed pontibus duobus -tis ei annexum ... ingressi sunt *(sc. dux Teodericus eiusque socii).*

interstinctus, -a, -um. *distinctus – unterschieden, hervorgehoben:* **1** *comptus, excultus, (ex-, ad)ornatus – auf-, herausgeputzt, verziert, geschmückt:* Gerb. epist. math. II 7 si nimia cura fatigaris habendi, simplici fuco -tam circa Marcias kl. eam *('Sphaeram', i. tractatum)* exspecta. Chron. Lauresh. 134ᵇ p. 404,18 parietes auro argentoque pretextos, fornices marmore, ebore gemmisque -tos ... flamma ... absorbuit. **2** *?variatus – ?unterschiedlich, (ab)wechselnd:* Laudes Veron. 27,2 (MGPoet. I p. 122; a. 781/810) tumulum aureum coopertum circundat *(sc. Anno praesul)* centonibus, color ˪-tus mire mulcet˩ *(ci. Maffei;* stritus [seritus *B*] mulget *L.B)* sensus hominum, modo albus, modo niger inter duos purpureos *(cf. notam ed.).*

interstinguo, -stinctum, -ere. *exstinguere, interimere – auslöschen, beseitigen:* Dhuoda lib. man. 1,6,5 si ... ponti concava -tis (intinctis *P*) diversis *(i. contrariis naturae condicionibus)* firma mutata fuissent.

***interstitialis**, -e. (interstitium) *qui interest, interiacens – dazwischen befindlich, dazwischenliegend:* Albert. M. Iob 38,22 'thesauri' nivis sunt indeficiens elevatio vaporis calidi et humidi et indeficiens frigus medii -is, quod vaporem ad se elevatum, antequam inspissetur, congelat.

***interstitiatus**, -a, -um. (interstitium) *distinctus, intermissus – abgesetzt, unterbrochen, unterteilt:* Ekkeh. IV. bened. I 18,47 strata vię templo parat *David* hinc, quod pręstruit amplo (gloss.: David ... montem ... templi complanavit et quindecim gradibus ter -is clementem ... ascensum filii operariis paravit *[cf. p.2209,49]).*

***interstitiosus**, -a, -um. (interstitium) *interiectus – (zeitlich) dazwischenliegend:* Ekkeh. IV. bened. I 19,36 transeat umbrosa *(i. vetus)* lex hisque *(sc. ritibus antiquis sacrificandi et religioni in cena Domini renovatae)* -a.

interstitium (-icium), -i *n.* *script. ?* -tum: *p.2209,25.* **I** *strictius:* **A** *praevalente notione continuitatis, extensionis definitae i. q. intervallum, spatium, distantia – Zwischenraum Abstand, Entfernung:* **1** *de loco:* **a** *gener.:* Berth. chron. B a. 1067 p. 205,10 ignis ... altus et XII pedum longitudine protractus duorumque pedum -o a se distans ... in atrio ecclesie ... succendebatur *(de ordalio).* Liber revel. Rich. 103 p. 125,21 visa est altera manus desuper manum suam *(sc. fratris ad funem campanae eam extendentis)*, modico tamen -cio inter utramque manum *eqs.* Ps. Galen. anat. 40 caro est propter hoc, ut repleat -a nervorum et ligamentorum, venarum et arteriarum. Alex. Min. apoc. 16,18 p. 356,13 stella ... est visa, quae de loco suo quibusdam saltibus per longum -um est mutata. Chart. Salisb. III 56 p. 56,14 perspectis montibus et fodinis sub terra et mensuratis -ciis super terram. Chart. Wirt. 1999 p. 394,6 (epist.) licet, dilectissimi, lata terram -cia nos corpore ab invicem disiungant *eqs.* *expressius i. q. tractus – Landstrich:* Chart. Salem. 125 p. 163,1 (a. 1222) quod ab ea die castrum non edificaret *Rŏdolfus de Ramesperc* nec resideret in -cio, quod est inter villam Stocha et eam, que est Marhdorf. **b** *spec.:* **α** *natur. et philos.:* Herm. Carinth. essent. 2 p. 162,2 est ... totus quidem locus continuus, particulatim tamen discretus, ut hic quidem Rome, illic Parisius, interposito nimirum -o, non discrepante, sed continuante. **β** *astron.:* Gerb. (?) astrolab. 2,1 est ... Walzagora tabula ad coeli rotunditatem conformata, cuius utraque superficies aequali spatiorum -o quadrifidis ab ipso centro per diametrum fusis lineationibus partita est *eqs.* Carm. Cantabr. A 45,5 malleis ... quattuor deprendit *Pythagoras* consonantias; septem planetarum fecit -a, quorum fit celestis musica *(de instrumento musico rota q. d.).* Anon. astrolab. p. 371,29 cernis ... signile -um sollempni circulationis comitatu tellureis emergi obicibus et occultari. Mathem. var. Bubnov p. 387,13 vicit *Gerbertus* scientia Phtolomeum in astrolabio, Alandraeum in astrorum -o *eqs.* **γ** *geom.:* Anon. circ. p. 537,8 cum ... punctaveris, duc lineam a sexto in sextum punctum, solum scilicet -um transiliens inter lineam et lineam.

[Antony]

expressius i. q. mensura, longitudo – Maß, Länge: ANON. geom. I 4,3 ut -um (*ex Nips. grom. p. 298,4* interstitio) duarum rectarum inveniatur *eqs.* **δ** *mus.:* PS. BERNO mens. monoch. 2,4 -um, quod est inter K. et L., dividatur *eqs.* 1,7 a T. usque ad N. vel K. -o quadripartito *eqs. al.* GUIDO AUGENS. mus. 735 si ergo talibus aut consimilibus inter se -ciis neumata quinti et septimi toni distincta fuissent *eqs. cf. p. 2208,65.* **2** *de tempore (plerumque accedente gen. explicativo; 'Zeitraum', 'zeitlicher Abstand'):* **a** *gener.:* GODESC. SAXO theol. 6,16 p. 161,18 per hoc *(sc. condicionem omnium creaturarum)* fuit *diabolus* illic *(sc. in caelo)* et postmodum quantulocumque vel dierum -o vel simul etiam temporis, quod Deus novit, spatio. PASS. Kil. II 22 Kylianum ... ignorantia simul vulgi temporisque -o (intervallo *var. l.*) aliquantulum oblivione interlitum. EPIST. Teg. I 102 exterior meus homo quamvis longi temporis -o conspectu careat vestro *eqs.* HELM. chron. 34 p. 66,23 per -cia temporum accuratis conviviis animum eius *(Heinrici)* explorabat *(sc. Cruto).* CHART. Wirt. 1376 quod nos C. et H. ... viri nobiles de Wartinberc ad peticionem ... fratrum de Kurenbach nostrorum vasallorum ... non simul nec semel, sed successive aliquibus -ciis infra currentibus omnium suarum possessionum proprietates ... monasterio ... contulimus. **b** *iur. de die praestituta ('Frist'):* CHART. Sangall. C 1313 p. 251,31 (a. 1243) cum in causa ..., que nobis ... dinoscitur esse commissa, partibus diem peremptorium legittimo dierum -to *(sic?)* prefixerimus coram nobis. CHART. Friburg. 126 singulis annis ipse conventus ... duodecim marcas argenti percipiet, donec plena fiat solutio dictarum triginta marcarum, sed et aliarum decem, quas premisimus, si temporis -cio non fuerint persolute. **B** *praevalente notione discretionis, distinctionis, intermissionis:* **1** *de loco:* **a** *spectat ad effectum i. q. pars – Teil(bereich), Abschnitt, (Unter-)Abteilung:* **α** *natur. et philos. i. q. zona – Zone:* HERM. CARINTH. essent. 1 p. 120,3 que *(puncta)* quoniam per circulum IV spatia determinabant, omne autem spatium ex tribus -is *eqs.* 2 p. 200,9 habent ... singula ipsa elementa terna -a: principium, medium, finem. p. 226,12 inter X sperarum IX -a. ALBERT. M. meteor. 2,1,3 p. 45,17 cum enim tria sint a e r i s -a, infimum et medium et supremum, ... erunt duo alia necessario his coniuncta *eqs.* (2,1,22 p. 59,55 usque ad locum medii -i a. secundum mediam illius -i latitudinem, quae frigidissima est inter omnia spatia aeris. animal. 23,10 p. 1434,31 dicunt ... hanc aquilam ... directe in altum extolli usque ad tertium a. -um, quod aestum vocavimus). **β** *archit. i. q. tabulatum – Geschoss, Stockwerk:* BALDER. Alber. 23 p. 255,33 domum ... tria habentem -cia secundum altitudinem ... construxit. *pars plana gradibus scalarum interiecta – (Treppen-)Absatz, Podest:* EKKEH. bened. I 18,50 mystice conditos ope pneumatis atque politos quindenis psalmos gradibusque tot occinit almos planis trinorum spaciis -orum, quos (gloss.: gradus) parat ante operi, quod condere dat Salemoni, ut non defessus fabris sit in ardua gressus *(cf. p. 2208,31).* **γ** *de tabula lusoria i. q. campus, area distincta – 'Feld':* FORTOLF. rhythmimach. 289 infra ipsam figuram duc novem lineas in longitudine et latitudine, et habebis per totam figuram centum -cia, in quibus calculos hoc modo locabis *eqs.* **b** *spectat ad efficiens:* **α** *tabula interposita – Zwischendecke, -brett:* EMO chron. 32 interim quidam strepitus fiebat, quasi super ligneo -o, priusquam caderent *(sc. fragmenta terrae solidae)* super pavimentum. **β** *saeptum interiacens, diaphragma – Scheidewand:* CONSTANT. AFRIC. theor. 3,12 p. 10b^{v} paulatim dilatatur *(sc. ventriculus),* quo ad narium -cium inde repleatur. HONOR. AUGUST. cant. 7,5 p. 466^{B} -um, quod nucem dividit in modum crucis, est sancta crux, quae animam Christi a corpore divisit. **γ** *saepimentum, terminatio – Umzäunung, Zaun, Abgrenzung:* CHART. Salem. 592 p. 211, 23sqq. (a. 1278) cum ... domus dictorum de Salem ... suaque area vili -cio ligneo a domo predicti Iudei usque ad domum Hailwigis ..., muro vero a domo ... Hailwigis usque ad domum Burkardi ... et a domo ... Burkardi ... ad domum dictorum de Salem quasi -cio cingeretur. *expressius i.q. terminus, palus terminalis – Grenz-, Markenzeichen, Grenzpfahl:* CHART. Salisb. III 56 p. 56,19 (a. 1266) ne -cia, que wlgo weiphel dicuntur, metis suis ipso die per arbitros predictos posita ... transgredi videantur *(sim. p. 56,26).* **2** *de tempore:* **a** *in temporum ratione i. q. mensura (temporis), aetas, aera – Zeitlänge, -abschnitt, Epoche:* EUGEN. VULG. calend. 20 his *(sc. diei, hebdomadae, mensis etc.)* -ciis mathesis sua dogmata fundit, in spaciis certis trudens ac limite cludens. HONOR. AUGUST. gemm. 1,50 in primo ordine tres cruces facimus ... et primum tempus ante legem innuimus, quod tribus -is distinguimus, quia unum ab Adam usque ad Noe, aliud *eqs.* 2,2 prima vigilia tempus ante legem intelligitur, quae quasi tribus horis ascribitur, dum tribus -is distinguitur. spec. p. 1080^{B} nox ... huius *(sc. adventus Domini)* temporis quasi in IIIIor vigilias dividitur, quia hic mundus IIIIor -ciis distinguitur. **b** *intercapedo, mora, pausatio – Unterbrechung, Verzögerung, Pause:* VITA Serv. 41 dum doloris ... nullum subveniret -cium *eqs.* URSO element. 4 p. 81, 16 si ... virtus uniuscuiusque elementi generativa indesinenter motum sue generationis et corruptionis utpote suas operationes compleret, continue corrumperentur elementa et fieret sine -o (interstitione *var. l.*) eorum egressus ab esse. HIST. de exp. Frid. imp. p. 28,29 per quem *(nuntium)* significavit *rex Ungariae* imperatorem Constantinopolitanum ... e Grecia ultra mare ... egressum et prolixę vię -cio in obsidione Phyladelphię conmorantem.

II *latius i. q. ortus, interventus – das Auftreten, Dazwischenkommen:* RUP. MEDIOL. Adalb. 10 p. 52,14 presbiter quidam Amalat nomine ... angelico ammonetur oraculo, quatinus in resarciendis dirutis ecclesie ... insisteret; et ne ullius dubietatis -o ab efficiendo revocaretur *eqs.*

intersto, -are. **1** *de loco i.q. stare inter hoc et illud – dazwischenstehen:* YSENGRIMUS 4, 780 a pluteo tecti, suspenso corpore quantum occupat *(sc. asinus se extendens)* -ans (intristans *B*), subter acervus erat. **2** *de tempore i. q. intercedere – dazwischenliegen, dazwischen vergehen:* YSENGRIMUS 3,337 ille *(Reinardus)* suam spatio vocem -ante (intestante *B.D.E.*) perornat et ter suspirat; denique fatus ita est: '*eqs.*' **3** *de loco et tempore simul i. q. inter duos sedentes aliquamdiu stare – zwischen zwei Sitzenden eine Zeit lang stehen:* WILH. HIRS. const. 1,13 (34) p. 286,7 ad formam de pariete causa -andi nullus vel ad breve momentum descendit; sed pro eadem causa ad parietem aliquis stans etiam in quartum sedile secedit *(v. notam ed.).* 1,15 (38) p. 296,6 conversos in vicino positos pro se ad -andum alios in promptu habere et ipsi *(podagrici et claudi)* super sedilia ... denuo possunt quiescere. 1,16 (40).

interstrepo, -ere. *strependo, tumultuando interpellare – dazwischenlärmen, -plärren:* VITA Serv. 49 in conveniendo ... populos cum canonicis in unum, ut in matutinis laudarent Dominum, grandis erat timor, ne repente clamosus intercursaret *(sc. advena quidam amens)* divineque religioni aggregatorum oculos atque intentiones -endo contaminaret.

intersum, -fui, -esse. *script.:* enter-: *p. 2211,16.* intir-: *p. 2212,18.* -ffuerunt: *p. 2211,19. 2212,24. adde* CHART. Bund. 1081. *ibid. al.* -ese: *p. 2214,10. in tmesi: p. 2211,24. 2212,18. form.:* *partic. praes.* -essens: *p. 2211,12. 33. 36.* *gerund.* -essendo: *p. 2212,16.*

I *person.:* **A** *de positione, ordine i. q. interiacere, interpositum esse – dazwischenliegen, -stehen:* **1** *de loco:* TRAD. Frising. 1037 p. 782,3 (a. 902/3) Ioseph ... tradidit ... res proprietatis suae ..., hoc est in ipsa marca de superiori via, quę ipsa via vadit in duos rivolos, ac deinde usque ipsi rivoli cadunt in flumen ..., quicquid ibi -est, nil pretermittens. *in textu:* GODESC. SAXO gramm. 2 p. 451,4 'vulnerasti cor meum soror mea sponsa' *(Vulg. cant. 4,9),* ... si non -fuisset 'mea', nequisset dici sine vitio: soror sponsa, sed diceretur: soror et sponsa. **2** *de tempore:* WIDUK. gest. 3,68 p. 143,1 pauci dies -erant, dum victus bellatoribus ... defecerat. *intervenire, accidere – dazwischen eintreten, vorkommen:* CONSTANT. AFRIC. coit. 5,18 si ... fuerit *(sc. natura testium)* calida et humida, ... erit semen multum et concubitus multus ..., nec poterit -esse abstinentia. **B** *de differentia i. q. differre, discrepare – verschieden sein, sich unterscheiden, der Unterschied sein (zwischen):* GODESC. SAXO gramm. 1 p. 375,14 videndum ..., quid -sit inter lumen veritatis et tenebras falsitatis. p. 396,12 in-

[Antony]

ter ‘oportet’ et ‘expedit’ . . . hoc . . . -esse mihi videtur, ut *eqs.* 2 p. 470,12 inter ‘abrenuntiare’ et ‘renuntiare’ hoc -est, quod *eqs.* C *de praesentia, societate:* 1 *fere de hominibus i. q. (praesentem, personaliter) adesse, inesse, participem esse – dabei, zugegen, anwesend sein, teilnehmen, sich befinden (bei, an, in, mit, unter):* **a** *absol.:* **α** *gener.:* AGIUS vita Hath. 25 miram rem dicturi sumus, sed tamen sororum, quae -fuerunt, testimonio veram. WIDUK. gest. 3,41 finem summi pontificis, qui -fuere, satis laudabilem predicant. THANGM. Bernw. 13 p. 764,37 -fuerunt Islarius Magdaburgensis archiepiscopus, Liudolfus *eqs. (de synodo).* CASUS Petrish. 6,16 convenerunt fratres communiter et libera electione, nullo alieno -essente, elegerunt Gebehardum . . . et constituerunt sibi abbatem. *al.* **β** *publ. et iur. de testibus sim. (cf. l. 36. 72. p. 2212,3. 18. 22):* TRAD. Frising. 5 (a. 750) signum manus Oadalhart testes qui en-fuit. DIPL. Richenzae 4^{a} p. 234,4 ego Paltonarius notarius sacri palatii -fui et hoc breve scripsi. CHART. Brixin. 160 p. 172,4 in testimonium sunt asscripti . . . multi alii . . ., qui visu et auditu -fuerunt. CHART. Bund. 1240 p. 36,12 -ffuerunt testes rogati Dominicus de Bergunio *eqs. persaepe.* **b** *c. struct. (fere spectat ad res, rarius ad singulas personas):* **α** *fere accedente dat. (interdum expressius i. q. adiuvare, curare – fördern, sich angelegen sein lassen: e. g. l.26.29):* ALCUIN. carm. 44,28 te *(sc. Candide)* quoque sacratis . . . ordinibus, festis inter et esse precor. DIPL. Loth. II. 29 utilitatibus . . . eclesiae totiusque regni . . . -esse. TRANSL. Ian. in Aug. (MGScript. XV p. 473,8) exercitui. DIPL. Otton. I. 14 p. 101,27 nos . . . aecclesiam construere studuimus sanctorum . . . martyrum . . . patrociniis -esse . . . cupientes. HROTSV. Mar. 468 nec sibi *(Ioseph)* conplacuit sociis -fore tantis. THIETM. chron. 6,60 hiis *(episcopis)* ego peccator -fui. BERTH. chron. B a. 1076 p. 241,5 conspirationi. ANNAL. Erf. praed. a. 1238 p. 96,15 huic . . . curie rex Boemie et marchio Brandenburgensis non -essentes *eqs.* CHART. Lamb. Leod. 602 p. 161,25 ita quod quadraginti solidi . . . canonicis et clericis vigiliis et missis animarum personaliter -essentibus distribuantur. *persaepe. publ. et. iur. de testibus sim. (cf. l.14):* TRAD. Ratisb. 583 (c. 1060/68) cui rei -fuerunt Engilfrid de Mussa, Richpreht prepositus *eqs.* DIPL. Conr. III. 251 p. 438,5 testes, qui actioni et iudicio -fuerunt, subternotari iussimus: Arnoldus *eqs.* CHART. Heinr. Leon. 106 p. 162,20 Arnhalmus . . . et alii quam plurimi, qui aderant ibi, qui a principio -erant concambio, attestati sunt publice. CHART. Aquens. 171 l. 26 huic pactioni -fuerunt: Cuno Aquensis *eqs. saepe.* **β** *accedente acc.:* AGNELL. lib. pont. 60 p. 320,24 (chart.) pervenit ad nos aliquos de clero spectaculum -esse. IOH. ROM. Od. 2,8 (MGScript. XV p. 587,38) vobis retexam exemplum, cuius rei factum -fuit frater Firmus, domni Balduini abbatis germanus. **γ** *accedente gen.:* GODESC. SAXO gramm. 2 p. 472, 10sqq. ‘-est ordinis’, quod nihil est aliud quam ‘-est in ordine’ et pluraliter ‘-est ordinum angelicorum’, id est ‘-est in ordinibus’, id est ‘inter ordines’ *eqs.* **δ** *accedente abl. (absol.: l.55; loci: l.57):* MIRAC. Genes. Hier. 11 qui *(mutus quidam)* dum . . . aliqua sollemnitate -esset *eqs.* THIETM. chron. 1,8 p. 12,30 festino eius *(regis Conradi)* obitu . . . completo ac exequiis in Viliniburch peractis -erant *(sc. primores populi).* CONST. imp. II 372 cum . . . comitem de Waldecke . . . non valentes locis singulis personaliter -esse generalem iusticiarium nostrum et rei publice duxerimus statuendum *(item 373).* *?sic pro dat.:* TRAD. Frising. 143^{b} (a. 791/93) haec sunt nomina eorum, qui -fuerunt episcopo Attone et rebellis eius ad confirmandum *eqs.* 426 p. 365,9 contigit eum *(presbyterum)* congregatione presbiterorum . . . -esse ad Frigisinga. *?subaudito dat.:* LIUTG. Greg. 9 p. 74,5 beati Gregorii facta et virtutes et salutiferae praedicationis documenta, quibus erudiri . . . et -esse merui ab infancia, paucis aperire non negligam. HRABAN. epist. 36 p. 472,7 in quo *(Vulg. Luc. 12,14sqq.)* probavit *(sc. Iesus)* se nolle doctores evangelii curis et rixis saecularium occupari vel -esse. **ε** *accedente praep.:* in *c. abl.:* RIMB. Anscar. 10 in qua legatione quanta . . . perpessus sit mala, melius ipse qui -fuit praedictus pater Witmarus intimare poterit. DIPL. Karoli III. 25 p. 43,26 signum manu supra scripto Boderati comiti palacii, qui in his actis ut supra -fuit. CHART. Ital. Ficker 27 p. 36,32 Gualterius iudex . . . auctentico huius exempli vidi, legi et sic inibi continebatur, sicut ic legitur . . ., et me in ipso auctentico -fui. *ibid. saepius in hac iunctura. v. et p. 2211,49. 50.* ad: CONSUET. Marb. 322 missa . . . cantetur pro eo *(defuncto)*, ad quam . . . omnes . . . debent -esse. CHART. Basil. C I 329 p. 240,25 ad hec *(sc. venditionem)* -fuerunt cum priore prenominato fratres Iohannes supprior *eqs.* inter: RIMB. Anscar. 24 p. 52,15 Horicus rex multo eum affectu coepit venerari . . . ac familiarissimum in omnibus habere, ita ut etiam inter secreta sua . . . ipsi liceret -esse. *v. et p. 2211, 50.* cum: CHRON. Noval. 3,18 p. 186,25 Raperto comes et Andreas episcopus . . ., cum quibus etiam -fuerunt multi iudices et scavinis cum sculdaxibus. BERTH. RATISB. serm. exc. p. 9,20 sancto matrimonio se opponunt *(sc. haeretici)*, quod . . . Deus instituit in paradiso et in Novo Testamento primo miraculo aperto coram discipulis suis honoravit mutando aquam in vinum, -essendo cum matre et discipulis. **ζ** *accedente adv.:* ubi *(rel.):* CHART. Sangall. C 9 (a. 745) ego Quolfuinus fui intir, ubi hanc cartola facta est, in testemonio suscripsi. ibi: ANNAL. Xant. a. 866 p. 23,10 Ludewicus rex orientalis . . . conventum populi . . . habuit ad Franconoford, ibique -fuit Arsenius, auricularius Nicolai papae. CHART. Tirol. I 778 p. 212,16 -fuerunt ibi testes: *eqs.* CHART. Bund. 957 -fuerunt ibi testes Lafrancus . . . et *eqs.* 1149 -ffuerunt ibi rogati testes ser Iohannes Brochus *eqs. persaepe.* tunc: THIETM. chron. 6,52 rex . . . habuit concilium in Magontia civitate, et hii *(conspiratores)* tunc -fuere. **2** *raro de rebus i. q. adesse, subesse – vorhanden sein, vorliegen, einhergehen, verbunden sein (mit):* **a** *absol.:* LIBER diurn. 34 quae . . . ad ecclesiasticarum rerum locationes . . . respiciunt, sicut salubre est pontificale providere consultum, ita provide eius *(pontificis)* auctoritatis -esse censuram necesse est. WALTHARIUS 243 noris me nihilum simulata mente locutum nec quicquam nebulae vel falsi -fore crede. SIGEB. GEMBL. (?) invest. 49 primus Gregorius non est consecratus, donec Mauricii imperatoris -fuit assensus. **b** *c. struct.:* **α** *accedente dat.:* CAND. FULD. Eigil. II 18,17 -erat epulis simul alma paternis lectio namque cibus fortis solidusque virorum, intentos satians superi pinguedine verbi *(de convivio).* ARNULF. delic. 81 iurgia rixosis -sunt crebra superbis. **β** *accedente gen.:* GODESC. SAXO gramm. 2 p. 459,8 ‘persona’ a personando dicta corripitur, ‘persona’ vero dicta, quod ‘per se est una’ producitur; -est enim nuncupationis utriusque, illius videlicet a ‘personando’, huius eo quod ‘per se sit una’ dicta. **γ** *accedente praep.:* in *c. abl.:* DIPL. Heinr. III. 312 ut in his, quae pro expiandis peccaminibus benefactorum loci ipsius a fratribus ibi Deo famulantibus aguntur, nostrae recordationis temporibus succiduis -sit memoria, statuimus *eqs.* ad: DIPL. Heinr. V. (ed. H. Bresslau, Diplomata centum. 1872. p. 115,12) ad huius . . . privilegii confirmationem perficiendam sedula ac devota peticio Mathildis . . . -fuit et admodum profuit. **δ** *accedente adv.* ubi *(rel.):* LIBER diurn. 44 ubi necessitas -est, voluntas non vocatur ad culpam.

II *fere impers. (c. nom. subst.: l.61. p.2213,10)* interest *i. q. refert – es macht einen Unterschied, ist von Wichtigkeit, Belang, ist daran gelegen (interdum i. q. est [alicuius] – es ist Sache, fällt in die Zuständigkeit [jemandes]: e. g. l.61.66. p. 2213,10):* **A** *accedente gen.:* EPIST. Mog. 9 p. 165,16 (a. 864?) quam *(causam)* si relinquo, apud Dominum nostrum Iesum Christum, cuius -est, inexcusabilis ero. RUOTG. Brun. 37 p. 38,14 quotquot . . . de principibus . . . cęterisque, quorum dispositio regni -erat, . . . ad communis . . . utilitatis fędus . . . consenserant *eqs.* THANGM. Bernw. 20 p. 767,47 venit . . . ad synodum . . . habens secum complures extraneos . . ., quorum id nichil -erat. CONST. imp. II 21 qui *(rex electus)* . . . coronationis . . . plenitudinem per manum Coloniensis archiepiscopi, cuius hoc -est, . . . meruit optinere. INNOC. III. registr. 1,215 p. 309,18 litteras absente priore quibusdam de canonicis presentasti, quas, cum eorum non -esset, recipere noluerunt. *al.* **B** *accedente dat.:* CHART. Naumb. I 334 p. 314,12 (a. 1161/86) cunctorum . . . hominum -est saluti seditiones et rixas non solum ortas sedare, verum etiam oriundas dispensatione et quoquo transactionis remedio prevenire. CONST. imp. II 318 illi,

[Antony]

cui -est et cui dampnum datum est, incumbit probatio, ut tercia manu iure iurando confirmet, quod treuge violate sunt. **C** *accedente abl. sg. fem. pron. poss. pro pron. pers.:* RUOTG. Brun. 20 p. 20,6 nemo prudentię tuę persuadebit id tua non -esse, quantum perversi de bonorum pernicie glorientur *eqs.* DIPL. Otton. II. 306 p. 363,15 fidelium industrie pateat, qualiter ... archiepiscopus Verone nos adierit simulque etiam pro utilitate ... roboranda ... a se hactenus detenta, quod sua -erat, interpellarit. CHART. episc. Hild. II 753 p. 381,24 Simon autem dicebat econtra, quod sua -esset bonorum locatio predictorum, eo quod eadem a domino Conrado, quoad viveret, recepisset sine contradictione qualibet excolenda. CHART. Turic. 954 p. 39,24 de ipsa *(limitatione facta)* nichil mea -est. CHART. Stir. IV 170 (epist. papae) cum ... nostra -sit lesis ecclesiis subvenire *eqs.*

III *inf. praes.* interesse *pro subst. neutr. indecl.:* **A** *utilitas, commodum, usus, lucrum – Nutzen, Vorteil, Gewinn, 'Interesse':* CHART. Traiect. 690 (epist. papae a. 1221) mandamus, quatenus singuli prosequentes proprium -esse ... advocatos ..., ut ... ab ecclesiarum molestiis conquescant *(sic?)*, moneatis *(sc. archiepiscopus et suffraganei eius).* CONST. imp. II 249 p. 339,28 offitii nostri partes implemus et nostrum prosequimur -esse. CHART. Traiect. 1126 p. 468,32 si ipse *(Iohannes)* non servaverit, que predicta sunt, ... decanus habeat respectum de suo -esse in pignore sibi obligato. FRID. II. IMP. epist. B 5 p. 423,10 nostrarum frequentiam iussionum, ubi non minus vestrum vertitur -esse quam nostrum, effectu permittitis debito caruisse. CONST. imp. II 402,7 quid, si duorum principum -esse communis interitus causa fiat? *al.* **B** *damnum, incommodum, dispendium, lucrum cessans – Schaden, Nachteil, Verlust, Einbuße, entgangener Gewinn (fere in iunctura* damnum et -esse *sim.; de re v. HRG IV. s. v. 'Schaden(s)ersatz'):* CHART. Sev. Col. 15 p. 28,20 (a. 1224) si predictis loco et termino pretaxata pecunia tibi ... integre soluta non fuerit, ex tunc in antea de singulis ... duobus mensibus promitto ... vobis pro dampnorum et -esse recompensatione persolvere pro predicta pecunia unam marcam *eqs.* *(sim.* CHART. Salisb. 878 p. 420,31). CHART. Tirol. notar. I 560^{a} solvent *(sc. debitores)* ... quolibet mense termino transacto quinquaginta solidos pro dampno et -esse. GREG. IX. registr. 723 p. 621,29 condempnari ... ad satisfactionem dampnorum, expensarum et -esse. CHART. Turic. 1247 nos super omni dampno et -esse, quod occasione huius *(sc. solvendi)* negligencie sustinueritis, vos et vestram ecclesiam ... reddemus ... indempnem. CHART. Eberb. 431 p. 211,3 omne dampnum et -esse, quod occasione talis requisitionis ipsi monasterio imminebit, cum integritate refundent. *al.* **C** *damni restitutio, recompensatio – Schadensersatz(leistung), Entschädigung:* **1** *in univ.:* EMO chron. 67 p. 184,14 (epist. a. 1224) quicquid auctoritate eiusdem commissionis fuit factum, sive in citando sive in absolvendo sive ad -esse condemnando, cassatum est. CHART. ord. Teut. 152 p. 149,34 si forte ... super predictis ... contingeret ... evictio, nolumus ad -esse de evictione teneri. ALEX. IV. registr. 486 quod ... huiusmodi pecuniam solvere nec non et ad dampna, expensas et -esse, si in termino ... persoluta non fuerit, teneantur *(sc. debitores).* CHART. Basil. C II 132 p. 71,31 tam pro sumptibus litis quam pro -esse. CHART. Engelb. 143 ad refundendas eis *(abbati et conventui)* expensas et dampna et ad -esse solvendum me obligo. CHART. Eichst. 109 p. 165,13 sub ... iudicio ... super sorte principali et expensis factis ... seu -esse nos et heredes nostros, si neglientes in huiusmodi solucione fuerimus, ... convenire. *saepe.* **2** *per euphemiam de usura vel fenore, quod ius canonicum creditorem a debitore flagitare vetabat, fere i. q. additamentum solutionis debitae pro damni periculo suscepto solvendum – etwa: Verzugsgebühr, Risikozuschlag:* **a** *def.:* ALBERT. M. pol. 1,7g p. 56^{b},6 alii de pecunia sua lucrari poterant, per experientiam, talem scilicet ⸤'iam artificialius'⸥ *(cf. p. 1257^{b},3sq.)* accomodare coeperunt propter -esse, minus scilicet pro maiori, ut damnum, quod exspectando incurrebant, magis accipiendo resarcirent. **b** *exempla (fere in iunctura* poena -interesse *sim.; cf. et l. 55. 60):* CHART. Ticin. 106 p. 50,29 (a. 1217) hoc convenit eis dare, sub pena damni et -esse. p. 51,16 in penam dupli evictionis et -esse. CHART. Tirol. 1198 p. 244,25 sub pena dupli tocius dampni, stipendii et -esse. CHART. Lamb. Leod. 458 p. 555,20 ipse *(sc. debitor)* pro quolibet die, in quo post terminum statutum deficeret *(sc. in dicta solutione)*, quinque solidos Leodienses nobis pene ac -esse nobis solvere teneretur. CHART. Bund. 950 p. 399,12 in pena omnis dampni et dispendii et -esse. 968 p. 419,39 promiserunt vicissim omnia sua bona ... presentia et futura pignori obligando sibi ad invicem ... defendere et guarentare ab omni persona et universitata *(sic A)* ... cum pena tocius dampni et -ese *eqs.* *Antony*

intertexo, -tum, -ere. *usu medial.: l. 19.* **1** *intexere, texendo distinguere – (durch-, ver-)weben, flechten, durchwirken:* **a** *strictius:* CATAL. thes. Germ. 20,13 (s. X.[1]) facitergulas IIII, <qu>arum I serico et acu -ta. PASS. Ursulae 19 p. 156,9 coronam albescentibus liliis et rubescentibus rosis -tam (intextam *var. l.*) in capite gestans *(sc. Cordula).* VITA Mathild. II 27 venerunt nuntii reginae ... afferentes pallium auro -tum. *v. et l. 32.* **b** *latius i. q. (per)miscere – (durch)mischen (usu medial.):* CARM. var. I 34,16 -ta rosis spirant ubi *(sc. in paradiso)* lilia rubris. **2** *implectere, inserere – einweben, -flechten, -fügen:* **a** *proprie:* **α** *strictius:* THOM. TUSC. gest. p. 527,47 mittit domina ... aureos subtulares margaritis et saphiris et aliis pretiosis lapidibus -tis (*ci. ed.*, -texis *codd.; ni leg.* -tos). **β** *latius i. q. interponere – dazwischen errichten, stellen:* RUD. TRUD. gest. 6,3,17 pars ... claustri ... medio -ta pariete tantum coopertuṛę habebat *eqs.* *(sim.* 6,3,22). **b** *translate:* ERMENR. Har. 195 hoc ... -endum est, quod *eqs.* ANNAL. Fuld. Ratisb. a. 884 p. 111,15 versiculis prose -tis ad suavitatem legentis.

***intertextura,** -ae *f.* *intextio – das Einweben, Durchwirken:* HEIRIC. Germ. I 2,152 (schol.) Frigiones dicuntur, qui vestes auro intertexunt; creditur ... huiusmodi -a a Frigibus esse reperta.

***intertiator** (-rci-), -oris *m.* *qui intertiat – einer der beansprucht, einfordert:* LEG. Lang. p. 578^{b},14sqq. hic *(sc. appellatus)* ... det ei *(warenti)* wadimonium de conducendo -ciatorem ad eum ...; et hoc fit, si confessus fuerit warens se tradidisse *(sc. rem)*; si vero non fuerit, tamen hic *(sc. appellatus)* vadat cum -e ad eum *(sc. warentem)* cum re *(sim.* p. 578^{b},27).

***intertiatura** (-rci-), -ae *f.* *actio intertiandi – das Beanspruchen, Einfordern, Sequestration:* LEG. Lang. p. 578^{b},10 vadat *(sc. appellatus)* ad warentem et dicat sibi -ciaturam rei, quam sibi *(sc. appellato)* tradiderat ille *(sc. warens).*

intertico *v.* interdico.

intertinctus, -a, -um. *(cf.* ThLL. VII/1. p. 2280,19sqq.) *guttatus, maculatus – gesprenkelt, gefleckt:* PS. MARB. RED. lap. 63 chrysoprasus ... est -us (intet- *ed.*, interci- HERRAT. hort. p. 151) aureis ... guttulis *(cf.* MARB. RED. lap. 216 aureolis guttis quasi purpura tincta renidet).

intertio (-cio), -avi, -atum, -are. *struct.:* *c. dat.: l. 63.* *c. praep.:* apud: *l. 67.* super: *l. 66. al.* *partic. perf. usu adi.: l. 61. al.*

(per tertiam manum q. d.) vindicare, sequestrare, in tertiam manum mittere – (im sog. Dritthandverfahren) beanspruchen, einfordern, sequestrieren, 'drittbefehlen' (de re v. HRG I. p. 161sq. s. v. 'Anefang'; II. p. 402sq. s. v. 'Intertiatio'; Hoops, RGA [2]XXIX. p. 409 s. v. 'Spurfolge'; usu ellipt. vel absol.: l. 65): LEX Ribv. 75,9 vestimentum ... seu his similia absque probabile signum -are proibemus *(cf. comm. ed. p. 174).* CAPIT. reg. Franc. 41,7 si auctor venerit et rem -ciatam recipere renuerit, campo vel cruce contendatur. LEG. Lang. p. 358^{a},20 Petre, te appellat Martinus, quod ipse -ciavit tibi unum suum caballum *(sim.* p. 358^{a},28. *ibid. al.).* p. 578^{b},53sq. si ipse *(sc. auctor)* auctorem dare dixerit, tunc ille, qui -at, et ille, super quem prius -tus fuerit *(sc. equus)*, cum eo vadant ad auctorem *(sim.* p. 579^{a},4). p. 579^{a},43 ipse, apud quem -tus fuit *(sc. equus)*, revertatur domum. *persaepe.*

***intertransitus** *transitus – Durchreise:* DIPL. Frid. II. 731 p. 185,9 homines *(sc. de Podio Bonizi)* pepigerunt, quod ... nobis semel in anno, cum -um fecerimus, albergariam prestabunt.

[Buckatz]

intertrigo, -inis *f.* *attritus – das Wundsein, 'Hautwolf':* Recept. Lauresh. 2,117 capit. p. 83 ad -es (*item* 2,117$^{capit.}$). Odo Magd. herb. 1595 succus *(sc. cyperi)* ... vitium fugat -is unctum.

intertrimentum, -i *n.* *detrimentum – Verminderung, Verlust:* Thiofr. flor. 2,2 l. 46 quanto latius in patrocinia ęcclesiarum Dei sine ullo distribuentis -o distribuitur, tanto *eqs.* Willibr. I 28 p. 477^{A} non decet unanimitatem vestram *(sc. fratrum)* ... pro ullo terrenę commoditatis -o erumnosa affici mesticia.

interturbatio, -onis *f.* *perturbatio, confusio – Verwirrung, Durcheinander:* Berth. chron. B a. 1078 p. 318,10 domnus ... apostolicus, cui ex toto nota erat cause instantis -o.

interturbo, -atum, -are. *perturbare, impedire – stören, behindern:* **1** *gener.:* **a** *in univ.:* Heiric. Germ. II 2,3 p. 401,25 contigit secundas res illius *(principis)* extemporaliter irruentis incommodi molestia -ari. Dipl. Otton. II. 93 p. 108,15 ut ... electio ... a nullo -etur. Sigeb. Gembl. chron. a. 403 Stilico pacem fratrum imperatorum -are volens. *usu absol.:* Dipl. Otton. I. 432 (spur. s. XII.) nulla -ante persona. **b** *excitare – in Unruhe versetzen:* Lamb. Hersf. annal. a. 1074 p. 187,11 iuvenis non cessabat -are omnia percurrensque civitatem varios sermones per populum serebat *eqs.* **2** *natur. et medic.:* Alfan. premn. phys. 13,9 p. 89,15 medio ... ventre *(sc. cerebri)* patiente solo ratio -atur (inturbatur *var. l.; PG* 40,664^{B} σφάλλεται) et sensus manent integri. Vita Anselmi Luc. 80 domnae acies visus ... -ta fuerat.

***interturrium,** -i *n.* *script.* -uri(um): *l. 33.* *murus inter turres situs – Mauer zwischen zwei Türmen:* Chart. Rhen. inf. I 153 p. 94,30 (a. 1019/20 *[cf. H. Grundmann, DtArch. 22 (1966) p. 404sq.]*) obtulimus *(sc. archiepiscopus)* ... castrum Divitensium, turres videlicet ac -a cum fossato in circuitu. Rup. Tuit. inc. 2 p. 442,25 cum per turres et -a (-uria *var. l.*) videretis *(fratres)* appropinquantes ... insanos exercitus flammarum (*sim.* 8 p. 449,27. 9 p. 450,32). Chron. reg. a. 1243 p. 284,17 quod *(sc. castrum)* ... cingebant quindecim turres preter maius presidium et -a.

***intervacillo,** -are. *vacillare, non constare – schwanken, nicht gleichbleiben:* Gerb. (?) astrolab. 5,4 singulis quibuslibet horis diei experire veritatem sive per aestivum sive per hibernum tempus nulla ancipiti ratione -ante.

***intervallaris,** -e. *ad spatium pertinens – auf die räumliche Ausdehnung bezogen, räumlich:* Hugo Honaug. hom. 2,2,2 sicut ... parvitas et magnitudo rationes sunt secundum -es quantitates, ita *eqs.* 3,12,1 contractum est vocabulum aequalitatis usu loquentium ad solas -es atque spaciosas quantitates, ut *eqs.*

***intervallarium,** -i *n.* *script.* -lerar-: *l. 50.* *intervallum – Zwischenzeit, Pause:* Consuet. Rod. 120 hoc *(sc. post lectionem)* ... -um (-erarium *var. l.*) lectorem mense, servitores refectorii convenit prandiolum sumere (*cf.* Consuet. Marb. 83).

[intervallatus *v.* involvo.] **intervalle** *v.* intervallum.

***intervallulum,** -i *n.* *intervallum parvum – kleiner Zwischenraum, Abschnitt:* Dipl. Wilh. Holl. 56 indulgemus ... sanctimonialibus, ut aream cum -o, quod est inter eandem aream et mansum, ad opus suum extendere debeant.

intervallum, -i *vel raro* ***intervalle,** -is *n.* **I** *de tempore:* **A** *spatium (temporis), tempestas – (Zeit-)Raum, Zeit(spanne), Frist, Dauer:* Leg. Wisig. 2,5,11 qui *(sc. aegri)* per -a (-e *var. l.*) t e m p o r u m vel orarum salutem videntur recipere *eqs.* (Chart. Raitenh. 232 p. 190,6 per -a t.). Hugeb. Wynneb. 8 p. 112,45 tribus annorum -is ... tam infirmus ... habebatur, ut *eqs.* Dipl. Arnulfi 112 p. 165,30 qui *(episcopus)* regni nostri iura modico quamvis -o subripuit. *saepe.* **B** *interstitium, tempus interpositum, intercapedo – Zwischenzeit, Pause, Unterbrechung:* **1** *gener.:* Agius vita Hath. 24 aliquid ex psalmis ... per -a immurmurabat. Catal. reg. (MG Lang. p. 520,10) quando fuit Lotharius, fuit -e egoque (*leg.* eoque) non intrabit rex. Notulae Wilh. Cong. 1287 nota generaliter, quod nulla multa materia magni tumoris subito educenda est, sed per conpetentia -a. *al.* **2** *eccl. (de re v. G. Zimmermann, Ordensleben u. Lebensstandard. 1973. p. 150sqq.):* Statut. Murb. p. 449,5 -um, quod inter opus Dei et horam refectionis contigerit, aut orando aut legendo transigunt *monachi.* Epist. var. II 4,6 ut -um post nocturnum in aestivo tempore, usque dum V psalmi dici possunt, proteletur. Consuet. Trev. 3 matutinali numquam pausatione sive -i exuunt *(sc. fratres)* cucullas. *persaepe.* **3** *theol.:* Godesc. Saxo conf. p. 56,28 liquet ... ac ... claret ... praedestinasse te *(sc. Deum)* mox absque ullo scilicet -o ... opera tua (*sim.* p. 57,15). **4** *philos. et natur.:* Herm. Carinth. essent. 1 p. 132,2 quoniam secundarie generationis non solus gignendi motus, verum et alii duo, corruptio videlicet mediumque -um *eqs.* 2 p. 156,17 quorum *(motuum, sc. translationis vel alteritatis)* ... universum numerum sub his duobus generibus comprehendimus; sub primo ... primum et ultimum, sub secundo omne medium -um cum multiplici mediorum vicissitudine. Urso element. 2 p. 47,8 cum statim, quod unum *(elementum)* desinit esse, in instanti continuo et sine temporis -o aliquo alterum incipit esse. **5** *medic.:* Albert. M. sent. 4,34,11 p. 339^{b},26 quod aliqui *(furiosi)* habent lucida -a et tunc non habent furiam secundum actum. *ibid. al.* **C** *gradus (temporis) – (Zeit-)Schritt, Stufe:* Libell. de cal. Trev. p. 741,9 modo exeuntibus monachis, modo intrantibus canonicis, in huiusmodi -is praenotata distributa sunt bona.

II *de loco i. q. spatium (medium), distantia – (Zwischen-)Raum, Abstand, Entfernung:* **A** *gener.:* **1** *in univ.:* Vita Pirmin. I 2 quos *(virum nobilem et Pirminium)* superna caritas de remotis -is locorum ... coniunxit. Guido Aret. prol. antiph. 45 quidam ordines vocum in ipsis fiunt lineis, quidam ... inter lineas, in medio -o (-e *var. l.*) et spatio linearum. Epist. Meginh. 3 p. 195,7 tam incommodis et inhumanis -is locum nostrum ab urbe Remorum recessisse plurimo animum meum excruciat dolore. Herm. Carinth. essent. 1 p. 140,6 -a ... omnia *(sc. planetarum)*, cum lunaris circuli semidiametros nota sit, studium quibuslibet mensuris determinare potest. *saepe.* **2** *lacuna – Lücke, Loch:* Frid. II. Imp. art. ven. 2 p. 127,1 plume ... tendunt versus extremitatem caude, ut suppleant et claudant -a maiorum pennarum caude, quando volant *(sc. girofalcones). ibid. al.* **3** *?concavitas – ?Höhlung:* Albert. M. animal. 1,433 cum ... inter iunctionem spatularum et cervicis originem ventriculus quidam eminet nec cetera leniter sibimet conveniunt, sed -a sunt ibi *(cf. Physiogn. 53 p. 74,4).* **4** *in descriptione instrumenti:* **a** *spectat ad abacum i. q. sedes, area – Stelle, 'Feld':* Mathem. var. Bubnov p. 246,13 -a ..., in quibus distribuntur *characteres numerorum*, dicimus sedes bonorum numerorum. p. 253,3 secundum certam regulam certis distribuendi sunt *digiti et articuli* -is. *ibid. al.* **b** *spectat ad astrolabium vel figuram geometricam i. q. segmentum – Abschnitt:* Anon. ad Ragimb. p. 535,18 media quinque -a ... diametri, quae pedes nominantur ..., deinde unamquamque extremam semissem in V aequas portiones seco. Gerb. (?) astrolab. 8,2 divide medietatem eiusdem *(sc. circuli zodiaci)* numeri, CLXXX, per XII horas aequinoctiales sic, ut unicuique horae XV partes, id est tria quinquepartita -a, attribuas. 13,1 cum quaeris scire, quot aequinoctiales horae sint, orbem divide diei a primo loco usque ad secundum per partes horarum aequinoctialium, id est per XV, quae sunt tria quinquepartita -a. *ibid. al.* **B** *geom. (spectat ad radium circuli: l. 62):* Ps. Boeth. geom. 75 cum spatia et -a idem sunt aequalia. Walth. Spir. Christoph. II 1,161 postquam planas limabant *(sc. sorores)* rite figuras -orum mensuris et spaciorum ordine compositis. Anon. geom. I 4,61 enumeramus hypotenusas ex C in A et ex D in A; nunc puncto A et -o E circulum scribimus. **C** *mus.:* **1** *in scriptura notarum de spatio vacuo, albo:* Ioh. Garl. mus. mens. 7,17 in omni perfecta pausatione ... debe<n>t tractus et -um sive spatium inter duos tractus computari pro pausatione *eqs.* Anon. IV mus. 3 p. 62,17 quod ... duplicis pausationis quidam computant -um sive album inter duos tractus. *ibid. al.* **2** *discrimen, differentia vocis – Tonabstand, 'Intervall' (de re v. LexMusLat. II p. 280sqq.):* Remig. Altiss. mus. 500,13 diastema ... spatium vel -um dicitur. Hucbald. mus. 6 voces, quae binae sibi coniunctae, una acutiori altera pressiori sono cum quolibet -o profertur, sed ipsa -a in quibusdam minora, in

[Buckatz]

quibusdam maiora existunt. IOH. AFFLIG. mus. 21,5 hae *(sc. neumae a Guidone inventae)* ... omnia -a distincte demonstrent usque adeo, ut *eqs.* HONOR. AUGUST. anim. 6 dum -is et proportionibus tonorum dulce melos reddit *(modulatio). persaepe.* **3** *gradus tonorum – Tonschritt (de re v. op. cit. p. 284sq.):* REMIG. ALTISS. mus. 508,8 'διὰ πασῶν ... sonos', id est chordas, 'habet VII', 'spatia', id est -a, 'VII'. SCHOL. enchir. 3,413 ut in quattuor scindatur *(sc. diatessaron)* voculas, in -a tria. GUIDO AUGENS. mus. 66 in nullo ... cantu aliquod spatium vel lineam per se debet *(sc. b rotundum)* obtinere, sed -o ♮ quadrati quasi furtim aliquando interponi. *al.* **D** *log. in syllogismo i. q. διάστημα, propositio (minor, intermedia) – (Zwischen-, Mittel-)Satz:* ALBERT. M. anal. pr. 1,2,4 p. 493^{b},10 nec ... fit syllogismus, si ambo -a (hoc est, propositiones in figuram et modum intervenientes) dicuntur esse particularia. 1,5,5 p. 622^{a},22 propositiones ... -a dicuntur, quia aequales sunt -is. *(p. 42^{b},10* διαστήμασιν). *ibid. saepius.* *Buckatz*

intervenio, -veni, -ventum, -ire. *usu depon. (cf. Stotz, Handb. 4,IX § 73.10): l.33.60.64.p.2218,6.30.34.37. struct. c.* super: *p.2218,36. partic. praes. usu adi.: l.44.58. confunditur c.* invenire: *p.2218,54sqq.*

I *intrans.:* **A** *spectat ad positionem inter partes distantes mediam i. q. intercedere, -iacere – dazwischenkommen, -treten, -liegen:* **1** *in univ.:* **a** *spectat ad tempus:* **α** *in bonam vel neutram partem:* BEDA temp. rat. 51,58 compellaris *(sc. frater)* fateri nisi -ente bissexto nullatenus lunam hac *(sc. III. non. Martiarum)* die natam. WOLFHER. Godeh. I 17 p. 180,1 una eademque dies ... et ... visionis et ... episcopalis promotionis anno tantum -ente intenditur. CONSUET. Bamb. 414 quinta feria, si octavę -erint, similiter carne vesci licebit. *al.* **β** *in malam partem (c. sensu interrumpendi, impediendi):* VITA Balth. B 3 p. 484,21 quam *(matronam)* ... princeps morte -ta amiserat *(sim.* DIPL. Otton. II. 281 p. 328,26 -ente morte. *al.).* HRABAN. epist. 6 haec *(sc. sermones)* diversis occupationibus -entibus simul edere non potui. DIPL. Conr. III. 223 -ente invalitudinis obstaculo. *al.* **b** *spectat ad locum (c. notione separandi):* PS. BOETH. geom. 424 bini rigores *(i. lineae)* sunt, quando singulis spatiis -entibus tendunt, ut itinera plerumque peragunt. PASS. Quir. Teg. 5 erant ... praedia ... iuxta lacum Tegarinsem una silva -ente. CONR. MUR. summ. p. 55,15 quintum *(vitium dictaminis)* est hyatus vocalium ... in diversis dictionibus concurrentium; ... si planus punctus -erit, huiusmodi ... hyatus vocalium poterit sustineri. *de numeris:* GERB. geom. 6,9 dupla ... per -entem copulantur medietatem *(antea:* orthogonium embada inter se multiplicentur, natique inde numeri latus tetragonale pro geometrica inter eos collocetur medietate). **2** *spectat ad milites, exercitum sim.:* CHRON. Thietm. 5,19 nisi dux Bernhardus cum validiori manu medius -ret. BERTH. chron. B a. 1078 p. 332,17 rex Heinricus cum maximo exercitu -ens. ANNALISTA SAXO p. 609,9 tumultu excitus inperator ... -it et severe in noxios vindicavit. *al.* **3** *spectat ad auctoritatem:* **a** *in univ.:* FORM. Sal. Lind. 16 nisi -issent sacerdotes vel ... inlustres personae, qui nos ad pacis concordiam visi sunt revocasse. **b** *se interponere, petere, deprecari – eintreten (für), 'intervenieren', fürsprechen, Fürbitte einlegen (apud Deum: l. 58. 60. 67):* **α** *de hominibus:* RADBERT. corp. Dom. 8,152 quem a p u d D e u m pro se -entem inveniet, qui *eqs.* (HRABAN. epist. 27 p. 442,15. *saepe. sim.* DIPL. Otton. I. 104 ut regula beati Benedicti ... pro nobis ... apud Domini clementiam ... -retur)? NICOL. I. epist. 88 p. 455,1 pro sancta ecclesia ... apud vos *(sc. Michaelem imperatorem)* -turi. DIPL. Karoli III. 116 -entibus atque deprecantibus fidelibus. DIPL. Heinr. III. 54 p. 71,37 -ente et rogante ... episcopo. DIPL. Heinr. IV. 279 nos -tis nostris fidelibus concedimus Alberico ..., quatenus *eqs. persaepe.* *de meritis sanctorum:* ANNAL. Xant. a. 864 p. 20,24 meritis sancti *(sc. Victoris)* -entibus *(sim.* MEGINH. FULD. Alex. 13 p. 434,24). **β** *de rebus:* CHART. Mog. A II 584 p. 965,30 (a. 1193) tam fratrum quam nostri amicorum instantia commonente et rebus ecclesię ... -entibus obtentum est a nobis *(sc. abbatissa)* ..., quod *eqs.* **c** *praevenire – zuvorkommen:* HROTSV. lib. 1 praef. 9 vis frangitur obiurgationis, ubi -it humilitas confessionis. **4** *perfici, convenire – zustande kommen, vereinbart werden:* VITA Heinr. IV. 11 p. 36,8 -ente p a c t o pacis (CHART. Raitenh. 65 p. 62,32. *al.).* DIPL. Conr. III. 114 II inter monasterium ... et ... regem ... commutatio -it. CHART. Turic. XII add. 476^{a} p. 53,7 inter nos *(sc. capitulum et Heinricum)* talis conpositio -ta: *eqs.* *(sim.* CHART. Lux. III 423 p. 459,9 conpositionem ... volumus *[sc. Robinus uxorque eius]* -ire). CHRON. reg. cont. V a. 1240 p. 277,28 adversariis ... militiam ... adducentibus interventu quorundam treuge -unt. *saepius.*

B *spectat ad positionem in multitudine utcumque mediam:* **1** *accedere, (casu, repente) supervenire, exsistere – (zufällig, unvermutet) hinzu-, aufkommen:* **a** *in univ.:* LIBER diurn. 33 quatenus hoc modo -ente *eqs.* PASS. Trudp. 10 ut in pristinum statum, quamvis magno -ente labore, universa redigeret. CHART. Stir. III 100 p. 167,7 concedimus *(sc. episcopus)* ... -ente tamen hac condicione, si *eqs.* CHART. ord. Teut. (Thur.) 253 cum Otto burcgravius ... silvam ... fratribus ... vendiderit iuste empcionis et vendicionis t<it>ulo -ente. *al.* **b** *de morbo:* PS. GALEN. puls. (cod. Vr) 418 -ente certo morbo. **c** *adhiberi – Anwendung finden, verwendet werden:* DAVID expos. reg. 5,100 istae viae in hoc *(sc. venditione)* servandae sunt: ... ut non -et pecunia alioquin. **2** *evenire, accidere – geschehen, sich zutragen, stattfinden:* SIMON. sacram. p. 60,26 qui castitatem ... vovent, possunt ... tali coniugio, ubi nulla -at sexuum commixtio, sine culpa copulari. AEG. AUR. gest. 2,11 p. 40,52 commodius sibi *(sc. Alpaidi)* fore Lambertum vita privari, quam a tanto viro *(sc. Pippino)* divortio separari; insidiatoris interitu hoc sibi posse prestari, quod nullius ab invicem discidii ... infortunium posset -iri. CHART. Bern. II 400 p. 418,35 quanto ... res, si aliqua in ea *(sc. electione imperatoris)* -ret negligentia ..., deteriorem posset habere effectum. *oriri, emergere – entstehen, auftreten:* CHART. Friburg. 65 (a. 1239) ne possit -iri calumpnia, ... sigillo cometisse hec pagina est insignita *(sim.* 74 ut ... inposterum super predicto contractu nulla possit -ire calumpnia). ACTA civ. Rost. A I 1,298 p. 53 ne ... in posterum possit aliqua -iri oblivio. **3** *participare – teilnehmen (an):* RAHEW. (?) dial. p. 540,32 propter hanc rem *(sc. antea dictam)* et alias rationabiles ego *(sc. Alexander III. papa)* conventiculo et conciliabulo potius quam concilio Papiensi -ire neglexi.

II *trans.:* **A** *(intercedendo) impedire – (durch Dazwischentreten) verhindern:* BERTH. chron. B a. 1077 p. 260,7 ne ipse *(rex)* iuraret, vix apud papam -tum est; duo autem episcopi ... ad sacramentum pro eo faciendum electi sunt. CONST. imp. II 427,6 si duo inimici ... sibi invicem occurrunt et cum altero eorum est inimicus alterius, qui cum eo treugas non habet, et ille ... inimicum vult ledere, comes suus ... hoc debet -ire. CHART. Diess. 38 censum subscriptum ... persolvant *(sc. Gertrudis filiique eius)* ..., nisi sterilitas terre ... vel grandinis incommoditas hoc -ire (intervertere *var. l., ed. Mon. Boica VIII. 1767. nr. 24 p. 189)* videatur. **B** *ingredi – eindringen (in), stürmen:* ANNAL. regni Franc. a. 785 castra cepit *rex* et loca ... munita -it et vias mundavit. **C** *per confusionem c.* invenire: **1** *reperire – (vor)finden:* DIPL. Heinr. V. (NArch. 20. 1895. p. 227,10) qui *(fratres)* ... abbatem eligant ab episcopo Comiaclensi consecrandum, qui, si sibi pro pecunia ... molestus esse voluerit, veniat ad archiepiscopum Ravennatem ab eo benedicendus; et si hoc in isto quod in illo -erit (invenerit DIPL. Heinr. IV. 450 p. 608,9) *eqs.* **2** *exquirere, cognoscere – (heraus)finden, in Erfahrung bringen:* TRAD. Frising. 240 (a. 806/10) -ens hoc *(sc. territorium alias traditum esse)* Atto episcopus et conplacitavit cum Einharto, ut *eqs.* *(sim.* 423 p. 362,40 -ens hoc pius pontifex Atto et donavit eis *[Patto et Tetti fratribus]* territorium; *cf.* 278^{b} p. 245,10 audiens hoc). CAPIT. reg. Franc. 71,5 discutiendum est atque -endum, in quantum se episcopus aut abbas rebus secularibus debeat inserere vel in quantum *eqs.*

interventio (-cio), -onis *f.* *struct. c. gen. obi.: p. 2219,7.* *interventus, intercessio, mediatio – das Dazwischenkommen, -treten, Vermittlung:* **1** *in univ.:* NICOL. I. epist. 100 p. 606,5 cum per legatorum et epistolarum destinatarum -em (-e

[Leithe-Jasper]

var. l.) ad fidem nonnullos conversos ... et ad pacem ... plurimos ... accessisse noscamus. 2 *auxilium, beneficium – Unterstützung, Hilfe:* Ioh. VIII. epist. A 28 p. 27,14 ut alii sub tegmen miserationis vestrę *(sc. imperatoris)* ... alacrius confluant et per -em nostram quasi per immobilem pontem ad vos certatim transitum faciant. Nadda Cyriac. I 14,4 in dandis elemosynis fuit largus, in -e miserorum festinus, in oratione devotus. 3 *deprecatio, rogatus – Fürsprache, Ansuchen, Bitte:* **a** *apud homines:* Dipl. Ludow. Inf. 26 p. 134,37 per interventum (-em *var. l.*) dilectę genitricis nostrę. Dipl. Otton. I. 164 p. 245,38 nos -ibus Brunonis ... germani et Baldrici ... episcopi ... optemperantes ... concessimus *eqs.* Dipl. Heinr. III. 340 pro ... peticione ... nostri consortis, Agnetis imperatricis, nec non -e filii nostri, Heinrici regis quarti. *saepe.* **b** *apud Deum:* Vita Boniti 14 (MGMer. VI p. 126,16) o mulier, si adsercioni nostrae *(sc. peregrinorum)* accomodaris fidem, ut beati Boniti ... -cionem apud Deum comendares *eqs.* Dipl. Ludow. Germ. 31 -e (intercessione *var. l.*) sanctorum. Dipl. Loth. II. 35 beati confessoris Christi Willibrordi gloriosis -ibus. Capit. reg. Franc. 220 p. 99,17 apostolorum Petri et Pauli -e. *saepius.*

interventor, -oris *m.* *struct. c.* super: *l.51.* 1 *qui intervenit, intercessor, mediator, interpres – Vermittler, Mittelsperson, Unterhändler:* **a** *in univ. (usu attrib.: l.25):* Arnulf. Mediol. gest. 4,3 (ed. Scaravelli) constat ... regem postea poenituisse *(sc. consecrationem episcopi)* atque -em (-um *ed. Zey*) penitus odisse legatum. Cod. Udalr. 24,1 emptor *(sc. doni ecclesiastici)* ... et venditor et -r emptionis sententia excommunicationis dampnati sunt; -es autem dicti sunt occulti mediatores emptionis. Carm. de Frid. I. imp. 3138 ducis Henrici fidei se credit *populus* et illum -em pacis rogat esse petite. *al.* **b** *de eo qui (alterius loco) sacramentum fidei accipit:* Berth. chron. B a. 1077 p. 259,24 si ... fidem ... sacramenti in posterum firmissime observandi in manus -um illorum, qui presto fuerant ..., dare ... consentiret *rex.* *fideiussor, auctor – Bürge, Gewährsmann:* Nicol. I. epist. 99,18 p. 578,1 qui fidem respuit, quam promisit, ab illo, a quo susceptus est et qui fidei eius -r extitit, debet per omnia revocari. **c** *de eo qui interim episcopi sede vacante negotia expedit:* Capit. Bened. 3,120 constitutum est, ut nulli -i (-um *BAL*; intercessori *Conc. Carth. a. 419,41. Mansi 4,492*[E]) licitum sit cathedram, cui intercessor datus est, quibuslibet populorum studiis vel seditionibus retinere. 2 *deprecator, suffragator – Fürsprecher, Empfehler:* Ioh. VIII. epist. 65 ut ... apud Karlomannum regem ... cotidianus -r pro Romana ecclesia ... existas *(sc. archiepiscopus).* Carm. de vita past. 13,1 legislator es, sacer *(sc. presbyter)*, ubique -r et mediator. Dipl. Otton. III. 95 p. 506,32 ob elemosinam avi et patris nostri et per petitionem praedictorum testium et -um ... reddimus *eqs.* Trad. Salisb. I 282 p. 402,31 ut ... hec *(sc. querelam)* audivit pius -r *(sc. archiepiscopus)*, benigne suscepit et dixit *eqs. saepius.* *de sanctis:* Pass. Quir. Teg. 12,33 (vs.) -r adesse digneris super hoc, o sancte Quirine. Theod. Trev. mirac. Celsi 14 quibus valuit viribus, tanto se -i catasplasmandam commendavit *(sc. femina paralytica).* Dipl. Heinr. II. 363 non habentes velamen bonorum operum amplexantur lapides vivos, quod est -es querere sanctos.

***interventrix,** -icis *f.* *quae intervenit, petit – Vermittlerin, Fürsprecherin (usu attrib.: l.64.67):* 1 *de Maria virgine:* Notker. Balb. hymn. p. 20 precamur, ut nostri reatus apud clementem patrem fias -x. Wolfhard. Waldb. 3,1 p. 260,20 illuminatori suo Christo et -i virgini ... gratias egit. Chron. Sigeb. auct. a. 1096 (MGScript. VI p. 445,17) ipsam misericordissimam Dei matrem in tanto discrimine -em sibi affore postulabat *(sc. strangulatrix). saepius.* 2 *usu vario:* Epist. var. III 22 p. 172,17 sancta ecclesia ... cum Moyse ad Dominum -es elevat manus pro suis. Flod. hist. 3,27 p. 352,7 ut ipsa *(comitis uxor)* strenua sit -x apud coniugem suum pro rebus eisdem *(sc. ecclesiae).* Hariulf. Arnulf. 2,13,32 ut litteras -es ... ad presentiam comitis Rodberti ... offerret. *al.*

interventus, -us *m.* *form.:* *?decl. I.: p.2220,17.* *decl. II.: p.2220,4.* *struct. c. gen. explicativo: p.2220,14.20.23.24.* 1 *actio interveniendi, interventio – das Dazwischenkommen, -treten:* **a** *spectat ad tempus:* Dipl. Conr. III. 261 p. 453,24 ut absque morę prolixioris -u ad res Italię ordinandas ... ingrederemur. *expressius i. q. intermissio, intervallum – Unterbrechung, Pause:* Transl. Libor. II 13 celebrata oratione benedictionis factoque paululo -o. **b** *spectat ad locum:* Rein. Leod. Evr. 7 (MGScript. XX p. 563[b],26) quod, quotiescunque luna eclypticam attingit lineam, si eadem hora congressionis eius cum sole, qui circa ipsam semper cursitat, lineam convenerit, -u et obiectu ipsius solaris nobis defectus luminis contingat. **c** *usu vario:* Abbo Flor. calc. 3,36 p. 94,18 scrupulum dubitationis absolvit oppositio contrarietatis, quae sine -u ullius medii vicaria relatione sibi succedit. 2 *intercessio, auxilium, petitio, consilium – Vermittlung, Hilfe, Fürsprache, Bitte, Rat(schlag):* **a** *de hominibus:* **α** *intervenientibus apud homines:* Liber diurn. p. 104,24 obsecrationis -u. Dipl. Conr. I. 15 ut nostris -ibus apud regem immunitas eis *(fratribus)* regalis concederetur. Dipl. Otton. I. 115 pro -u ducis nostri Cuonradi (129 pro -a n. fidelis Conradi d.). Dipl. Conr. II. 35 ob -um ac iuge devotumque servitium episcopi. 64 -u ac petitione ... coniugis nostre ... Gislę *(sim. 71. al).* Chart. Brixin. 151 p. 163,33 per -um boni consilii et amicorum. *persaepe. v. et p.2219,9.* **β** *intervenientibus apud Deum (fere de sanctis):* Ionas Bob. Columb. 2,8 p. 245,13 quem *(sc. febricitantem)* Eusthasius adtigit -uque orationum sanavit. Vita Boniti 35 (MGMer. VI p. 136,13) -um (-u *var. l.*) suae peticionis apud Dominum cum magna contricione deposcunt *nostri.* Transl. Libor. I 13 mulier ... caeca ... -u ipsius, cuius corpus interius ad efferendum parabatur, lumen recipit. Thietm. chron. 6,89 antistitis obitum comperit *rex* et hunc queritur ob presentem fructum, gratulatur autem propter subsequentem -um. Hist. peregr. p. 163,22 confortamini ... orantes beatum Georgium, ut ipsius -u labores nostros respiciat ... Deus. *saepius.* **b** *de rebus:* Berth. chron. B a. 1075 p. 222,15 qui per symoniacam heresim, hoc est -u (in conventu *A*) p r e t i i , ad aliquem sacrorum ordinum gradum ... promoti sunt (Gerhoh. Antichr. 1,69 p. 389,28). Gerhoh. Antichr. 1,48 p. 355,44 miror ... Romanos pontifices ..., in qua potestate ... ecclesias, quas volunt, -u ... p e c u n i a e exaltent (Gesta Frid. I. imp. A p. 21,29. *saepius*). 3 *conventio, constitutio (mutua) – (gegenseitige) Übereinkunft, Vereinbarung:* Berth. chron. B a. 1077 p. 297,12 rex ... Heinricus ... suos ... de manu regis Ruodolfi ... pacis ... -u liberatos ... assumebat. Epist. Hild. 119 p. 178,4 homo ... vester *(sc. archiepiscopi)* ..., ut eum *(ministerialem captivum)* absolutum dimittat, nullis peticionibus nostris, nullo rationabilis pactionis -u potest induci. 4 *super-, adventus – das Hinzukommen, Auftreten:* Trad. Patav. 676 (a. 1170/90) tradidit *Imbertus* ... predium ... huius -u condicionis, quod *eqs.* Urso aphor. 109 defectione causae efficientis ... rerum generatio prohibetur et ... -u ... perficitur.

interversio, -onis *f.* *perversio, adulteratio – das Umstoßen, Verfälschung:* Honor. III. registr. 297 p. 223,4 quas *(apostolicas)* litteras cum ipsa *(abbatissa)* intellexisset incisas, de -e dictorum privilegiorum plurimum ... metuens *eqs.*

interverto, -ti, -ere. 1 *in-, evertere, immutare (in malam partem) – (zum Schlechten) umwandeln, verschlechtern:* Chart. Worm. 147 (dipl. Heinr. VII.) ecclesiam ... in libertate hactenus conservatam nostris nolumus labi temporibus vel ipsius statum a quoquam aliquatenus -i. *c. notione perimendi: p.2218,51.* 2 *corrumpere – verderben:* Innoc. IV. registr. B 208,8 p. 176,33 ut ... talis *(rex)* preficiatur ..., de quo nulla possit haberi sinistra suspicio, ut -ant subite divitie mentem eius.

[**intervisus** *v.* improvisus. *adde ad p. 1472,32sqq.:* Bened. Andr. chron. p. 47,12 per intervisa interruptione (per in-am interruptionem Vita Barb. 4; *v. notam ed.*).]

[**intervivium** *v.* interfemineum.]

interula, -ae *f.* *camisia, tunica – Hemd, (Unter-)Gewand:* 1 *usu vario:* Egbert. fec. rat. 1,608 vicina vulgatur ependima vestis, -ę (gloss.: camisia) sed sunt propiora iuvamina carni. Petr. Dam. epist. 50 p. 102,5 ferrea loricatus -a *adulescens.* Greg. Cat. chron. app. I p. 298,17 (chart.) de camera ... communi bis in anno habeam *(sc. abbas)* vestimenta regularia,

[Leithe-Jasper]

idest scapulare, ... vestitum, -as laneas, femoralia. CONR. MEND. Attal. p. 157,14 non est probabile canonicas ... rugatis -is ..., aurata palla more quarundam vestigia pedum saepe respiciendo verrere. *saepe.* 2 *de reliquiis:* HARIULF. chron. 3,14 p. 127,27 portione -ae (*antea:* camisia) sancti Exuperii. VITA Karoli M. 2,24 p. 65,28 quatinus ... omnes venirent Aquisgrani videre sancta *(sc. reliquias)* ..., virginis Marie -am.

interumptio *v.* interruptio.

interundatus, -a, -um. *(aqua) percursus – (von Wasser) durchzogen:* AETHICUS 112 ita per terram duobus modis currit aqua quandoquidem -am, aliquando autem *eqs. (v. notam ed. p. 320).*

intervolo, -are. *(ultro citroque) cursare, volare (inter) – (hin und her) eilen (zwischen):* CHRON. Sigeb. cont. Aquic. a. 1177 p. 417,3 quo *(sc. obsidione castelli)* nunciis -antibus comperto *eqs.*

***intesimentum,** -i *n.* *(ital.* intesimento; *v. Battisti-Alessio, Diz. etim. ital. III. p. 2068 s. v.* 'intesire') *retentio, confiscatio – Beschlagnahme, Konfiskation:* CHART. Ital. Ficker 376 (a. 1242) concedimus *(sc. assessor)* securitatem plenam ... hominibus ... de civitate Senarum ... eundi et redeundi et standi per Colle et curiam et districtum ... nullo impedimento seu -i imminente timore ... eis ... ab hominibus de Colle ... inferendo.

intestabilis, -e. 1 *iur.:* **a** *ad testimonium non aptus, dignus – als Zeugnis nicht geeignet:* CHART. Hagenow. 90 p. 64,1 (a. 1151) ne huius statuti series a quovis -is iudicetur, hos, qui interfuerunt, testes subscribere curavimus *(sc. archiepiscopus).* **b** *cui testamentum facere vel testamento legata percipere non licet, testamento indignus – nicht befugt ein Testament zu verfassen oder testamentarisch vermachte Güter zu erhalten, testamentsunfähig:* INNOC. III. registr. 2,1 p. 4,30 statuentes, ut, si quis aliquid horum *(sc. antea dictorum)* facere forte presumpserit ..., ipso iure sit factus infamis ...; sit etiam -is nec ad hereditatis successionem accedat (*inde* CONST. imp. II 85,7 sit ... -is, ut nec testamenti liberam habeat factionem nec ad hereditatis successionem accedat. ACTA imp. Winkelm. I 283 p. 258,25 [dipl. Frid. II.] fiat infamis et -is, ita ut nec possit testari de bonis suis nec aliquid capere ex testamento). CHART. Merseb. 308 si ... vendicioni ... verbo attemptare reniti cogitem *(sc. Beatrix)* ..., fiam -is et omni iure, quod michi congruit, in hac vita caream. 2 *usu communi i. q. detestabilis, inhonestus – verachtenswürdig, ehrlos:* IOSC. ad Ivon. (MG Lib. Lit. II p. 656,18) -is (detestabilis, instabat *var. l.*) magister navis, qui ... in tempestate ... clavum et cetera armamenta remittit.

intestanea, -orum *n. pl.* *intestina, interanea – Eingeweide, Innereien:* IOH. DIAC. cen. 2,133 armora sustulit Agar, Ionas -a (interanea *Ps. Cypr. 112*).

[**intestator** *v.* testator: MIRAC. Bert. 8 p. 514,8.]

intestatus, -a, -um. *form. contam.* intestamentum: *p. 2222, 6. (divisim scriptum: p. 2222,6.8). gen. pl.* -orem: *l. 65.*

1 *spectat ad testamentum:* **a** *de hominibus i. qui testamentum (ratum) non fecit – kein (gültiges) Testament gemacht habend:* **α** *in univ.:* CAPIT. reg. Franc. 9,6 cuicumque defunctu, si -us d e c e s s e r i t, propinqui absque contrarietate iudicum in eius facultatem iuxta legem succedant (EPIST. Teg. II 128. *saepius*). DIPL. Heinr. III. 239 p. 320,29 si ... frater -us o b i e r i t, communi consensu detur *(sc. domus illius)*, cui fratrum opus fuerit (CHART. Stir. I 677 p. 652,4. *sim.* ARNOLD. LUB. chron.1,2 p. 117,23). CHART. Babenb. 396 p. 240,39 (rec. B. C. D) si -i sublati fuissemus *(sc. dux)* de medio (*cf.* rec. E: ob wir an gescheft von dieser welt abgegangen wern). *saepe.* *usu subst.:* LEX Sal. Pipp. 92[capit.] (rec. E) de -orum (-orem *var. l.*) hereditatibus. **β** *locut. adv.* ab (ex) -o *i. q. testamento non facto, sine testamento – ohne Testament:* LEG. Wisig. 4,2,20 ex -o ... iuxta legum ordinem debitam sibi *(sc. ei qui filios non reliquit)* hereditare poterunt *proximi* iure successionem. CHART. episc. Halb. 354 p. 316,15 (a. 1194) si ... ab -o ... aliquem decedere contigerit. CONST. imp. II 107,8 privavimus eos *(sc. Lombardos)* omnibus legitimis actibus, ita quod non habeant ius testandi, testificandi, alienandi et succedendi ex testamento vel ex (ab *var. l.*) -o. CHART. Stir. II 362 p. 471,35 ut sive testatus sive ab -o decedat *Cunradus. persaepe.* **b** *de rebus i. q. sine testamento confecto relictus, non legatus – testamentarisch nicht vermacht:* FORM. Marculfi 2,7 l. 28 omnes res ipsas, quantum post tuum discessum -um (intestamentum *var. l.;* in testamentum FORM. Augiens. B 26) remanserit, ad nostros legitimos revertatur heredis (*sim.* l. 43). VITA Ludow. Pii. 22 nil ... ab eo *(Karolo)* -um (in testamentum *a. corr.*) est relictum. DIPL. Heinr. III. 88 si aliquis ... illorum *(fratrum)* morte praeventus aedificia sua -a reliquerit. *al.* 2 *spectat ad testationem i. q. nullo teste probatus – unbezeugt:* HUGO FARF. opusc. hist. p. 74,14 non eum *(abbatem)* corroborasse *(sc. scriptum)* sua manu et monachorum atque testium ...; supradictum scriptum affirmant remansisse -um.

adv. ***intestatim** *vel* ***intestate.** *testamento non facto, sine testamento – ohne Testament:* LEG. Lang. p. 198,26 si ... nepotis (nepotes *var. l.*) decesserit (decesserint *var. l.*) ... -m (-e, intestati *var. l.*).

***intestinalis,** -e. 1 *ad intestina pertinens – die Eingeweide, Gedärme betreffend:* THADD. FLORENT. cons. 16,8 potest ... sanguis venire ... ab intestinis ... sicut contingit in dissinteria -i vel tenasmone (*sim.* MATTH. PLATEAR. [?] gloss. p. 385[E]). BRUNUS LONG. chirurg. 2,11 species herniae, quae accidunt in bursa testiculorum praeter herniam -em, generaliter tres dicuntur esse: *eqs.* 2 *intestini similis – darmähnlich:* ALBERT. M. animal. 4,28 ova feminarum ... cancrorum sunt in tela, quae est sicut intestinum: et illa tela -is diversificatur. 4,45.

[**intestineus** *v.* 2. comedo. *adde ad vol. II. p. 909,39:* AURELIUS 16 p. 717,26 dolorem praecedunt eum *(sc. chordapsi)* multa ... signa ceterarum passionum, praecipue tamen ..., si medicamenta alia potata sint et fungi -ti (*ci.,* intestinei *ed.* [tineis, intestineis, inest eis *var. l.*]; *cf. Cael. Aur. acut. 3,17,139* fungi comesti).]

intestinus, -a, -um. *script.:* stentin(us): *p. 2223,13. 24. adde* ANTIDOT. Sangall. p. 81,11. stintin(us): *l. 66. adde* ANTIDOT. Bamb. 25. RECEPT. Sangall. II 65. tes-: *p. 2223,17. 23. 26. form.* in testines: *p. 2223,17.*

1 *adi. i. q. intraneus, interior, internus – innerlich, inwendig, innere(r):* **a** *strictius:* **α** *spectat ad corpus:* ANTIDOT. Glasg. p. 151,27 ad disintericus, qui sanguinem -um amittunt. *in imag.:* WALTH. SPIR. Christoph. II 2,217 hoc -as percussit pectine chordas: '*eqs.*' **β** *spectat ad animam:* HROTSV. Pafn. 3,7 -i maeroris amaritudo. WALTHARIUS 385 -is rex fluctuat undique curis. **b** *latius:* **α** *ab intus ortus – aus den eigenen Reihen stammend:* NARR. de Gron. 14 l. 12 comites, sue ecclesie -i persecutores, ambo ... capiebantur. **β** *civilis – einheimisch, Familien-, Bürger-:* ADALB. MAGD. chron. a. 921 -ae discordiae fervent inter Ruodbertum invasorem regni et Karolum regem. RUOTG. Brun. 2 p. 4,2 represso ... -ę cladis periculo. WIDUK. gest. 2,37 bella -a (interna *var. l.;* HELM. chron. 4 p. 13,3. *al.*). OTTO. FRISING. chron. 5 prol. p. 228,7 a Constantino ... exterioribus malis ad plenum sopitis cepit -is malis instigante diabolo ... graviter angi *civitas Dei. al.* **γ** *domesticus – häuslich, Haus-:* WILLIB. Bonif. 8 p. 52,15 terga vertentes vitam simul cum -a eorum suppellectili et heredibus perdiderunt *pagani populi.* **δ** *privatus – privat:* WILLIB. Bonif. 5 p. 20,6 -a facta est meditatio. COD. Udalr. 244 p. 411,14 post tot et tanta nostri contemptus -a ludibria suis nos *(sc. canonicos Bambergenses)* per circuitum diffamavit *(sc. dominus Petrus)* querelis.

2 *subst. fem. vel neutr. (vel raro masc., e. g.: l. 64.66.67):* **a** τὸ ἔντερον, *botulus – Darm:* **α** *in univ.:* PS. HIPPOCR. progn. A 16 cui -um (-us, -a *var. l.*) cadens doluerit, quem medici ramicem dicunt, ... V. die morietur. ANTIDOT. Sangall. p. 83,41 ad eos, qui quando ad sella sedunt et stintinus foras exit. ARS med. 5 p. 423,18 a quo *(sc. gracili -o)* ... caecus -us initium habet, quod graeci tiflon enteron vocant. BRUNUS LONG. chirurg. 1,4 p. 107[E] si grossis -is vulnus acciderit, facilius recipit consolidationem ...; si autem subtilibus, fit contrarium illius (*sim.* THEOD. CERV. chirurg. 2,19 p. 150[B]). *saepe.* *pro nomine vermis, lumbrici:* ALBERT. M. animal. 6,88 'dicunt *(sc.*

[Leithe-Jasper]

quidam), quod anguilla non generatur ex animali, quod vocant antoron terrae, hoc est ˌterrae -umˌ' (*p. 570a,16* γῆς ἐντέρων) sive terrae lumbricum, quod tamen dicit Avicenna principium esse generationis: 'hoc enim -um per se generatur ex luto et terra humida putrescente' *(de re v. K. Kitchell, Albertus Magnus on Animals. I. 1999. p. 566 adn. 179).* **β** *spectat ad chordas:* BERTH. RATISB. serm. 1 p. 12,43 lana eius *(ovis)* pro vestitura, ... -a eius valent ad instrumenta musicalia. **γ** *spectat ad receptaculum ex -is factum (usu alch.):* PS. GERH. CREM. sal. I 12 modus sublimationis eius *(arsenici)* est, ut accipias de eo partem ... et solves ipsum in viscere vel -o (II 2 budello *[v. notam ed.]*), sicut scis. PS. AVIC. anim. 1,1 p. 32 imple ex eo *(sc. sale armoniaco)* unum stentinum et proiice in aqua calida et bulliat. **b** *interanea, viscera, alvus – Eingeweide, Gedärme, innere Organe, Unterleib (usu plur.; sing.: l.22.32.37):* **α** *spectat ad homines (Christum: l.21.30; alleg.: l.21):* LEG. Alam. A 57,57 si ... -is (in testines, t- *var. l.*) maculatus fuerit, ut stercora exeant, XL solidos conponat. WALAHFR. Gall. 2,17 -a eius *(episcopi)* more sartaginis igni superpositae fervere coeperunt et tam dirae viscerum tortiones illum invaserunt extemplo. HRABAN. univ. 1,2 p. 22C -a. Domini: secretum divinitatis. ANTIDOT. Augiens. p. 40,37 ad -i dolorem (ANTIDOT. Glasg. p. 109,34 t-orum. p. 145,33 -arum. *al.*). ANTIDOT. Berol. 2 p. 67,45 punctas et turciones stentinarum tollit *antidotum Egyas (sim.* ANTIDOT. Cantabr. p. 163,41 tortionem t-arum). OTTO SANBLAS. chron. 35 p. 52,4 sepultis ... -is eius *(imperatoris)* cum reliqua carne apud Tarsum. *persaepe. spectat ad effigiem crucifixi:* TRACT. de cruc. effig. 40 (ed. B. Bischoff, Anecdota. 1984. p. 230; s. XI.[1]) octo costae apparent de ala usque contra umbilicum ...; -a duo apparent iuxta ea. **β** *spectat ad animalia:* ANNAL. Fuld. II a. 873 p. 79,26 erant *(sc. vermes quasi locustae)* ... ore lato et extenso -o. PRACT. puer. 47 si ... patiatur *puer* nimiam constipationem, ... accipe testam nucis et imple butiro et pone super umbilicum ... vel -a scrofae, quod melius est. FRID. II. IMP. art. ven. 1 p. 65,12 interiora *(sc. avium)* ... sunt: ... ysophagus, gorgia et -a, stomachus *eqs.* ALBERT. M. animal. 2,96 elefas ... habet -um involutum valde et villosum. *spectat ad exta animalium tributaria ('Innereien'):* VITA Meinw. 45 p. 40,8 omni anno ... III pernas cum omnibus -is ... dari constituit *episcopus (sim. 48).* REGISTR. Xant. p. 88,13 carnes solent eis *(elemosinariis)* dari sepissime in -is et pedibus boum et pecorum et in calduni ovium. **γ** *in imag. de rebus:* AETHICUS 59C ait ... idem *(philosophus)* oceanum, ab Acheron ubi recipitur, mugitum aquarum -a ferventium <dat>.

adv. ***intestine.** *interne, privatim – im Inneren, privat, familiär:* OTTO FRISING. chron. 5,36 p. 260,29 Franci ... in se ipsos non solum civiliter, sed et -e (intestinis *a. corr.*) fratribus auctoribus divisi.

***intesto,** -avi, -are. (in *et* testa; *cf. ital.* testa) *in capite ferire, (caput feriendo) occidere – auf den Kopf schlagen, erschlagen:* CHRON. Ven. Alt. p. 135,13 ante atrium ecclesie -verunt *(sc. conspirantes)* illum *(ducem)* et statim mortuus est *(sed cf. ed. Simonfeld, p. 23, n. 2).*

intestus *v.* intexo.

[intetinctus *v.* interstinguo.]

intexo, -texui, -textum, -ere. *script. et form.:* -test(us): *p. 2224,51. adde* HUGO FARF. opusc. hist. p. 30,1. -xit(us): LIBER Theodolae 110. *coniug. II.: p.2224,35. usu refl.: p. 2224,14. pendet:* ad: *l.66.* in *c. acc.: p.2224,38. partic. perf. usu adi.: p.2224,50.51.53. al.*

1 *implectere, (texendo) inserere – (hin)einflechten, -weben, einfügen (in):* **a** *proprie:* **α** *spectat ad opus textile, aurificis sim.:* TRANSL. Chrys. et Dar. 26 imperat *caeca* ... se duci, ubi signorum dependebant funes; nam ad idem opus suum *(sc. funem)* -ere cupiebat. BERTH. ZWIF. chron. 10 p. 174,13 Bolezlaus ... cappam nigram albos boves habentem -tos misit. IDUNG. PRUF. argum. 1007 illud *(aurum)* cum labore et sumptu bratteolare, filare, -ere, ut exinde factum aurifrigium et sacris vestibus insutum ... in se trahat aspectum. **β** *spectat ad opera fabrilia, machinas sim. (in imag.: p.2224,5):* TRACT. de fist. org. p. 14 idem ordo *(sc. fistularum)* repetatur, ut sicut colligitur mensura secunde fistule ex octava, ita per ordinem ... -antur. ALBERT. AQUENS. hist. 2,30 vulpem ... quercinis trabibus composuerunt, cuius in gyro tutos -uerunt parietes *(v. notam ed.).* HONOR. AUGUST. scal. II 2 (PL 172,1239D) secundus gradus *(sc. caritatis)* -itur benignitas, per quam angelicae societatis acquiritur dignitas (*antea:* quindecim gradus texuntur). **γ** *spectat ad corpus:* ALBERT. M. animal. 1,433 venae ... clarae enormes -tae cervici, idem quod nervi indicant. **δ** *innectere, coniungere – verflechten, verbinden (mit; in imag. spectat ad versus: l.12):* ENGELM. carm. 2,2 (MGPoet. III p. 59; s. IX.med.) Castalidum madidos divino rore corimbos -ens docto non satis articulo. EKKEH. I. (?) Wibor. 37 quod *(feniculum)* ... per totam hiemem floruit et veluti in modum coronę se sibimet -ens totum sepulchrum hoc sepsit ornamine. *c. acc. obi. interioris fort. i. q. texere, formare (in) – viell.: flechten (zu):* AGNELL. lib. pont. 163 p. 340 l. 67 alii salicum vimina (*ni leg.* vimine) -bat *(cod.,* -bant *ed.)* crates, alii *eqs.* **ε** *contexere – (zusammen)flechten (aus):* VITA Euch. Val. Mat. 23 apparuerunt ei *(Materno)* per visionem S. Eucharius et B. Valerius ... coronas singulas rosis et liliis ac ceteris odoriferis floribus mirabili arte -tas in capitibus gestantes. **ζ** *in-, obvolvere – einwickeln, umhüllen:* HILDEG. scivias 2,6 l. 1030 in viriditate integritatis exivit *unigenitus*, ut etiam gramen -tum granum frumenti gignit; nam ut culmus frumenti sine medulla vigens siccum granum ... profert. vit. mer. 1,228 quinta ... imago velut humanum caput habebat ... reliquum ... corpus eius corpori vermis assimilabatur ..., qui in cavernula sua -tus iacet velut infans, qui panniculis involvitur (*inde* 1,1118). ALBERT. M. animal. 8,135 ubicumque incidens musca tetigerit rete, ... accurrit *(sc. aranea)* et capit eam et captam -it filo ligando et circumvolvendo eam, quousque debilis efficitur. **b** *translate:* **α** *spectat ad relationes, narrationes sim.:* LEG. Wisig. 7,5,7 quicumque cum ... scriptis constitutionem subintroduxerit atque ita circumvenerit aliquem, ut ... callide per scripturam -eat, unde *eqs.* VITAE abb. Acaun. 6 (MGMer. VII p. 333,12) dum ... abba ... cum comitibus suis, quorum supra -ui mentionem, ... ad ... basilicam adventaret. ODO ARET. ton. B p. 120,11 libet in finem operis -ere, quaevis *eqs.* GOZECH. Alban. p. 166,3 cuius *(basilicae)* fabricae modum ... non est opus chartis -ere. HIST. mart. Trev. 16 p. 377F preciosum corporis ipsius *(Paulini)* thesaurum ... a Treviris esse receptum, ibidem *(sc. in hymno)* fuit -tum. ALFAN. premn. phys. prol. 16 p. 3 quoniam mundi eiusque partium sunt naturalia, ea ... enucleatim -ere non sit huius, sed prolixi negotii. *al.* **β** *spectat ad tonos:* LAMB. mus. quadr. p. 259a semitonium cum diapente transcendit per spatium trium tonorum et duorum semitonorium per medium -torum. 2 *intertexere, -plicare, ornare – durchflechten, -weben, verzieren (mit):* **a** *spectat ad opus textile:* VITA Mathild. I 15 p. 581,11 pallium ferentes *nuntii* auro -tum. ORD. coron. imp. 13,1 instante tempore coronationis ... imperator vestitur veste bisina -sta auro et gemmis pretiosis. BERTH. ZWIF. chron. 10 p. 174,20 mantellum ad casulam totum auro -tum *(sc. Salome misit).* TRAD. Teg. 350c thesaurum ęcclesię ... auxit una dalmatica -ta auro per totum. *saepe. remissius:* CHART. Argent. IV 34 p. 42,8sqq. (a. 1224/28) quolibet anno ... datur unum mensale -tum et manutergium de simplici panno; ... altero anno manutergium -tum. **b** *usu vario:* LAND. MEDIOL. hist. 3,31 p. 98,20 coronam admirabilem lapidibus pretiosis -stam Saxoniae duci Redulfo ... misit *Herembaldus.* IORDAN. SAXO princ. 83 advertit *(sc. in visione)* vir ... bonus ... quemdam murum ... lapidibus pretiosis -tum. *saepius.*

intextio, -onis *f. actio intexendi – das Einweben (in imag.):* CARM. var. III A 5,218 p. 608 linum mollicia constat mitescere blanda, in quo subtilis doctrinae -o mollis signatur *(ex Greg. M. moral. 33,33).*

***intextura,** -ae *f. opus intextum, textura – Einwebung, Gewebe, Geflecht (in imag.: l.72):* HAIMO (?) Wilh. 7 ad ministerium divini officii ... nolebat paratura indui, quae aurifrigio vel alicuius preciosi metalli -a esset ornata. HILDEG. vit. mer. 5,510 homines hoc ... vitio *(sc. vagatione)* insudantes in infidelitate ac -a voluntatis suae insipientes constricti sunt.

[Leithe-Jasper]

intextus, -us *m.* *?insertio – ?Einfügung:* CHART. Lux. I 145 p. 170,1 (a. 915) qui <contra> hanc precaturam venire voluerit, ... solidos mille componat, et ista precatoria talem obtineat effectum, qualiter de quinquennio in quinquennium fuisset renovata et ista pena non sit necesse, cuius -us per semetipsa<m> debeat perdurare (*item* 151 p. 184,25; *cf.* FORM. Marculfi 2,4 l. 31sqq. licet in cessionibus poenam adnecti non sit necesse, sed nobis pro ... firmitate placuit inserendum). *Leithe-Jasper*

inthronizatio (-tr-, -cio), -onis *f.* *script.* -isa-: *l. 27.* *struct. c. praep.* ad: *l. 27.* **1** *inductio, impositio, in-, constitutio (in thronum facta) – Einsetzung, Einweisung, 'Inthronisation':* **a** *spectat ad abbates, episcopos, papas sim. (strictius de ipso actu ponendi in sede pastorali: l. 17):* RATHER. epist. 16 p. 82,15 cum quodam ... de intr-e Leodici dum contenderem mea *eqs. (v. notam ed.).* GUNDECH. lib. pont. p. 245,12 in XIII. Kal. Sept. erat designatio, III. Non. Oct. virgae pastoralis susceptio, XVI. Kal. Nov. intr-o, VI. Kal. Ian. episcopalis consecratio. **b** *spectat ad reges, imperatores sim. (strictius de ipso actu ponendi in sede regali: l. 22. 24):* WINR. epist. 4 p. 288,31 litterae vestrae *(sc. papae)* domni mei regis depositionem et Rodulfi vestri -em (intromittationem *2*) continentes *eqs.* GESTA Ern. duc. I 2,214 de nove regine intr-cione ac nupciarum celebracione. URBAN. IV. registr. 560,1 p. 547,3 per unctionem, coronationem, -em in sede magnifici Karoli *eqs. al.* **c** *spectat ad possessores, usufructuarios:* CHART. Sil. C 36 p. 324,2 (a. 1252) contulimus *(sc. dux)* ... Radwano ... de qualibet intr-sacione ad hereditatem dimidium fertonem. *al.* **2** *tempus regendi – Amts-, Regierungszeit:* VULC. Bard. 9 -is suae primis temporibus a fratribus et coepiscopis contemptus ... perfidiae iniuriam perpessus est. CHRON. Gozec. 1,6 huius *(Thiemmonis abbatis)* -is anno tercio *eqs.*

inthronizo (-tr-), -avi, -atum, -are. *script.* -nuzarent: *l. 49.* *struct. c. dat.: l. 39. 42. 44. 69.*

1 *(in thronum) inducere, imponere, in-, constituere – (auf den Thron) setzen, 'inthronisieren', (in ein Amt) einsetzen, einweisen:* **a** *proprie:* **α** *spectat ad abbates, episcopos, papas sim. (strictius de ipso actu ponendi in sede pastorali: l. 46):* EPIST. Mog. 18 p. 349,26 (a. 955) de Rathario Leodicensi aecclesiae canonice et legaliter intr-to moxque more villici sine causa eiecto *eqs.* SIGEH. Maxim. 12 p. 232^a,45 (ed. Waitz) ut eius *(ducis)* ... studio ... Ogone huic loco *(sc. Treveris)* abbate intr-to ... religiosae conversationis claritas ... reluxisset. ADALB. MAGD. chron. a. 965 p. 176,22 Iohannes ... eligitur et sedi apostolicae pontifex intr-atur. RAHEW. gest. 4,78 manu eius *(Victoris papae)* accepta usque ad sedem deduxit *imperator* et intr-vit. *persaepe.* **β** *spectat ad reges, imperatores sim. (strictius de ipso actu ponendi in sede regali: l. 53):* REGINO chron. a. 893 p. 141,23 ut episcopi et comites ... eum *(Carolum)* in regnum inducentes in sede regia -rent (-uzarent *A1*). CONST. imp. I 296 p. 421,11 antequam ad dignitatem suam intr-etur *(sc. imperator) eqs.* CONR. MUR. summ. p. 130,12 regina Romanorum ad presens, que prius dicebatur Mehtildis, apud Aquisgranum dum intr-retur, obtinuit Anna nominari *(v. notam ed.). saepe.* **γ** *spectat ad possessores, usufructuarios sim.:* CHART. scrin. Col. A I p. 251,6 (c. 1170/82) si solverint *(sc. Bertoldus et uxor eius)* de proximo pascha per annum, soluta sit hereditas *(sc. monachorum),* sin autem, prememorati fratres ... intr-entur in proprietatem suam. CHART. march. Misn. III 393 p. 275,29 predicte controversie discussionem doctorum clericorum ... examini commisimus *(sc. lantgravius),* ut auditis utriusque partis allegationibus ecclesiam, que obtinuisset *(sc. silvam),* ... in possessionem intr-rent. **b** *in imag. de sancto:* TRANSL. Liv. 4 (MGScript. XV p. 614,3; c. 1100) relocantur ... sanctorum corpora in sanctuario, intr-atur et hic celestis miles et amicus Dei Livinus. **2** *spectat ad monachos i. q. (claustro) recipere – (ins Kloster) aufnehmen:* EPIST. Reinh. 59 (a. 1144/68) Adelberto illi vobis *(sc. Engelberto abbati)* quondam professo, qui, si licuisset, ovili Dominico apud nos iam dudum intr-ari voluisset, gravis infirmitas ... mortem minatur. CHRON. Ebersh. 24 p. 443,19 quosdam *(sc. monachos)* ... nobiles et litteratos viros monasterio pepulit *Willo* et filios pistorum ac cocorum et poscatorum intr-vit ac tonsorari fecit. **3** *in ecclesiam recipere – (wieder) in die Kirche aufnehmen:* GESTA Magd. 26 p. 413,42 (cod. B) cum ... in bona quinta feria archiepiscopus intr-ret penitentes *eqs.* CHART. Wetzlar. I 148 p. 56,27 de funeribus tumulandis, sponsis et uxoribus post puerperia intr-andis sibi *(plebano)* ad consuetas oblaciones ... tenebuntur *cives.* **4** *?(sedendo in throno) repraesentare – ?(auf dem Thron sitzend) darstellen, versinnbildlichen (?in struct. contam.; de re v. C. C. Schnusenberg, Das Verhältnis von Kirche und Theater. 1981. p. 204):* AMALAR. off. 3,10,1 debet *episcopus* ... ad memoriam nobis intr-are Christi ascensionem et sedem; quapropter ascendit in sedem.

subst. **inthronizatus,** -i *m.* *episcopus (sede episcopali) impositus – (auf dem Bischofsstuhl) eingesetzter Bischof:* THIOFR. Liutw. 5 p. 18,16 postquam ad Auctorem suum ... gloriosissimi patris Liutwini revolavit anima, decem aut plures ex illis *(sc. monachis Mediolacensibus)* cum ingenti intr-i gloria sibi successerunt in sancta sede Treverica.

***inthrono,** -are. *in throno sedere (super) – thronen (über):* THEOD. TREV. phys. 1787 quibus *(sc. angelis)* -atur ipse *(Christus)* per discrimina quęque.

intiba, intibum *v.* intubus.

intiensio *v.* intensio. **intiger, intigrum** *v.* integer.

intimatio (-cio), -onis *f.* **1** *promulgatio, communicatio – Bekanntmachung, Mitteilung:* EPIST. pont. Rom. 435 p. 832,16 nuncios suos ad nos *(sc. Iohannem episcopum)* direxit *Heinricus,* qui nobis hec omnia *(sc. episcopatum novum creandum)* dicerent ...; cuius sanctissimam -em ... intuentes *eqs.* CHART. ord. Teut. (Hass.) 322 p. 242,29 omnes, qui sua crederent interesse ..., citari fecimus *(sc. Everardus)* peremptorie in eadem ecclesia, ut certa die ... coram nobis ... conparerent propusituri ... de interesse et iure suo super ecclesia ..., cum -e, quod sive venirent sive non, nos nichilominus procederemus super peticione partis conparentis. **2** *per confusionem i. q. interminatio – Androhung:* RYCCARD. chron. a. 1213 p. 51,34 (epist. papae) nos eos *(sc. piratas)* ... excommunicationis vinculo innodamus s u b -e a n a t h e m a t i s inhibentes, ne *eqs.* (CHART. episc. Hild. I 765. CHART. Pomm. 1098 [*item* 1163 p. 423,23 interminatione (-e *var. l.*)]).

***intimatrix,** -icis *f.* *ea quae intimat, annuntiat – Berichterin, Ankündigerin:* RUP. MEDIOL. Adalb. 13 Theoderico comiti ... haud segnis -x *(sc. sanctimonialis)* per somnum sibi revelata suggerere properabat. EKKEH. IV. bened. I 20,55 Ęva vetus mortis (gloss.: erat -x), nova vitę est Ęva (gloss.: mulier Maria) relatrix.

intime, intimius *v.* interior.

[**intimeo** *v.* in *et* timeo: ALBERT. M. bon. 117 p. 77,33 qui ⸤in timendo⸥ *(codd.,* intimendo *ed.)* superabundat, innominatus est circa fortitudinem ...; qui vero in audendo superabundat *eqs.*]

***intimiditas,** -atis *f.* (in- *et* timiditas) *status (penitus, nimium) metu carens – (völlige, übertriebene) Furchtlosigkeit:* ALBERT. M. bon. 135 p. 90,37 Aristoteles ponit unum, qui superabundat -e (timiditate *O*) nihil timendo, ... et vocat eum inanimosum vel indoloratum, si nihil timet (*sed cf.* p. 90,48 superabundat in timiditate omnia timendo). 139 p. 91,83 qui ... -e abundat, ita quod nihil timet *eqs.* eth. I 144 p. 127,20sqq. superabundat *(sc. quidam)* ⸤in '-e'⸥ *(Rob.,* -e *SVW,* in timore *CNR; p. 1107^b,1* ἀφοβίᾳ*)* ...; et est -s una dictio, unde abundare in *(ci. ed.)* -e est parum timere. eth. II 2,2,7 p. 182^b31 passioni ..., quae timor vocatur, privative opponitur ea, quae Latine dicitur -s et Graece ἀφοβία.

intimidus, -a, -um. *metu carens – furchtlos:* ALBERT. M. bon. 124 p. 83,8 'fortioris esse videtur proprium in repentinis timoribus -um (*p. 1117^a,19* ἄφοβον) et inturbatum esse quam in manifestis' et praevisis. 125 p. 84,4 'in mari et in aegritudinibus -us (*p. 1115^b,1* ἀδεής) est fortis'. 147 p. 97,11 fortis ... est -us et inverecundus similiter. eth. I 198 p. 180,8 ille, 'qui' est 'fortis', -us est 'in' navi 'et' in omnibus aliis periculis, et 'non sicut' nauta, qui ⸤non est timidus⸥ (-us, timidus *var. l.*) 'propter' spem evasionis. *ibid. al.*

intimior *v.* interior.

intimo, -avi, -atum, -are. *script.:* init-: DIPL. Karoli M.

[Mandrin]

165 p. 223,43 *(cod.)*. -tem-: *l. 36. 38.* *form. coni. praes.* -amus: PS. GERH. CREM. sept. p. 321,13. *struct. notabiliores:* *pendet* ad: *l. 23.* *usu impers.: l. 26. 38.* *depon.: l. 38.* *adde* COD. Karol. 92 p. 629,17. EPIST. Hild. 138 p. 235,7 *(var. l.)*. *confunditur c.* indicare: BONIF. epist. 109 p. 236,16 *(var. l.)*.

1 *condere, inserere – eingeben, einfügen:* CAPIT. reg. Franc. 153,1 p. 311,13 (a. 826?) qui *(officiales)* operam dederunt, ut monumentis *(i. chartis)* -entur donationes. CATAL. reg. Franc. (MGMer. VII p. 496,15) Victorius a duobus Geminis et tempore passionis Christi cum consulibus in suo ciclo usque ad Constantinum et Rufum, illius anni consules, -vit annos CCCCXXX. 2 *indicare, notificare, nuntiare, exponere – anzeigen, mitteilen, melden, berichten, dartun:* **a** *spectat ad gestum:* BEDA temp. rat. 1,83 cum primam alphabeti literam -are cupis, unum manu teneto, cum secundam, duo, cum tertiam, tria *eqs.* **b** *spectat ad verba:* **α** *in univ.:* CHART. Rhen. med. I 14 p. 18,12 (a. 762/804) ista omnia superius -ta seu denominata vel superscripta *eqs.* DIPL. Loth. II. 15 p. 407,7 praesul multifarie quaerelando pro ecclesia divinitus sibi commissa -vit a u r i b u s humiliter serenissimis nostris, qualiter *eqs.* (HINCM. divort. 1 p. 118,7. DIPL. Karoli III. 117 p. 186,3. *sim.* EPIST. var. I 3 -o *[sc. Arn episcopus]* ad aures clemenciae vestrae *[sc. patrum Italicorum]* de praesente fratre Reginole *eqs.*). *al.* **β** *c. sensu iubendi, praecipiendi, hortandi:* CONC. Karol. A 38,36 omnibus communiter -etur, ut unusquisque ... suam familiam et ad se pertinentes inopes alere ... studeat. HINCM. divort. 10 p. 171,14 debent ... episcopi ... magnopere providere et sęculi hominibus -are, ne *eqs.* BERTH. chron. B a. 1078 p. 326,22 Saxonum optimatibus terrificis sive blanditiosis ... sermociniis ... sub nomine ... apostolice ... legationis ... -ari fecit *Heinricus rex*, ut *eqs. al.* **γ** *c. sensu constituendi, confirmandi:* DIPL. Merov. I 153 p. 384,11 Aigatheus ... per sua fe<stuca> ... se in omnebus de ipso monasthyriolo Lemauso una cum adiecencias vel adpendiciis suis superius -tematum dixit esse exitum. *expressius i. q. iudicare – verordnen, bestimmen:* LEX Sal. Merov. 6,3 si quis canem ... occiderit ..., sicut superius diximus, -bitur (-temamur, indomabitur *var. l.*). **δ** *c. sensu monstrandi:* THEOD. PALID. annal. a. 1153 p. 87,18 ad me *(sc. Liudigerum)* sibi -tum venerunt *hospites*, ad quod necessitas eos urgebat, auxilium postulantes. 3 *certiorem facere – benachrichtigen (in struct. contam.):* FORM. Augiens. C 4 cum vestra *(sc. fratris)* denique ... sospitate tam missi presentiam quam vestri dulcissimi -amur *(sc. Petrus)* apices.

intimus *v.* interior.

intinctio, -onis *f.* 1 *immersio – das Ein-, Untertauchen, Versenken:* **a** *in univ.:* HIST. mart. Trev. 26 p. 381^{B} cum ... aquam ... ossis huius -e sacratam sibi datam aliquatenus gustassent *(sc. aegroti) eqs.* **b** *spectat ad baptismum:* HUMB. Sim. 1,9 p. 114,18 ut baptisma, id est aquae -em, sub invocatione Trinitatis permitterent *patres ecclesiae* esse ratam. 2,39 p. 188,46 qui *(spiritus sanctus)* praebet spiritualem et invisibilem ablutionem interiori homini in mente per signum corporale et visibile, quod oculis carnis ostenditur ex ea, quae fit in aquam exterioris hominis -e *(ed., -em cod.)*. **c** *spectat ad cenam Domini c. notione infectionis (cf. Vulg. Ioh. 13,26):* CHRON. Lippold. 12 p. 555,4 'cum intinxisset *Christus* panem', ... 'dedit Iude Symonis Scariothis', forte per panis -em ... eius significans fictionem. ALBERT. M. euch. 3,2,4,2 p. 295^{b},21 dicit glossa, quod -o significat infectionem, quia ea, quae tinguntur, non mundantur, sed inficiuntur. **d** *spectat ad eucharistiam (cf. l. 56sqq.):* BERNOLD. CONST. microl. 19 p. 989^{D} Iulius ... papa ... huiusmodi *(sc. corporis Domini)* -em penitus prohibet et seorsum panem et seorsum calicem ... sumenda docet (*sim.* HONOR. AUGUST. gemm. 1,90 p. 573^{D}). ALBERT. M. sent. 4,13,24 p. 371^{b},27 nulla causa est ..., quod hostiae consecratae -e vinum in parasceve convertatur in sanguinem. euch. 3,2,4,2 p. 295^{b},17 quod vinum in sacramento ponatur seorsum, et panis seorsum absque panis -e in vinum. 2 *infectio, infusio – das Färben, Benetzen:* GUMP. Wenc. 21 usque hodie sanguinis eiusdem -e paries ipse pro signo venerando nitescit.

intinctus, -us *m.* *liquamen, quo cibi intinguuntur – Tunke:* PS. ODO MAGD. herb. 103 baccarum *(sc. bryoniae)* succus ... urinam ... movet -u, sed mediocri.

inting(u)o, -nxi, -nctum, -ere. *script. partic. perf.:* -nita: *l. 34.* -icta: *l. 31.* *form. coniug. II.:* LIBER accip. 5,4. *struct.: c. acc. pro abl.: l. 17.* *c. acc. obi. interioris: l. 31.*

1 *immergere – ein-, untertauchen:* **a** *in univ.:* **α** *proprie (fere res -untur liquido; corpori: l. 10):* ANTIDOT. Lond. p. 18,36 aqua frigida bivatur, ubi pane -tum fuerit. CARM. de Karolo et Leone 296 forat *Karolus* ense ferinum pectus et -uens gelidum in praecordia ferrum. TRANSL. Libor. I 35 omnes illi, qui in vado pedes -uere aspernabantur, ... in profundo fluminis submersi sunt. RICHER. REM. hist. 2,59 p. 141,12 liquorem piperis, quo cibum pariter -uebant *(sc. medici)*, laetaliter inficit *Salernitanus*. TRACT. de chirurg. 269 si in aurem ingressum fuerit aliquid ..., circa aliquod lignum vel spatumilem lanam involve et eam terbentinam -ge. *saepius.* **β** *in imag.:* EPIST. Ratisb. 20 p. 344,33 ut calamum verborum -uas *(sc. lector)* in liquore karitatis. CHRON. Camer. 2,26 d i g i t u m ... t u u m -gens *(ci. Orth-Müller,* intergens *ed.; sc. Andreas)* in oleo misericordiae *eqs.* (HILDEG. scivias 3,11 l. 426 numquid caelum in miraculis signorum habebis *[sc. Capharnaum]*, cum d. t. tartaro -gis?). *in struct. contam.:* BRUNO QUERF. fratr. prol. p. 27,13 dum -gimus, quae loquimur, in calamo mentis, interim non mala cogitare nec operari vacat. **b** *spectat ad baptismum:* CONC. Karol. A 20 p. 176,7 cum -uerentur *(sc. baptizandi)* in aqua. VITA Liutg. I 22 infantulos in nomine sanctae Trinitatis -ens *(sc. Bernlewinus) eqs.* VITA Mathild. II 2 p. 149,11 omnis exercitus ... sacro baptismatis -gebatur fonte. *al.* 2 *imbuere, inficere – benetzen, tränken, färben:* WALAHFR. hort. 158 donec solibus aestivis flavos -ta (-icta *K;* gloss. L.: id est flavos colores -tos habens) colores messoris calathos matura fruge replerit *(sc. pepo)*. RECEPT. Bamb. 7 hedere folia trita cum melle -nita (*ni leg.* inlinita) aut amoniacum cum rosaco ... inlinis. WIDUK. gest. 1,22 p. 34,8 (rec. B, C) respondit *antistes*, quia optimi viri ... sanguine illa torques deberet -ui. HERACLIUS II 1 cum pincello testam ex his *(sc. confectione)* -ges, et in fornacem pones, ut bene rubeat. *al.*

intir *v.* inter. **intirim** *v.* interim.

***intitubabiliter.** *sine vacillatione, indubitanter, certissima ratione – ohne Wanken, unzweifelhaft, ganz bestimmt:* RATHER. prael. 1,38 l. 1339 quatinus -r cuncti valeant animadvertere, quae impossibilia sunt apud homines, possibilia apud Deum ... esse. 5,16 l. 505 quae cum ita se haberi -r ipsa duce ratione etiam ex nobis ipsis possimus colligere *eqs.* Metr. 13 l. 638 -r confidimus, si tua sequamur vestigia, profuisse nobis, quod abieris.

intitubans, -antis. *non haesitans – nicht zögernd:* TRAD. Frising. 398^{a} (a. 818) quomodo ... Hitto ... episcopus ad quidam diaconum nomine Sundarheri beneficium ... sibi reddi quesivit, quodque supradictus Sundarheri ... indubitanti quave -i anima peregit.

adv. **intitubanter.** *indubitanter, certissima ratione – unzweifelhaft, ganz bestimmt:* GERB. geom. 6,7 p. 95,15 quemcunque talium orthogoniorum alii conferas, unum inter eos ... numerum, qui omnes geometricae medietatis proprietates custodiat, -r invenire poteris.

***intitulatio** (-cio), -onis *f.* *titulus, titulatio q. d. – 'Titel', Betitelung:* 1 *gener. i. q. inscriptio – (das Versehen mit einer) Überschrift, Titel (de operibus scriptis):* CONR. HIRS. dial. 920 tribus modis fit -o ...: ex nomine auctoris, ut: incipit Lucanus ...; ex materia, ut: incipiunt Bucolica ...; ex utroque, ut *eqs.* GERHOH. glor. 1,2 p. 1079^{C} non est ... falsa -o libri generationis Iesu Christi filii David filii Abrahae, quia duobus illis patribus erat specialiter promissus. MATTH. PLATEAR. (?) gloss. p. 366^{A} liber iste ... ex multis antidotis est compilatus, quod patet ex ipsarum medicinarum -bus. ALBERT. M. animal. quaest. 1,1 p. 77,29 oppositum *(sc. opinionis dictae)* patet per determinationem philosophi et -em libri. 2 *publ., eccl., iur., canon.:* **a** *spectat ad titulos honorificos ('Ehrentitel'):* ROD. CAMER. Lietb. 1 qui *(Heinricus)* ... quam pacifice, quam catholice suum rexit imperium, monstrat nominis ipsius -o, per

[Mandrin]

quam non modo augustus et imperator, sed insuper orthodoxus atque pacificus attitulatur. CLEM. IV. registr. 657 p. 667,6 litteras suas disseminat *Conradinus* sub sui expressione nominis et -e premissa typario regis maiestatis impressas. 685 p. 717,4 idem episcopus *(sc. Pisanus)* se nec archiepiscopum ... nominare presumat nec in sigillo seu alias archiepiscopalibus insigniis vel denominatione seu -e utatur. *al. v. et l. 72.* **b** *instrumentum (ius confirmans), ius – Rechtstitel, Recht(sanspruch):* CHART. Naumb. 398 p. 359,42 (a. 1197) notum ... esse volumus *(sc. episcopus)* ... huius -is lectoribus, quod *eqs.* CHART. civ. Spir. 28 p. 30,27 Iohannes ..., qui ad eandem curtim in tabula civitatis fuerat intitulatus, in presencia nostra *(sc. episcopi)* per sentenciam civium ab -cione eadem est depositus, et conventus ... in eodem titulo est denotatus. CHART. Mog. A I 462 p. 370,16 (spur.) ecclesiam ... presenti -e statuimus *(sc. archiepiscopus)* corroborare, quam ... Romanis ... principibus insignitam ... bona fama spirituali institutione novimus propaginare. CHART. Eichsf. 340 p. 194,13 -e huius paginae <p>resentium et futurorum pie pateat de<voti>oni, qualiter *eqs.* **c** *institutio (in officium) facta – Einsetzung (in ein Amt):* CHART. Lux. IV 144 p. 206,29 (a. 1269) cum Nicholaus ... Radulphum ... ad perpetuam vicariam ... nobis *(sc. praeposito)* presentaverit ..., abbas et conventus ... presentacionem per dictum Nicholaum factam, receptionem, admissionem seu -em per nos habitas ... ratas habentes ... supplicarunt, ut *eqs.* **d** *enumeratio, relatio (nomine) – (namentliche) Aufzählung, Erwähnung:* CHART. civ. Erf. 108 p. 58,40 (a. 1233) patentes litteras nostras mutuo dedimus ... testium, qui eidem facto intererant, -e firmiter communitas (CHART. Turic. 929 p. 14,5).

***intitulator**, -oris *m.* *is qui officia, munera attribuit – einer der die Pflichten, Aufgaben zuweist:* CHRON. Worm. p. 173,13 cantor ecclesie Spirensis et canonicus Wormatiensis instituit in testamento quatuor prebendas sacerdotales in ecclesia Wormatiensi in choro sancti Laurentii ... et quatuor in ecclesia Spirensi ..., ut sint *(sc. praebendarii)* adstricti choro quotidie et ad obedienciam decani in omnibus ...; erant etiam cantores dictarum ecclesiarum succentores et cantantium et legentium -es.

intitulo, -avi, -atum, -are. *script.:* -tyt-: *p. 2230,31. 47.* *adde* CHART. Wirt. 2261. *usu refl.: l. 71. p. 2230,2.* *partic. perf. usu adi.: p. 2230,12.*

I *spectat ad actionem scribendi, nominandi i. q. titulo, nomine afficere – mit einem Titel, Namen versehen, 'titulieren':* **A** *proprie:* **1** *inscribere (super) – schreiben (über), überschreiben, beschriften (fere de operibus scriptis; de inscriptione monumenti: l. 53; coronae: l. 55):* **a** *in univ.:* THEGAN. Ludow. 7 p. 186,1 quę *(evangelia)* praetitulantur (-antur *var. l.*) nomine Mathei, Marci, Lucę et Iohannis. ALBERT. AQUENS. hist. 5,9 p. 350,1 cartas -tas a caudis earum *(columbarum)* solvit *princeps* (*antea:* carta ... inscripta). ELIS. SCHON. virg. Col. 11 ut investigarem de titulo cuiusdam venerabilis monumenti, quod -tum erat hoc modo: *'eqs.'* HELM. chron. 28 p. 56,2 cui *(sc. duci Suevorum)* ... papa auream transmisit coronam hoc versu -tam: *'eqs.'* VITA Meinw. 11 p. 84,19 proxima dominica a ... Magontino archiepiscopo ... consecratur electioni eius et consecrationi congruente officio, quod eidem dominicę -atur *(sc. 'Reminiscere'). al.* **b** *spectat ad numeros alphabeto expressos ('Zahlenalphabet'):* TRACT. de astrol. 17 A -tus mille, B titulatus D. C mil. *(de re v. prol. ed. p. 186).* **c** *spectat ad intervalla:* ANON. mus. Wolf. p. 195 novem ... modi *(i. intervalla)* debent in melo -ari. **2** *appellare, denominare – (be)nennen, bezeichnen:* **a** *gener.:* EPIST. Hann. 48 p. 93,18 quia ... dilectissimum me tibi in litteris beatissimis -tum consideraverim. MATTH. PLATEAR. (?) gloss. p. 381^{F} Copho ... quaedam addidit et modum confectionis *(sc. electarii)* variavit, unde 'frigidum Cophonis' hodie -atur. **b** *publ. (spectat ad titulos honorificos):* ANNALISTA SAXO a. 1100 p. 501,25 (vs.) rex licet electus *(sc. Godefridus)*, rex noluit -ari nec diademari, sed sub Christo famulari. CLEM. IV. registr. 660 p. 674,7 Sicilie se regem -ans *(sc. Conradinus)* litteris utitur sub intitulatione ac impressione predictis. CONST. imp. II 397,37 quod electione ... canonice celebrata ipse *(sc. Alfonsus)* scriberet et -ret se regem Romanorum semper augustum. *iron. de caupone:* PEREGRINUS 104 multa licet narret *fama*, omnia nemo potest; si qua tamen recitet, redimit dicendo fidelem a fidei titulis -ando virum. **3** *litteris mandare, (per)scribere – (schriftlich) festhalten, niederschreiben, aufzeichnen (iur.: l. 11):* CHRON. Mich. 6 omnes sane, quorum industria praecepta regalia nobis provisa reperimus, nominatim hic -are decrevimus: *eqs.* DIPL. Heinr. III. 68 add. p. 89,6 (dub.) nota sint omnibus fidelibus tam presentibus quam futuris ea, quę in his -vimus litteris. BERTH. ZWIF. chron. praef. p. 138,8 unde nos ... literis -tum, fratres et filii, tradimus vobis, quod et accepimus et patres nostri annuntiaverunt nobis. *saepe.* **4** *con-, ascribere – einschreiben, eintragen (usu publ. et iur.):* TRAD. Ratisb. 1040 (c. 1210/17) homines ... censuales ... huic se -ari libro petierunt, ut ... nulli exactioni et servituti alieni ... subiaceant. TRAD. Frising. 1587^{a} accepta condicione matris *(sc. censualis)* ... presenti se pagine -ari rogaverunt *filiae. v. et p. 2229,12.* **B** *translate i. q. insignire – auszeichnen:* IUSTIN. Lippifl. 318 probitas hanc *(matronam)*, forma genusque -at, tribus his praetitulata placet.

II *spectat ad actionem attribuendi:* **A** *spectat ad homines:* **1** *canon.. i. q. (ad titulum ecclesiasticum, saecularem) promovere, in-, constituere – (zum Inhaber einer kirchlichen, weltlichen Stelle) ernennen, einsetzen, berufen:* CHART. eccl. Halb. II 40 p. 322,14 (a. 1268) Albertus, custos et canonicus ecclesie s. Pauli ..., ecclesie ..., in qua -tus est, fructificare cupiens, bona quedam eidem ecclesie de sua propria pecunia comparavit. CHRON. Erf. min. p. 579,7 quod clerici ordinandi de vita et etate, de progenie et scientia iussu episcopi examinentur et inty-entur (episcopo representientur *Gratian. I,24,5 [ed. E. Friedberg, Corpus iuris canonici I. 1879. p. 89]*) digni *(v. notam ed.).* NICOL. BIBER. carm. 239 Arnoldum, qui laude micat quasi sol ..., te *(sc. Heinricum)* condecet -are (intul- *N*, et titulare *P*). *iron.:* FROUM. epist. 54 Frovimundus solo vestitu monachica vita -tus (antitulat' *cod.*) *eqs.* **2** *usu communi i. q. assignare – zuteilen, zuschreiben:* GODESC. AQUENS. sequ. $1,9^{b},7$ qui *(Iudaei)* tuo *(sc. Christi)* imperio sunt -ti *(sc. inscriptione crucis; spectat ad Vulg. Marc. 15,26).* **B** *spectat ad res:* **1** *eccl. i. q. dedicare – weihen:* GESTA Camer. cont. I C 6 p. 502,20 hanc *(sc. basilicam)* ... Karolus restaurans nomini et honori beati Petri apostoli -vit. CHART. Eichst. 21 p. 48,17 ad noticiam transferre volumus *(sc. episcopus)* cunctorum ... altare in absida una summi monasterii nos exstruxisse ipsumque locum ad nomen capellę perpetua vocatione -asse ac propriis impensis ... dotasse. ARNOLD. LUB. chron. 5,30 p. 211,16 fundata est sedes episcopalis in Livonia ..., -ta (-tyt- *3*) patrocinio beate ... Marie in loco, qui Riga dicitur. **2** *publ. et iur.:* **a** *conferre, tradere – übertragen, übergeben:* CHART. Rhen. inf. add. 643 p. 790,5 (a. 1200) prescripta bona ... comitisse in usumfructum sunt -ta, eo quod de pecunia eius sunt comparata. ARNOLD. LUB. chron. 6,12 p. 220,1 ut ipsi *(obsessi)* castrum loco suo resignarent et vexillo regio sibi *(regi)* illud -rent. **b** *vindicare – beanspruchen:* CLEM. IV. registr. 657 p. 667,1 iam sibi Sicilie regnum -ans se regni eiusdem regem denominat *Conradinus (item 660 p. 673,33 [intulans R]).* **3** *usu communi i. q. accensere, putare – (zu)rechnen (zu):* HIER. MOR. mus. 24,128 alleluya 'Pie pater' et antiphona 'O lumen ecclesie', que eciam tonorum parium propter notas plagales a cantatoribus -antur erronee *(v. comm. ed. Cserba p. LVI c. nota 2).*

Mandrin

intoicus *v.* haemoptoicus. **intoitus** *v.* intuitus.

intolerabilis (-ll-), -e. *form.* intullerabili(us): FORM. Andec. 33. **1** *qui ferri non potest, non ferendus, impetibilis, durus, gravis – schwer zu ertragen, unerträglich, hart, unleidlich, unausstehlich:* **a** *de rebus:* LULL. epist. 92 p. 209,22 quia hoc intoll-e apud homines videtur, dum is, qui pre ceteris plus diligitur, repente subtrahitur. HEITO Wett. 2 in tanto ... horrore et tam intoll-i terrore circumvallatus frater ..., ut *eqs.* DIPL. Otton. III. 191 p. 599,31 inopiae ac intoll-i penuriae misericorditer subvenientes. HROTSV. Abr. 3,2 dolor. ALBERT. M. nat. loc. 1,6 p. 11,4 loca ... -is caloris. *saepe.* **b** *de homi-*

[Leithe-Jasper]

nibus: Walahfr. Gall. 2,17 tantum sibimet famulantibus ob nimium foetorem -is factus est, ut ei iam paene nullus obsequia impendere solito potuisset. Epist. Teg. II 284 p. 316,25 obsecro, quatenus ... nec per vos aut per vestros ad dominum meum marchionem querimonia perferatur, ne gravior seu -ior mihi reddatur. **2** *qui tolerari non potest, non acceptabilis – schwer zu erdulden, unannehmbar, 'inakzeptabel':* Thietm. chron. 8,23 novus cornupeta antiquam legem bonamque consuetudinem hactenus florentem iam disrumpit ...; qui caelitus ni cito deprimitur, nimis insolentia -is solidatur. Idung. Pruf. dial. 2,1067 illa ... -is temeritas est, quod *eqs.* Epist. Hild. 55 (epist. Frid. I. imp.) ut communis iniurię dissimulatio ... -em principum pararet offensam. Albert. M. caus. univ. 2,5,9 p. 176,65 qui *(sc. Alexandri)* error -is est et valde perniciosus contra philosophiam. *saepius.* **3** *insuperabilis, inexpugnabilis – unüberwindbar, unbezwingbar:* **a** *de militibus sim.:* Widuk. gest. 1,27 hic *(dux Alamanniae)* cum esset bellator -is (3,44 p. 124,5). Albert. Aquens. hist. 1,19 p. 38,26 ecce Solimannus cum omni comitatu suo -i ... silvam ... intraverat. Chron. reg. a. 1114 p. 55,16 (rec. II) imperator ... cum -i multitudine Anturnacum venit. *al.* **b** *de silvia, dumeto (c. notione immensitatis):* Liber Theodolae 128 in illo *(paradiso)* ... frondescunt -ia (ut tolerabilia *cod.*) ligna, ex arborum rami magna premiscua prodeunt obumbrantes (173 -ia l. penetrando gignentur ab umo *[sc. in paradiso]*).

adv. **intolerabiliter.** **1** *modo non tolerabili, acceptabili, graviter – auf unerträgliche, schwer zu erduldende Weise:* Bonif. epist. 10 p. 9,11 terribili ardore intoll-r torquebar. Ruotg. Brun. 35 p. 35,34 aggravata est ultra modum et omnino -r superbia ... gentis Ungrorum. Chart. Gosl. I 124 p. 182,18 me *(sc. episcopum)* ... oppressit tam -r quam insperate nuncius vester *(sc. regis)*. Albert. M. nat. loc. 2,2 p. 25,77 sic ... est ... in calidis regionibus -r excepto hoc, quod *eqs. saepius.* **2** *moleste, aegre – unwillig, widerwillig:* Waltharius 157 voluptatem quisquis gustaverit, exin -ius consuevit ferre labores.

intolerabilitas, -atis *f.* *condicio, severitas intolerabilis – Unerträglichkeit, unerträgliche Härte:* Albert. M. Matth. 10,14 p. 328,28 haec est pars de non-recipientium condemnatione; et dicit duo, scilicet quid praedicator debet facere non-recipienti se patri familias et familiae, et de -e condemnationis ipsius.

intolerandus (-ll-), -a, -um. *intolerabilis, non acceptabilis – unerträglich, 'inakzeptabel':* Ruotg. Brun. 40 barbarorum immanitatem et -am dudum ferociam mitigavit. Tract. Garsiae 173 has ... passiones, has presuras, has -as contritiones ... sustinuit Romanus pontifex *eqs.* Deusd. c. invas. 12 (MG Lib. Lit. II p. 353,7) nihil ... tam grave tamque -um (intoll- *var. l.*) potest Dei ministris admitti, quod canonum non possit sufficienter puniri iudicio. Gesta Trud. cont. I 8,11,29 ubi ... post plurimas -asque indisciplinationes ad refectorium ventum fuisset. *al.* *usu subst.:* Carm. Paul. Diac. app. I 1,4 regem ... -a pati.

adv. **intolerande.** *insuperabiliter – auf unüberwindbare Weise:* Metell. Quir. 28,23 neque vestibus est speciei facies violata per ignem; licet ardeat -e, manet intemerata colore.

intolerantia, -ae *f.* *condicio, severitas intolerabilis – Unerträglichkeit, unerträgliche Schwere:* Casus Gall. cont. 25 milites propter ... magis ac magis imminentem -am bellorum a se deficere cognovit *abbas*. Ebo Bamb. Ott. 3,20 p. 130,3 pre -a fetoris. Visio Godesc. A 7,1 ultra doloris -a progredi non sustinens. Albert. Aquens. hist. 8,29 sitis -a anxiati quidam ex sociis ... constiterunt, si forte alicubi aquam specularentur (Gloss. Roger. I A 3,16 p. 681,43).

***intonarium,** -i n. *liber de canticis liturgicis secundum tonorum ordinem compositus, tonarius q. d. – nach Kirchentonarten geordnetes Verzeichnis liturgischer Gesänge, 'Tonar' (de re v. LexMusLat. II. p. 286):* Odo inton. p. 117^a incipit -um a domno Octone abbate diligenter examinatum et ordinatum.

***intonatio** (-cio), -onis *f.* *modus canendi – Art zu singen, Singweise (de re v. LexMusLat. II. p. 286sq.):* Liber revel. Rich. 106 p. 127,32 (add. M^1,M^2,M^3) de -cione (intentione *var. l.*) in psalmodia bonorum spirituum et aggravacione et depressione in psalmodia. Lamb. mus. quadr. p. 261^b quisque scire poterit de -bus per hos versus: *'eqs.'* Hier. Mor. mus. 22,5 sequitur de -cionibus psalmorum et canticorum necnon et versuum introituum sive *eqs.*

1. intono, -ui, -are. *usu refl.: l. 55.* *struct. c. acc. dupl.: l. 55.* **I** *intrans. i. q. tonitruare, tonare, clamare, crepitare, strepere – donnern, laut (er)schallen, ertönen, (zu)rufen, dröhnen, brausen:* **A** *strictius:* **1** *spectat ad strepitum:* **a** *de tonitruo:* Thietm. chron. 7,44 tonitrua cum fulminibus et magnis tempestatibus ... terribiliter -uere (-erunt Chron. Thietm.). **b** *de bello (in imag.):* Vita Macar. 33 (MGScript. XV p. 617,46; c. 1067) -at saevis plangoribus bellum. **c** *de spiritu sancto:* Carm. Bur. 52,3,4 hic *(sc. Ierusalem)* super apostolos Spiritus -uit. **2** *spectat ad vocem, verba sim.:* **a** *de Deo (de Musis: l. 20):* Trad. Frising. 1 p. 27,11 (a. 744) Dominus noster Iesus Christus ... per sanctum evangelium clara voce -at dicens: *'eqs.' (Vulg. Matth. 6,20).* Walahfr. (?) carm. 50,1,16 quae *(sc. Musae)* ... auricomo comites -uere polis. Hrotsv. Pafn. 11,2 -uit vox divina. *al.* **b** *de hominibus:* Hraban. carm. evang. p. 929,20 (in telesticho) Marcus voce fremit, ast -at ore Iohannes. Hincm. divort. 11 p. 176,25 cum ... Leo ad omnes episcopos ... terribiliter -et dicens: *'eqs.'* Nadda Cyriac. I 9 vox ad eum -uit (-ans *var. l.*). *saepe.* *remissius:* Fund. Aquic. prol. (MGScript. XIV p. 579,18; s. XII.^{2}) ille summae non insegnis executor phylosophiae subtilius ⌞-ando quasi⌟ (intonatio qua *var. l.*) quodam fistulae caelestis nos informat oraculo: *'eqs.' (Vulg. Is. 32,17).* **c** *de fama:* Hraban. epist. 37 p. 472,31 audita bona opinione vestra *(sc. regis)*, quae ... pene in cunctis partibus Europae crebris laudibus -at. Epist. Hild. 134,51 p. 224,14 sanctitatis vestrę fama, pie pater, auribus nostris innotuit vel -uit. **d** *usu vario:* Cand. Fuld. Eigil. II 18,7 celebratio missae laudibus -uit dignis. Transl. Libor. I 40 p. 220,1 cum ... in voce exultationis per totam viciniam sonitus -ret *(spectat ad Vulg. psalm. 41,5).* Fund. Consecr. Petri p. 270,28 -uit matrix ecclesia de tumultu populi Deum laudantis. **B** *latius i. q. divulgari, notum fieri – bekannt werden:* Bruno Querf. fratr. 7 p. 47,22 rebellante terra et clausa civitate mors -uit imperatoris.

II *trans.:* **A** *(magna voce) proferre, (ex)clamare – (laut) vortragen, verkünden, ausrufen:* Iulian. Tolet. Wamb. 2 illum se nec alium in Gothis principari unitis vocibus -ant *omnes.* Walth. Spir. Christoph. II 4,84 dentibus infrendens haec -at *Pudicicia* ore modesto: *'eqs.'* Meginh. Bleid. Ferr. prol. p. 538^D,21 neque ... minimum nos illa Tulliana declamatio terruit, quae ... -uit: *'eqs.'* Rahew. gest. 4,5 p. 237,32 triumphator pacificus non belli minas intentans, non crudele aliquid vel tyrannicum -ans. Acta imp. Winkelm. I 693 p. 547,45 multiformes proditores ceperunt ... ebullire pululantibus hinc et inde suspectis et proditionem -antibus civitatis. *al.* **B** *(magna voce) canere, laudare – (laut) preisen, rühmen:* Dipl. Manfr. 144 p. 344,25 ecclesie Romane cupiditas ... ficto velamine pellis mansuetudinis se indutam ostendens superficie, in aperto vicariam se -at Christi Dei. Carm. Bur. 65,10^a,6 prosa, versu, satira psallens et rhythmachia te *(sc. virginem)* per orbem -at scolaris symphonia. **C** *pulsare, sonare – (an)schlagen, zum Erklingen bringen:* **1** *liturg.:* Consuet. Eins. 3 trina peracta oratione ... precipuum percuciatur signum; et intervallo facto aliud feriatur datoque alio intervallo aliud -etur subsequente alio spacio ad ultimum. Consuet. Trev. 69 hec ... differentia est inter signa operis Dei -anda: ... quando ... pro defunctis -anda sunt, simul initientur, sed producte iaculentur simulque dimittentur. *ibid. saepius.* **2** *usu communi:* Transl. Godeh. 3 p. 648,2 videns ... ventum magis ac magis insurgere magister *(sc. piscator)* signum adiutorii populo -uit. **D** *resonare, crepare facere – zum (laut) Klingen, Dröhnen bringen:* Carm. cod. Vat. (5330) 13,6 more quadrigarum de stablis exilientum perstrepit et stridens vivaces -at *(sc. tonitrus)* aures.

2. *intono, -ui, -are. (tonus; *cf. francog. vet.* entonner; *v. Wartburg, Frz. etym. Wb. XIII/2. p. 34sqq.)* *sonare, ca-*

[Leithe-Jasper]

nere – ertönen, erklingen (lassen), zum Erklingen bringen: **1** *mus.:* **a** *in univ.:* Guido Aret. microl. 6,15 tonus ... ab -ando, id est sonando, nomen accepit (*sim.* Liber argum. 26). **b** *(cantum) inchoare, proferre – (einen Gesang) beginnen, vortragen, singen:* Aurel. Reom. mus. 20,12 canticum voce -at *sacerdos* salutari. Consuet. Eins. 60 psalmi in primo nocturno et secundo sub uno Alleluia -entur sicut et cantica. Guido Augens. mus. 507 cantuum dubietas tantam affert confusionem, ut alii sic, alii vero sic -ent. *saepius.* **c** *spectat ad primum tonum melodiae ('anstimmen', 'intonieren'; de re v. LexMusLat. II. p. 289):* Frutolf. ton. p. 162,22 quam incongrue a mese inchoentur (*sc. quaedam antiphonae*) meliusque ac decentius ab ipsa finali sua -entur. **2** *usu communi:* Chart. Worm. 146 p. 107,33 (epist. papae a. 1229) quidam ... fratres ... impie persecuntur, in detractionem eorum ... famosas immo infames -ando publice cantiones. *al.*

intonsus, -a, -um. **1** *strictius i. q. non tonsus, irrasus – ungeschoren, unrasiert:* **a** *pro cognomento Apollinis:* Odo Magdeb. Ern. 1,433 Creta Iovis cunas allegat, Delos amatum I-o hospitium. **b** *de hominibus:* Vita Lupi Senon. 16 (MG Mer. IV p. 183,26) videns ... rex beatum afflictum et corpus illius tabefactum, ut erat -us barba et capite pro abstinentiae cumulando rigore. Egbert. fec. rat. 1,975 nescius -usque iacet cur carcere Ioseph (*spectat ad Vulg. gen. 41,14*). Annal. Hild. a. 1105 p. 55,12 non balneatus et -us et ab omni Dei servitio privatus ibi (*in castello Bekelenheim*) per omnes sacros dies permansit *Heinricus IV. saepius.* **c** *de animalibus:* Chart. Sangall. A III app. 59 p. 750,22 (a. 1056) mansus isti sunt buringeshûbe, unaquaque (*sc. dat*) in festo Walpurge II frissingos -os (l. 35 berbices annales dat -os). **2** *latius de terra i. q. silvestris, non exstirpatus – bewaldet, ungerodet:* Gerh. August. Udalr. 1,28 l. 197 tradidit *Etich* ... proprietatem ... cum ... silvis tonsis et -is. Waltharius 356 montibus -is cursus ambage recurvos sectantes *Waltharius et Hiltgunde.*

intorqueo, -torsi, -tortum *vel* -torsum, -ere. *usu refl.: l.41; mediopass.: p.2234,2.5. pendet* ad: *p.2234,8.10.12.*

1 *contorquere, com-, implicare – zusammendrehen, ineinanderflechten, -winden, verwickeln, verwirren:* **a** *in univ.:* Vita Norb. II 79 p. 1312A triplici funiculo crinibus -tis ... incedebat *haereticus.* Frid. II Imp. art. ven. 2 p. 152,29 ne falco -eat se iactis. p. 178,1 quoniam super altam (*sc. perticam*) posset *falco* -ere iactos. *al.* **b** *(in)iungere – aneinander-, zusammenfügen:* Gesta Ern. duc. II p. 319,13 trabibus succisis et per torques communiter -endo ... cum stabilissimo firmamento compaginatis ... transiere *proceres.* **2** *(volvendo) iacere, obicere, iaculari (in) – (entgegen)schleudern, werfen (auf):* **a** *proprie:* Chron. Pol. 3,8 p. 136,14 Theutonici balistas -bant. Ysengrimus 7,624 -sit (intersit *var. l.*) tonitrus, fulminat udus Ilas. Albert. M. animal. 1,103 aliquando utitur *porcus spinosus* eis (*spinis*) loco armorum, quia excutiendo eas -et eas illi, qui venatur ipsum. 22,49 durau dicunt esse bestiam ... in venatores ... stercus -entem et fetore stercoris et vicositate impedire venatores ... ab insecutione sui. **b** *in imag. vel translate:* Vita Gamalb. prol. 2 p. 399a,25 si quis adversarius inscientiae tibi -serit obiectionem. Thiofr. Liutw. 17 p. 39,4 utrisque (*sc. partibus altercantibus*) ... verborum iacula -entibus (retorquentibus *var. l.*). Eadm. hist. 2 (MGScript. XIII p. 143,21) in adversarios ... ecclesiae excommunicationis sententiam cum toto concilio papa -sit (*sim.* Conr. Eberb. exord. 5,11 p. 335,49. *al.*). Chart. Friburg. 100 (epist. papae) tam clerici quam laici ... de dolosa pharetra sui cordis blasphemie sagittas -ent in nostre salutis auctorem. *al.* **3** *torquere (in), vertere (ad), detorquere – (hin)drehen, hinbiegen, -wenden (zu), verdrehen:* **a** *proprie:* **α** *in univ.:* Hrotsv. Gong. 564 -ens *meretrix* oculos subdola sanguineos. Epist. Hildeg. 25,33 (ed. Pitra) an interdum per malignos spiritus hac illacque -eri (*sc. fulgura*), cum videamus illa saepius non ubivis decidere. Albert. M. animal. 15,57 mas (*sc. avis*) -et caudam sub caudam feminae. *al.* **β** *retorquere, (re)plicare – um-, zurückschlagen, -drehen:* Siseb. carm. 57 metam sol eminus exit -etque peplum noctis radiatque sororem. **γ** *inflectere, deformare – verbiegen, verformen (usu mediopass.):* Albert. M. meteor. 4,2,8 p. 257,10sqq. haec (*sc. humiditas*) est causa, quod lateres 'in fornacibus -entur' (*p. 383a,25* διαστρέφεται) et illi praecipue, qui magis humidi fuerint; et ideo artifices multum exsiccant eos ad aerem, antequam in fornace ponantur, ne -eantur. **b** *translate:* **α** *c. sensu depravandi, detrahendi:* Albert. Mett. episc. Mett. 2 procaci locutione ... exitum ... adversi prelii cum summo probro ad derogationem imperatoris -ere (*sc. regina*). Lamb. Tuit. Herib. 1,9 p. 178,14 qui (*clericus*) fędissime te subegeris infamię et clericale decus ad dedecus violentus -seris (introrseris *var. l.*). *al.* **β** *impendere – auf-, verwenden:* Helm. chron. 4 p. 12,15 amplissimas regni divicias ad decorem et gloriam ecclesiae -ens *imperator* in tantum, ut *eqs.* **γ** *inclinare – geneigt machen, bewegen (zu):* Chart. episc. Spir. 386 p. 349,8 (a. 1277) Iohannes de Kanele ... ductus et illectus, -sus gracia spiritus sancti ... Christum elegit heredem.

adi. **intortus**, -a, -um. *distortus, curvus – verkrüppelt, gekrümmt:* Albert. M. animal. 1,503 manus ... -ae et tenues loquacem significant et voracem (*sc. hominem*).

adv. **intorte.** *torte, implicite – verbogen, verworren:* Wibald. epist. I 142 p. 291,19 yronia et quicquid -e vel oblique dicitur, laudatio non est.

intortio *vel* ***intorsio**, -onis *f. distortio – Verdrehung:* **1** *de partibus corporis:* Vita Norb. II 35 videns... atrocitatem vultus ... et oculorum -sionem et feritatem verborum. **2** *de rebus:* Frid. II. Imp. art. ven. 2 p. 152,34 est ... utilitas tornetti in hoc, quod falco non potest vexari per -tionem iactorum in pedibus suis. p. 184,4 circuit *falco* super manum ..., ex quo circuito sequitur -tio iactorum; propter quam -tionem constringuntur pedes falconis.

intos *v.* intus.

***intoxicatio**, -onis *f. vis venenosa – Giftigkeit:* Albert. M. animal. 7,130 hoc (*sc. locus*) non tantum facit differentiam fortitudinis in eis (*animalibus*), sed etiam in venenosis facit differentiam -is (*cf. p. 607a,13* πρὸς τὰ δήγματα δὲ τῶν θηρίων μεγάλην ἔχουσιν αἱ χῶραι διαφοράν).

***intoxico**, -atum, -are. *veneno inficere, necare – vergiften:* Albert. M. animal. 22,12 si sagitta ... tingatur ore ieiuni et ex illa madida sagitta aliquis vulneretur, -atur. Chron. rhythm. Austr. 728 plena bonis civitas tandem subiugatur Neapolis et dominus rex -atur. Chron. Erf. mod. II a. 1274 p. 264,3 de quo (*veneno*) ... commedentes communiter -ti (sunt *add. E*) ... carnis debitum persolverunt *imperator septemque nobiles. al.* *in imag.:* Berth. Ratisb. serm. exc. p. 77,18 qui vult decipere, dat primo bonos denarios, post immiscet malos; ... qui vult -are, miscet illud (*sc. venenum*) delectabilibus; ita hereticus.

adi. ***intoxicatus**, -a, -um. *toxicatus – vergiftet:* Ps. Arist. lap. I p. 198,6 vulneri ... facto ex ferro -o superaspergatur pulvis huius lapidis (*sc. magnetis*) et curabitur virtute Dei. *in imag.:* Gerhoh. psalm. 10 p. 416,39 (ed. Sackur) de ipsis ... scripturis paraverunt *haeretici* venenata et -a verba in pharetra, id est in corde suo tenebroso. *Leithe-Jasper*

intra *adv. et praep. script.* indra: Chart. Ticin. 37 p. 83,35. *ibid. al. coniunctim scribitur c. verbo sequente: p. 2235,6. praep. postponitur: p.2235,45. confunditur c.* inter: *p.2235,49.57.71.*

I *adv.:* **A** *interius, in interiore parte – (dr)innen, im Innern:* **1** *in univ.:* Dipl. Karoli III. 35 p. 59,26 civitas cum domibus et ceteris aedificiis -a constructa. Gerh. August. Udalr. 1,12 l. 70 mulieres in civitate congregatas concitabat, ut una pars cum crucibus ad Dominum devote ˛clamando˛ (clamando -a *var. l.*) circumirent *eqs.* 1,17 l. 26 navi ... aride adducta, quae -a erant, ad littora portaverunt (*sc. nautae*). Albert. M. animal. 5,7 aliqua ... genera animalium non recipiunt -a, sed confricant se tantum in loco exitus seminis. **2** *locut.* ad -a *i. q. ad interiorem partem – nach innen:* Albert. M. animal. 16,94 p. 1114,13 mulieres sperma suum extra orificium matricis proicere et tunc demum attrahi hoc dicunt quidam ad -a, ut admisceatur semini maris ad faciendam impraegnationem. **B** *per confusionem c.* infra *i. q. subter – unten (cf. J. Svennung, Untersuchungen zu Palladius. 1935. p. 366):*

[Orth-Müller]

Form. Andec. 41 p. 18,24 similiter ego illa -a *(v. notam ed.)*, iuxta ut superios contenitur depectum, relegionis *(leg.* relegationis, *v. notam ed.)*, quos tenet orum cartole textum ad vos volomtate mea conscriptas, et ego ad similitudinem conscribere rogavi. Antidot. Glasg. p. 111,1 totum pulverem, quod intrascriptis speciebus feceris, in duobus libris mellis admissis.

II *praep. c. acc. vel rarius (e. g. l. 12.25.26) c. abl.:* **A** *de tempore i. q. in, per – während, im Verlauf von, binnen:* Conc. Merov. p. 90,2 -a (impleto *var. l.*) anni spatio (spatium, spacium *var. l.*). Ionas Bob. Columb. 1,3 p. 158,11 -a aduliscentiae aetate (aetatem *var. l.*). Pass. Leod. 31 (MGMer. V p. 313,11) -a ⌞parvo spatio⌟ (parvum spatium *sim. var. l.*). Ps. Hippocr. progn. A 10 si sentit *(sc. patiens)* dolorem, -a quatriduum moriturum scito. Einh. Karol. 27 -a XLVII annorum ... spatium quater ... illo *(sc. Romam)* ... profectus est. Widuk. gest. 3,10 neque ... faciem regis -a tres dies videre promeruit *Bernharius*. Wipo gest. 18 cum magna festinantia properabat imperator, ita ut fere centum miliaria Latina -a diem et noctem pertransiret. *saepe.* **B** *de loco:* **1** *in, intus – in, innerhalb:* **a** *in univ.:* **α** *gener. (abund.: l. 24):* Ionas Bob. Columb. 1,7 p. 165,12 ut famulo suo Columbae -a heremi vastitate (vastitatem *var. l.*) consistente necessaria deferret. Hugeb. Willib. 4 p. 97,13 Helena ... collocavit illam *(crucem)* ⌞locum intus⌟ *(om. 3)* -a Hierusalem. Dipl. Ludow. Germ. 98 qui *(mansi)* coniacent -a alode Amalgeri et Vualtioni. Carm. de vita past. 14,8 sit venerande sepultus *(sc. mortuus)* iuxta, -a ecclesia numquam. Ruotg. Brun. 19 p. 19,21 ut maximis -a regnum urbibus ... potirentur *(sc. socii Cůnonis). persaepe. locut.* -a bracchia *i. q. in tutela – unter Vormundschaft:* Chart. Mulh. Thur. 207 (a. 1270) Iohannes ... adhuc puer detentus -a brachia Dithmari militis ... bona nichilominus resignavit. **β** *math. et geom.:* Anon. circ. p. 537,27 si -a lineas recti anguli duae lineae iunguntur per obliquum, faciunt acutum ..., qui et interior vocatur, quod -a spatium recti anguli cuiusvis lineis strictior coartatur. p. 538,5 rectus angulus iure vocatur medius, quia sit exterioris, id est hebetis, et interioris, id est acuti, communis terminus, ac alterum extra respiciat, alterum -a se contineat. *accedente notione mensurae, quae non transcenditur:* Anon. minut. 1,4 p. 233,14 cum uncia habere duodecimam possit, id est dimidiam sextulam, unciae duodecima undecies ducta, eo, quod et ipsa undecies -a deuncem teneatur, faciet deuncis duodecimam. **b** *super – auf:* Ars med. 7 p. 427,7 antrax dicitur rubor -a superficiem gingivae vel oris spatia. **c** *cum – bei:* Ionas Bob. Columb. 2,2 p. 234,9 coepit ⌞semet ipsum -a⌟ (-a semet ipsum *var. l.*) cogitans Sinoaldus dicere *eqs.* Walth. Spir. Christoph. II 6,22 hęc ait -a se. Vita Mathild. II 25 quid -a vos murmuratis? *al.* **d** *quaeritur 'quo' ('in hinein'):* Lex Alam. A 3,1 si quis homo aliquem persequens fugitivum ... et ipse -a (contra *11*, inter *pars codd.* B) ianuas ecclesiae confugiens *eqs.* Widuk. gest. 3,45 ad introitum portae persecutus est *Thiadricus* adversarios cogens illos -a murum. 3,52 cum -a urbem irruerunt barbari, quidam illorum suum mancipium agnoscit. *abund.:* Hugeb. Wynneb. 7 p. 112,28 sicut pastor perfectus ... intus -a oviles et Christi gregis caulas ... introducebat *(sc. monachos).* **2** *inter – zwischen, unter:* **a** *spectat ad locos (partes corporis: l. 57):* Lex Sal. Pipp. 22,4 si vero -a (inter *var. l.*) costas aut in ventre miserit vulnus. Agius vita Hath. 11 dicebat ... insomniis se ... ad axem supra modiolum rotae -a radiolos quasi quibusdam catenulis esse colligatam. *in nomine loci ('Introdacqua'):* Dipl. Loth. III. 120 p. 199,13 sancti Liberatoris I-a a<qua>s *(sc. ecclesiam confirmamus; ex* Dipl. Heinr. III. 184 p. 229,3 inter aquis). **b** *spectat ad homines:* Thietm. chron. 5,34 thesaurum *(sc. regis)* ... Maganus ... cum suis corripit ac tum -a se dividentes ad Amardelam civitatem letus revertitur. 7,51 ut nullus -a nos et publicum hostem ... mitteretur nuntius. Carm. de cal. Erf. 39 -a primates de federe pacis habendo utile consilium ducitur in medium. Const. imp. II 428,1,3 servabitur hoc promissum, ut non solum maiores -a nos hoc communi presidio gratulentur, verum *eqs.* **c** *spectat ad res:* Otto Frising. gest. 1,54 p. 75,29 -a (inter *var. l.*) caetera dixisse traditur *(sc. Hugo): 'eqs'.* *Orth-Müller*

intractabilis, -e. **1** *de hominibus (animalibus: l. 19) eorumque actibus vel moribus:* **a** *difficilis, durus, asper – unzugänglich unnahbar, unfreundlich, schroff:* Thangm. Bernw. 54 p. 781,18 nec mitibus -is, nec protervis despicabilis apparebat. Rup. Tuit. trin. 7,5 l. 177 ille *(sc. Esau)* ... rufus egressus est et hispidus, id est ... -is asperis moribus *(sim.* 33,18 l. 661 immitis atque -is Adam). **b** *indocilis, inflexibilis, contumax – unbelehrbar, unfügsam, widerspenstig, eigensinnig:* Anselm. Mog. Adalb. 264 qui *(Remigius)* genus ... convertit Francigenarum ad fidei cultum prius -e. Epist. Wibald. I 278 frater nostris *(sc. praepositi)* consiliis se -em exhibuit. Conr. Mur. summ. p. 160,16 mulier deridenda ... sic poterit nominari: ... instabilis, -is, impetuosa. *al.* **c** *indomitus, furiosus – unbezähmbar, rasend:* Vita Antonini Surr. 17 cui *(sc. homini a hoste maligno vexato)* appropriare dubitantes *(sc. contribules)*, eo quod pristina rabie dissimulata -em adhuc crederent. **d** *insuperabilis, invictus – unbezwingbar, unbesiegbar (in lusu verborum):* Egbert. fec. rat. 1,86 sero opici muris perit -e (gloss.: -e est asperum et damnaticium, quod nobis multa dampna facit) rostrum *(v. notam ed.).* **2** *de Deo i. qui tangi, comprehendi non potest – nicht berührbar, nicht fassbar:* Rather. quadrag. II 30,522 spiritum esse Deum incorporeum, invisibilem, -em et inestimabilem. **3** *de rebus:* **a** *corpor. i. q. ad culturam non aptus, inhabitabilis – ungeeignet für den Feldbau, unbewohnbar:* Herm. Carinth. essent. 2 p. 214,21 circa equabilem circulum ... intollerabili estu -e *(sc. clima est).* **b** *spirit. i. q. non impugnandus, indisputabilis – unangreifbar, unanfechtbar, unbestreitbar:* Bernold. Const. libell. IX 3 quatinus ... nostris oblocutoribus nulla deinceps dubitatio subrepat vel de illius *(sc. Ottonis episcopi depositi)* -i dampnatione vel de istius *(Gebehardi episcopi)* canonica subrogatione.

***intractivus**, -a, -um. *subst. n. i. quod extendi non potest – das Nicht-Dehnbare:* Albert. M. meteor. 4,3,10 p. 280,15 tractus ... extendit propter humidum ... et reversio est propter siccum terminans humidum; '-a' *(p. 386^b,14* ἄνελκτα) autem sunt, quae privantur tali humido et tali sicco.

*?****intracto**, -are. *?agere – ?verhandeln:* Dipl. Conr. III. 254 precepimus ... comiti ..., ut vinum ... reddat; quod si non fecerit, iudicio principum -bimus *(ed. et cod.*, tractabimus *ed. Plechl* [Epist. Teg. II 229], inde tractabimus *ed. Pez; fort. leg.* eum tractabimus).

intraduco *v.* introduco. **intraendi** *v.* 2. intro.

***intragium** (-aium, -arium), -i *n.* (intrare, *cf. francog. vet.* entrage *[cf. D. Vitali, Mit dem Latein am Ende? 2007. p. 512sq.])* *introitus, introductio – Handänderungsgebühr, 'Ehrschatz' (de re v. Dt. Rechtswb. II. p. 1294):* Chart. Laus. 572 (a. 1213) quem *(sc. suum)* clausum dedit *Vuillermus* ... burgensibus ... pro XVIII solidis annuis ... receptis a predictis burgensibus pro -o XXV libris. Chart. Basil. C I 351 alter *(sc. viri et uxoris)* superstes manens nullum -aium, quod vulgo dicitur erschaz, dabit. A II 162 p. 216,3 emptor nomine -i carratam vini ... dabit. 163 p. 217,11 ad quoscunque alios devenerit *domus*, tantum -rii quantum census dare debebunt *(sim.* Chart. Bern. III 254 p. 241,3). *al.*

intraho, -traxi, -ere. **1** *intus trahere – hineinziehen:* Hildeg. epist. 375 serpens *(sc. antiquus)* pessimam ... venam ab ore suo in ventrem suum glutiendo -xit. Albert. M. animal. 2,38 periret *instrumentum coitus (sc. delfinorum)* frigore aquae, nisi -retur in ventrem. *al.* euch. 1,2,8 p. 201^a,21 et nos sibi non modo attrahit *ignis (i. caritas Christi)*, sed -it, et ipse nos penetrat usque ad medullas. **2** *in vaginam recondere, condere – in die Scheide stecken, wegstecken:* Albert. Stad. Troil. 2,650 pax datur, -itur mucro. **3** *introducere (in) – hineinführen (in):* Laur. Leod. gest. 30 p. 508,34 longum est referre ... vehicula, redas et ... onera victualia ... adventantium vel redeuntium mercimoniorum ..., quotiens turri -erint *(sc. inhabitatores turris)*, pro libitu alia sibi vendicaverint, alia redimi fecerint, adeo ut ... emporio nostro *(sc. episcopi)* ... perseveret inde inflictum dispendium. Annal. Plac. a. 1265 p. 514,51 eos *(milites)* -erunt *(sc. episcopus et alii)* in civitatem *(cf.* p. 515, 19 introducentes).

[Niederer]

[**intraiacens** *v.* interiaceo.]

***intraium** *v.* *intragium. **intralabor** *v.* interlabor.

intralia, -um *n.* *intestina – Eingeweide:* DECRET. Burch. 19,87 si porci vel gallinae sanguinem hominis comedunt, mox occidantur et -a proiiciantur. SIGEB. GEMBL. Wigb. 18 qui *(Gemmelacenses)* praecaventes, ne aestivi caloris nimietas faceret iniuriam sancto corpori, -a corporis eiciunt ibique terrae infodiunt. Lamb. 24 (MGMer. VI p. 404,10) omnia -a (vitalia *var. l.*) putrefacta et fętida per os suum proiciens *Dodo* (*inde* AEG. AUR. gest. 2,11 p. 41,49).

intraminatio *v.* 1. interminatio.

***intramissor,** -oris *m.* *intercessor, introductor – Vermittler, Einführer:* AGNELL. lib. pont. 25 p. 172,47 apud quem *(sc. Deum)* mediator, nec nuntius nec -r necesse est.

intramitto *v.* intromitto.

***intramontana,** -orum *n.* *pro nomine regionis in alpibus Helvetiae sitae i. q. loca inter montes sita – in den Bergen gelegene Gegend ('Unterwalden'):* CHART. Engelb. 107 p. 81,7 (a. 1257) predium ... situm apud Alpinach in I-is ... ad manus ... Heinrici ... vendicavimus *(sc. fratres; item* 109 p. 82,22).

intranea *v.* interaneus.

intraneus, -a, -um. **1** *adi.:* **a** *internus, interior – innerlich, innerer:* TRACT. de chirurg. 825 ipsis *(senis)* alimento -o deficiente. ALBERT. M. mort. 2,7 p. 363^a,25 c a l o r modicus -us (animal. 16,115 'venae ... et ossa ex ˛calore -o˛ *[p. 743^a,17* τῆς ἐντὸς θερμότητος] desiccantur'. *sim.* mort. 3,6 p. 359^a,28 habet *omne vivum* duplex calidum -um). mot. proc. 1,1 p. 48,54 tactus ... organum perfectum ... est -um et est cor *(sim.* animal. 12,173 in duobus ... sensibus, qui per medium -um accipiunt sensibilia *eqs.). ibid. al.* **b** *intrinsecus, immanens – innewohnend, 'immanent':* ALBERT. M. sent. 1,46,17 p. 457^a,31 est *(prima veritas)* exemplaris forma et est -a in omni vero. 3,31,12 p. 593^a,34 Anselmus loquitur de modo gaudii accidentalis, non substantialis et -i. animal. 16,88 illud *(cor)* fit a nutrimento, quod est -um spermati. 16,90 tota forma est a principio, quod est -um materiae. eth. II 2,1,3 p. 154^a,37 essentia virtutis -a est naturae per essentiam. **2** *subst. n. i. q. instrumentum internum, sensus internus – inneres Organ, innerer Sinn:* ALBERT. M. animal. 12,174 qui *(gustus)* est ... per -um accipiens sensibile. *cf.* interaneus.

intrania *v.* interaneus.

***intranquillitas,** -atis *f.* *tumultus, motus – Aufruhr, Unruhen:* CHART. Eichsf. 189 p. 112,34 (dipl. Otton. IV.) promisit ... excellentia nostra castra Glichen sternere seditione temporis et -e patrie quiescente.

***intranquillus,** -a, -um. *turbans, exagitans – beunruhigend, Unruhe stiftend:* INNOC. III. registr. 2,201 p. 390,37 etsi aliis talia *(sc. increpantia)* tue sanctitatis verba ut -a placuere, tamen imperio meo *(sc. Alexii imperatoris)* et hec firma et amabilia *eqs.*

intrans *v.* 2. intro.

***intransfusus,** -a, -um. *de natura Christi i. q. non transfusus, confusus – nicht übertragen, vermischt:* PAULIN. AQUIL. c. Fel. 1,12 l. 33 salva proprietate utriusque inrefusę et -ae naturae (*antea:* naturarum confusio) in una Dei hominisque persona nec Deus umquam credatur sine homine ... nec homo sine Deo.

intransgressibilis, -e. *intransibilis, insuperabilis – nicht über-, durchschreitbar, unüberwindbar:* **1** *de termino vitae:* CAES. HEIST. mirac. I 1,26 p. 32,6 in hoc loco *(sc. Vulg. Iob 14,5)* habes homini terminum vivendi a Deo constitutum et quod idem terminus -is sit. **2** *de ordine, lege sim. i. qui transcendi non potest, incommutabilis – nicht übertretbar, unabänderlich:* **a** *gener.:* HEINR. AUGUST. planct. 692 ut firmamentum caeli sit nomen eorum *(iustorum)*, -is mandati lex manet illis *(reprobis).* **b** *theol. de fato, ordine rerum:* EPIST. var. I 39 p. 559,20 ut ... corporalibus suis sensibus patrem ... videret *Christus,* hoc quid o r d i n i illi summo et -i conferret, non satis mihi apparet (ALBERT. M. summ. theol. I 17,68,4 p. 706^a,29sqq. 'Fortuna cum apud Graecos εἱμαρμένη dicatur, ex eo quod est μοῖρα [heirmos *Burg. Pis.*] quaedam, id est ordo, causarum -is [*cf. PG 40,752^B* ἀπαράβατος]: ita enim eam Stoici determinant *eqs.' [ex Burg. Pis. transl. Nemes. nat. hom. 36 p. 138,74sqq.]*). ALBERT. M. eth. II 3,1,17 p. 221^b,16sqq. fatum -e est et tamen non necessarium ...; si autem *eqs.* **c** *iur.:* DIPL. Frid. I. 565 p. 35,3 omnia ... confirmamus -i sentencia decernentes, ut *eqs.*

***intransgressibilitas,** -atis *f.* *condicio incommutabilis, insuperabilis – Unabänderlichkeit, Unüberwindbarkeit:* ALBERT. M. eth. II 3,1,17 p. 222^a,26 quod dicit Eustratius de -e fati, iam in primo libro assignavimus rationem.

intransibilis, -e. **1** *intransgressibilis, insuperabilis – nicht überschreitbar, undurchquerbar, unüberwindbar:* **a** *proprie:* GUMP. Wenc. 23 p. 221,33 perveniunt *fideles* ad rivum ... animalibus ... nimia profunditate -em. SIGEB. GEMBL. chron. praef. p. 300,34 paludes (*sim.* ROB. TOR. chron. a. 1140 p. 494,32 cum ... consul ... paludem pene -em vix transisset). *usu philos.:* ALBERT. M. phys. 3,2,17 p. 197,35 dicimus nullum quantum ita magnum esse secundum 'actum', quod ipsum 'sit -e' (*p. 207^b,29* ἀδιεξίτητον) *eqs.* **b** *translate i. qui transcendi non potest, incommutabilis – nicht übertretbar, unabänderlich (usu iur.):* THIOFR. Willibr. II 2,740 de carnis lęto data lex est ..., lex -is. DIPL. Karoli M. 245 p. 346,31 (spur. s. X.) ei *(parrochiae)* ... hos terminos: mare ..., Albiam fluvium ..., firmos et -es circumscribi iussimus. 240^a p. 336,30 (spur. s. XII.) ut ... hec confirmacionis sentencia ... rata et inconvulsa et omni evo -is permaneat. **2** *qui non ultra procedit, pergit – nicht darüber hinausgehend, nicht weitergehend:* ALBERT. M. div. nom. 4,122 p. 217,3 qui *(sc. homines)* 'continent istos' *(sc. leves)* sonos 'extra -es usque ad aures', id est ita, quod perveniant tantum usque ad aures et ultra non transeant.

adv. ***intransibiliter.** *incorruptibiliter, perpetuo – in unvergänglicher Weise, fortwährend:* PETR. DAM. epist. 119 p. 360,21 cui *(Deo)* ... et illud tempus -r (*antea:* sine ullo transitu) adest, quod ea, quae facta sunt, antecessit, et illud, quod *eqs.*

[**intransiendo** *v.* in *et* transigo: DIPL. Frid. I. 77 p. 129,32.]

intransitivus, -a, -um. **1** *t. t. gramm. ad designationem constructionis gen. explicativi vel inhaerentiae i. q.* ἀμετάβατος, *nullam distinctionem exprimens, identitatem exprimens – 'intransitiv', keinen Unterschied bezeichnend, eine Identität ausdrückend:* HONOR. AUGUST. sigill. 5 (PL $172,509^B$) in hac significantia *(sc. pessulum ostii mei)* est 'mea' -a grammatica *eqs.* ALBERT. M. Iob 38,4 'quando ponebam fundamenta terrae': hic est -a c o n s t r u c t i o, hoc est terram pro fundamento omnium elementorum (summ. theol. I 10,44,2 p. 350,21 c. genitivi cum recto aliquando -a est. *al.* CONR. MUR. summ. 1 p. 25,10). **2** *theol. i. q. intransibilis, perpetuus – unvergänglich, fortwährend:* THIOFR. flor. 1,1 l. 28 qui ex nihilo rerum condidit universitatem -i ac ęterni nominis sui virtutem declarare dignatur. 3,1 l. 24sq. participatione ... et communione inmutabilis et -ę naturę in ipsa naturali transitione sua *(sc. verba Dei)* sunt -a. **3** *usu communi i. q. stabilis, firmus – feststehend, dauerhaft:* RICHER. REM. hist. 2,13 terra immobilis ac oppidum -um est.

adv. **intransitive.** **1** *t. t. gramm. i. q. modo nullam distinctionem indicanti, identitatem exprimenti – auf eine Weise, die keinen Unterschied bezeichnet, eine Identität ausdrückt:* ARNO REICHERSB. apol. p. 120,27 sive ... virtus Patris -e intelligenda sit. HUGO HONAUG. hom. 3,22,3 similitudo substantiae dicitur -e, id est substantialis. ALBERT. M. Is. 1,16 p. 25,17 dicit 'auferte malum cogitationum vestrarum' *(sc. populi)* dupliciter, transitive et -e *eqs.* summ. theol. I 6,25,4,4 p. 168,57 nec dicuntur animae daemonum nisi -e, hoc est daemones, qui dicuntur animae. *al.* **2** *theol. i. q. modo intransibili, aeterne – in unvergänglicher Weise, ewig:* THIOFR. flor. 1,1 l. 35 in conspectu eius, qui solus est -e ac vere est. 3,1 l. 6 in sacrosanctis -e transitivis nominibus *(sc. sanctorum).*

***intransitorius,** -a, -um. *intransibilis, perpetuus – unvergänglich, fortwährend:* HILDEG. scivias 2,1 l. 175 per illocale Verbum, quod per inexstinguibilem vitam, qua vivit in aeternitate, -um est, ... cognoscitur vis Patris. CHART. Const. 25 p. 31,43 ego Hermannus ... intuens his rebus transitoriis in cari-

[*Niederer*]

tate distributis posse bona -a et eterna ... comparari.

[intransitus *v.* in *et* transitus: CHART. Xant. 194 p. 130,42.]

intransmeabilis, -e. *intransgressibilis, qui transcendi non potest, impervius – nicht über-, durchquerbar, unübertretbar, unpassierbar, nicht gangbar:* 1 *proprie:* **a** *de aquis, viis:* COLUMB. epist. 3 p. 164,37 insuavi ... -ique non tam maris visibilis quam intelligibilis dorso ... nobis opposito. LIUTH. Iust. (MGScript. XV p. 567,43) equis ... -is extiterat *(sc. alveus fluminis).* WIDUK. gest. 1,18 p. 28,20 donec ipsa *(cerva)* precedente omnibus retro mortalibus -em (-e *C 2 p. corr. ex* -o) hactenus viam per Meoticas paludes transmearent *(sc. gens in paludibus degens).* THIOFR. Liutw. 19 p. 41,17 aqua. *al.* **b** *de limite:* THIOFR. flor. 3,1 l. 54 licet tanquam ad -em obicem indignantia, verbis *(sc. sancti)* tamen potentibus obedientia in alveos suos resiliunt ... flumina *(v. notam. ed.).* **c** *de virgultis i. q. impenetrabilis – undurchdringlich:* AGNELL. lib. pont. prol. C 43 videntes *(sc. qui in silvis positi sunt)* densas erga se arbores, opaca et obscura loca atque -a veprium multarum. 2 *in imag. vel alleg.:* PETR. DAM. epist. 31 p. 298,26 illic invitus metam criminis fixit *(sc. sodomita),* ubi nature neccessitas -em (intransmetabilem *var. l.*) facultatis t e r m i n u m collocavit (serm. 24,2 l. 44 quem *[Iohannem]* ... -em t. providentia divina constituit). serm. 28,7 l. 237 de parvis et planis aquis ad -em profundi torrentis plenitudinem pervenitur *eqs. cf. l.6.*

***intransmetabilis,** -e. (*transmetare) *intransgressibilis – unübertretbar: v. l.21.*

***intransmutabilis,** -e. *incommutabilis – unveränderlich, unwandelbar (usu philos. et theol.):* ALBERT. M. sent. 2,40,1 p. 624^b,2 bonum et malum in actione sunt formae -es circa actionem voluntariam. cael. hier. 7,8 p. 107,36 collocationem *(sc. thronorum)* dico 'incasualem' ... 'et -em' *(PG 3,208^B* ἀμετακίνητον), in quantum non nutant in ipsa (*sim.* div. nom. 1,42 p. 24,45 '-i' [*PG 3,592^B* ἀμεταβόλου] ... 'propriorum' ... 'collocatione'). div. nom. 4,22 p. 129,58 sunt eis *(sc. hierarchiis)* 'convolutiones -es (*PG 3,696^B* ἀμετάπτωπτοι) circa seipsas'. eth. I 710 p. 608,34 haec 'sola', id est vera amicitia, 'est -is' (*p. 1157^a,21* ἀδιάβλητος). gener. 1,4,1 p. 151,14 'unumquodque' eorum *(elementorum)* est 'sempiternum' -e. eth. II 1,7,14 p. 127^b,47 qui *(Stoici)* dicunt felicem et sapientem ... -em esse. *ibid. persaepe.* *spectat ad homines obstinatos:* ALBERT. M. bon. 221 p. 133,66sqq. tales *(sc. immorantes opinioni)* sunt -es a mente sua propter propriae sententiae confidentiam, sed *eqs.*

adv. ***intransmutabiliter.** *modo incommutabili – auf unveränderliche Weise:* ALBERT. M. div. nom. 4,93 p. 196,58 dicitur 'mansiones omnium eorundum', quae dicta sunt, quibus permanentiam habent ex suis principiis, 'conservativae et intransmutabiles', id est -r conservantes; aut *eqs.* 7,36 p. 364,6 aliquis *(sc. fidelis)* -r manet in una fide, quae etiam unit omnes fideles. metaph. 3,3,14 p. 154,66 omnia sunt aut una aqua aut unus aer ... aut quaecumque duo aut tria aut omnia quattuor elementa -r composita. *ibid. al.*

***intransmutabilitas,** -atis *f.* *condicio incommutabilis – Unveränderlichkeit:* ALBERT. M. summ. creat. I 3,7,2 p. 401^a,28 nihil aliud intelligentes *(sc. philosophi)* per perpetuitatem illam *(sc. caeli)* vel aeternitatem nisi -em secundum formas substantiales et accidentales. eth. I 708 p. 606,62 -s accidit verae amicitiae (*sim.* 710 p. 608,31).

***intransmutatus,** -a, -um. *non mutatus – unverändert:* ALBERT. M. eth. I 790 p. 669,57 intelligens videtur solus esse inter homines, si consideretur esse secundum, vel maxime esse, si consideretur esse primum, secundum quod subsistit et perficitur secundo, quod habet esse maxime -um. phys. 4,1,9 p. 218,58 in loco naturali elementorum est maior similitudo, quia in illa fit generatio et corruptio elementorum et loco et materia manentibus -is. *Niederer*

***intrarium** *v.* *intragium.

***intrata,** -ae *f.* (*cf. ital.* entrata) *introitus, aditus – Eingang, Zugang:* CHART. Bund. 498 p. 13,30 (a. 1203) quintum terminum est ultra per medium ad lapidem grossum, qui est sub Matarello ad -am gualdi.

***intratica,** -ae *f.* *tributum pro introitu, investitura solvendum – Investiturgebühr (usu publ. et eccl.):* CHART. Tirol. notar. I 345^a p. 162,15 (a. 1236) debet ... prepositus habere ... omnia utensilia pertinentia ad ... ecclesiam sancti Pauli; item ... debet dare CL libras pro -a. 415 p. 194,7 quod ... capitulum teneatur restituere et solvere ... Concio centum et quinquaginta libras, quas ei dederat pro -a et investitura (*sim.* p. 195,29 pro investitura seu -a ... locationis).

***intratio,** -onis *f.* *commoratio in loco quodam fideiussionis causa, obstagium q. d. – Einlager (t. t. iur.; de re v. Dt. Rechtswb. II. p. 1413sq. et HRG I. p. 901sqq.):* CHART. Westph. VII 391 p. 169,12 (a. 1231) reliquas *(sc. marcas)* ad certos terminos recipiemus *(sc. fratrueles Adolphus et Ludolphus),* scilicet post pascha ad tres ebdomadas centum marcas, in festo Iacobi ducentas; centum ex hiis solvet *(sc. comes)* sine -e Susatum, pro reliquis centum intrabit, si velit non exiturus, donec persolvat. *cf.* 2. intro.

***intrator,** -oris *m.* *qui intrat, ingreditur (in) – einer der (hin)eingeht, eindringt (in):* CHART. Bern. II 281 p. 304,27 (a. 1249) si aliquis ultra contradictionem alicuius burgensis domum eius intraverit, quicquid mali ... -i infra domum evenerit, nulla erit satisfactio. *ibid. al.*

***intratura,** -ae *f.* *praestatio, quae dignitatem ineunti fit – Abgabe, die bei Amtseinsetzung empfangen wird (usu publ. et iur.; de re v. E. Brinckmeier, Gloss. dipl. 1961. I. p. 1059):* ACTA imp. Stumpf 326 p. 458,18 (dipl. spur. Heinr. V.; a. 1110) cum fodro et albergariis et -a a b b a t i s (DIPL. Otton. I. 461 p. 630,12 [spur.] cum omni honore et ... districto et albergarias et fotro et -am a. et investiciones. *saepius*).

[intreghi, intregum *v.* integer.]

intremesco (-mis-), -tremui, -ere. *struct. c. praep.:* ad: *l. 35. 50.* ex: *l. 42. 43.* *(con)tremescere, horrescere – (er)zittern, (er)beben, erschauern:* 1 *de hominibus vel partibus corporis eorum:* **a** *spectat ad pavorem, perturbationem animi sim.:* BONIF. epist. 78 p. 168,18 ad haec omnia *(sc. quae Dominus dicit)* quis non -at (tremescat *var. l.*), nisi qui futura non credit? PETR. DAM. epist. 72 p. 333,4 protinus vir Dei, tamquam si ipse ... homicidii auctor esset, pavefactus -uit. p. 337,15 quo *(monstro)* viso subitus eum *(vassum)* terror invasit et stupefactus -uit. BENZO ad Heinr. IV. 3,27 p. 346,21 commitissa ... haec *(sc. verba)* audiens ingemuit et ... toto corpore -uit. VITA Heinr. II. A 30 p. 323,11 post ... visionem expergefactus ex conscientia delicti sui -uit. CASUS Petrish. 3,20 cum frater ex eius visione, quem sepultum noverat, -uisset. *al.* **b** *spectat ad afflatum divinum:* RUP. TUIT. inc. 15 p. 459,26 ita ut inenarrabiliter homo totus interior simul et exterior -iscat et concutiatur in momento *(spectat ad Vulg. psalm. 147,15).* ARNO REICHERSB. scut. p. 1499^C quorum *(hominum)* venter super sensibili attactu sponsi ad opus eos spiritale suscitantis saepius -uerit (*sim.* GERHOH. Antichr. 2,31 p. 253,14 ut venter animae -iscat ad tactum illius; *loci spectant ad Vulg. cant. 5,4).* **c** *spectat ad infirmitatem:* ALCUIN. carm. 3,31,3 ecce quidam iuvenis valido languore per annos ... multos doluit; nervi vix ossibus haerent, -uere simul vexati corporis artus. Willibr. 1,29 (MGMer. VII p. 136,22) adolescens quidam infirmus ad corpus beati pontificis manibus deductus amicorum, qui totis -uit membris. 2 *de locis:* RUP. TUIT. Herib. 35,9 cum ... locus -uisset tam valide, ut tota monasterii fabrica funditus quati videretur *eqs.* *de rebus exstructis:* METELL. exp. Hieros. 5,11 castellum sensit ferale duellum; crepans maiore sono diroque fragore funditus -uit. 3 *per prosop.:* CARM. de Quint. 331 rabies irarum turbine mota nequiter -uit frendens et inhorruit amens.

intremo, -ere. *tremere – zittern:* PETR. DAM. epist. 119 p. 376,11 cum ... velut frigescens -ret *vir,* dentium stridores emitteret *eqs.*

***intrepidatio,** -onis *f.* *natura intrepida, impavida – Unerschrockenheit, Unverzagtheit:* ALBERT. M. bon. 127 p. 85,2 susceptio dicit -em animi in impetu periculi, perpessio vero longanimitatem in aequamini sustinentia usque ad finem.

intrepidus, -a, -um. *impavidus, audax, firmus – furchtlos, unerschrocken, fest:* 1 *in univ. (fere de hominibus; de incessu eorum: p. 2241,8; usu subst.: p. 2241,12):* ARBEO Corb.

[Clementi]

Romana urbanitate et ... cantus suavitate ac dulcedine necdum feroces animos oraque -verat. Simon Sith. gest. praef. p. 635,21 quem lacte vestrae dulcedinis, utpote qui necdum cordis palatum habilem habueram cibis solidioribus, ... -estis *(sc. pater)*.

insuetudo, -inis *f. defectus consuetudinis – fehlende Gewohnheit:* Liber revel. Rich. 38 p. 47,13 propter -em (consuetudinem, inconsuetudinem *var. l.*) et auditum eorum secreciorem ... vise sunt michi voces ille *(sc. daemonum)* ... spiritales, non corporales.

insuetus, -a, -um. 1 *non suetus – nicht gewöhnt (an):* Otfr. ad Liutb. 62 linguae barbaries, ut est inculta et indisciplinabilis atque -a capi regulari freno grammaticae artis. Christ. Stab. Matth. 2,377 Aegiptus ... regio caeli imbribus -a et pluviis ignara. Otto Sanblas. chron. 14 p. 16,20 cives, utpote talium *(sc. vectigalium et exactionum)* -i, edicta imperialia spernunt. *al.* 2 *inassuetus, insolitus – ungewohnt, fremd (usu subst.: l. 23):* Theodulf. carm. 27,22 -os ... ciet *(sc. Balensis asellus)* voce rudente sonos. Ruotg. Brun. 24 p. 25,1 cum primum ... populus ... blandimenta pacis valde sibi -a temptaret *eqs.* Notker. Lab. epist. 33 (Festschrift H. Fromm. 1979. p. 173) primum abhorrebitis *(sc. episcopus)* quasi ab -is, sed paulatim forte incipient se commodare vobis. Frid. II. Imp. art. ven. 2 p. 166,12 videntes *aves rapaces* ... faciem hominis sibi ... terribilem et cetera, que conversantur cum homine, -a videri sibi. *saepius.* 3 *acc. sg. neutr. pro adv. i. q. modo insolito – in ungewohnter Weise, ungewöhnlich:* Vita Serv. 14 p. 61,10 -um ... totam illustrans *coruscatio claritatis* basilicam.

insufficiens, -entis. *script. compar.* -ncius: *l. 66. struct.: c. praep.:* ad: *l. 36.37.47.49.* in *c. abl.: l. 54. c. inf.: l. 42.*
non sufficiens, impar, indignus, minus idoneus – nicht ausreichend, ungenügend, nicht gewachsen, unzulänglich, ungeeignet: 1 *de hominibus eorumque partibus corporis:* a *in univ.:* Udalr. epist. 17 p. 612,14 communis debilitas, que nos ad mutuam visitationem -es reddit. Rahew. gest. 3,46 p. 219,15 ad gratiarum actiones imparem et -em me cognosco *(sc. comes)*. Conr. Mur. summ. p. 159,4 quilibet parens et magister ... appelletur: ... indignus, inmeritus, -s. *de lingua:* Gerh. Sted. annal. p. 214,22 quanto ... labore et dispendio necessaria cibariorum contraxerimus, cum cor meminit, lingua exprimere -s est. b *spectat ad officium:* Rather. epist. 30 p. 174,24 vicini ... relinquunt me solum et -issimum basilicas diocesis nostrę vel levare vel relevare. Anselm. Hav. dial. prol. p. 26,8 Anselmus pauper Christi, ... -s episcopus. Chart. Bund. 759 p. 222,1 (epist. papae) reliqui ... Volcardum canonicum Curiensem -em ad hoc *(sc. episcopatum)* penitus et indignum minus canonice in suum episcopum elegerunt. Chron. Hild. 28 p. 861,27 cum se -em ad regimen ecclesie reputaret *(sc. episcopus)*. *al.* 2 *de rebus:* Guido Augens. mus. 297 quod si ultra decem voces cantus intendatur, -s est formula. Chart. Rhen. med. III 73 p. 74,7 redditus infirmatorii ecclesie ... admodum tenues, immo penitus -es (*sim.* 75 p. 76,2). Albert. M. phys. 6,2,1 p. 463,33 videtur, quod demonstratio -s sit in motu secundum locum. cael. 4,2,9 p. 271,47 et -ia et falsa sunt omnia dicta antiquorum ponentium gravi et levi substantiam unam. anim. 3,4,1 p. 229,14 est -s (sufficiens *var. l.*) divisio *(sc. animae in rationalem et irrationalem partem)*, quia *eqs.* veget. 6,128 quia qualitas eius *(sc. arboris)* et calor -s est *eqs. al. v. et l. 63.*

adv. **insufficienter.** *non sufficienter, parum – ungenügend, zu wenig:* Liber diurn. 2 Deo <et apostolatui vestro> -r (insufficientes *var. l.*) <gratias referamus>. Albert. M. elench. 1,2,1 p. 538^{b},29 videntur -r positi modi aequivocationis, quia *eqs.* Const. imp. III 64 plurima ... ministeria de nostri pectoris thalamo ... effluxerunt, ... -cius exprimencia votum nostrum. *v. et p. 2084,7. al.*

insufficientia (-ncia), -ae *f. struct. c. praep.* ad: *p. 2084,13. vires deficientes, inopia, infirmitas, inutilitas – Unzulänglichkeit, Mangel, Unvermögen, Unbrauchbarkeit:* 1 *de hominibus eorumque actibus:* a *in univ.:* Const. imp. I 410 p. 586,17 (a. 1187) cognoscimus siquidem -am nostram et scimus nos ... impositum onus utiliter portare non posse. Wilbr. peregr. 1,5 p. 167,1 quod *(palatium)* pro mea -cia breviter describo vobis. Summa dict. Saxon. 11,41 cum ... prepositus Misnensem custodiam ... propter inbecillitatem et -ciam corporalem ad manus ipsius episcopi resignasset. Frid. II. Imp. art. ven. 2 p. 208,17 quod propter festinantiam et -am assuefactionis non sit opus reducere falconem insufficienter mansuefactum de domo clara ad non claram. *al.* b *spectat ad officium:* Cono Laus. gest. 16 accusatus *(sc. Landricus episcopus)* aput dominum papam de incontinencia et -cia nimia. Caes. Heist. hom. exc. 174 qui *(magister)* ... suam -ciam confessus, quod sacramentum ... fide discuciendum esset, edocuit. Vita Gebeh. Salisb. II 27 p. 48,1 domnus Heinricus ... -am ... suam ad regimen nostri monasterii sepenumero proponens. *al.* 2 *de rebus:* a *corporeis:* Agius vita Hath. 5 necdum eis *(sororibus)* ... vestimenta propter rerum -am dabantur. Frid. II. Imp. art. ven. 5 p. 147,25 aut propter crassitiem nimiam aut propter inordinationem et -am trayne *(sc. nolet falco capere aironem)*. Ps. Albert. M. secret. 6,115 diminucio et turpitudo est in privacione operis propter inobedienciam materie vel -ciam (-cie, inff-ciam *var. l.*). *al.* b *incorporeis:* Albert. M. bon. 548 p. 289,71 apostolus ... intendit ostendere -am legis veteris. cael. 4,2,9 p. 270,50 ostendamus -am dicti antiquorum in causa levis et gravis. *al.*

insufflatio, -onis *f. script.* -ufl-: *l. 45.* 1 *usu christiano:* a *spectat ad spiritum sanctum i. q. inspiratio – das Einhauchen:* Thietm. chron. 5,42 pone ..., fili *(sc. Tagino, successor electus)*, os tuum super os meum *(sc. antistitis morientis)* accipiens a Deo -em (inspiracionem Chron. Thietm.) spiritus mei. Gerhoh. Antichr. 2 app. 1 p. 341,20 spiritus sancti -o, sine qua nullus mortuorum sive in anima sive in corpore plene vivificari potest. *al.* b *spectat ad sacramentum i. q. afflatus – das Anblasen, Anhauchen:* Amalar. off. 1,25,2 quali ignominia dignus sit hospes aquae expelli, per suam -em sacerdos monstrat. Petr. Dam. epist. 40 p. 452,1sqq. per illam hominis -em ... et spiritus malus expellitur et spiritus sanctus introire dignatur; quod ... totum si ita per -em (-e, inflationem *var. l.*) nihilominus symoniaci sicut et per boni sacerdotis impletur officium, cur *eqs.* 2 *usu profano:* a *gener. i. q. (in)flatus – das Wehen, (Hinein-)Blasen:* Agob. 11,77 si pulmo lateri adhęserit vel eum -o penetraverit. Albert. M. pol. 7,9^{b} p. 691^{b},20 hi venti *(sc. Aquilo et Boreas)* sunt recti flatus, non involuti, nec fortissimae -is. b *natur. et anat.:* α *actus (in)spirandi, spiritum ducendi – das Einatmen, Atem:* Ps. Galen. anat. 5 p. 182^{A} aperitur pulmo cum inflatione (insufl-e *var. l. cod. Vindob.*) et clauditur cum exufflatione. β *?spiritus, pulsus vitalis – ?Lebensatem, belebender Puls:* Ps. Galen. anat. 15 p. 193^{B} ponitur ... *(sc. hepar)* in dextra parte ex directo, ut directe suscipiat supra se -em (sufflationem *var. l. cod. Vindob.*) cordis ipsum vivificantis. c *medic. i. q. medicamentum ad inflandum aptum – zum Einblasen geeignetes Medikament (usu meton.):* Walth. Agil. med. 37 p. 140,4 ex -bus ... talis fiat ei *(sc. fluxu sanguinis laboranti)* -o: rp. sanguinem patientis, et assetur ... et postea pulverizetur; et huius pulveris insuffletur intra nares.

***insufflator,** -oris *m. qui insufflat, concitator – einer, der eingibt, einflüstert, Urheber:* Narr. de Gron. 39,2 ille hostis antiquus, spiritus nequam, -or tocius mali.

insufflo, -avi, -atum, -are. *script.* -ufl(o): *p. 2085,23.30. al. usu impers.: p. 2085,9. adde* Albert. M. animal. 7,55. *partic. perf. usu adi.: p. 2085,38.40.*
I *flatum (e-, im)mittere (in), (in-, af)flare, inspirare – (hinein-, an)blasen (in), (ein-, an)hauchen:* A *usu christiano:* 1 *spectat ad spiritum vitalem, animam (expressius i. q. animare – beseelen: l. 68):* Conc. Karol. A 19^{D} p. 138,1sq. cum ex limo terrae Deus finxisset hominem, protinus in eum -vit spiraculum vitae ...; non igitur alter *(homo)*, qui formatus est, et alter, qui -tus, sed unus idemque. Hraban. anim. 2 p. 1112^{B} constat, quod a Deo originem sumpserit *(sc. homo)*; quod autem -asse dicitur Deus, non ita credendum est Deum -asse, qui est incorporeus et invisibilis, quemadmodum nos -ando spiritum resolvimus, ... sed *eqs.* 2 *spectat ad spiritum sanctum:*

[Buckatz]

virtutis moralis) habitu armatus improvisus incidens in pericula, imperterritus et -is est. *Leithe-Jasper*

insuadibilis, -e. *incredibilis – unglaublich:* Epist. Lang. 19 p. 712,26 domine *(sc. papa)*, spes, -is c l a r i t a s et redemptio sperandorum *eqs.* (Epist. var. II 11 p. 314,41 o . . . imperator et domne, spes [*cod.*, spei *ci. ed.*], -is c. et largitas sperandorum *eqs.*).

insuasus, -a, -um. *non suasus, inconsultus – unberaten:* Heiric. Germ. I alloc. 69 i . . ., liber, . . . nec te non monitum nec -um olim discessisse graveris.

***insuavilis,** -e. *insuavis, durus, ingratus – unangenehm, unfreundlich, undankbar:* Ps. Method. revel. A 12,7 inquiruntur, quicumque tales sunt: . . . -es (-is *BG*, insuaves *clm 18525^{b} [O. Prinz, Festschr. H. F. Haefele. 1985. p. 20];* ἀχάριστοι), inmundi, damnatores *eqs.* (*cf.* 12,5).

insuavis, -e. *usu subst.: l. 23.* **1** *proprie i. q. acidus, acerbus, amarus – sauer, scharf, herb, bitter:* Annal. regni Franc. a. 820 p. 154,14 vinum . . . propter caloris inopiam acerbum et -e fiebat (*inde* Annal. Fuld. II a. 820. Bened. Andr. chron. p. 134,5). Rup. Tuit. trin. 16,1364 porri et caepae notum est, quia gustu -es sunt. *in alleg.:* Conr. Hirs. mund. cont. 1097 ubi *(sc. in horto animae)* tota messis redolentis gracie sic fructificat, ut . . . nihil -e producat. **2** *translate:* **a** *de rebus:* **α** *iniucundus, molestus, incommodus – unangenehm, lästig, beschwerlich:* Columb. epist. 3 p. 164,36 acsi marina trabe interclusus . . . -i . . . intransmeabilique non tam maris visibilis quam intelligibilis dorso . . . nobis opposito. Gerhoh. psalm. 33 p. 269,14 oculis aegris odiosa et -is est lux. *al.* **β** *non tranquillus – unruhig:* Maurus. progn. 19 p. 35^{a},48 -is *(sc. somnus)* malam dispositionem cerebri insinuat et panniculorum eius. **γ** *non suavis, absonus – nicht lieblich, unharmonisch:* Wolbero cant. epil. p. 1274^{A} quia confusa est huiusmodi *(sc. elegiacae)* cantionis species, -em (in suavem *ed.*) et immitem depositionis generat qualitatem. **δ** *ingratus, odiosus – unwillkommen, unlieb, missfällig:* Vita Eberh. Salisb. I 14 si quis exsufflat, fortasse illi . . . omnia scripturarum -ia erunt. **b** *de hominibus i. q. saevus, barbarus – wild, roh, barbarisch:* Vita Magni Fauc. II 4 cępit Suevos -es . . . mitigare. *al.*

adv. **insuaviter.** *non suaviter, absone – nicht lieblich, unharmonisch:* Mus. Enchir. 18,53 cur . . . alii . . . soni sibi misceri nolentes -r discrepent. Regino harm. inst. 5,64 sunt nonnulli, qui docte ac suaviter aliis canere non possunt, sibi tamen aliquid -r suave *(om. Ve)* canunt.

insuavitas, -atis *f.* *asperitas, incommoditas – Grobheit, Unfreundlichkeit, Unhöflichkeit:* Epist. Ratisb. 6 p. 290,10 psalmista hortatur, ut vacetis et videatis, 'quoniam suavis est Dominus'; vos autem ad omnem -em, ad omnem acerbitatem . . . vacatis *eqs.* Absal. serm. 2 p. 26^{A} nisi te ipsum accusare erubescis *(sc. homo)*, dices, quia superbiam, impatientiam, -em, diffidentiam ad omnes *(sc. vides)*.

***insubiectio,** -onis *f.* *subiectio deficiens, obsequium negatum – mangelnde Unterordnung, verweigerter Gehorsam:* Hincm. annal. a. 870 p. 170,11 impetitus *episcopus* . . . de -e regiae potestati (potestatis *var. l.*) et inoboedientia erga suum archiepiscopum.

insubiectus, -a, -um. *non subiectus, non obnoxius – nicht unterworfen, nicht untertan:* Heinr. Teg. Quir. I app. p. 257,26 vulpis convento urso adulatur dicens incongrue cervum solum -um restare.

***insubmissus,** -a, -um. *inverecundus, irreverens – unehrerbietig, ehrfurchtslos:* Epist. Hann. 84 p. 142,17 me ad auctoritatem apostolicę sedis et reverentiam ecclesiasticę dignitatis non -um, non immoderatum exhibui *(sc. Gaufridus comes)*.

***insubsistibilis,** -e. *perpetuus, continuus – stetig, beständig:* Mirac. Bert. 6 pars iuvenum . . . arrepto . . . itinere -i cursu directim tendebant ad munitiunculam.

***insubstantia,** -ae *f.* *substantia deficiens – fehlende Substanz, 'Nicht-Substanz':* Albert. M. herm. 1,2,5 p. 397^{a},3 privatio illa *(sc. termini accidentalis)* nomine abstracto significatur, ut iniustitia, impietas, et ideo non dicitur inhomo vel -a.

insudo, -avi, -atum, -are. *struct.:* *c. abl.: p. 2082,17.* *c. praep.:* ad: *p. 2082,30.31. adde* Theod. Trev. transl. Celsi 11. circa: *l. 33.* de: *l. 25.* in: *c. acc.: l. 11.* *c. abl.: l. 37. adde* Epist. Teg. I 104 p. 107,15. II 152. *c. inf.: l. 20sqq. usu impers.: l. 43.* *partic. praes. usu subst.: l. 31. 40. adde* Chart. Raitenh. 63 p. 59,14.

I *intrans.:* **A** *de lapidibus i. q. madere, manare – nass sein, triefen:* Gesta Camer. 3,36 columnae marmoreae . . . aecclesiae uberrimis et insuetis madoribus visae sunt -are. **B** *de hominibus i. q. desudare, laborare, se fatigare, eniti – ins Schwitzen kommen, sich abmühen, abplagen, abquälen, anstrengen:* **1** *in univ. (in imag.: l. 11):* Arbeo Emm. 20 in arduam huius evi callem -ando. Vita Sigir. 30 (MGMer. IV p. 623,28) ut . . . rura excoleret *homunculus* suoque in agello fortiter -ret. Ekkeh. IV. pict. Mog. 57 -ans operi (*gloss.:* culturę agri) homo promeritoque (*cod.*, po- *ed.*) labori. Carm. Bur. 109,3,1 quid -o Veneri? *al.* *spectat ad actum libri conscribendi:* Paul. Fuld. Erh. 1,11 (ed. Levison) te *(sc. Heilika)* digna *(ci. Krusch,* dignam *1a. b et ed. Boll.)* -o laude. **2** *c. colore quodam:* **a** *studere, conari – sich bemühen, suchen (zu):* Arbeo Emm. 2 p. 28,30 subiectorum . . . praecordiorum arva caelesti ymbre rigare -bat (*sim.* Hist. Emm. [MGMer. IV p. 526,22]). p. 30,9 intrinsecus aedificare omnes -bat (sudabat *var. l.*). Frowin. explan. 3,3 in duabus . . . petitionibus demonstrare -vimus, quomodo *eqs.* **b** *anniti, tendere (ad) – streben, trachten (nach):* Willib. Bonif. 1 p. 5,3 multo . . . mentis conamine de monasteriali iugiter vita -are et ad eam . . . anhelare. Theod. Trev. mirac. Celsi 11 p. 409^{A} multa iam siquidem medicinalia incassum sibi exibita fomenta, coepit *(sc. adulescens dolore vexatus)* . . . desperari . . .; quid plurimis -andum? Albert. M. eth. I 86 p. 75,25 illud, ad quod 'maxime -at (*p. 1102^{a},8* πεπονῆσθαι) civilis', est . . . determinandum in scientia de civili bono. 88 p. 77,54 -antes ad virtutem corporis . . . debent aliquid considerare de corpore. p. 77,58 qui *(civilis)* -at circa virtutes animae. *al.* **c** *incumbere, se dedicare – sich befassen, beschäftigen (mit), hingeben, widmen:* Eigil Sturm. 13 p. 144,19 sacris libris scrutando -bat. Hraban. hom. I 41 p. 77^{C} ipsi *(sc. aliqui ad ecclesiam venientes)* foris . . . student . . . in alea vel in locis (*leg.* iocis) inutilibus -are. Adalb. Magd. chron. a. 920 multi . . . etiam nobiles latrociniis -bant. Alfan. premn. phys. 2,116 p. 51 illae *(ostensiones)* . . . obscurae . . . vixque intellegibiles illis disciplinis -antibus (*PG 40,589^{B}* τοῖς ἐντεθραμμένοις). Chart. Stir. IV 481 p. 290,3 in quibus *(monasteriis)* . . . eterne deitatis laudibus vigiliis incessantibus -atur. *saepius.* *spectat ad narrationem:* Chron. Albert. Beh. p. 479,2 in hoc opusculo . . . tantum Bayoariis volumus -are.

II *trans.:* **A** *sudare facere, exercere – schweißnass machen, 'rühren':* Salimb. chron. p. 16,11 si, que . . . yemalibus fuerant parta laboribus, decuerit culmen regalis honoris ad suas manus . . . devolvere, quas non erubescebant *(sc. reges)* vix tribus mensibus -asse. **B** *arripere, perficere – in Angriff nehmen, verrichten, vollbringen:* Carm. de Bobol. 6,2 (MGMer. IV p. 154) semper -are laborem adsuevit. Hist. Emm. (MG Mer. IV p. 526,8) qui *(pontifex)* pro Christi nomine talia -bat (*cf. antea:* gentibus praedicando). **C** *impetrare, adipisci – erwirken, erreichen:* Chart. Turg. III 646 p. 523,20 (a. 1276) plebanus . . . requisitionem agrorum ipsorum *(sc. redemptorum)* utiliter ac fideliter -vit.

?adv. ***insudanter.** *magno opere, enixe – mit großer Mühe, Anstrengung:* Bened. Andr. chron. p. 75,2 videns *(sc. Karlomannus)*, quia laboriosus ⌞es et montes⌟ (*fort. leg.* esset mons) ⌞fratribus, -r edificavit⌟ (*ni leg.* fratribus insudantibus, edificavit; *sc. monasterium)* ad radicem montis.

insudus, -a, -um. *siccus – trocken:* Egbert. fec. rat. 1,735 Martius -a fatie, madefactus Aprilis frigidus et Maius contundent horrea messe.

insuesco, -evi, -ere. **1** *assuescere, usu discere – sich angewöhnen, zur Gewohnheit machen, aneignen:* Adam gest. 3,39 p. 182,13 dicitur *(sc. episcopus)* eum morem -visse, ut, dum cubitum ibat, fabulis delectaretur. Vita Serv. 57 p. 135,8 cum . . . pie conversationis vitam -visset *neptis* commendabilem. **2** *consuefacere, assuefacere – gewöhnen (an), vertraut machen (mit):* Vita Chrod. 22 p. 564,47 Gallicana rusticitas

[Buckatz]